潘军文集

第玖卷

散文·随笔卷

文化艺术出版社

在自己作品前（2006年10月，北京）

写作之余（2008年冬，北京）

▎重访知青点（2008年秋，怀宁）

与章德宁、余华在史铁生追思会上（2011年1月4日，北京"798"）

在纽约"9.11"纪念牌前（2012年1月）

| 绘画:《故乡山水》

| 绘画:《鱼鹰曲》

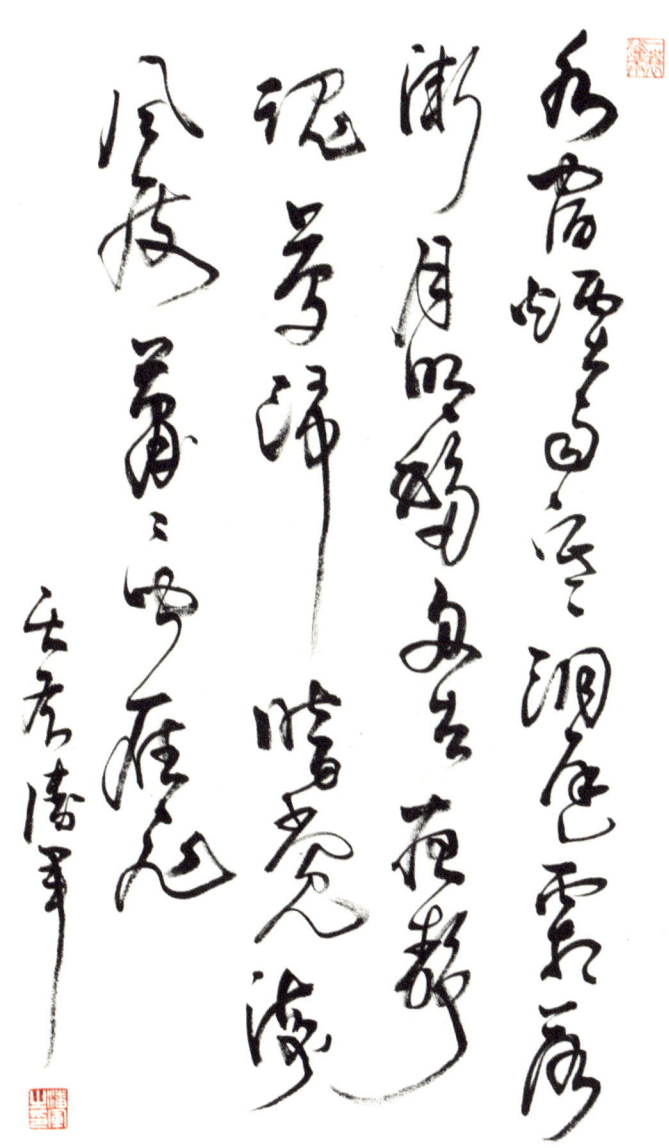

草书立轴

| 书影

《潘军文集》第九卷
目　录

山水美人

泰山行记 …………………………………………… 3
初识青岛 …………………………………………… 7
皖南写意 …………………………………………… 11
拥有炊烟的天空 …………………………………… 13
山西一到 …………………………………………… 16
拜谒仲甫先生墓 …………………………………… 22
徽州再记 …………………………………………… 25
苏州三日 …………………………………………… 28
山水美人 …………………………………………… 31
香山龙门 …………………………………………… 34
走马大连 …………………………………………… 36
梅子岭 ……………………………………………… 40
滇行日记 …………………………………………… 42
到海口去——听海笔记之一 ……………………… 47
避暑山庄 …………………………………………… 52
山水不是风景 ……………………………………… 56
往西沙 ……………………………………………… 58
旅美记行 …………………………………………… 60

红泥的记忆

这孩子	81
与父母书	87
戏园子（外四篇）	90
我的奶妈	96
送二妹去美国	98
我的绘画生涯	101
1999年12月31日：自叙	106
外祖母	116
童年记趣	119
红泥的记忆	124
宋叔	126
"独立居主人"宣言	128
女儿潘萌	131
我家的时尚女孩	135
一起走过的日子	139
下雨的时候	144
丁字街	147
从前的院子	149
病中琐记	151
蓝边碗	154
毕业的故事	157
我的读书	159
老友记	162
本命年	166
窃书记	168
故乡·朋友·文人画	170

相遇	173
安庆的父辈	175
我们的大学——写在母校建立八十周年	180
送潘萌赴美留学	185
安庆的麻将	187
我的电影悲欢	189
关于我的母亲	195

清澈见底的河流

《清明》和我	205
清澈见底的河流	207
牛汉先生	210
我印象中的韩少功	213
老唐	216
说说杨立新	219
老友田瑛	222
我的"亲友团"	225
宗仁发和作家们的《作家》	228
金萨克酒吧	231
八骏图	233
彦周先生	245
公刘先生	247
关于田瑛，想到就写	250
音声相和　斐然成章	256
风中的马原	259
去汨罗乡下看韩少功	261
纪念	264
悼念斤澜先生	266

与铁生书 ·· 269

西窗偶记

秋天笔记 ·· 275
西窗偶记 ·· 278
怕散文 ·· 281
手写的欢乐 ··· 283
亲近手稿 ··· 285
文学期刊的样式 ·· 287
我看《秦桧传》 ·· 289
流浪的艰难 ··· 292
不能过去的往事 ·· 294
光着脚丫上路 ·· 297
麻将之所以好玩 ·· 299
一种状态的呈现 ·· 301
安徽何以不能成为"文化大省"？ ··· 303
是使命，也是日常生活 ·· 305
约会 ··· 308
漂泊是一种方式 ·· 311
关于"第一系列" ·· 314
闲话足球 ··· 317
对出版的几点感想 ··· 320
"世界杯"札记 ·· 323
就地卧倒 ··· 335
独自跳舞 ··· 338
这两年 ·· 340
别样视角，一种人生——我读《外交官看世界》 ································ 346
央视春节晚会可否停办？ ··· 348

今天的大学——在安徽大学的一次讲演 ……………………… 350
晚报应该面带微笑 ……………………………………………… 357

小说者言

小说者言 …………………………………………………………… 361
自己的小说和需要的写作 ………………………………………… 368
书中旅行与为朋友写作 …………………………………………… 371
关于"今日写作"的一封信 ……………………………………… 373
形式的挑逗 ………………………………………………………… 376
我理解的小说和小说家 …………………………………………… 379
作家的沉默和沉默的作家 ………………………………………… 381
见证时间：凝视博尔赫斯 ………………………………………… 383
一个中国作家的立场——在中德文学研讨会上的发言 ………… 390
回顾"先锋文学" ………………………………………………… 394
说不尽的博尔赫斯 ………………………………………………… 398
"写作中"与"写出来"——闲谈"伟大的中国小说" ……… 403

潘军文集

第玖卷

山水美人

泰山行记

列车抵泰安时为凌晨4点光景,习惯仍以为是昨夜的延续。此番出门乃参加省大学生夏令营,营地是青岛。在泰安逗留,旨在拜谒五岳之首的泰山。同行者有教师章君与一王姓女生,皆系校学生会头脑。我的介入,大约是因为所创作的话剧《前哨》获得了全国奖,为学校争了一点面子,故犒劳之。我与他们在校视同陌路,如今结伴,可谓志不同道也合。

第一次踏上鲁地,感觉自然新鲜。泰安城建设虽不尽如人意,但鲁人的豪爽颇有魅力。街上四处可见早市小吃,一大汉以红枣下酒,喝得大汗淋漓。此地的房舍建筑也别于江淮,以平顶居多,据说是为暴晒庄稼之便,作用仿佛南方的稻床。拂晓雾散,于是前方隐约显出泰山轮廓。旅人整装,大都先去汽车站买票,可达中天门,而后徒步上山。利用这点空隙,作此次旅行第一幅速写。

泰山有"五岳独尊"之称誉,其缘由与历代帝王登基之初来此行封禅大典有关。《史记·封禅书》有详叙。山乃物,物随人宠而价增。任何东西只要为关键人物所喜,便一日一价,古今相同,不同的是百姓眼。

在我看来,旅游乃是一种心智的磨炼,尽管它的形态表现为劳民伤财。游山则游山,玩水则玩水,大可不必去想"十八盘精神"云云。旅游使你与自然融为一体,你便觉得皮肤也染了绿。等你立于山之巅,你即感到:山在脚下,天在顶上;你即天,天即你。

泰山于一年前修旅游缆道,车可抵中天门。晨7时登车,山道弯弯,天舍错落有致。行半时许,中天门在望。此乃泰山第一站。

过中天门后,游人始安步当车,此时云开雾散,氤氲之气弥漫天地间。山道皆为石阶，尚不陡，不久即达云步桥。此桥为单孔石桥，凌驾深涧。北有一线瀑布飞悬，穿行桥下。据说宋真宗赵恒为玩赏此地月色泉声，曾命百姓于桥边支帐野宿。我心想这皇帝也真够罗曼蒂克。桥东有酌泉亭，上刻一联曰："且依石栏观飞瀑，再渡云桥访爵松。"这爵松自然指的是"五大夫松"了。《史记》有载，秦始皇二十八年封禅至此，曾避雨松下，于是树因护驾得功，遂封"五大夫"——秦时官爵九级，而不是后人附会的五棵松。秦嬴政对草木如此这般慷慨，可对人则是另一副心肠了！

"五大夫"之后是朝阳洞。我在这里认识了一位健旺的老叟关大爷。他自称是关云长的后人，十一岁上山，如今已八十一，在"洞中"坚守达七十余载，生有十二个孩子。关大爷指着身边那棵一人难以合抱的槐树对我说："这是我上山那年栽的。"我看着老人风中舞动的须髯，想：也许他早就把自己看做那棵槐树了，它置身于林海间，因此永不寂寞。

山道尽处即是南天门。

南天门总让人想起天上宫阙，仿佛一经此门便临近了天界。这朴素的联想大约起源于少时痴迷的《西游记》。孙大圣未遁空门之前是何等的潇洒。

狭隘的山道为飞龙岩与翔凤岭所挟持，你不能不以为是在山腹里沿着一根曲折盘绕的肠子爬行，而南天门则为泰山之口。它把你吐出来，让你喘一口气，去握从衣袂流过的云，再听松涛盈耳。李白有"天门一长啸，万里清风来"之吟，实乃有感而发。门建于元中统五年（1264），额为"摩空阁"，联为"门辟九霄仰步三天胜迹，阶崇万级俯临千嶂奇观"，不知何人所撰。门内有一正厅，仿古建筑，名"未了轩"，显然取自杜工部著名的《望岳》篇"齐鲁青未了"意韵，为郭沫若书。南天门又称三天门，距极顶仅一公里。在此歇息片刻，始过天街，街边多酒肆，时有酒香飘出。我不好酒，唯羡山民逍遥之乐。泰山一路，山景似无多深印象，倒是所见挑夫赤裸背影格外凝重，后作泰山气象站速写一幅。

日落时分抵玉皇顶，此为泰山极顶，因建有玉皇殿而得名，海拔一千五百米。顶之侧为大观峰，削壁为碑，镌有《记泰山铭》，凡九百九十六字，为唐玄宗李隆基所书，字体遒劲而不失飘逸，书家称之"唐隶"。玉皇殿前置有一无字碑，相传为秦始皇所立——倘若是真，这嬴政还算得上一个明白人，他顾及在玉皇爷面前，是摆不得谱的。

极顶之南有一恢弘古建筑群，这便是碧霞元君祠。碧霞者，泰山神女也。此一传说始于西晋，至宋真宗，封天仙玉女碧霞元君，命建祠于极顶，名昭应。又至明清两代不断增缮，更名碧霞灵佑宫。现今的称谓系乾隆时所改。祠乃金属筑件与土木砖石结合而成，雕梁画栋与铜碑铁瓦交相辉映，为国内罕见之杰作，叹为观止。据说这设计，旨在防止高山雷击，闻之不禁为先人的周全安排所折服。殿内正中供碧霞元君铜像，其神情漠然，仿佛不食人间烟火。细观之，又蓦地觉出这漠然中渗出一丝悲凉。殿外钟鼓和鸣，殿内香火清冷，心想这神女必定是寂寞多于欢乐，且身不自由。中国历史上造神者众，而信神者其实寡也！所谓善男信女，本质上却大都是实用之徒。或祈保佑自己，或祈算计他人。这与西洋之宗教观，性质非同日而语。西方的信教是由内向外，虽形而上虚无缥缈，然毕竟属精神之寄托。中国的宗教，后来演变成释儒道的混合体，纯粹用于制人肉身了。这也可以从建筑风格中作出比较。西洋的宗教建筑，如哥特式教堂，呈高高向上探索之势，如人的双臂高举，去迎接真理之光辉。而中国的庙宇殿堂，一律是对称而平稳的，方方正正，也如人之双臂合抱，生怕失去了怀中之物。

栖身于一简陋旅店，通铺，有床二十余张横陈一室；棉被皆潮，足重十五斤。后去争购晚餐——一碗素面加两片西红柿，酱油尽染，要价惊人。不过咀嚼一天干粮，尝此汤汤水水，倒也精神振奋。同室有两位北京青年，一姓尚，一姓胡，皆为业余摄影师，专程来泰岳采风，一见如故。于是饭后结伴闲逛。此刻山下已断黑，而山上则陡然明亮，可谓天光普照。风起云涌，缠绕山腰，形成两个世界。不久暮色苍茫，天地浑然一体，山沉寂无语，唯松涛滚滚，凉气迂回。一行人皆租大衣披肩，如荷一重担，再登极顶，候观月之颜色。一路见红光于所有小木屋内闪耀，方知来此旅行结婚者众。这小木屋不过一丈见方面积，美其名"鸳鸯楼"，实乃"鸳鸯笼"耳。

月亮很迟才从浮云中显露，凄迷的月色映出一个清冷的世界。置身其间，不难悟出人的渺小来。

凌晨4时即起，与众人奔赴极顶东南之日观峰，期盼日出。峰北侧有一巨石凌空探出，谓之拱北石。从前于图画里相识，印象中作为泰山标志耳。有捷足者先登于石上，做英雄状；又有人低唱邓丽君柔曼歌曲，杂糅一起，啼笑皆非。

此刻天光混沌，寒气逼人，大有不祥之兆——倘若观日无望，岂不哀哉？于是抽烟徘徊，肩上大衣越发沉重。少时读杨朔《泰山极顶》文章，被其华丽言辞所扰，以为泰山观日乃文人一大韵事。此刻想起来甚觉可笑。一个没有见到泰山日出的人何以发出那番感慨？心疑那浓郁的感情不是原装货。沉思中人语声响起来，风也更大。风过时云一片片裂开，显露出青的天空。这须臾的变幻给人振奋，三呼苍天有眼。然而，东方仍不见曙色，四野峰峦起伏，广阔无垠，独太阳失踪！旅人的忍耐似乎到了极点，遂又开始议论，大骂"狗日的"。忽然一尖声女音掠过："下雨了！"这一叫不禁人心凉彻。果然有霏霏细雨洒过，但是游人没有转移，互诉饥寒之苦与失眠之累。人对理想总是那么执著而痴迷。谈笑间，天已大亮，雨也不知不觉地止了。眼前的雾气逐渐形成了云的海洋，滔滔向远方的岸滚过去，再涌过来。而这时的东方一下染成了橘色，在很高的地方出现了一个白的光点——那就是为人们期盼已久的太阳！它仿佛不屑地从云层后面探了一下脸，便扬长而去了。

我有了一种无端地被捉弄的感觉。

1981年初记，十年后重写

初识青岛

　　昨日正午乘104次直快离泰安，车行十小时许，子夜抵青岛。作为夏令营之营地，全省各高校代表将云集于此。我人来迟，事先又未电告彼方接站，下车便茫然不知所措。余建议先就近落脚，待天明再作安排，众纳之。很快即有一中年男子热情而至，云有宿处且物美价廉。于是随其机动三轮而去，沿途可见散落洋房别墅，知是当年德国人所遗。

　　原来下榻处为四十八中校舍。自青岛成为旅游避暑胜地，政府便鼓励有条件的单位大力开发第三产业，学校遂将课桌拼合成简陋床铺接待游客，既与人方便，又补贴自己，可谓两全其美。但想起适才拉客男子那番标榜，还是生出三分厌恶。

　　洗澡，而后就寝。"床"坚硬无比且不时有晃动感。同室寝者数十，彼此交谈，南腔北调。然而毕竟到了青岛，初识者无不激动。我铺紧贴窗边，不时感受到微咸的海风。而海，总是令人向往的。待夜深人静时，可闻涛声隆隆。余久不能寐，突然想起列车抵达前夕广播反复地吟诵："青岛，青岛，青春之岛……"诚然青岛的青春是不容怀疑的，青岛是美的，犹如国色天香，可实在经受不起蜂狂蝶舞。自然的海在人海的面前终会有一日浑浊不堪。倘若来青岛观光者减去一半，她便不会"人比黄花瘦了"。

1981年7月20日

　　晨7时即起，乘6路公共汽车抵达营地嘉峪关小学。嘉峪关为青岛"八大关"之一，位于城市东部，南濒大海。其实所谓"八大关"者，不过是八条纵横交错的大路，非关也。然而此地"天生丽质"，有太平角、汇泉角拱卫左右，地势起伏跌宕，颇有韵律感。八关之内，名贵花木灿若云锦，多姿别墅点缀其中，实可谓红瓦绿阴交映，山光水色相生，美不胜收。

嘉峪关小学建于1953年，小巧玲珑。该校师生对来客也极热情。只是伙食受用不惯，每顿大馍一个，黄瓜汤一碗，勉强下喉，仍觉不是正餐。于是下午又乘公交车到市内，于青岛饭店买下米饭半斤、炒菜两碟，外加一瓶啤酒，算打牙祭。此地视稻米为杂粮，且做工粗陋，饭用盒蒸而成，米粒无形，状如半块砖，食过，仍不知饭为何物。不禁思念家乡之稻米，那是几等芳香！遂沮丧而返，途中见一别墅造型奇特，姿若中世纪古堡，便停下写生。有围观者介绍，此宅原为蒋介石行宫，不知真伪。画毕，再观之，陡然觉得其中仿佛有阴森气溢出，为笔力所不逮。

黄昏，各路大军纷纷而至，明日将正式开营。

是夜，听惊涛拍岸，不能寐。

1981年7月20日

平生第一次拥抱大海。站立海边，完全被一望无际的大海惊吓住了。我是在长江边上长大的，如今面对大海，不禁想起庄子的《秋水》，越发觉得江之渺小，人之渺小——一切在海的面前都是那么渺小！所谓海到尽头天是岸，实乃真切感觉。海是人类一片蔚蓝色的梦，是生命的交响乐，倘若这地球上没有海，将是多么地逊色和遗憾！当你与海交融时，你便油然而生出特殊的自豪。你还必须尝一口海水，尽管苦涩。这可以让你记住海的风姿和品质。你要拼命地游，直至精疲力竭，仿佛酒逢知己而一醉方休。然后在沙滩上把自己写成一个"大"字，用醉眼去捉流动的云霓……

与在泰山遇见的两个北京青年相逢，自然甚是欢喜。我们在海边留影纪念。后结伴沿海边徜徉，至前海栈桥，登回澜阁而眺望琴岛，静听海语呢喃。琴岛又名小青岛，有长堤与陆地相接。岛之最高处，屹立着白色八角灯塔，即青岛八景中"琴屿灯飘"是也。此刻华灯初上，海天迷蒙一色，这情境最令人低回。

陆地之于海洋也是岛屿。

而人，既是岛屿也是海洋。

1981年7月22日

上午，集体参观水产博物馆。该馆坐落于汇泉湾西侧之鲁迅公园内，由标本馆与水族馆构成。其前身名为青岛水族馆，系蔡元培、杨杏佛等于1930年发起筹建。标本馆设有七个展室，分别以标本、模型、布景箱介绍海底世界和我国海底资源。而水族馆则布置着六十余个玻璃池，与海相通，饲养水族，供人参观，令你眼界大开，恍恍然如步入龙宫！

而后自由活动，作鸟兽散。余独步去集市，购得民间草编工艺制品及各种奇异海贝。又获一套瓷器茶具，为淄博出产，造型别致。不觉又至正午，遂坐于一路旁酒肆，要啤酒一杯，就冷菜而下。

青岛气候，白天与内陆似没有区别，入夜却凉风习习，须以薄被掩身。是夜，全营组织舞会，而善舞者寡也。其局面之狼狈可想而知。余兴致不高，旋两圈即止。后去海边散步，观渔火点点。返途遇嘉峪关小学的几位小朋友，因昨日看见我的旅行写生集，便要求做我描画对象。倒也正合我意。于是信笔画来，皆满意之作。想笔下这些孩子，童年可谓色彩斑斓；而我的童年又是多么的苍白，苍白得连一个美梦也没有……

但愿天下童心如海，丰富而透明。

1981年7月23日

黎明闻号即起，集体游崂山。山在市郊之东侧，并不高险，海拔一千三百三十三米。然东临崂山湾，南濒黄海，山海相连，水气岚光，其景色虽无雄奇壮阔之貌，却存灵秀幽雅之韵。《齐记》有诗云："泰山虽云高，不如东海崂。"即所谓"山不在高，有仙则灵"耳。

崂山亦为道教名山，大名鼎鼎的"长春真人"丘处机，曾到此修行布道。如此看来，崂山大约是全真教的地盘了。现今山上尚存的上清宫、下清宫、太平宫等奇观，皆石壁瓦舍，朴素无华，流露着全真教渊冲恬淡的颜色。上山后即游太清宫。北宫原是宋太祖赵匡胤为华盖真人刘若拙所建，明万历年间倾圮，后复建，又称下清宫，今存三宫殿、三清殿、三皇殿三院。院外茂林修竹，院内奇花异草，真乃洞天福地。有花曰耐冬，灿烂如火，余观之不由想起蒲松龄笔下的《香玉》篇章。在柳泉居士眼里，这耐冬便是一位叫做绛雪的红衣女子。那位痴情的黄生，卒后化作不花牡丹，怒放于白牡丹的香玉和耐冬的绛雪之间，也算是青春再生了。无奈竟被无知的小道士一刀斫了去，于是牡丹耐冬皆败，"一去两殉之"！

柳泉居士云："情之至者，鬼神可通。花以鬼从，而人以魂寄。"思想至此，遂黯然生出一缕惆怅，缥缈于山水之间……

1981 年 7 月 24 日
1981 年夏末初记，十年后重写

皖南写意

我去过三次皖南，仍不识其真面目。

第一次是在1985年，正值阳春三月，都说是去皖南的好时节，除能饱览青山绿水湖光山色，还能赶上喝"雨前茶"——我动身的那日，距谷雨不过两天。

我是从安庆过江的。晓雾初开，朦胧中可见对岸的嫩绿迫来。不久一辆普通的客车载我进山。山道弯弯，车外茵茵绿色向你逼近，挤着你，那绿是真正的绿，翠而浓，纯而净，仿佛随时会淌下。车越爬越高，路也越行越险，至赤岭巅，俯首可见山脚与山腰皆有车蠕动。其时太阳已升得很高，山色便由青转紫。云是颇潇洒的，形状变幻莫测，走势舒缓悠然。有一会儿，一块薄云遮盖了太阳，但又可见其轮廓，于是那一瞬，日便做了月，散出惨淡幽蓝的光晕，山也随之安静，间或的鸟啼，让你始才觉出这山的大来。你会以为奔驰着的不是汽车而是山。你会对皖南横生出三分的神秘和一分的惊惶。

那次因公务在身，失了自由。末了儿，才得浮生半日之闲去游齐云山。齐云山旧称白岳，是黄山的余脉，位于休宁县境。作为道教名山之一者，齐云山至今香火不衰。从形式上看，齐云山信奉的是"正一道"，供奉的也是张道陵。这里的道士属于俗家道士，可以不居宫观而有家室。七年后，我作长篇小说《风》，其中的"青云山"便是从齐云山身上拓下的。我在齐云山顶喝到了有生以来最好的茶，曰"齐云黄芽"。这是刚刚由一位老道制成的"野茶"，皆一色"两刀一枪"，长不足寸，形同雀舌，以刚沸的山泉冲泡，清香四溢，透明而嫩黄。呷上一口，便觉整个儿浸在这茶里，人生种种烦恼全然消散，唯觉天高地阔。

1987年9月，我应邀出席《北京文学》于黄山边上的"泾川山庄"

举行的小说笔会，算是第二次去了皖南。泾县茂林是"皖南事变"的发生地，古有李白《赠汪伦》诗句曰"桃花潭水深千尺，不及汪伦送我情"。那桃花潭就在泾县。我们去看过，但见一块大而静的水面，桃花是无法寻见了。说来可疑，作为皖南人，我至今不曾登过黄山。在我看来，黄山或许是太美了，美得已不再像山而像硕大的盆景，野性不再，失去了神秘感也就失去了发现。黄山可谓美得"高不可攀"了，也就不攀。所以那一次，我还是独留山中，每日拥着这空山鸟语、茂林修竹，喝一点酒，写几行字，倒也不亦快哉。

对皖南印象最深刻的，是第三次。那是 1989 年初，我因改编长篇小说《日晕》为电视剧，并参与执导，在皖南选景。又是阳春三月，一进皖南人便有了一种为自然所沐浴的感受，仿佛连骨头也因醉而酥软了。皖南的建筑属于"徽派"风格，青瓦白墙，飞檐斗拱，砖雕木刻，满目是景、是艺术。我们第一站到的是歙县。这里至今保存着明清时的老宅，还有诸如"许国天下坊"、"棠樾牌坊群"这样的稀世文物，游者不绝。歙县的渔梁镇紧挨着一条浅浅的清溪。溪水长流，最终汇于新安江。溪上有鱼鹰小舟，渔家指挥若定，情形生动。我们在渔梁镇转悠了一整天，流连忘返。之后的几日，大家便沿新安江而下，处处秀色可餐。

时隔多年，走南闯北难得在家闲居，一个雨夜竟回想起恍然若梦的皖南来。于是我掌灯磨墨，作起记忆里的图画。这图画自然是虚无缥缈的，可我分明从我的点点笔墨中听见了渔歌唱晚，又仿佛已置身于那静的水、默的山之中了。我知道，那时分，我的魂已去了皖南。

1992 年 5 月　合肥

拥有炊烟的天空

城里已无法看到炊烟了。
记忆的炊烟在山里。

山其实是岭，梅子岭，显然是不高的，却陡。岭的正中敞着一条石子公路，也同样地陡。每回客车到此必停，司机像赶鸭子似的赶乘客下车，脸一黑：推。运货的板车过岭，也同样是找人来推。这时候知青就很高兴，好事来了。男的出力，女的则拿着脸盆、桶，跟着拿回些盐、酱油、粗制的咸菜——车上有什么就拿什么，今天的话，算支了劳务费。

知青一共八个，四男四女，成对儿的，集中住在大队林场。这所谓的林场，不过是半坡上的一排"明五暗十"的房，白墙黑瓦，以当中堂屋平均划开，男左女右。除了知青，还有三个农民：场长、护林员和炊事员。只有场长在堂屋隔了一块做宿舍。场长是新增补的大队支委，有改造河山的口气，有洞察一切的眼力，喜爱开会，喜欢讲"最近中央有新精神"，也喜欢看女知青梳头，每逢知青一起打闹时，场长站在一边，明亮的眼睛"我心里有数"地笑着。场长的家离林场不远，只需下坡走一条田畈。他一般是早出晚归，不过也往往收工时宣布"今夜家去"，又于后半夜突然返回，说是怕知青生病或者天要变稻要收，实质是想捉奸。

人往往这样，倘若外来的干预太多，多到干预你怎么吃饭如何睡觉一天上几次厕所，就有些不耐烦了。所谓物极必反，属于人天性的抗争，是规律。场长越是监视知青的男女关系，知青就索性男女关系起来，不遮掩，和盘托出。这是示威。似乎事先有约，开过会，八个知青在一月之内全"对"上了,而且"对"得很好,怎么看都般配。比如上海的大个子小曹与安徽的小李,前者是篮球主力,后者是田径高手,是志同道合。比如西安的小朱和安徽的小刘,都属部队子弟,是肥水不流外人田。知青心齐,成对儿的更是立场坚定,这样一来,场长就有些慌。他对这种公然藐视权威的行为愤怒而又无奈,因为毛主席没有说知青不许恋爱,而且那时提倡"一帮一,一对红"。中午,男的去食堂买饭,两份,端回自己屋子和对象一块儿吃。饭后,男的刷碗,女的则把男的换下的脏衣摁到自己的脸盆里,女的集中到堂屋搓衣,一边搓一边谈些私房话,不时红一阵脸,不时又一阵笑。搓完,下河沿漂洗,回来就交到男的手里,说:"晾吧!"女的就午睡去了。晚饭后,两个两个地活动,或镇上看电影,或山间散步,或灯下谈心——男拉胡琴女织毛衣,情形古典,有诗意。场长的态度有变,由愤怒而转为忧虑,由看不惯到不得不看。有一天他感叹道:明年恐怕要办托儿所了。

那年我十八岁,与我成对儿的是我的中学同学,比我低一级,姓胡。她也是年方二九,皮肤白皙,大眼,梳两条齐腰的辫子。嗓亮音纯,流行的歌她都能唱,常被邀到公社广播站去"做节目"。但是她平时不爱说话,样子很冷,属于那种不能开玩笑的女孩。那时我致力于美术,每天要做素描的练习,总请知青当模特儿。我最后请的是小胡,她也来,却问:"为什么最后叫我?"我就说有点怕。她听了便笑,便脸红。这种冷而腼腆的女孩往往让我心动。后来有一天我就说:"我俩好吧。"她听了,这回却没红脸,低着头回道:"好好看吧。要不,总想家。"

就好好看了。

两人的一天是从黄昏开始的。黄昏,去岭上玩。岭绵延得极广阔,起伏有致,俯瞰下去,村落、田和小溪都是风景。但最美的风景是炊烟。

黄昏里炊烟有青有紫,近浓远淡,先是笔直升高,其形袅袅,继之扩散,成为云烟雾霭,其势浩荡。两人相依靠着,拉着手,静静地看,一直看到天黑下来,炊烟随风消逝。有一天她说:"要是就在这儿过,不上调,你行不?"我没吱声。接着她又说:"你不行,我行。"我还是没吱声。她随手拾了根松树枝,在地上画了一个房子,画了池塘和树,最后画了炊烟,从房顶的一端升起。她轻声说:"你这人心大,有很多的理想，有很多的事想做。你会走，到城里去，越大越好。我晓得，我们好不长的。"

我说："你不想走？"

她说："想。但没有你想得多。我追不上你的脚。你走了，我就一个人在这儿坐着，看炊烟。我坐得住的。"她背过脸去，不再说。

那一天是雨后，天极清澈。炊烟袅袅升腾，弥漫于天空，是我一生中所见的最优美也最动人的炊烟。

第二年，男孩子上大学去了，从此没有回来。

在黄昏时分，梅子岭上只剩下女孩在看炊烟。

1995 年 10 月 27 日　郑州

山西一到

写完《重瞳》，一口气终于泄了。这一年我稀里糊涂地写了不少，人自然也累得够戗。接下来就是考虑2000年的事，想腾出一些精力去搞影视的玩意儿，这活儿不会使我兴奋，却能给我带来可观的经济收入。我历来认为挣钱是男人的责任，就像花钱是女人的义务一样。上帝造人原本就有分工。这几年我大致就是这么折腾，出门挣钱，回家写小说，外带给女儿做饭，觉得挺舒服。于是中秋一过，便有外地几方面的朋友电话找来。都是做电视剧，要本子，我说可以，但眼下不行，我正病着。我没有料到一场感冒会把我撂在床上达半月之久，就以为人过了四十，什么都成了问题，不禁有了几分怆惶。9月底，自觉稍有精神，舌头也识出了烟味，我接到山西一位朋友的电话，问我能不能速来太原一趟，说有投资人请我写本子，急着要把一笔不少的钱掏给我，让我尽快成行。以后的几天里还是催得不行，我便答应下来。

我没有去过太原，不知怎么个去法，就打电话向火车站询问，得到的回答是合肥没有直达太原的车，只能从郑州或北京或济南转。我选择了北京，想顺便看看人民文学出版社打出的《独白与手势》前两部的清样。这部长篇比较特殊，每部由十八万的文字和一百幅图组成。我的意思是把视觉的东西引入叙事，使之成为叙述的一个层面。版式自然由我设计。我是10月10日抵达北京的，住两日，便乘Y267次往太原去了。出发的时间是12日上午8点40，想速去速回。早到闲得无聊，就在车站内乱翻私人书摊。这样，见到了《小说选刊》的第十期，这期的封二上刊登着韩少功的三幅生活照片，其中一幅记录的是1994年夏天"天涯人生笔会"的一景，少功有精彩说明，照抄如下：

文学疑犯：1994年陈村、孙甘露南来参加笔会，岛民蒋子丹、马原、潘军、张蔓菱以及我与之聚谈，戏言同为商业大潮中鬼鬼祟祟的地下文学疑犯，今日有机会串通作案一回。

照片上我的位置在左六。这张印刷不很清晰的照片让我想起了许多往事，心里泛起了类似病中的苦涩。我立刻就拨少功的宅电，无人接，最后是尖锐的电传哨音。我就有些怅然，想起不久前与广州的田瑛通电话，谈起少功，说他想辞去海南作协主席一职，回湖南老家安心读书写作，据说房子都盖好了。我想这也许是真的，因为这心思两年前少功就对我吐露过。当初少功去海南，人称之为二次插队，有一阵子是过从井里取水喝的日子。如今家大业大，他却不作流连。但他毕竟在那岛上做成了两件事：写了《马桥词典》和办了《天涯》。

车正点驶出北京站。山西的文友之于我很少，除了李锐以及他的亲密战友蒋韵，就是被批评界与我划在一拨的吕新了。遗憾的是我与他们至今没有见面，往往在笔会上失之交臂。1994年李锐大约是出国了，没有来，而等到1996年的《花城》笔会，吕新正处于分房的关键时刻也未能成行。但我们已在期刊上多次碰头，也可以说是神交已久。我一直认为，当代文学"好看"的时刻开始于史铁生、韩少功、李锐、张承志、王安忆那会子，之后就有了马原和莫言，紧接着就出现了余华、苏童，直到目下的韩东、李冯他们。这只是我的直觉判断，没有什么理论支持，但我要说他们的一些作品让我愉快。所以此番去山西，我是要见见这几位朋友的。我在火车上给田瑛挂电话，要了吕新家的号码，接着拨，吕新在。我说我是潘军，正往贵省省会去。吕新高兴地说，你一旦住下就告诉我住址，我从榆次赶过去。后来我问列车乘务员，榆次距离太原多远，那姑娘说二十五公里。我放心地躺下，又在想那幅照片了。等车过石家庄后，我便坐到过道的凳上，等候着看晋地的风景。不久过了娘子关，我的心思很自然地去了阎老锡那儿，似乎想发现一条当年遗下的窄轨。阎锡山是个不简单的男人，蒋介石一生扳倒过不少对头，除了不是毛泽东的对手，唯独没有扳倒的大约就只有这个阎锡山了。来时听说山西很穷，不比安徽好多少，但历史上的"晋商"与"徽商"都是风云一时的,不明白是何道理。山西最穷的是吕梁山区,安徽最苦的是大别山区,而这些地方很久以前又都是革命的摇篮。吕梁山的苦难,我已从李锐的《厚土》和吕新的一些作品中读到,我是否也该写写大别山了?我至今没有写过大别山,但我从来就没有停止过对苦难的咀嚼。今年的《秋声赋》,便是我对苦难最近的答卷,我要表现的是一个庄稼人几十年的忍辱负重。

"人说山西好风光",朗朗上口的词,甜甜蜜蜜的唱,而一路上竟没有播这歌,我有些意外,但不肯多想。然而山西是美的,我这样想着,也许世上的美大都与穷有关吧?我见到了一个站名,叫赛鱼,好听(后来吕新说还有一个站叫白羊墅)。过了阳泉,山多了,皆不高大,不知是吕梁还是太行的余脉。然而这些不伟岸的山岭却让我驻目。我喜欢它的形态,起伏有致。我喜欢它身上的石头,如同斧削。山间的小道,山脚的溪流,古拙的石桥以及嵌于半坡的窑洞更是令人感动。而沿途不断的白杨树正是叶黄的时节,像水彩画。那黄是真正的黄,黄得透明,黄得灿烂。使我不由联想起皖南清明的绿,称得上是苍翠欲滴。自然总是美的。穷的自然则是美中之美。难怪韩少功要在家乡的一面湖泊边盖上房子,之于我们这种人,那无疑就是最后的山林精舍了。这构思我也早有,我的故乡是位于皖西南的一个小镇,我家的房子坐落在一条活的小河边,是座小楼,且拥有一个院子。有一次我这样对我的父母说:你们死后,我就把你们双双安葬在这院子里,四周种上鲜花,立上雕塑,每个早上我会从楼上下来与你们喝一杯茶。我母亲后来问我:你最后真打算回来?我点点头。沈从文说:一个战士不是战死沙场就是回到故乡。我不是战士,但我会回到故乡。这些年我走南闯北东奔西忙,最大的恐惧就是害怕自己突然会死。1986年我女儿出生的那个黎明,我已发下了誓言:不到这孩子三十岁,决不让她的父亲死掉。这是一个父亲的誓言,我不能不兑现。

我住下的翌日一早,吕新便从榆次赶过来了。他一探头,给我的感觉是一位邻居来了。和照片上比,眼前的吕新明显见胖,但精神,两眼明净,烟瘾与我一样,这好。香烟这东西害死了不少人,电视上现在都这么说,但它给这个世界带来的好处却也巨大。香烟不利于肺但有益于心。和吕新吞云吐雾地聊着，其间那位投资人出出进进，我想他私下大概会觉得有点冤，因为我的盘缠归他出，而他却无法插身。后来我就明说了，我说：我们的事晚上谈，这个白天你别管我。那人说好，问我计划住几天。我说就两天。我说放心吧，我们的事误不了。这样我就轻松了许多，往下和吕新谈起了许多事，皆乐不可支。吕新提到了几年前我发在《莽原》上的一篇随笔，说名字忘记了，能记得的是文章给予他的沧桑感。然后他就提到了文中的一句话——活到女儿三十岁。于是我的心情便在这一瞬变得有些沉了。我记得有一次余华对我说，这是一句口号，而他是第一个响应的人。去年我和林白一起喝茶，她也表达了类似的意思。这是句口号吗？真该不是。

吕新给李锐家里去了电话，是蒋韵接的，凭声音我就坚信这是一位好大姐，是作家中难得的贤妻良母。我们便赶过去，因为司机道不熟，在城里绕了不少路，似乎以此向我这个外省人证实太原的大。到时差不多11点了。李锐夫妇在家中等候，见面没有过多的寒暄，一杯茶没喝完，李锐说：走，先吃饭。

大约因为我是南方人，抑或我曾在海口折腾过，事先李锐已相中一家潮汕风味的馆子。点菜的时候蒋韵问我可有什么忌口的。我说没有，但就这么一句话，我认为一般的女人说不出来。蒋韵的贤惠与细致表现在方方面面，在后来我们的神聊中，她至少为大家沏了三遍茶并换了茶杯和不同品种的茶叶，水则是现烧的。他们的房子很宽敞，装修与布置都给我好感。在主要的墙上挂着一位朋友的作品，是敦煌壁画的仿作。他们夫妇各有一个书房，各用各的电脑。我羡慕这对相濡以沫相敬如宾的作家夫妇。真的羡慕。

整个下午都是在李锐家度过的。我们极其随意地交谈，都是些极开心的事，只是谈到汪老的去世，大家才显出了凝重。转眼汪先生离开我们三年，我们只能在他留下的那些美文里与这老人交谈。何志云写过一篇怀念汪老的文章，其中一句是：现在汪老走了，我们哪里去找这好的老头？志云表达了大家一致的感情。后来，我们又谈到了铁生的病。我说铁生的那篇《病中琐记》与我的《秋声赋》发在同期的《花城》上，我读了它，心里很重，我问李锐，铁生能否换肾。李锐沉吟了一声，说铁生的身体状况不易动这么大的手术,眼下最好的办法还是透析。说着,我忽然就想起了另一件事。1992年5月,田瑛、文能来晋地组稿,吕新陪同他们去游五台山。半路上,吕新突发胃穿孔,疼痛难挨。田瑛、文能立刻拦下一辆夜行货车往太原赶,连送两家医院都因无床位不能接收。最后便去了蒋韵父亲所在的医院,一住下就得动手术。但吕新的亲属不在场,于是李锐出面签了字。我是几年前从田瑛那儿知道此事的,现在当事人在场,我就感叹道:真可谓是长兄当父长嫂当母了。就想,如果中国的文人都能这么相处,该是中国文学多大的幸事!而让我沮丧的是这样的事太少了。所以我不得不喊一声:我只爱文学,不爱文学界;只交朋友,不入队伍。我还认为,一个作家的野心应该局限在一张稿纸内,而不要跑到这张纸以外的地方去。一个作家最终是靠文本说话的,除了收获作品,任何东西得到都是多余。这或许就是我的立场吧。文学的路是马拉松,各有各的跑法。有人起步极快,有人冲刺加力,有人不紧不慢,有人晃晃悠悠——譬如我。我是个闲散之人,平生最大的愿望就是尽量想干什么就干什么。我从来不指望靠小说养家,更不会以此讨好卖乖,写作之于我不是什么神圣的事,它原本就该是我日常生活的一个部分。写它只有一个道理,就是喜欢。对于一个男人喜欢一件事十几年甚至有可能一辈子,不容易。

几年前我在一篇短文里说过这样的话:当代文学最大的遗憾是大师的缺席,另一个遗憾是似乎到处都有以大师自居的人。缺乏大师意味着失去权威和公正的裁判,所以这些年来我们实际上是在踢一场没有裁判的足球。踢得如何就只能凭自己的感受了。于是我常常想,倘若有一天自觉踢得精疲力竭,就自亮红牌把自己罚下场。

外面的天色开始暗了,我和吕新起身告辞。这时却发生了一件意外的事:李锐无法打开自家的门锁。换过几把钥匙还是无法打开。最后还是蒋韵给邻居打了电话,并把钥匙从阳台上扔过去,由邻居从门外打开了。李锐说真是怪了,从来没出现过的。我说:这锁想留我呢。这话说过,我就紧紧握住了他们夫妇的手。

街上已是华灯初上,人流车流如泄洪一般。在一个迷蒙的十字路口,我与吕新告别。他要去赶最后的一班车回榆次。吕新说:你要是多待一天，就去我家住吧。
　　我说下次吧。
　　我说肯定下次。

　　　　　　　　　　　　1999 年 10 月 21 日　北京天坛之侧

拜谒仲甫先生墓

仲甫先生即陈独秀，安徽怀宁县人氏，我的同乡。怀宁今属安庆市管辖，距市区西南二十公里的地方有山名独秀，那地方便唤作秀山乡。历史上的怀宁县城曾一度是设在安庆府里的。康熙《安庆府志》有记叙："西望如卓笔，北望如覆釜，为县众山之祖，无所依附，故称独秀。"1953年毛泽东来安庆视察，问当时的地委书记傅大章：是先有独秀山还是先有陈独秀？傅说先有独秀山，后有陈独秀。言下之意是人因山而名。其实陈独秀并非秀山乡人，他的祖籍应该是怀宁渌水乡陈家剖屋，1879年10月9日他生于当时的怀宁县城安庆。1914年11月10日的《甲寅》上发表文章，便署名为"独秀山民"，之后再是"独秀"。陈独秀对朋友解释说，自己年轻时好出城登独秀山，遂以"独秀"取代了自己的官名"乾生"。

陈先生的墓坐落在安庆的市郊，但是那一次毛泽东没有去陈独秀的墓上看看。先生的墓系与原配夫人高晓岚的合葬之处，他们共同生活了七年，生了延年、乔年兄弟。1918年，陈独秀北上任教于北京大学，不久便与自己的小姨子高君曼结合，生鹤年与子美一双儿女。陈先生最后的夫人是潘兰珍，这是一个落难女子，却能知难而进，跟随陈独秀出生入死。那时他已客居重庆江津。1942年5月27日，陈独秀病死他乡，原配高夫人便安排将其遗体秘密运回，埋在自家的祖坟里。

我这次回来，计划中是有拜谒仲甫先生陵墓的安排的。11月25日，市文联的领导，也是我多年的朋友金海涛陪我前往。同行的还有《安庆日报》的记者叶卫东先生和驾驶员小金。去的路上，我们说到陈先生墓陵的几次修葺，从后来的照片上看，最初的墓冢只是一堆简单的土丘，无碑铭，似野坟。但是这种简陋却帮助它躲过了"文革"一劫——据说当时的红卫兵计划要掘，是四处查询过的，他们当然不会知道这堆杂草丛生的坟冢下埋葬着一个历史的巨人与一个光辉的女人。之后，这里又有过两次的整理，墓是修得越来越考究了。修墓的历史不妨看做对陈独秀评价的历史。我们现在看到的是一座规模较为宏大的墓陵格局，四周有环绕的汉白玉石阶与护栏，冢也做成了半球形水泥的。我们去的时候，工程尚未完工，几个民工正在浇注着墓冠。这算是盖棺论定吗？我这么想着。如果是，那委实不是时候，非但不是，而且我以为对陈独秀的研究不过是刚刚开始。撇开他作为政治风云人物不谈，撇开他作为中国共产党的缔造者之一、曾任第一届中央委员会总书记并连任至五届不谈，仅就作为一代文化宗师，我们对仲甫先生的认识与了解也做得很是不够。毛泽东虽说，陈独秀是五四新文化运动的总司令，但是在他执政的日子里，陈独秀还是被当做第一次右倾投降主义代表来看待的。

在距离陵墓五百米的地方，是陈独秀纪念馆。这所谓的"馆"实在是简陋不堪，也就是一座十分平常的院落而已。但在这个环境里，我还是看见了几件令人欣喜的东西，这便是先生的几封书札手迹。猛一看，以为是王羲之的。仲甫先生的书法无疑是师承王羲之的，得其神韵，这颇有点出乎我的意外。我以为字如其人，依照陈先生五四时期那种呼风唤雨、叱咤风云的气概，他的书法应该与怀素或者张旭接近。但是他爱的是王羲之，把力量藏在骨子里。我喜欢陈先生的书法，如同爱他的文章。八十年前先生写下的《敬告青年》至今读来还是那么有力亲切。

负责看护纪念馆的是一位姓蒋的青年。他大约二十五岁，生相清秀而腼腆，他说曾在中央电视台《读书时间》节目里看见过我，在《小说月报》上也读到过我的几篇小说，知道我是怀宁人。同行的叶卫东先生告诉我，小蒋自十八岁始就在这里工作了，实际上这里的工作也就是他一个人在忙。至少夜间是他一个人在这荒郊野外，陪伴着一代文化大师的亡灵。为此，他的女友与他分手了。听了这些，我异常地感动，却只能紧紧握住他的手说：谢谢你！谢谢你！

当日下午，我应安庆师范学院之邀，去为中文系的学生作一场题为《我的创作与地域文化》的讲座，我站在讲台上对同学们说了上午去拜谒陈独秀先生陵墓的感想。我记得我是这样说的："与仲甫先生比较，我们这些人实在是小杂碎而已。我有幸成为一个怀宁人，只为这块土地上出现过陈独秀。"

  这年的年底,我把在陈独秀先生陵墓前的留影收入到自己新出的一本书里,照片的下端有这样的题记——

  很少有人知道皖西南小县怀宁,但全世界都记住了陈独秀。2000年深秋,潘军回故里探亲,拜谒独秀先生墓。这是一个阳光明媚的早晨,墓园悄然无声,但先生至今活着。

2001年7月9日　合肥

徽州再记

刚刚获得奥斯卡最佳外语片奖的《卧虎藏龙》的第一个摇镜头，便是在这里拍摄的。这是宏村，位于安徽的黟县境内，因为这里有像西递、宏村、南坪这样的古村落，所以在上个世纪80年代之后，这里便成了所谓的影视基地。实际上也只是外景地而已。像以往的《贞女》和《菊豆》都是在这里完成的。

我虽为皖人，但去山清水秀的皖南，机会也还是不多的。大约去过三次吧。1985年春天，我因公去过休宁和歙县，那一次时间太紧，所以只能匆匆上了一趟齐云山，未能赶到近在咫尺的黟县看看。去年10月，我在南京参加"中国书市"期间，突然接到九汉天成集团总裁宋军先生的电话，说他们下属的文化公司将着手筹备《风》的拍摄。《风》是我的第二部长篇，在所谓先锋文学中，至今谈论它的人似乎还不少。但是把它改编成一部电视剧，其难度还是不小的。宋军在电话里对我说，希望我能担任这部片子的编导，他说："作品是你自己的，你应该清楚在哪里拍摄最合适。"于是我说："那应该在皖南。"《风》写于1991年，最初是由南京的《钟山》杂志连载的。去年我把它收进了花城出版社的《潘军实验作品集》中。写完这部小说我也随风而逝了，去了南方之南的海口，由此开始了漫长的自我放逐的生涯。当初写作《风》的时候，我眼前浮动的便是皖南的山山水水。其中的"青云山"无疑就是按着"齐云山"的蓝本拓下的。想起来这已经是十年前的事了，那时我的身影比现在实在轻捷得多。

比我年轻五岁的宋军却有将帅之才，他做人的坦诚与做事的干练，是我所钦佩的。几天后，宋军便带着一辆高级的丰田吉普由上海来到南京，我们与公司的两位副总刘昕、汪海潮一起，前往皖南。第一站便赶到了如今是黄山市政府所在地的屯溪。当天是个阴雨天，我们下榻在黄山大酒店。海潮是我在安徽大学时的同窗，曾在黄山市工作过，因此我们一行受到了很好的接待。听我父亲说，抗战时期屯溪也是大后方，号称"小上海"，有几所大学都迁移到了这里，报纸也有好几家，云集了不少知识分子。不过这痕迹现在似乎看不见了。屯溪的那条老街，修饰得有些过分，我们没有逗留。

次日一早，我们就去了黟县的宏村。如今像宏村这样的古村落是旅游的好景点，我们去的时候，已经有不少游人了。还有一些很年轻的美术院校的学生在这里进行写生练习。村民们大概做梦也不会想到，祖上遗下的旧房产，今天会给他们带来不小的财运。他们一边编织着传统的篾器，一边回答你的提问。一般都是说自己的祖上做过什么官，挣了多少钱，才置办出这等的家业。

实际上徽州的民居建筑并不能称作一派，像这种粉墙、黛瓦、马头墙的建筑，除了江西的婺源——明清时代的区划，徽州为"一府六县"，是包括婺源的——还有浙江的绍兴、乌镇以及上海边上的周庄，都是可以看见的。只是这些建筑在徽州相对集中一些，又加上这些村落点缀在明山秀水之间，因此构成了天然的画卷。徽州在地理上是一个独立的单元。南宋淳熙《新安志》云徽州是"山垠壤隔，民不染他俗"。概念中的徽州便是指黄山、白岳（齐云山）之间的这块水土。也有人把徽州看做楚文化与吴越文化的交汇点。其实，如果仔细观察，这些建筑风格还带有长安文化与中原文化的某些特点，这是因为古时连年的战乱造成大迁徙的结果。战争有时候也是文化交流与融合的一特殊渠道，倘若没有公元前4世纪开始的罗马帝国的扩张，那么也就很难形成以后罗马化的地中海文明了。

历史上徽州的商人是很有些名气的。这个事实，可以追溯到东晋，那时的徽州商人便在商场上有所作为了。及明清，已登峰造极。这些商人一般是在成家之后便出门做买卖，等到他们发了财，才衣锦还乡，置办房产。有的不能发达的，便走上了一条不归路。可怜的是他们那些留守在家侍奉公婆的媳妇，往往一等就是一辈子。有一首《黟山竹枝词》这样写道："少小离家动别愁，杭州约伴又苏州。妾心难逐郎心去，折柳年年到白头。"近看王振忠撰写的《徽州》，知道一位叫程凤娥的香闺淑媛，曾写过很多寄托相思之苦的诗词，这里录下几阕——

  竟日湘帘慵卷，窗外已来新燕。双袖倚雕栏，日暖风和人倦。人倦，人倦，独上画楼消遣。(《如梦令·春闺》)
  一点愁心指上弹，梅花羞带病中看，相怜早被湖山隔，空对孤灯带影残。情没绪，思无端，更深犹自倚朱栏，长空独有天边雁，为我勾留伴晓寒。(《鹧鸪天·有怀》)
  思漫漫，恨漫漫，无限离愁指上弹，翠被怯春寒。对栏杆、倚栏杆，一纸家书仔细看，函露语平安。(《长相思·信至》)

  这些词，无疑受到了李易安的影响，但刻画的却是女人真实的情怀。像"一纸家书仔细看"这样的句子，读来让人揪心。所以在徽州，今天四处可见一些牌坊，除了像歙县"许国天下坊"那种功德牌坊外，还有不少贞节牌坊，她们好似一道凄风苦雨中的风景树立在天地之间，那是对历史无言的诉说。

  徽州无疑是美的，她的美在于古朴与自然，在于人与自然的相融，也在于那些凄楚的故事与传说。我于是便从这秀美中看出了一些伤感来。所以后来我们到了南坪，看见他们把张艺谋拍摄《菊豆》时做的一些道具也陈列在古旧的宗祠里展示，便感到很可笑了。那不过是一堆五合板拼凑的、刷上颜色的摆设，搁在那儿似乎是对历史与文化的一种嘲弄。更糟的是大名鼎鼎的西递村，进去之后，你所看到的仿佛一个在旧背景下的跳蚤市场，那里的家家户户都在做一样的生意，兜售仿制的古董，街道被摊点堵塞，让人败了胃口。他们或许不知道，对历史的态度最可悲的便是人为的仿造。历史留给政治家的是经验与教训，而给予我们这些老百姓的唯有怀念。

  《徽州》一书开篇便记载了一个感人的故事，1960年的某日，一个耄耋之年的老人躺在台湾的病榻上，用家乡徽州绩溪的方言背诵杜甫的诗句："庾信生平最萧瑟，暮年诗赋动江关。"

  这个老人就是一代文化大师胡适。

2001 年 7 月 11 日 合肥

苏州三日

去年秋天,我在南京参加"中国书市"期间,曾抽空去苏州大学与中文系的学生们有过一次座谈。但是因为时间太紧,所以除了在一个上午,与林舟、荆歌到附近的网师园喝茶之外,就不能去其他地方看看了。苏州大学,民国之前一直称作东吴大学,老校园位于十梓街的东末,至今还保留着很好的旧建筑。那门楼上的题字与两侧的楹联"法天下完人,通古今之变",是翁同龢的手笔,称得上笔锋遒劲。那条不可多得的京杭大运河,就从学校中间通过,从而将学校划分成了新老两个区。我去的时候,正赶上了满园的桂花香,这是迟桂花,香气可谓沁人心脾。

第二天我就意犹未尽地去了徽州。当时我就在考虑,下一次,一定得留有充足的时间再来苏州,再住进这个"莘园"。因为我觉得,苏州这种地方很适合我这种闲云野鹤之人。

于是时间果然就有了。这一次,8月21日,我与朋友约好,乘火车由合肥直抵苏州。还是住进了"莘园",还是林舟与曾飞鸣去接我,翌日的晚上,我便去了飞鸣的家。他是一个酷爱金石的青年,把自己的书房命名为"吟红斋"。上一次,我也在此留下了一点东西,飞鸣如今已将它们装裱好。我来,似乎是来看望自己的孩子,心情还是有点激动。这天晚上我又起了画兴,一气作了几幅,飞鸣便为我临时治了几方闲章,此情此景,真可谓一唱一和,好不快哉。

在与苏州的朋友聚谈之余,我最大的兴趣还是在几处老街上逗留。看沿河的那些老房子和飞跨河面的小石桥,心情分外地宁静。唐代诗人杜荀鹤有一首五绝这样写道:"君到姑苏见,人家尽枕河。古宫闲地少,水巷小桥多。"白居易来苏州当过十七个月的刺史,也有一些关于苏州的诗文。其中有过这样的诗句:"阊间城碧铺秋草,乌鹊桥红带夕阳。处处楼前飘管吹，家家门外泊舟航。"如今"舟航"是难觅了，只是河流依旧。

第二天，我和我的朋友结伴而行去盘门。瑞光塔几经修葺，看上去还是很气派的。但是，旧时的痕迹却意外地淡了很多。倒是盘门还是保存很好，这是一个名副其实的瓮城，管辖水陆，是伍子胥为吴王阖闾所建。阖闾的墓，据说在虎丘。于是便自然想起那段鱼肠剑的传说来。虎丘可以作为苏州的标志，这应该是没有什么争议的。所谓"先见虎丘塔，晚见苏州城"。虎丘的海拔仅为三十四米，方圆也不足三百亩，实为一小丘。虎丘虽然没有王禹偁所言"万壑有声含晚籁，数峰无言立斜阳"那种气派，但也还是令这位宋代的诗人流连忘返——"尽把好峰藏寺里，不教幽境落人间。"从来都是"深山藏古寺"，而虎丘却是"山向寺中藏"。这便是虎丘的特色，它所营造的神秘与宁静，是别处不好替代的。走进虎丘，你会不知不觉地认为你是在悄然踏入历史的尘埃。这里有太多的典故与传说，也有太多的情踪与芳影。参天树木下你会感到，虎丘是读书讲经的好地方，是对弈论剑的好地方，自然也是谈情说爱的好地方。只可惜如今一辟为旅游景点，游者便形色各异，你尚未沉浸其中，便有大声的咳嗽在你身后响起，或者一个易拉罐滚过你的脚边。

看过"试剑石"和"千人石"，走过"白莲池"和"剑池"，在"真娘墓"前驻足，于"二仙亭"中歇息，最后注目的便是虎丘塔。虎丘塔原名云岩禅寺塔。据建筑学家刘敦桢考察，该塔始建于五代后周显德六年（959），至北宋建隆二年（961）竣工。算起来距今已有千余年。原先的塔是砖建楼阁式，结果千余年间经历了七次大火，烧没了踪迹。这个事实，可以从明代画家沈周的《虎丘十二景》和钱穀的《虎丘前山图》中得到证实。那时的虎丘塔不是今天的样子，倒与瑞光塔比较接近。历史上虎丘塔经过多次的修缮，其中以明崇祯十一年（1638）的工程最大，成为今天形式的基础。

这座著名的塔，我很小的时候就在电影、画报、邮票以及旅行袋上见到过。现在突然到了它的跟前，感觉上是既亲切又陌生。亲切，是因为我与它近了；陌生，是因为它与我近了。

历史上的苏州是出过许多英雄豪杰文人雅士的。而今，旧时的刀光剑影与风流韵事都烟飞灰灭了。我眼中的苏州是宁静的，还散发着几分旧体诗词的气息。苏州总能让人流连，让人期待着"下一次"。但是，我以为苏州还不是一个幽会的地方，倒是一个会友的好场所。上次来，我见到了诗人小海、小说家朱文颖和批评家季进博士。这次又见到了车前子和叶弥。最后一天晚上，我们去了一个朋友开的茶馆喝茶。那家茶馆的前面是书店，从陈列的书籍看，很对我们这样人的胃口。

　　回到合肥，我没落已久的心情开始转变，便乘兴作了几幅关于苏州的风景小品。如今装裱起来，悬于座右，孤芳自赏。惬意地看着这笔下的苏州，心里遂自然生出了一个理想：下一次如来苏州，我一定要带着我的女人，不住宾馆酒店，而是去老街上租一处民房。我们白天可以去菜市买菜，晚上可以下河沿洗衣。我不要"长安一片月，万户捣衣声"这样的盛景，我只要苏州的一点故事和记忆。

　　　　　　　　　　　　　　　　2001 年 7 月 16 日　合肥寓所

山水美人

关于杭州的西湖，大量诗词歌赋中，脍炙人口的恐怕还是苏轼的那首七绝："水光潋滟晴方好，山色空蒙雨亦奇。欲把西湖比西子，淡妆浓抹总相宜。"用林语堂的话说，这首诗是"公认为表现西湖最好的诗"。但我眼中西湖的美，似乎永远是一种凄美。这个感觉除了有《白娘子永镇雷峰塔》这样的伤感传说影响之外，还在于这片山水给我的初次印象就是如此。那一次，是在1993年的秋天，我由海口飞至杭州，从飞机上走下来，杭州的天气便陡然间阴沉了，不久下起了霏霏细雨。当晚，我和同行的朋友有意雇了一辆人力三轮车，让车夫沿着西湖边走了很长一段。我对身边的朋友说：你看，这应该就是我理想中的杭州与西湖了。

以后我每次去杭州，都会到这西湖的边上走走的。也许是因为对西湖的喜欢，去年我在《独白与手势》最后一部《红》里，着重写到了这个城市，并且在她的暧昧背景下杜撰了一个伤感的、似乎带有几分潮湿的爱情故事。小说发表后，有些朋友便问我，这个故事是否带有个人经验的色彩？我说，故事自然是虚构的。不过我又觉得，在如此的西湖边上，真该发生点什么来。我生在长江边，后来又到南海之滨的海口过了两年，再后来，在黄河边上的郑州又住了一段日子。这样，我的漂泊履历里，江、河、湖、海就差一个"湖"了。也许在以后的日子里，我会选择一个美丽的湖畔把自己安顿下来。倘若是，那就非西湖莫属了。

如今的城市与城市之间，越发像孪生兄弟，到处都是高楼大厦，到处都是玻璃幕墙，到处都是小汽车，连方言的界限都显得模糊了。好在杭州还有这一面西湖可以为她作证。正如郁达夫所言，"杭州的出名，一半是为了西湖"。最近一次去杭州，是在去年的9月1日。我和父母送小妹由浦东机场去洛杉矶，为了让母亲心情放松一点，当天的晚上便搭乘旅游列车赶到了杭州。朋友章勇去车站接我们，然后把我们安置在靠近西湖的市政府宾馆。这样，我每天都可以去西湖边上散步了。但那几日杭州正值高温，出门一见灼人炫目的白太阳，游湖的兴致也即刻败了。

西湖边上的茶楼，也是我所喜欢的。但所谓"龙井茶叶虎跑水"并非我的钟爱，我喜欢的还是乌龙。喝乌龙茶几乎是我每次去杭州的"自选项目"之一。西湖边上的那些茶楼很有情调，我以为就着香茗与朋友聊天，是人生一件快事。1998年，我去杭州领一份《东海》杂志的文学奖，同去的还有兆言、苏童、洪峰这些老朋友。那一次，我们大部分的时间都用于喝茶了。不过那次的地点是在钱塘江彼岸的之江大酒店，离西湖远了。前些日子我在网上邂逅了一位杭州朋友，说起她的城市，我便大谈了一番上茶楼喝乌龙茶的感受，那朋友便给我发来这样一句：你是懂得杭州的。你下次来，我请你喝最好的乌龙。我在北京的时候，曾经在牡丹园边上的"花园酒店"住过一些日子，那里的菜是杭州风味，什么三鲜芦笋、炝腰花、西湖醋鱼，做得都不错。但杭州的吃，我以为最好的还是"东坡肉"，因此到了杭州无论是谁做东，我都会点上这道菜。我的饮食，自觉是很农民的，但是也有着农民式的欢乐。

我这回到杭州，除了陪父母游玩，就是会会杭州的文学界的朋友。以后的几日，都是由《浙江作家报》的夏季风安排的。小夏是个热诚而机敏的青年，记得当初他去北京向我组稿时，还显得有些拘谨，但几句话一说，大家便成了朋友。除了小夏，我见到了张晓红、洪治纲、邹亮以及新结识的孙昌建、周君和孔亚雷。这其中，治纲与小孔是安徽人，而且小孔的父母都是我的旧友，这出乎我的意料，也让我格外高兴。仔细一想，又忽然觉得自己有些老了。

《江南》杂志社如今搬到了西湖边上的宝石山上。离开的前一日，晓红领我去见了二位主编张晓明与谢鲁渤。大家都是朋友，相见自然亲切。这委实一处办刊的好场所，闲下来，可以去外面走走，便可看见西湖上的断桥、苏堤与远处的保俶塔了。

回到合肥，在一个雨后的下午，我忽然有了作画的欲望。一边磨墨，一边想着宋神宗熙宁年间在杭州做通判的苏东坡来。想到了他那首七绝和苏堤。眼前幻化出这位性情放浪、才华横溢的诗人，与歌妓做伴泛舟西湖、对酒当歌的动人情景。那个时候，苏轼先生已经从"王安石变法"与丧妻阴影里走出来了,他已经续弦,但他还是把西湖看成了西子,他虽然为官,但眼中的并非江山美人,而是山水美人。仅此一点,他就和那些职业政治家们区别开来了。正如林语堂所言,"苏东坡与西湖是密不可分的"。他说:"西湖的诗情画意,非苏东坡的诗思不足以极其妙;苏东坡的诗思,非遇西湖的诗情画意不足尽其才。"在这样的遐想之中,我完成了这幅《西湖》。其实我至今没有见到过西湖的残荷,这笔下的,还是我心中的西湖,就像我印象里的杭州应该永远有一点点雨在头顶上那么轻慢地飘着。这样的时候,很自然地会想起"留得枯荷听雨声"这样的绝唱佳句了。

2001 年 7 月 19 日　合肥寓所

香山龙门

　　1992年春天我去海口时，最初的几日，由韩少功安排临时住在五公祠边上的海南作协客房。我在海口前后住了两年，经历了一场"泡沫经济"的兴衰全程。到了1994年的下半年，海口眼看着没什么戏了，便去了中原的郑州。本想在中原有所作为，但是我没有料到，这之后的两年时间却成了自己这辈子最为艰辛的岁月。似乎有一种先兆，我一到郑州就感冒了，并且以后经常爱患感冒，几乎一半的时间都在发着低烧。这里的风沙、水和羊肉烩面，都是我不能习惯的。南海怎么说还能给我一片蔚蓝色的梦幻，而黄河所赋予我的，除了艰难还是艰难。这样，在1996年的夏天，也是我决定离开中原的最后日子，我带着前来度暑假的女儿，去洛阳作一次仓促的旅游。我似乎是以这种方式来告别我的过去。

　　去洛阳，主要想看的是白香山墓和龙门石窟。这两个景点是连在一起的，位于伊水的两岸。伊水南北而贯，一桥连接东西。西岸是气势恢弘的龙门石窟，东岸则是清丽肃然的白香山墓。置身于这样的环境，压抑的心情便一下子开朗了。中国的石窟寺渊源于印度，据考，公元3世纪就已经传入，所以其早期的雕刻技法明显带有南亚次大陆犍陀罗艺术风格的痕迹。而至南北朝后，本土的精神才逐渐占了上风，化为中国式的佛教艺术，于盛唐之际登峰造极。龙门石窟现有的石窟雕像有一千多尊，但最为著名的，还是位于奉先寺内的大卢舍那像。奉先寺早已是一堆废墟了，音容笑貌犹存的是卢舍那。她是否经过修复，我不得而知。相传这位仪态从容、神情超凡的女佛形象是照着武则天的模子写生雕刻的，可我不相信，我觉得这美丽的形象应该源于一个乡村少女，这只有那个不知名的石匠心里明白。我羡慕他，他以这种伟大的方式留住了自己心中最好的女人。

我也羡慕安息对面香山的白乐天，中国历史上像他这样走运的文人很罕见。白老西儿生前就选在人间天堂的苏杭为官，且官至刺史，晚年又相中了这依山傍水的精舍隐居，活到七十五岁便长眠于香山之下，与一水之隔的卢舍那心有灵犀地相对而望。但是历史记载的这点实惠，后人未必是欣赏的，即使是今天，我想也没有人会对一个刺史敬礼，但所有的人都会对诗人白居易鞠躬。诗人最后还是活在了他的《长恨歌》和《琵琶行》里。这是诗人的方式，为的还是女人。这也正是我的羡慕所在。

　　那个黄昏，我徘徊在古代的石匠与诗人之间，风声乍起，伊人不再，眼前的香山伊水也随着我的心绪渐渐暗淡了去。我忽然想起，四年前我去海口，落脚的地方是苏东坡发配待过的五公祠，现在我欲归去，白香山的墓冢又成为最后纪念的背景，这仿佛就是一种难以破译的暗合。几年后的1999年，我把这种难以明了的感受写进了《独白与手势》的第二部《蓝》中。

2001年7月19日　合肥寓所

走马大连

《大连日报》的周立民先生约我为他主持的副刊开专栏,我答应做了。我们通了几次电话后,他便邀请我去大连看看。我说,去辽东半岛是我向往已久的一次旅行。9月23日夜,我由北京上车,翌日一早便抵达了大连市。立民举着写有我姓名的牌子已在门口等候了。他的形象,与我想象中的几乎没有区别,就是一个戴着眼镜、憨厚而不失机敏的书生。他领我住进了老虎滩边上的"渔监宾馆",它属于渔业监督局。渔监局局长孙颖士先生,平时爱写东西,与立民是好友,我们也可以称得上是一见如故。接着立民又给我介绍了一位朋友王莹女士,她是学俄语的,如今开着自己的公司,专门和俄罗斯、日本做边贸生意。立民说了我在大连的安排,说明天去开发区和金石滩,后天去旅顺,然后再是为大连海事大学作一场讲座。

和传说中一致,大连的确算得上美丽。我喜欢临海的城市,喜欢人少而清洁的城市,而大连正是这样的城市。大连的市区坐落在半坡上,地形常有不小的起伏。可能是这个原因,街上禁止骑自行车。这样也便于交通,走在街上你不会产生那种来自大都市的、令人厌倦的压抑感。如果你是沿着海滨环线散步,那感受一定是轻松而愉快的。你的面前是浩瀚的大海和点缀其间的棒槌岛——它几乎和月亮一样,跟着你走,不会轻易走出你的视野。大连的另一个特色是广场多,市区的广场大约有五六处。其中最著名也最广阔的是星海广场,有人估算过,说它比天安门广场还要大,不过这一点我没有看出来。

第二天离开市区,前往金石滩。那里的海很蓝,让我想起南国的亚龙湾。海水的蓝与金石滩高尔夫球场的绿构成了一个完美的天地,但是要住下便要花大把的银子。我不会玩这种有钱人的游戏,试了几杆,自然不会懂得其中的乐趣，只是觉得手酸。归来后，和《大连日报》的素素、董泉鹏、赵植萍、孙力等几位同人聚会，使这一天有了一个满意的结局。

　　城市虽美，但毕竟属于现代。对我这样的人，每到一地，感兴趣的还是历史遗留的尘埃。因此我对周立民说，把去旅顺的时间尽可能留得充分。这样，25日一早，王莹便驱车前来接我，她说计划中安排为一天时间。王莹是一个精明强干的女性，她的口头表达能力也很不俗，有时与你讨论问题，言辞还很激烈。我们开始往旅顺赶。其实大连与旅顺距离也就四十分钟的路程。我印象里"文革"期间，曾把这两个城市合在了一块儿，并称为旅大市，现在旅顺却划作大连的一个区了。王莹说，她在旅顺生活过多年，做导游是完全称职的。但说实话，我对以一天的时间来看旅顺，显得没有信心，所以也无心去作过细的观察，无非就是走马观花吧。登上白玉山，立在白玉塔下，收入眼底的是旅顺口的全貌。从前的硝烟只能从几张旧相片中看见。这里直觉上就是一个战略要塞，但在今天，似乎显得自作多情了。现代战争只是无所谓"兵家必争之地"的。那年老布什刮"沙漠风暴"，起用的指挥官是施瓦兹科夫将军，这个看上去臃肿不堪的近视眼胖子却是导弹硕士出身。用我一位朋友的话说，现代战争只是科学家们在实验室里按按电钮而已。所以后来我去"电岩炮台"，便感到一种极大的讽刺。然而正是这种可笑的观念把旅顺给害了，所以这个城市今天看起来还是那么陈旧，似乎一直在预备着让外来之敌炮轰。

　　旅顺的景点，可以看的还有一座"旅顺日俄监狱"。在这个监狱里曾经关押过朝鲜的爱国志士安重根，他的单间牢房还在那里，看上去像是重新修建的，感觉并不怎么艰苦，有点书房的味道。隔着窗户玻璃，我看见安重根留下的汉字书法楹联，字倒是很不错，但私下怀疑是仿制品。安重根因行刺日本国枢密院议长伊藤博文而为人所知。那是发生在1909年10月26日上午的故事，我小时候是看过关于这个事件的一部电影的，名字就叫《安重根击毙伊藤博文》。那以后我便记住了安重根这个名字。至于伊藤博文这个名字，是与中日甲午战争联系在一起的。1895年的4月17日，正是这个人与清政府的钦差大臣李鸿章签署了丧权辱国的《马关条约》。

我们最后到达的是位于城市西郊的苏军墓园。像这样肃穆整洁的墓园,在国内我是第一次见到。去年我在北京看见过翻译家高莽先生的一本关于俄罗斯墓园艺术的书,那里所描绘的,正是我之向往的。我和王莹口头有约,什么时候结伴去俄罗斯一趟,沿着伏尔加河作一次自助式的旅行。同时我想去拜谒普希金、托尔斯泰这样的文学巨匠的陵墓。

迎面看见的这尊苏军战士的雕塑,据说是按照最先冲进旅顺市的战士阿辽沙的形象写生塑造的,原先坐落在大连,现在移到了旅顺。搬迁工程十分烦琐,每一块汉白玉都是经过编号的。但从效果上看,这尊巨型的青铜雕像安置在这里,倒是非常合适。在他的后面,便是广阔的墓园了。这里安放的,是半个多世纪之前为打败日本法西斯而献出生命的苏联的红军和红海军官兵的遗骨。按照1944年的雅尔塔协定,当时斯大林承诺,苏军在彻底打败法西斯纳粹之后,便出兵中国的东北,与在这块土地上盘踞多年的日本侵略者作战。于是许多俄罗斯儿女便永久地留在了这辽东半岛上。我们一一看过这些不同规格的陵墓,凡是我觉得比较特殊的,我就请王莹为我翻译墓志铭。这些墓志铭都很简洁,但感情深厚。譬如"亲爱的萨沙,我们要离开了,你却留在这里,但我们会永远想念你"。这是战友的怀念。还有父母对孩子的怀念,那悼文是:"我的孩子,你安心地睡吧,有我们的看护,没有人会把你吵醒。"战后苏军并没有全部离开,其中有的留下来,帮助中国进行建设,他们一直生活工作到20世纪50年代中苏关系最阴冷的时期。

墓园是一种文化。它所营造的氛围是静谧而忧郁的,它散发着凄切的诗意,饱含宗教情怀。某种意义上,正如《西方艺术史》(雅克·德比奇等著)中所言:"宗教乃是使社会凝聚在一起的水泥。"很多时候,人活着是为了一种信仰,死后才会成为记忆。在这个墓园里,原先纪念碑的两侧都是雕塑,分别雕塑着红军和红海军的战士形象,他们放倒战旗,脱帽单腿下跪,向牺牲的战友致哀。雕塑的风格是现实主义的,带有古希腊艺术朴素优美的基质,让人联想起米隆的《掷铁饼者》以及后来的米开朗琪罗和罗丹。

我在大连还高兴地见到了两位同行,就是作家邓刚和孙惠芬。邓刚最近在电台开了个"作家热线",现场直播回答听众许多有趣的问题。这个节目在大连很火暴。孙惠芬的近作是她的长篇处女作《歇马山庄》,

外界反映不俗。还有一位女画家韩雪，她曾经为我的文章做过插图。最有意思的，是在大连海事大学的讲座上，我意外地遇见了一个小老乡，她是刚刚入学的新生，来自怀宁县三桥乡，与我的故乡石牌只有二十公里远。我在台上自我介绍，对着台下随口问道："这里面有安庆的学生吗？"话音未落，立刻就有一只手高举起来，大声说："有！"大家便热烈地鼓掌。后来照相的时候，我邀请她过来站在一起。那一刻，我倒是有点想念远在千里之外的亲人了。

2001 年 7 月 19 日　合肥寓所

梅 子 岭

　　1975年我高中毕业，正赶上一次规模宏大的征兵。因为我父亲是没有摘帽的右派，母亲便不让我报名。她说：你和人家不一样。那一次，我的许多同学都穿上了军装。剩下的大多数只有一条路，就是下乡当知青了。那个时候我们已经没有什么可狂热的了，知道去乡下是一桩顶倒霉的事，尽管县里照例面上做得热闹。出发前，县直机关单位还开了一个欢送会，我属于县剧团的，但那次只有我一个人下乡，加上剧团到外地演出去了，所以我这行队只有我一个人排着，很有点形影相吊的意思。
　　我去的地方叫平山公社，村子叫牌楼，当时唤作卫东生产队，距离县城不算远，只有十五里路，却是一个名副其实的山区。最初，我被安置在队屋的披屋里，那是一个低矮狭长的潮湿空间，堆放着乱七八糟的农具，里面隔出一块给我放床。那个屋子里只有朝北开着一扇两尺见方的窗户，还没有装玻璃，钉着一块化肥袋。下雨的时候，雨打在这"玻璃"上劈啪劈啪像炒豆似的。没有电，只能点煤油灯。每天晚上，我在灯下画画，老鼠便在我的周围乱窜。有一夜居然还蹿到了我的帐子外面，惊得我大学了一声猫叫。隔壁的正屋是队里开会的地方，其实也没有什么会可开，倒是谁家一死人，便陈放在这儿开追悼会，说鼓书。所以，当地人总把这儿唤作"鬼屋"。到了第二年的秋天，大队把散落在各生产队的八个知青都集中到了一起，办起了一个林场。新盖的知青宿舍坐落在梅子岭下的一个半坡上。八个知青恰好是四男四女，于是后来便引起了大队的警觉。他们派来了一个场长，那个人自认为自己的责任就是来监督知青的，言谈举止都含着敌意，很不让人喜欢。因此我烦他的时候，就去梅子岭上看看风景。梅子岭是平山公社与江镇公社的分界，不高，但异常陡峭。一条沙石公路从中间跌下来，来往的汽车往往需要人力推过岭去。特别是那些运货的板车。那时候车主会主动来找林场的知青推车，以馈赠一些酱油、糖、肥皂之类的东西给我们作为条件。

几年前，我写过一篇叫做《拥有炊烟的天空》的散文，说的就是这林场的事。这篇散文的调子是忧伤的，情感也一样忧伤。但是，如果今天拿大学四年和插队三年的生活相比，让我留恋的，还是农村的日子。农村的日子虽然艰苦，但自由。除了偶尔对未来的前途感到有些担忧外，似乎没有其他的压力。白天，男男女女在一起劳动，干着，聊着，并不感到怎么累。晚上大家打牌凑热闹，然后慢慢地开始了恋爱，就自然没有任何的寂寞了。1978年，我考取大学离开这里，不久，林场余下的知青也都相继离去了。此后，我就再也没有回来过。直到近二十年后的1997年，我回故里探亲，一位担任副县长的朋友来看我，问我可想去下面走走，我便接过话头说：那就陪我去一趟梅子岭吧！

那是个雨后的下午，通往梅子岭的路显得很干净，公路两旁摆满了雕刻好的墓碑坯子，这大概是农民们致富的活计。到了村口，我们把桑塔纳车停在一棵老槐树下。进村走了一圈，牌楼村没有太多的变化。奇怪的是，那个下午我没有遇见什么乡亲。后来见到一个年轻的媳妇，怀里抱着吃奶的孩子。我问她，可还记得有一个姓潘的知青？那媳妇说：是潘军吗？他在省里做事呢！但是她就是没有看出，现在与她说话的就是潘军。她记忆里那个姓潘的知青还是以前那个样子吗？那一刻，我的心情变得有些复杂，仔细一想，自己离开这里差不多已有二十年了！那个时候，我面前的这个媳妇恐怕也还在自己母亲的怀抱里吧？那间"鬼屋"还在，不过已经住上了另外的人家。后来，我又去了梅子岭下，去看当年知青们住过的房子。山坡上那排"明五暗十"的土房子，在历经二十年的风雨侵蚀后，显得更加朴实与苍老，它现在已是一座空巢，门上挂着一把巨大的锈锁。我透过灰尘密布的窗户看自己的那间屋子，里面的格局一点儿也没有变，包括我从前在壁上钉的那些钉子。但是，床、桌子、椅子都已经长满了暗绿色的青苔，我不知道这究竟是岁月的记录还是历史的痕迹，但我知道，这是我生命的烙印。

2001年8月11日　合肥寓所

滇行日记

2001 年 9 月 13 日，星期三，晴

　　下午 2 时 40 分，由北京乘海南航空的 585 航班飞往昆明，参加第十二届"中国书市"。去年的安排是在南京。天气很好，飞行过程始终平稳。这趟航班是包机，乘客都来自首都的出版单位。飞行三小时许，降落于昆明乌家坝机场。此乃我第一次到南陲。机场与市区靠得很近，仅为七公里，不久便抵达希桥酒店。这是一家四星级的酒店，但价格经过打折已经十分便宜。前年昆明举办"世博会"，盲目上了许多高档酒店，实在莫名其妙，如今入住率一直低迷，一般在两三成。

　　此次来滇，是应中国文联出版社之邀参加签名售书之类的促销活动。但我之目的，一是想看看老友王道平、汤许萍夫妇，二是想到一些少数民族地区走走，譬如大理、丽江等。行前已与道平通了电话。他说等书市结束，余下的就由他来安排了。

　　夜，王道平来接，去其宅，见其妻儿。道平现为国家审计总署驻昆明特派员。其子取名王岳之，颇学究味，方四岁，生相聪颖。我与道平夫妇既为同乡，也为同窗，多年朋友。1992 年我只身去海口，最初便是与他接触，一直对我照顾，此事当记。

9 月 14 日，星期四，晴

　　上午接受《云南日报》、《春城晚报》、《滇池晨报》、《中国图书商报》等几家媒体联合采访。这类活动，每到一地都会遇见，因此行前准备了一点个人资料，分发给记者，可以免谈许多。下午，四川人民出版社的汪弥、余其敏来，谈得甚好。自去年在"南京书市"经刘昕介绍与汪兄相见，便保持着联系。他对中国的宗教颇有研究，曾主持过《中国道教史》的编辑，近期又在介绍日本池田大作的著作。他也偏爱我的作品，说与村上春树相似。其实我至今也未读过村上的作品。小余系第一次见，她的本科就读于复旦大学哲学系。晚上，与刘昕等九汉公司员工相见。由他们策划操作的那套"中国当代小说名家珍藏版"在书市上反映很好。后，与汪弥、小余去"城市花园酒吧"会刘昕一行，谈及子夜。

昆明的夜晚景致很美，有大都市气派。但道路皆狭窄，不能与之匹配。

9月15日，星期五，晴

上午去云南省新华书店签名售书，效果尚可。其实这类活动，作家并不感兴趣。排队买书签名的，未必就是喜欢我作品的人。还是好奇者居多。但作家毕竟不是明星，作秀一回而已。在这个书店还可以见到我去年出的几本书，如《独白与手势》之《白》、《蓝》，《潘军实验作品集》等。中午接受云南广播电台采访。

下午，接受云南电视台专题采访。后去书市作匆匆浏览，见长江文艺出版社老板周百义、陈辉平等。晚上，云南文学界的海男请客，见李巍、于坚、谢有顺、秦巴子、李森、虹影、侯健飞等，遇何锐、黄祖康，后与刘昕去酒吧谈两小时许。

9月16日，星期六，晴

书市的任务已经完成。计划近日去大理、丽江一带。下午，李东亮来，其为"中国小说五十强"之操作者，同行有张明。后去歌舞厅玩一小时许即归。昆明歌舞厅的小姐已改名为"促销员"，颇有趣。

9月17日，星期日，晴

下午，道平派下属康力来接，去"世博园"。晚上，解放军文艺出版社社长黄国荣、编辑侯健飞请客，遇祝勇、陈川等人。席间谈及选题计划，遂建议编一套"第一人称"小说。后去"创库"茶社聊至10时。回酒店打点行装，明日下去。

9月18日，星期一，晴

一早，与康力直接奔赴丽江。车行三时至大理吃午饭，饭馆即在洱海边上，在此与家人通电话，感觉极好。再行三小时许，抵丽江时已近黄昏，依然去大研古城徜徉片刻，感觉中这个玉龙山下的纳西族的古城非常之好。古城建筑风格最初受益于"徽派"，因此还能看出与皖南那边的古民居有相似之处。丽江工行的吴灿华副行长、秘书和秀芬接待，晚上即到古城听"大研古乐"。该乐团为丽江居民组成，以耄耋老人居多，气氛盎然。主要组织者名宣科，自誉为"玉龙骄子"，年愈古稀，然性情似少年，公然自吹自擂，倒也可爱。舞台两侧的楹联云："曲奏阳春，弘扬国粹，玉龙骄子宣科呕心沥血；词吟白雪，大启人文，唐宋雅音古乐漂洋过海。"其实这所谓"纳西古乐"大致包含着两个部分。其一是作为《安魂曲》的"白沙细乐"，据说已濒于灭迹。现在的演出，依照的是1962年中国艺术研究院音乐研究所和丽江地区的音乐工作者所发掘整理的总谱。其二，是丽江的"洞经音乐"，自明清以来由中原传入丽江，便被奇迹般地保留下来。而实际上，中国的"洞经音乐"在唐时就已经达到很高的水准。像"经腔"《八卦》，据专家们研究论证，应该始于唐开元二十九年，即公元741年的2月。唐玄宗李隆基当时颁布了两部道乐，一为《霓裳羽衣舞曲》，一为《紫薇八卦舞曲》。前者早已失传，后者的音乐部分便是现在丽江的这个《八卦》。按照宣科先生的意思，一千二百多年前的音乐至今还"活"在了丽江。不过，我印象里这样的唐乐，其他一些地方，如川陕那一带也是有的。丽江有趣的并非整理者的高明，而是演奏者的别致——世界上没有这样的一支由老人组成的乐队。不过，丽江之行，由这样的一夜开始，应该是满意而归。

9月19日，星期二，晴

上午，由和秀芬做导游细看古城。参观"木府"——世代纳西族土司之豪宅，为近年投资所建，有"丽江紫禁城"之称谓。其实，据我观察，这是后人附会而成的景观。它的唯一依据是《徐霞客游记》中的那句话——"宫室之丽，拟于王者。"徐霞客到过丽江，并且和木氏土司私交甚好，旅行家那次回去，便是土司遣人用轿子抬送的。

后去丽江博物馆参观，与馆长李锡相见，其为和秀芬的表哥，为纳西族文化专家，通东巴文，面相忠厚。他读过我的小说。再去纳西族歌手和文光家吃午饭，围一火塘，席前由其母唱歌、做仪式，很有情调。饭后，写字作答。

去玉龙雪山。乘缆车索道上，地势陡峭，令人悚然。到达海拔四千六百米处，高山反应不是很明显，随身携带的氧气似乎多余。在玉龙雪山之巅可见世纪冰川，但雪迹已难觅。遇一澳洲家庭，女主人中文名梁虹，北京人，已在澳洲生活十多年。她的混血女儿才三岁多，极可爱。

从玉龙山下来，又去白水河，适值夕阳穿透云层，折射出道道光芒，映照苍山如黛。白水河边，有藏民和牦牛，用于游人照相留念。此地风光甚佳，可谓人间仙境也。黄昏，去玉水寨，与吴行长共进晚餐，最有情趣的是，自钓三文鱼一尾，然后食之。

9月20日，星期三，阴雨

上午10时，由丽江赴大理。一路天气多变，云雾弥漫，山道最不济时能见度为十米左右，风雨不时袭来。行三小时许，抵大理蝴蝶泉边。大理工行的副行长高建鹏等人来迎接。午饭后，即去洱海泛舟，上"南诏风情岛"观光。该岛投资约两亿元，但收入甚微，原因可能在于投资者混淆了"旅游"与"度假"的概念——中国人尚无力度假，于岛上建高级酒店便是自作多情了。

后去蝴蝶泉——这个景点实际上来源于一个文学的虚构，上世纪60年代有电影《五朵金花》风靡，于是便有这蝴蝶泉一说。行前我就琢磨，这"蝴蝶泉"莫非是郭沫若在1965年左右亲笔所题？一见，果然。至于那些关于"蝴蝶泉"的传说，疑为后人敷衍。泉边有许多年轻的白族姑娘，是来这里上班的，朝至夕去。她们五人一组，模拟"五朵金花"之造型来与游客合影，一次五元，每人得一元。

值得一看的还是大理三塔。这是大理乃至云南的标志。该塔始建于唐贞观年间，最后的修葺是在清乾隆时期。三塔并立，在我国尚属罕见。

大理的老街，多为今修，故看上去有极大隔膜。倒是那座古城门颇有气势，黄昏中与远处的苍山相衔接，实在壮观。

9月21日，星期四，晴

中午回昆明。下午，会陈家桥。此前田瑛已来电话介绍。家桥是安徽六安人，小说写得尚好，夜由家桥做东，喝了不少红酒。

9月22日，星期五，多云

早晨即起，由道平陪同去石林，距昆明约九十公里。石林乃天然奇观，感觉很好。今日游人不多，颇悠闲。"石林"二字，为从前"云南王"龙云所书，显然是师承了汉隶的风格。石林风光独特，但除了像撒尼族的"阿诗玛"这样肖拟的景观外，其他的一些命名显得没有分量。石林县政府应该在这里举行一个笔会，邀请一些文艺界人士来重新评估命名，相信这是一个好主意。

9月23日，星期六，多云

上午与道平谈，计划想以美籍奥地利人约瑟夫·洛克上个世纪20年代的丽江考察为线索，做一电影或电视剧。道平颇感兴趣。下午，在道平处写字，以送丽江、大理朋友。5时，奔赴昆明乌家坝机场，道平来送。飞机于6时半起飞，一小时后降落重庆江北机场。8时30分，重新起飞，10点降落于南京，江苏省国税局张备主任派车来接。宿国税局宾馆。

时间已晚，不打算再与江苏的朋友联系了。

9月24日，星期日，晴

上午10点半，由张备派车送回合肥。父母均好。中午回去看萌，孩子在一中情况也不错。由大理带来的民族风格的服装，她穿着十分好。后去先田处，给其外孙女带了一套白族的服装。记得萌在幼儿园时曾经穿过这样的衣服，很好看的。

处理手头一些杂事。云南之行，时虽短暂，然印象深刻。

到海口去
——听海笔记之一

　　1992年4月5日，清明节，合肥，一个阴晦的天气，凌晨5时即起，准备去骆岗机场。我已经计划去海南了。当时合肥和海口还没有直达的航班，我需要从广州转道。那个时候，我不满六岁的女儿尚在睡梦中。

　　麦克·道格拉斯82型飞机正点起飞，时间是8点15分。当飞机还在爬高的过程中，便可以看见硕大的巢湖像一面池塘似的嵌在地上。那一刻，我想到了我的父亲。我的祖籍实际上应该在这个巢湖边上。1962年，作为右派的父亲平反无望，被遣送回了老家——巢湖岸边一个叫做雷方武的小村子。父亲在那里劳教了十八年。现在他回来了，而我又要走了。

　　两小时后，飞机降落在广州白云机场。我在一个在穗服役的亲戚那里住了三日，于8日上午9时搭乘广州开往海口的"玉兰号"。这是一条很破旧的海船，但在当时似乎成了我的"诺亚方舟"。它将载着我去南海上的一个硕大的岛屿，一个真正脱离大陆的地方。我将在那里重新开始我的一切。大海苍茫，一望无际。白天的时候，人在海上是兴奋的，可是如果你是在半夜里起来看海，倾听着黑暗中汹涌的涛声，便强烈地感受到一种刻骨的恐惧。1997年，我重返海口拍摄电视剧《大陆人》时，这条即将停止使用的老船已成了我故事中的一个背景了。4月9日正午时分，"玉兰号"抵达了秀英港。在靠岸的前两个小时，我已经在海上尽情观赏了海口新型的建筑丰姿，那仿佛是我梦中的海市蜃楼，令我激动。那时我还没有意识到这其实是另一种疯狂。对这个岛屿的印象，我的记忆里较深的只有两点：少时看到的电影《红色娘子军》和几年前发生的"倒卖汽车"——关于后一个事实，不久我听见一个土著这样描述：那时的海口，只要有空地就会有汽车；你要是从直升机上往下看，海口就像是个麻将场，走私汽车摆得整整齐齐。我想，现在这副麻将应该是洗开了。

这种感觉当天晚上我就有了。我应邀出席了一个安徽老乡的聚会。他们先我一年或两年来到这个岛上，但做派已与以前有了很大的不同。看着他们大把地花钱以及和服务小姐随意地调笑，我似乎意识到，在这个地方，人的改变是很容易的。

我的第一个栖身地是位于五公祠边的海南作协的客房。是由作家韩少功替我安排的。在广州的时候，我给他去了电话，希望他能暂时给我找一个睡觉的地方。上岛后的当天下午，我便去了海南师院的教工宿舍看望了少功。这是我们第一次见面，却有一见如故之感。他当时可能对我在安徽的境遇略有所知，以为我此番出门只是散散心而已。于是很快用他的摩托车驮我去了五公祠。几年后，我请韩少功为我的一部小说集作序，他开篇就这样写道："那一年潘军为躲避政治压力南来"——书印出来后，政治压力换成了"某种压力"。

五公祠的环境十分幽雅。我住进了作协的客房。听少功说，这间屋子刚刚被北京的章德宁、岳建一夫妇使用过，他们是来海南旅游的。他们也是我多年的老友，失之交臂难免心里有些遗憾。我忽然想起，与《北京文学》这样的朋友刊物失去联系已经很久了。我不由得自问：我还会写作吗？难道我来这个岛上是为了写作？倘若不是，我又企图干什么？体验生活？自费旅游？那个瞬间，我的思绪很乱，对自己的这次离家远行显得茫然。那天晚上，我给合肥家中去了电话，而我只告诉妻子，自己已经到达了海口。而我的女儿却抢过话筒问道：爸爸，你什么时候回来呀？

我回答不了。我有的只是难过与刚刚发生的焦虑。

海口的夜是令人兴奋的。这个地处北纬二十度的岛屿一年里有十个月的日子是穿衬衫。夜来得很迟。与白天的烈日骄阳相比，海口的夜晚很舒服。由海面上刮来的风裹挟着椰子的清香，使你感到惬意。满街的椰子树、霓虹灯、高级轿车以及马来人的面孔，营造出类似异国他乡的情调。10点，是夜生活的开始。那些红男绿女便出没在纸醉金迷的娱乐场所。很多天后我在笔记中这样写道：海口的一天是从夜开始的。

在五公祠过了三天之后，作协的负责人找上门来。此人也是一个作家，尽管曾因抄袭而有过一次狼狈，但我还是对他礼貌有加，称他老师。然而这位老师第一次露面就显示出来者不善，他的谈话也远没有他的小说那么含蓄委婉，而是异常的明快。他希望我尽早离开这间客房，理由是他们很快要调人来，房子不够住。我很害羞地对他说，我只住几天。那人立即就问：几天？你最好说清楚。我说：三天。

面临着被人驱逐，我已没有了犹豫和杂念。当务之急是尽快找到一个安身之所。也许是个巧合，那天晚上我心烦意乱地翻着报纸，竟被一篇叫做《论投资环境的三维空间》的文章所吸引。作者王刚，生于1949年，黑龙江人，中国兴南集团公司总裁，高级经济师。我的直觉告诉我，这是一个值得交谈的人。于是第二天上午，我给王刚的办公室去了电话，接待我的是他的秘书小蔡。我在电话里简介了自己，并请他转告我的意见，希望王刚安排一次会谈。当天下午，小蔡便带车来五公祠接我，半小时后，我在王刚的办公室见到了他。这是一次十分快慰的会谈，我们至少交谈了三小时，话题也很宽泛。从东欧政局的变化到汤因比的《历史研究》，再到杰克·伦敦的《马丁·伊登》，我感到这个黑龙江人是值得信任的。他的谈话很有魅力。当谈话结束之后，我便成了兴南集团的一员——王刚希望我能在这里组建一个文化发展公司。现在想起来，我还是颇有感慨。那时的中国兴南集团公司真可谓人才济济，蒸蒸日上。谁也不会想到不到两年她就开始走下坡路了，以至垮掉。前些日子我和一位曾经在"兴南"的同事通电话，他说起不久前在杭州见到了王刚，说这个人的头发差不多全白了。对于王刚先生，他后来的遭遇实际上是一种悲哀。这种悲哀在于，作为一个学者型的老板，他面对的基本上都是些江湖老客，他那套缜密的思路只能运用在一个无序的商业环境里，犹如纸上谈兵，因此他的失败便在所难免。

我给韩少功去了电话，说要走了。他可能以为我要回到内地，便在晚上来到了我的住处，还带给我一条"红双喜"牌香烟，那意思显然是让我带着路上抽。可我告诉他，我暂时不打算离开海口，而且会一步跨到"海"里——我把去兴南公司的想法对他说了。我说，既然有人愿意为我搭一个台子，那么我就试试身手，看看自己除了写字还会不会干点别的。他抽着烟对我一笑，说：你以后还想写小说吗？我说那是自然，我怎么会不写呢？但我必须首先把自己养活，养到可以轻松地、没有任何负担地进行写作为止。

有一点很明确。我去海南是寻求另一种活法。我不是一个淘金者，而是不折不扣的流亡者。1990年春天我由安徽省委机关调到省文联，虽然满足了我的愿望，但这次调动实属"发配"性质，而且文联内部也没有一个具体的部门愿意收留我。于是我就像一只无人认领的包裹，临时在办公室"挂"了整整两年。那个时期，我和我妻子因为观念上的差异与性格上的不和，家庭关系随之也出现了阴冷。那时我想，自己真的该出一趟远门了。1992年春天，传来了邓小平南巡的消息，直觉告诉我，中国的政治形势将会发生一次重要的变化。虽然我不知道这种变化究竟会到什么程度，但相信无论是对国家还是个人，这都是一次机会。机会，意味着命运改变的可能性，我不能再有所迟疑。

兴南公司位于海南岛的人民大道西侧，离白沙门海滨不远。有很多的黄昏和夜晚，我独自散步去那儿。白沙门面对着琼州海峡，天气晴朗的时候可以看见海峡那边的雷州半岛。那是我国陆地南端的边缘，而我脚下的这个岛屿则是南方之南。看见了大陆，我就有了一种还没有彻底被抛弃的感觉。我的心还留在岸上。但同时我又在不断地提醒自己：既然这一步迈出了，我就不能轻易收回来。我负责的"蓝星文化公司"成立了，在那张宽大的写字台上，我曾经压着一个"不许掉头"的交通标志，尽管我内心是焦虑的。这种焦虑几乎贯穿了我在海口的日日夜夜，也贯穿在我一系列关于海口的小说里。这当然是几年后的事了。

我的宿舍靠近新港码头。有时候我也爱去那儿，通常是在夜间，很深的夜间。我喜欢凝视水面上渔船的倒影，喜欢看远处夜航的灯火。那样的时刻我显得格外清醒，海口不过是我一生漂泊的其中一个码头，人总不能在码头上睡上一辈子的。海口肯定不是我这只船最后的停泊地，但我没有想到自己会这么快就离开了这个码头。蓝星公司后来实际上是自给自足地在生存着，到了1994年春天，声势浩大的"宏观调控"开始了，海口的"泡沫经济"立刻就现出了原形。我在海口历时两年，亲眼目击了这场经济大潮的兴衰起落。我是一个看客,也是一个过客。这是一段不同寻常的经历。从这一天起,我的命运出现了根本转变,由此开始了漫长的也是曲折的自我放逐生涯……

2001 年 12 月 27 日　合肥寓所

避暑山庄

一个人一生中有很多向往的地方，避暑山庄就是其一。

2003年8月9日一早，我登上了T766次列车。承德，地处冀北山区，扼关内外之要冲，距北京180公里。虽然路途不算遥远，但很不好走，一路大小隧道有十几处。行四小时，才抵达城市。这是一个典型的山区城市，燕山山脉逶迤而来，围起了一块天然的盆地。一条武烈河东西而贯，城市就坐落在这河的两岸了。避暑山庄位于市区的北部。我下榻的兆龙饭店，就在它的西北边。那座著名的棒槌山不经意地就到了我的窗外。

从北京出来的人，到哪里都会觉得城市小。承德原来叫做热河，市区的面积不足三百平方公里。在1955年之前，这里还是热河省的省会。承德一名，始于雍正元年。其实康熙曾将满洲的发祥地奉天府的首邑（今沈阳）命名为承德，典出《周官》"六服群辟，罔不承德"。而雍正却在康熙八十诞辰之际，将热河直隶厅改置为承德直隶州。这一改变，民间的传说是，雍正想借此向社会表明自己的继位是奉天承运之真命天子，而非篡位之假皇帝。自此，热河又称承德。

去山庄，是在当日的上午。避暑山庄又称热河行宫，俗称承德离宫。它的来历，民间有一段精彩的传说。那是1701年的腊月，康熙前往遵化祭扫顺治孝陵，归途中在木兰牧场围场狩猎。这天康熙射了不少哨鹿，心情很好。但是，就在他即将结束之际，忽见草丛中跳出一只毛茸茸的小白兔。于是康熙弯弓一射，却是不中。再射，还是不中。康熙是"马上皇帝"，自幼习武练箭，有百步穿杨之功，而这一回竟是屡射不中。他觉得蹊跷，也感到窝囊，遂一路追赶那只活蹦乱跳的兔子，最后追过了广仁岭，那白兔居然不见了踪迹。康熙下马寻找，这时，他发现了一眼热气腾腾的温泉。康熙在这温泉里净了手，等他站起身子，回望四周，才觉得这四面环山中的是一块宝地。他蓦然意识到，原来那兔子是上天派来的使者，是专门带他来寻看这块宝地的。他感叹道：真宝地也！于是下达了建造"热河行宫"的旨意。

一座承德城，实际上是围绕着避暑山庄修建而成的，如同一块轻巧的石头落在静谧的湖面，泛起了层层涟漪。避暑山庄坐落在市区的北半部，占地面积五百六十四万平方公里，是我国现存规模最大的皇家园林。自康熙四十二年（1703）始建，至乾隆五十五年（1790）最后完工，历时八十七年。去年的春天，中国被一种叫做SARS的瘟疫所困扰，北京则成了疫情的中心。旅游业受损首当其冲，直到现在才把那种恐惧感消除。原以为这样的时候来看避暑山庄是极好的时机，但从丽正门走进去，还是人头攒动。丽正，取自《易经》"日月丽于天"，意为光明正大之门。北京的那座正阳门，在元大都时期，也曾叫丽正。这之后便到了内午门，迎面所见康熙所题"避暑山庄"藏泥贴金的匾额。我历来厌倦这样的旅游，也就站在很远的位置去注视着这著名的皇家园林。那座"淡泊敬诚"殿在我的眼前，比起北京的颐和园和故宫，它的朴素令我吃惊，这里没有雕梁画栋，没有金碧辉煌，甚至没有油漆。所有的木材均为楠木素身。这是1754年，乾隆修缮改建的。每逢阴雨时节，楠木的香气便弥漫在殿中。看来，皇帝也向往着淡泊的境界。因此，康熙将此殿命名为"淡泊敬诚"殿。殿的两侧，为清廷六部的办公场所。实际上，避暑山庄并非只是皇家休闲养身之所，它在规划中就有了政治机关的安排。从历史上看，这里曾经的政治事件是惊心动魄的。1860年第二次鸦片战争时期，咸丰皇帝逃难至此，并批准了丧权辱国的《中英北京条约》、《中法北京条约》和《中俄北京条约》。最著名的，还是西太后叶赫那拉氏在此一手策划了祺祥政变。

我没有在宫殿区逗留，而是径直去了湖区。那湖，总的称谓叫塞湖。大约是暗含了"塞外江南"的意蕴。那湖宛如缩小的杭州西湖，沿湖一带，有着一些庭台楼阁，基本上是江南名胜的仿造。那芝径云堤让人联想到西湖的苏堤，沧浪屿显然模仿着苏州的沧浪亭，文津阁则是宁波天一阁的摹本。皇帝身在塞外，心却向往着江南。他需要圆自己的一个梦，抑或是为了对江南的回忆有一个载体，不愿凭空想象。但是，这些建筑业已失去了历史的痕迹，基本上属于仿造和重建之物，因此我的兴趣就顿时减去了很多。倒是那一湖的荷花让我们心动，不禁想起杨万里著名的诗句"接天莲叶无穷碧，映日荷花别样红"。

已经很久没有见过如此灿烂的荷花了。不久前的一日，我在北京的一处市场意外地买到了几枝荷花，带回寓所。那一刻我忽然觉得，这清水而出的荷才是我对花卉的最爱。现在，我的船已经接近了这片荷花，看着翠绿的荷叶上滚动着的清碧晶莹的水珠，看着亭亭玉立的荷花，正合了皇帝"烟波致爽"的感觉，犹如画里行走。乾隆有诗云："亭亭写照镜池宽，徽露承晖意未阑。应是葩仙具神解，每留颜色待人看。"而康熙的手笔更大，他在题三十六景中"曲水荷香"中这样写道："荷气参差远益清，兰亭曲水亦虚名。八珍旨酒前贤戒，空设流觞金玉羹。"

在湖上荡漾着近一个小时，正待上岸，忽然飘来了一阵太阳雨。那是真正的太阳雨，淋洒在身上竟有几分凉意，仿佛预示着秋的临近。

不久，暮色袭来，游客也相继散去。那一霎时，山庄陡然安静了下来。有轻微的风声从林中响起，然后似乎在湖面上集合，向空中扩散开了。成为云烟。离开山庄之际，我从灌木丛中采集了两枚叶子作为纪念。那是一对相连的心形叶子，我不知道它是何种植物，但我深知它是最好的纪念。夜很快就来了。山里的气温有了明显的下降，我似乎第一次领略到了秋意。望着窗外月下那座棒槌山的剪影，耳边仿佛响着武烈河的水声，思想的却是过去发生在这块神奇的土地上的传说与故事。那时，皇帝如果从水上来，将在这里走下码头。在水上要行十三天。那码头上的情形一定是十分壮观的。今天的承德人依旧怀念着康熙大帝。在市中心的街区，耸立着康熙骑马得胜归来的雕塑。那种气势让我想起圣彼得堡街头的那座彼得大帝的青铜雕象。据导游介绍，避暑山庄的旅游收入占整个承德市的80%，在当地流传着这样的话语：吃康、花乾、念崔——原卫生部部长崔月犁，是他帮助承德创出了知名的品牌"露露"。市民们这样的表述让我感觉出"康乾盛世"的余韵，但历史上，是没有一个好皇帝的。

翌日一早，我先去了双塔山。此山位于市区西部郊外10公里，远远望去，只见一座山峦之上有两峰兀立，形如双塔。而这两柱山的顶部，也都建有一座墓塔。这里的山势只有海拔488米，而实际的高度只有70

米。名曰为山，实际成岭。拾阶而上，因此走起来很轻松。不到一刻钟，我们便登上了峰顶。那兀立的双塔，我感觉是一种自然风化的造物。那一年唐山地震时，落下了一块砖，经专家鉴定，出自辽代。这峰巅上的建筑，是怎样建造的？我暗自想着，觉得先前这里不该是这个样子的，而是一个完整的山顶。等那两尊建筑落成后的某一日，山体突然发生了崩塌，才形成现在这样的形态。眼前群山起伏，感受到紫气东来，滦水河逶迤东去，久居京城的那种疲惫与困顿，顷刻间都得到了消解。

游罢双塔山，再去普宁寺。到过承德的人都会将避暑山庄和"外八庙"相提并论。在围绕着山庄修建的这些庙宇中，最负盛名的便是这座普宁寺。该寺建于乾隆二十年，即1755年，这一年，清政府平定了准葛尔部达瓦齐的叛乱，十月，乾隆在避暑山庄接见了厄鲁特蒙古四部的上层贵族，龙心大悦的乾隆遂下谕"依西藏三摩耶庙之式"建造普宁寺以示纪念。

我去的时候，那里正在举行藏传佛教的法事，号角齐鸣，锣鼓喧天。主持这场法事的，是几位年轻的喇嘛，盛装打扮，俨然肃穆。普宁寺因为拥有当今世界上最大的木雕佛像而又名大佛寺。这里供奉着千手千眼的观世音菩萨。这尊佛像高22.28米，腰围15米，重110吨。比例匀称，雕刻精美。我仰望着她的面部，她是那样的端庄与安详。这时，我听见身边的一个姑娘轻声说：她不仅是大慈的，也是大悲的，你看，她的眼角还挂着晶莹的泪珠呢！这感觉是准确的。因此这尊大佛在我眼中染上了人间烟火。我凝视着她，然后，我跪下，双手合十，虔诚地顶礼膜拜。

2004年2月22日　北京寓所

山水不是风景

《江南》的谢鲁渤、张晓红二学兄来电话，要我在杂志的封三上贴点东西，说是展示，实际是补白。于是选了这张《鱼鹰曲》。这幅画作于十二年前，那时我三十六岁，是本命之年。画上的情形并非写生，但也不是凭空杜撰。1989年春天，我的第一部长篇小说《日晕》刚刚发表，就有一家电视台想改编为电视剧，并且邀请我本人担任编剧和导演。这样，我带着摄影师、美工师去了皖南的徽州看外景。明人汤显祖有句"一生奇绝处，无梦到徽州"。而我则是第三次去徽州了，第一站，便到了古城歙县。到过歙县的人，都记得那里有著名的棠樾牌坊群和造型独特的许国石坊，但我最喜欢的是古镇渔梁。所以那几日，一有空我就到镇上转悠。

渔梁镇位于县城的西端，依着一条浅浅的清溪，最终汇入新安江。溪上有一道渔梁坝，异常的古朴，始建于隋。每天黄昏，当地的居民都去石坝上淘米、洗菜、洗衣裳。妇女们挥动着棒槌，一边说着私房话。那年的春天似乎显得有些烦躁，不到4月，孩子们就已光着屁股在河里洗澡了。渔夫们都回家喝酒了，溪边，只留着鱼鹰们在守着那一叶舟子。见到这一刻时，我觉得格外地宁静，心想渔歌不唱晚的时候，也是很好。

在徽州忙碌了一阵，国家的形势突然出现了变化，我的电视剧自然就停歇了。但是这一次的徽州之行却沉在了记忆深处，直到几年后的一个半夜将它唤醒。那时候我已经去了南方的海口，开始了自我放逐式的生活。我从大陆跑到了一个岛屿上，有一种被遗弃的感觉，心中郁闷，思念着刚满六岁的女儿。于是掌灯磨墨，作起了这记忆里的山水，然而这笔下的山水已不是风景了。它所寄托的，是我的向往与情怀。一个漂泊者是洒脱的，但同时又是疲惫的；是自由的，也是孤独的。我向往择水而居，向往清静与安宁，更向往像画中的两只鱼鹰那样，与人相识为伴，心心相印，但若即若离。

我母亲姓潘，父亲姓雷，这两个姓氏都包含着水和田。或许是这种无法破译的安排，我此生的漂泊都离不开水。我出生在长江边上，后来去了海边，再后来又去了黄河之滨。江、河、湖、海，独缺一湖，那么这幅《鱼鹰曲》发表在这《江南》之上，也算是表达了我对西湖的爱慕之心了。正如郁达夫所言，杭州的出名，一半是为了西湖。去年到乌镇领取《小说月报》的"百花奖"，又在杭州停留，一日去西湖边看重建后的雷峰塔，不禁被那塔前的自动扶梯和塔内的观光电梯所愕，不知道是进了商场还是住了星级酒店，扭头便走了。

白居易当年调离杭州，似乎大不情愿，于是便写下"未能抛得杭州去，一半勾留是此湖"，这是真情实感。杭州给予我好感的，也是那一面水。

2004 年 10 月 13 日　合肥

往西沙

1991年,我在中篇小说《流动的沙滩》中,面对大海曾经有这样的表述:陆地之于大海也是岛屿。这句话,着意刻画的是人类的孤独。在今天,我们虽处在一个喧嚣浮动、日益繁华的世界,但到处都是孤独的灵魂。

很多年了,没有亲近过大海。

然而机会不期而至。10月的一天,我接到老友田瑛的电话,说他们的《花城》杂志社和农业部南海区渔政渔港监督管理局谈好了,打算联合举办一个"西沙笔会",邀我参加。"这机会可是比出国还珍贵啊,"老田在电话里这样说,"你就是有钱也未必去得了,那是前线,得报中央军委批准呢。"我却答应得有些迟疑,我说今年是我的本命年啊,我不想坐飞机。但是到了临近报到的日期,我还是动心了,我想看看一些老朋友,想看看海。于是10月25日,我乘火车由北京长途奔袭,翌日的下午抵达了广州。一出站,就见到了田瑛那熟悉的身影。一打听,这次笔会还真来了不少朋友:北村、吕新、阿来、阎连科、李洱、欧阳黔森,以及广州的郭小东、伊始、熊育群、盛可以和魏微。加上《花城》杂志社的田瑛、林宋瑜、朱燕玲、申霞艳,这一行够壮观了。

在广州休整一日,其实也没有闲着。刚躺下,渔政局南沙处的处长何一骏就带着文房四宝前来索字了。于是就写,一气写了好几幅,分送给新朋友。局长吴壮是一位身材修长挺拔的男人,很热情,也很豪爽。他要求我给他写上"爱国爱海",说:"我要把它挂到办公室里。"翌日,全体人员随"中国渔政"302号船驶出了珠江口,直奔南海宽阔的怀抱。行前,吴壮局长请我们喝壮行酒,他满怀激情地高歌一曲:在那云飞浪卷的西沙岛上……

我们将在三十个小时之后抵达目的地——西沙群岛的主岛永兴岛。

但是天有不测风云，我们刚过万山群岛，就得到了台风的预报。原定航线被迫取消，我们只能顺着陆地外围的近海绕道而行，一路下锚。每到一地，我们都要上岛看看。我感觉，这些岛屿过去几年应该是非常繁华的，现在却显得萧条了。一些酒楼、歌厅和发廊都相继倒闭了。船上的教导员蔡称告诉我，渔民"返贫"的现象很普遍。直到四天后的11月1日，气象预报说台风已转向北部湾，于是，我们将经过十五个小时的顶浪航行，直逼西沙了。短暂的搁置使大家获得了兴奋，然后起锚不久，我们就经受了此生最大的风浪，我问过船长和大副，那应该是八级浪吧？

装有减摇鳍的302船，虽然可以一定程度地摆脱航行的左右摇晃，但面对顶浪航行的前后颠簸也是一筹莫展。船在剧烈地摇晃着，一部分人开始晕船了，呕吐声此起彼伏。舷窗外的天一下被海水淹没，一下又露出一线。海水是黑色的，像墨汁一样，凭此推算，这里的深度应该是在三千米之上。三千米，这是怎样的概念？

我抚着舱壁去了甲板。

天开始转黑，大海茫茫，连一只鸟也看不见。飞溅的浪花不时打在我的面颊，一种伴随着恐惧感的孤独围在了我的身边。是的，那时刻我感到孤独。是孤独，不是寂寞。人的寂寞源自肉体，而孤独发自心灵。这些年来，我总感觉自己在被种种带有恐惧感的孤独追逐着，陌生的注视、突兀的敲门、无端的气象变化，成为白日的噩梦。我已经不习惯独自出门远行了。然而这一回的南海之行，对我实行了一次拯救。久违了，没有见过像302号船员这样可信的面孔与坦荡的欢乐。和他们度过的每一天都让我感到不打折扣的幸福。

翌日下午，永兴岛的轮廓呈现在我的视野中。西沙到了。眼前的西沙与我记忆里的西沙不一样，与歌声中的西沙也不一样，它无疑是美丽的，但更多的是一种世纪沧桑。我们登岛了，一位战士小周热情地告诉我，他是我的老乡，也是我的读者，刚读过我的《死刑报告》。这让我感到高兴。大家首先去了石岛，那里的风光是我这辈子见到的最壮阔的景色之一。但我不想流连，我更愿意回到302船，和水手们继续顶风破浪，那时候我想到的是：恐惧的对面就是爱。

2005年12月11日　北京

旅美纪行

2011 年 12 月 15 日（星期四，晴转阴）

北京时间 22 点，乘中国国际航空公司 CA983 航班，由北京首都国际机场 T3 航站楼出发，前往彼岸的美国洛杉矶，看望女儿潘萌。飞机晚点半小时起飞。由于订的是商务舱，故飞行过程颇感舒适。航线则是由海拉尔出境，经堪察加半岛、白令海峡和国际日期变更线，再经阿留申群岛、加拿大温哥华，之后沿美国西海岸一路飞抵目的地。经过近 12 小时的飞行，于美国西部时间 15 日 17 点 40 分抵达洛杉矶国际机场。飞机降落之际，看到地上汪洋一片灯火，让人惊异。

出关后便见到潘萌。刚刚一场大雨过去，把城市洗刷得十分清新。坐在女儿驾驶的车上，陡然感觉她确实已经长大了。潘萌三年前来此地求学，在查普曼大学电影学院攻读编剧专业硕士学位，现已毕业，在一家电影公司供职，从事国际电影发行，同时为《环球银幕》做特派记者。

潘萌租住的公寓，位于洛杉矶东部的帕萨迪纳（Pasadena），这是一个环境十分优美且安逸的小城。其实，洛杉矶就是这样的结构，地理上整个大洛杉矶地区包含 5 个县郡 131 个小城市，仅洛杉矶县就有 88 个。美国是一个移民国家，洛杉矶更是移民中的移民，这里的人口不足千万，但使用 224 种语言。

我的两个妹妹潘莉和潘微也是这个城市的居民，她们已经定居 10 多年了。由于时间已晚，便电话约好明天见面。

后，去附近的一家"避风塘"饭店用餐，感觉人还是在中国大陆。

2011 年 12 月 16 日（星期五，晴）

洛杉矶这个城市，除了市中心（downtown）那一块有一些高楼大厦外，其他地方大都是低层建筑，这或许与洛杉矶是地震多发地区有关吧。帕萨迪纳有几条商业街，更多的是独立的私人住宅，一般为独栋的平房和二层的小楼，和环绕周围的树木一样，千姿百态。这里的空气十分好，气候类似中国的昆明地区，四季如春，冬季特别舒服。

似乎没有时差问题。一早起来，便到附近散步，街上安静异常，鸟语花香。突出的感觉就是人少，悠闲便油然而生，于是怎么着都像是在度假了。

下午，好友蔡广伟带我去相邻的另一个小城圣马力诺（San Marino）游玩。这里是洛杉矶的富人区，住宅建筑更为雅致。著名的加州理工学院就在附近，还有美国铁路大王亨廷顿的私家庄园，现在已辟为亨廷顿图书馆（The Huntington Library），也时常作为好莱坞的外景地。

晚上，潘莉和潘微两家人共同为我们接风，地点在全统广场的一个上海馆子。其实距离我们上回见面也就三个月，但这次毕竟是我来探亲了。她们把我上次送的书画作品装裱好了，看上去还不错。

2011 年 12 月 17 日（星期六，晴）

来洛杉矶自然要去好莱坞看看。没有想象的那么辉煌。那条"星光大道"边上，都是一些装扮成当红电影角色的业余演员，和游人合影，以赚取小费。

这里突出的建筑是两座剧院。"中国剧院"，1926 年由被称为"好莱坞先生"的著名剧院经营者格劳曼投资兴建，是美国最为豪华的剧场之一。站在这座华丽的舞台面前，遐想当年那些伟大的演出，都已烟消云散。剧院门前的那些明星的脚印、手模和签名，又能带给我们多少的回忆？不禁想起唐人崔颢的那首著名诗篇——"昔人已乘黄鹤去，此地空余黄鹤楼。黄鹤一去不复返，白云千载空悠悠。"

"中国剧院"和邻近的"柯达剧院"一样，先后是历届奥斯卡颁奖典礼的举办场所。但是两个月前，拥有 131 年历史的伊士曼柯达公司已经宣布提交破产申请，消息一经传出，全球哗然，其股票大跌 68%。电影的胶片时代即将宣告结束，美国政府已经决定从2014年起全面停止上映胶片拍摄的电影，目的是为了环保。于是，像柯达这样的百年老店就只能坐等破产了。

听潘萌说，柯达公司破产后，接手这家剧院的将是国际声学巨头杜比实验室，用不了几个远，这座"柯达剧院"就该正式更名为"杜比剧院"了。

2011年12月18日（星期日，晴）

查普曼大学（Chapman University），位于洛杉矶南部的橘郡（Orange County）。该校创办于1861年，是加州久负盛名的一座私立大学。学校不大，但环境优雅，吉祥物是一头彪悍的黑豹。道奇电影学院则是查普曼的王牌学院，教师队伍不乏奥斯卡和金球奖得主。在这里攻读电影的年轻人，能享受世界上最好的电影教育。潘萌是幸运的，三年前她成为该院编剧专业招收的第一名亚洲学生，也是整个电影学院录取的第一个中国人。今年夏天她获得了MFA艺术学硕士学位。

摄影专业的小张来自西安，是潘萌的好友。他带领我们参观了教室、剪辑房、后期工作间、摄影棚。他说这里的调光调色设备，在全世界都是一流的。

在教学楼前的小广场上，我还看见了潘萌的一位不久前去世的教授汤姆·麦凯维斯的纪念牌，很小的一块铜牌，镶嵌在汤姆平时喜欢坐的椅子面前，上面写着这样一行字——"这里是我们敬爱的汤姆·曼凯维斯教授经常休息的地方"。汤姆是受人尊敬的，而曼凯维斯家族更是好莱坞的名门望族，他的父亲约瑟夫·L·麦克维斯，是著名的电影导演，曾因编剧并导演《彗星美人》和《三妻艳史》，两度荣膺奥斯卡编剧和导演奖；他的叔叔赫尔曼·J·曼凯维斯则是《公民凯恩》的编剧之一。然而汤姆本人却不愿意沾父亲和家族的光，他独自闯荡去了东部的纽约，最初还当过约翰·韦恩的私人助理。最终打拼出了一条属于自己的道路，他是《卡桑德拉大桥》和《超人》的编剧，另外还写了两部《007》。

由于潘萌是查普曼电影学院编剧专业唯一的亚洲学生，因此很为汤姆看重。她说，最初因为语言和文化的差异而困惑时，汤姆总是给她以父亲般的鼓励。而现在，我只能坐在汤姆生前坐过的椅子上，默默为他祈祷。

　　离开查普曼大学，我们前去拜访潘萌当初的房东莎容太太。她今年60，身材保持得犹如一位少妇。而且她还是一位善谈的老太太。我们之间进行着愉快的交谈，潘萌充当翻译。我们感谢她对潘萌的关怀。后来，莎容太太还提前送给了潘萌一份圣诞礼物——一条手工编织的毛线毯子，她编织了四个多月，令我们十分感动。

　　是夜，突然得知朝鲜领导人金正日逝世的消息，颇感意外。

2011年12月19日（星期一，晴）

　　帕萨迪纳最大的便利，就是逛街方便。出门没几步，就到了街上。然而这街上又远远不是中国式的热闹，一眼望去，行人寥寥。上午逛街，顺便到苹果店买了一台ipad。

　　之后，到一家叫作Gold Class的豪华电影院看了马丁·西科塞斯的3D新片《雨果》，剧场很好，可以躺倒观看电影，还可以喝饮料、吃小点心。但是这部电影我并不喜欢，感觉就是为了展现一下3D的视觉效果而已。最近，好莱坞把一些影片陆续转成了3D，如《狮子王》和即将上映的《泰坦尼克号》，看来又能大赚其钱。好莱坞的导演有一点让我琢磨，他们内心，其实是没有什么立场的，比如说斯皮尔伯格，既能拍《辛德勒的名单》，也能拍《侏罗纪公园》，他们没有恒定的坚守，更多的是顺势而为。这与欧洲像基耶洛夫斯基、拉兹·冯·特艾尔这样的导演对创作原则的痴心不改，绝然不同。或许是因为这个，我一向不太喜欢美国导演，喜欢的是好莱坞造就的那种专业性。

2011年12月20日（星期二，晴）

　　午饭后，前往环球影城（Universal Studio）参观游览，潘萌曾在此实习。环球公司现为美国八大电影公司之一，实力雄厚，新作迭出。论资历，仅次于派拉蒙。影城围绕着环球公司开发了一些游览参观项目，游人乘坐游览车前往参观，其中最为引人注目的是4D的电影《金刚》片段，十几分钟的时间，让人身临其境，连身上都能溅到雨水，十分刺激。再就是一些特技场面，如火车出轨、汽车爆炸、山洪暴发、飞机失事等。还有一些模型摄影，如《大白鲨》和《金刚》中的几场水景，就是在不大的水池里用模型按比例完成的，效果十分震撼。相比之下，中国电影仅在制作方面，差距还是很大，不完全是因为钱，更多的是专业要求。李安曾说，在好莱坞拍片最大的享受就是你能想其所想，人家都能很快做到，让你满意。

回来后在网上看了斯皮尔伯格的新作《战马》，感觉他一直是在两个方面犹豫不定，是渲染一战的气氛，还是紧扣人马关系？结果想兼而有之他还是没有做得完美。对于一个导演，舍得放弃或许就意味着更多获得。

2011年12月21日（星期三，晴）

下午，随老蔡前往贝弗利山转悠，后去圣莫尼卡海边看日落。这是我第一次在太平洋上看日落，站在栈桥上，眼前波涛汹涌，太阳逐渐下沉，直到被海洋淹没，飞鸟环绕，涛声依旧。想想，大洋彼岸便是我的祖国，心情瞬间复杂起来。在海边逗留很久，天黑才归。

晚上，和潘萌讨论一部关于海外留学生题材的电视剧思路提纲，她打算根据自己的留学经历写出来，题目暂时叫《洛杉矶没有冬季》或者《新留学时代》。

2011年12月22日（星期四，晴）

今天开始自驾去北加州旅行。

租了一辆奔驰SUV350。走出洛杉矶，上了5号洲际高速，便是一马平川的美国中西部千里大平原，天高云白，视野无比开阔，从未见过如此之大的平原。沿途所见，村落皆秀丽。驱车七小时，第一站到达旧金山附近的卡里斯托加市，主要是参观纳帕谷（Napa Valley），这里是加州葡萄酒的主要产地，与法国波尔多毫不逊色。潘萌说，导演弗朗西斯·福特·科波拉就在此投资做了一个酒庄，产品就以自己的名字命名。这位曾经拍摄过著名的《教父》和《现代启示录》的大导演，如今却做起了酒庄老板，感觉是在过着一种隐居的生活。或许，是因为他的接力棒已经交给了女儿索菲亚·科波拉了吧？

晚上，宿切尔西花园酒店，这里其实就是一个乡村花园别墅，室内有壁炉，摆放着一些工艺品，很有情调。坐了一天车，夜晚出来走走，感觉天上的星星格外明亮。这是我在美国乡村渡过的第一个夜晚,一个十分美好的夜晚。

2011 年 12 月 23 日（星期五,晴）

纳帕谷地理形态上其实应该是丘陵,而气候则近似地中海,这里的阳光、空气和土壤都十分适宜葡萄的生长。去酒庄的路上,几乎到处可见葡萄园地,只是现在不是丰收的季节。

第一个酒庄,名字我记不清了,是 19 世纪创下的,至今有 150 多年历史。酒庄的主题是一座古堡,奇怪的是,古堡大门上的铸铁标志竟是一只龙的图腾,但又不完全像是中国的,身上有翅膀。《易经》上有"飞龙在天"一说,如何解释？酒庄的解说员很热情,也很幽默,带着我们一路参观一路品酒。后来我给他画了一张速写像,他高兴得说,要用镜框永久保存起来。

后一酒庄叫贝林哲（Beringer Vineyards）。1868 年德国人雅各布·贝林哲意外地发现了这片加州土地,便拉着他的哥哥一起开始了有趣的酿酒生涯,一时名声鹊起。美国电影《云中漫步》就是在这里拍摄的,但是我们的讲解人,也是创始人的后人,一个叫乔伊的青年,却对此一事件只字不提。他们的骄傲是他们酿的酒。

2011 年 12 月 24 日（星期六,晴）

结束了纳帕之旅,便向旧金山进发了。

旧金山,英文表述是圣弗兰西斯科（San Francisco）,美国当地的华人还是习惯叫三藩市,这是粤语的音译。旧金山这个名字形成于 19 世纪中叶的淘金热,当时这里被形容为"金山",后来,澳洲的墨尔本发现了更大的金矿,因此便改称为"旧金山"了。

这是一座依山傍海的城市,城市的街道起伏不定,坡度之大令人难以想象,简直可以用险要来形容。车从那处著名的"九曲花街"盘旋而下,让我惊出一身冷汗。我们下榻于市中心的诺博山酒店。这是一家建于 1906 年的百年酒店,小巧玲珑,内部有一些历史遗迹和陈设。

今夜是平安夜,所以后来就去联合广场看了一会。和洛杉矶相比,这里明显寒冷了许多,让你感到是在冬季。美国人的圣诞树搭建得十分讲究，也很漂亮。

2011年12月25日（星期日，多云转晴）

圣诞快乐！

潘萌是基督徒，上午便随她去圣玛丽教堂作礼拜。教堂由著名华裔建筑师贝聿铭设计，完全是现代造型，主体抽象为十字架。据说从飞机上俯瞰，也还是十字架。像这样的教堂，我是第一回看见，很震撼。

平生第一次礼拜，整个仪式下来，感到内心很温暖。后来又去了市政厅，看见一个乞丐在林肯塑像边上举着牌子抗议，没有人管他。

下午去金门大桥游览。这座竣工于1937年的世界著名悬索大桥，以前在电影里见过多次，现在近在眼前，更觉气势雄伟。登上附近山坡，大桥雄峙于金门海峡之上，一览旧金山远景，海天一色，港湾逶迤，确为人间好景致。但这座大桥也是全世界最为著名的自杀地点，自她落成以来，至少有1000人将这里选作人生终点。

离开金门大桥，又去渔人码头。渔人早已了无踪迹，码头也演变成了商业娱乐场所。游船林立，魔鬼岛在望，形状也似一艘搁浅的大船。游者络绎不绝，水鸟皆不惧，更有一群海狮，躺在光天化日之下享受阳光沐浴。一个以小丑模样表演杂耍的演员，高超演技博得众人阵阵喝彩。我在此还买了一条短裤，居然是一面美国国旗，颇感惊讶，但这就是美国！

晚上，在大桥剧院看了张艺谋的新片《金陵十三钗》，说是为了参赛奥斯卡所进行的"点映"，与我的期待差距不小，这里不多说。

2011年12月26日（星期一，阴）

天阴，早上还带有细雨。于是便趁这湿润去看艺术宫。其实艺术宫已经没有艺术品了，剩下的就是这座仿照古罗马废墟风格的建筑。这座建筑是为1915年巴拿马万国博览会而盖，由建筑师梅贝克设计。之后，又往市区看了嬉皮士的发源地的海特街，再就是卡斯楚，著名的同性恋街区。满街都是彩虹旗，即使是年迈的同性伴侣，上街也大都是手牵着手。或许正是在这样的意义上，旧金山被称作美国西海岸的纽约，这里曾引领了各种激进的文化思潮。

中午在唐人街附近的一家中餐馆用餐，地道的上海菜。唐人街很杂乱，地上也四处可见烟蒂，感觉不舒服。倒是有一座女性的铜像，让人怦然心动。我告诉女儿，你应该认识她。女儿点点头，说依稀记得，那时我三岁。

下午，去旧金山附近的斯坦福大学（Stanford University）参观，这座创建于1885年的大学，由著名建筑师弗莱德里克·欧姆斯泰设计，一律采用17世纪西班牙传道堂式的建筑风格，土黄色的石墙红瓦，拱廊相接，看上去庄重朴素，壁垒森严。斯坦福大学的最大创举，应该是上个世纪60年代将1000英亩的校园土地资源，以极其低廉的价格租借给了像柯达、通用电气、洛克希德、惠普这样的知名企业，开辟了科技工业园区，不仅大大缓解了学校的财政危机，还使得教学和科研、生产一体化。正是在这个基础上，诞生了伟大的"硅谷"。今天的斯坦福被誉为"西岸的哈佛"，有人说，哈弗代表了美国的人文精神，而斯坦福则代表了美国的经济精神。她的校训只有简单的一句话——自由之风永远吹拂。

2011年12月27日（星期二，晴）

离开旧金山向洛杉矶折返，走的是被称为"世界上最美丽的公路"的加州沿海1号公路，全程1000多英里，沿美国西海岸蜿蜒而下，大部分都是在半山腰间行驶，脚下就是太平洋。虽然陡峭惊险，但沿途景致让人流连。尤其是从蒙特雷到卡梅尔，是一条17英里的风景线，海水蓝得惊人。

美丽的卡梅尔是坐落在蒙特雷半岛上的一座精美海滨小镇。早在100年前，她就吸引了众多的作家和艺术家。据说，斯坦贝克便在此完成了不朽之作《愤怒的葡萄》，而张大千也曾于1969年间在此居住，将其寓所命名为"可以居"。著名影星、导演伊斯科伍德曾在这里就任镇长，至今一些商店里还挂着他的素描肖像。在美国经济大萧条时期，一批艺术家候鸟一般来到这里修生养息，创作作品。百余年过去，今天的卡梅尔美丽依旧，不过四千户的居民，依山面海，优雅而宁静，街上四处可见画廊和工艺品商店，散发出波西米亚式的风情，堪称世外桃源。

晚上，宿"西部最佳"（Best Western）酒店。这是一家临海的连锁酒店，太平洋的涛声如远雷，此起彼伏。

2011年12月28日（星期三，晴）

继续沿着沿海1号公路向南行驶，一路都是山道，直到晚上，到达圣芭芭拉县一个叫索尔万（Solvang）的小镇。1911年，几名来自丹麦的教师相中了这块地方，便决定在此拓土建房，遂引来他的众乡亲。小镇常住人口迄今只有5000来人，其中三分之二是丹麦移民，故俗称"丹麦小镇"。我们在此下榻。之后，去一个台湾人开的中餐馆用餐，这里的中餐实际上早已经过了改良，味道不纯正。

2011年12月29日（星期四，晴）

既然称作丹麦小镇，自然尽是北欧风情。街上的建筑都属北欧风格，商店里出售的，也是丹麦的工艺品。镇内还专门建有几座风车。尤其是一座丹麦著名童话作家安徒生的铜像，让人恍然觉得此刻是真的到了哥本哈根。回想这一路，从纳帕谷到卡梅尔，再到索尔万，不由让我感慨。洛杉矶、旧金山的大楼和北京、上海的大楼看不出任何差别，但中国的农村和美国的乡村的差距至少是50年！这才是真正的差距，也是致命的差距。

午饭后即开车往洛杉矶方向，由沿海1号公路转向10号洲际公路。晚8时，抵达洛杉矶，正是万家灯火。

2011年12月30日（星期五，晴）

在洛城住一晚，便又马不停蹄地往内华达州的拉斯维加斯（Las Vegas）出发。西部荒凉一片，满眼皆是戈壁滩。去的路上，先顺道看了那座著名的胡佛大坝。此坝位于亚利桑那州和内华达州的交界处的黑峡山谷，是治理科罗拉多河的一项重大水利枢纽工程，1931年动工，5年后建成，以美国第31位总统赫伯特·C·胡佛的名字命名。大坝高220米，底宽200米，气势雄伟。这座拱门式人工大坝是打开拉斯维加斯的一把钥匙，因为她的存在，才促成日后沙漠中奇迹的诞生。

先是一马平川，但是到了最后，在加州和内华达州的交界处，出现了大堵车。看来，去赌城过年的还真是不少。好不容易我们进入了拉斯维加斯，灯红酒绿，赌城的奢华难以想象！这里的豪华酒店第一层都是赌场，四方赌客云集。我们下榻著名的凯撒皇宫大酒店（Caesars Palacr），住在21层，赌城美丽而疯狂的夜景尽收眼底。

2011年12月31日（星期六，晴）

在赌城游览，一步一景。可以说全世界每个国家都有人集中在这个沙漠中的奇迹之城，来欢度2012年新年的到来。随着夜幕降临，花灯初上，街上人客逐渐多了起来，不同的肤色，秀尽奇装异服。美国的安保工作很严密，但不扰民。天上有直升飞机巡逻，地面上对几条大路由军人实行了临时封锁管制，禁止汽车入内。晚12点整，全城的大酒店齐放烟火，满街人头攒动，欢声如浪，一些街头乐队开始演唱，把岁末庆典推向了高潮……

2012年1月1日（星期日，晴）

新年第一天，我们驱车前往西部大峡谷参观。从赌城到大峡谷，路程为3个小时，还算方便。大峡谷的风光，先前只是在电影和画册里见过，如今与她面对，便觉得是地球奇观。她像一幅版画巨制横陈眼前，万条沟壑如刀劈斧削，错落有致，触目惊心。华人金先生修建的那座玻璃走廊，先前也在电视上见过，现在真的踏上去，心下还真是惊恐慌乱，低头一看，脚下便是万丈深渊！

晚上回赌城玩"21点"，这种赌法，英文称作"黑杰克"（Black Jack），大约在1700年前后由法国人发明，自从1931年内华达州宣布赌博为合法游戏，便由美国风靡到全世界。至于为什么叫"黑杰克"，我上网查过，没有满意回答。总不至于是一个叫杰克的黑人发明的吧？今夜为我发牌的就是一位黑人青年，非常和善。最后赢了四百美金而归。

2012年1月5日（星期四，晴）

从拉斯维加斯回来之后休息了几日。

下午，潘莉驾车接我到她家，几年前他们在一个叫喜瑞都（Cerritos）的小城买了房子，是一座独栋的平房，很宽敞。潘莉1994年秋赴美，迄今已有18年，当初我陪父母去上海为她送行的情形犹如目下。她如今已是南加大科技中心的高管人员，丈夫小倪正创业开办一个考试培训班，女儿米雪儿已上 9 年级，这孩子很聪明，平时爱好也很广泛，学钢琴、小提琴和小号，还是学校女排的队员，司自由人一职。在客房里，摆放着父母的照片和我们兄妹四人 30 年前和外婆的合影，不禁感到一阵忧伤。如果母亲还健在，和父亲一起来住上些日子，那该多好！

2012 年 1 月 8 日（星期日，晴）

小微的家在 Long Beach 的海边公寓，房子不大，却是一处风景胜地，站在凉台上就能看见太平洋。小微的丈夫尼尔是美国人，为了接待了我们，独自在家里做了一些功课，看了很多关于中国的画册。我们一起用了午餐，后在海边游览，这里有一处很好的高尔夫球场。尼尔为我们准备了湖人队和曼菲斯灰熊队的球票，但他本人却不喜欢湖人队，因为他在纽约生活了多年，喜欢的球队仍然是尼克斯，无论它今天的排名如否。

晚上，去市中心湖人队主场斯台普斯中心体育馆，观看湖人与孟菲斯灰熊队的比赛。观众座无虚席，赛前全体起立，由一位女歌手独唱美国国歌。今晚湖人队都是第一首发阵容，科比领衔，开始优势明显，但最后却是险胜。

第一次走近洛杉矶的 downtown，与国内的大都市相比，这里明显少了一些商业门面，街上很冷清，似乎只是作为一些大金融机构的办事处。

2012 年 1 月 11 日（星期三，晴）

潘萌今日请假，陪我们去参观了著名的盖蒂艺术中心（Getty Center）。这座现代的艺术宫殿坐落在圣莫妮卡山脉的一处悬崖之上。由美国石油大亨保罗·盖蒂投资兴建。出自著名建筑设计师理查德·迈耶之手的盖蒂中心，是一座花园式的艺术宫殿，收藏陈列包括梵高、安格尔这样大师的作品达五万多件，还有一些中世纪以来的重要文献手稿，是洛杉矶重要的人文景观。在这里，可以鸟瞰洛杉矶的全貌。只是时间仓促，不能仔细参观一些艺术展览。

后，去海边城市圣莫尼卡。再次临近太平洋看日落。然后去一家"鲍勃和阿甘虾店"用餐，这个连锁店源自电影《阿甘正传》，本是一个虚构的情节，但硬是让美国人变成了现实，生意极好。

入夜的圣莫尼卡十分优美，街头也开始热闹起来，不少人在街上卖唱，其中一个披着长头发的男青年玩打击乐，一个人支撑，仿佛就是一支庞大的乐队。其实，与其说这些人是为了赚钱，还不如说是在自我表现甚至是自我发泄。这就是美国，一个充分给你自由的国家。

2012 年 1 月 13 日（星期五，晴）

晚上，尼尔的父亲杰瑞在老中国城请我们吃饭。老人今年八十八岁，却还能自己驾车，很是健旺，也很幽默，说我们的名字里都含着一个"J"，就是缘分。他是一个"二战"老兵，1943 年曾在尼泊尔服役，属于美国空军的地勤部队，负责气象观测。战争结束后，杰瑞成为一名注册会计师，他的一些客户还是好莱坞的制片人和明星。

今天，是台湾大选的日子。从上午八时起，选民开始投票。我一直在电脑前观看凤凰网的直播。台湾的民主制度，是全世界华人的骄傲。国民党候选人马英九一路领先，最后以多出民进党候选人蔡英文八十万张选票胜出，获得连任。民进党虽败选，但蔡英文最后发出的声音还是让我感动。蔡说：台湾不能没有反对的声音，不能没有政治的制衡力量。

2012 年 1 月 14 日（星期六，晴）

潘萌留学几年，在洛杉矶结交了一些同行朋友。比如安娜，一位来自山东的女性电影人，做过奥利弗·斯通的副导演，她的老公是洛杉矶一家电影后期特效公司的老板，曾为《独立日》、《星球大战》这样的大片担任后期特效制作。几天前我们去参观，大开眼界。另一位是北京人张大星，与好莱坞的一些功夫明星很熟悉，也促成了很多合作。

晚上，随潘萌去一座山上的张大星家，据说这间屋子原来是一处修道院。这里临时凑成了一个 patio，来者皆为洛杉矶的华人影视人，但感觉这些人发展得都不尽人意，处于苦苦挣扎阶段。倒是大星本人给我的印象挺好，显得从容淡定。我们谈了某些题材的合作意向，但感觉距离实际操作还很遥远。美国人很实际，不会轻易去充当第一，但绝对要争当第二。也就是说，你得先干出成绩来我才能信赖你。比如说来自台湾的青年导演林诣彬（Justin Lin），就是因为一部在圣丹斯电影节上的独立电影而引起了环球公司的关注，然后就让他接手一气拍了三部《速度与激情》，票房大卖。

回来的路上，我对潘萌说，我在北京能挣到钱，但做不成事；可这些人在洛杉矶连钱也挣不到。但是，这些人为什么会选择留下？潘萌随口一句，他们在这里很自在，不会受人欺负。这让我想起陈丹青说过的一句话，他说初来纽约，街上迎面而来的都是一张张没有受过欺负的脸。

2012 年 1 月 15 日（星期日，晴）

今天自驾去加州最南端的城市圣地亚哥（San Diego）。从洛杉矶到圣地亚哥，路程不过两小时，下午四时便抵达，下榻海湾一家不错的四星级酒店。从这里可以清晰地看见停泊在码头上退役的航空母舰"中途岛号"以及美国海军第三舰队母港。那座久负盛名的"胜利之吻"巨大雕塑也尽收眼底。

位于美国和墨西哥接壤的圣地亚哥，是一座美丽的海滨城市，整洁，优雅，安静中透露出繁华。倘若人生在此定居，当是很好选择。

"金球奖"今日揭晓，赢家是伊朗影片《分居风波》。

2012 年 1 月 16 日（星期一，阴转晴）

早晨下了一场细雨，将城市清洗干净。今天是美国的"马丁·路德金日"，是国定假期。

参观"中途岛号"航空母舰，兴趣盎然！这艘以中途岛海战命名的航母，在 1945 年日本宣布无条件投降的一个月后服役，先后参加过韩战和越战，也多次参与中东的战事。1993 年退役后，由美国海军捐献给民间机构，建成了一个旅游场所。而我们眼下却正在将前苏联淘汰下来的"瓦良格"进行改装，准备投入使用。今天的中国综合国力不是已经空前提高了吗？没有自己的航母，又岂能保护自己的领海主权？近期南海形势紧张，主权又岂能总是宣示？

随后，乘游轮参观美国海军第三舰队基地，近距离观看那些停泊在海边的各种舰只，气势恢宏。但两艘主力航母"里根号"和"斯坦尼斯号"都已离开母港前去执行任务，其中"斯坦尼斯号"目前正游曳于海湾地区，显然是为了震慑伊朗。感觉是对伊朗的战争一触即发。

晚上，返回洛杉矶。

2012 年 1 月 21 日（星期六，阴转晴）

昨天再次入住潘莉家——今年我们决定和大陆同步过年，抛掉时差，今天便是除夕了。昨夜睡在客房，这里供奉着母亲的遗像。难得陪她老人一回，却是夜不能寐。半夜里，天降大雨——这是我到洛杉矶来所下的第二场雨；第一场，是在我们的飞机降落前的两小时。

一早起来，先为母亲上香，摆上供果。上午小微开车赶来，我们兄妹三人一起去超市采购年货。洛杉矶华人多，尤其是台湾人经营的"大华超市"，华人的生活用品很是丰富。下午，我们分别和父亲通电话问候。老人今年已是86高龄了，却还是惦记着想来美国旅游。我曾征求过医生意见，答复是这个年纪的人最好不能出远门。

晚上，济济一堂，先是举行了一个冷餐会，之后是吃饺子，气氛十分热烈。饭后，还搓起了麻将，真是久违了。

我打算春节后去东海岸看看，让潘萌替我在网上订购了往返机票。

2012 年 1 月 24 日（星期二，晴）

一早即起，匆忙用过早餐，便由潘萌开车送我去洛杉矶国际机场。这是我第一次独自搭乘美国的飞机，是大陆航空公司的航班。行前已经和纽约的好友李庆红通了电话。原本潘萌给李庆红带了一套化妆品，但被机场安检拒绝。候机过程中结识一位来自甘肃的张军锋先生，此人是学生物化学的，北京大学毕业，20几年前来到洛杉矶，现在南加大的医学院当教授。他向我推荐了他的一位龚姓同学的自传体小说《自从有了你》，是写一个母亲16年抚育一个病儿的刻骨经历。张先生希望我能看看此书，并改编为影视作品。我们约好回洛杉矶就此谈一次。

10点30分，飞机起飞。这次搭乘的是波音757型飞机，虽然没有来时的747舒适，但能体验一下美国飞机上的生活，倒也很惬意。5个半小时后，飞机降落在纽约的纽瓦克机场，这时已经是美国东部时间晚上6点40分了。一出机场，便见到了庆红。后去看了她的寓所，就在哈德逊河的边上，对岸就是曼哈顿，风景甚好！

2012 年 1 月 25 日（星期三，晴）

　　18 年前，我和李庆红是海南一家大公司的同事。当时我是下面一家文化公司的总经理，她是总裁的秘书，如今想起这些，唯一的感受就是时间如流水，不知不觉中淌过了 18 年。那是我们生命中最好的 18 年。

　　上午，由庆红陪同去逛曼哈顿。一个纽约，值得看的实际上就是一个曼哈顿。我们沿着哈德逊河走到地铁站，很快就到了曼哈顿。和印象里一样，到处都是高楼大厦，鳞次栉比。于是先去了帝国大厦观光，再去第 5 大道和第 6 大道，看看洛克菲勒中心，看看时代广场以及 MOMA 当代艺术馆，在这里，见到了梵高、莫奈、马蒂斯、毕加索、达利等大师们的原作，真是激动不已！

　　后来，又去中央公园散步，在曼哈顿这种寸土寸金的地方，却有这样一大片为老百姓建造的公园，实在难得。这座公园的设计者就是我前面提到的那位弗莱德里克·欧姆斯泰。据说麦当娜和伍迪·艾伦这样的人就住在这附近最昂贵的某座公寓里，偶尔黄昏时出来遛狗。中央公园安放着像哥伦布这样人物的铜像，令人肃然起敬，他们几乎每个人手中不是持有一支笔，便抱有一本书，因为他们书写了美国历史。

　　从中央公园出来，便再乘地铁去曼哈顿的南端，看看布鲁克林大桥。然后最后的结果是，身在这座大桥，却只能观看不远处的曼哈顿大桥，时已黄昏，哈德逊河一片落日余晖，不时有海鸟掠过。

　　晚饭由庆红的朋友周莲在韩国城宴请，她是苏州人，爱好文学，也是最早出现的网络写手，大家一起谈得很愉快。

　　一天走下来，很累，也很兴奋。计划后天，独自随旅游团去费城和华盛顿那边看看。

2012 年 1 月 26 日（星期四，阴雨）

　　昨天半夜开始下雨，直到今天还是淅淅沥沥。午饭后直接去大都市博物馆，计划一天就泡在这里。但一天的时间显然不够，值得一看的艺术珍宝实在是目不暇接，从古希腊、古埃及的雕塑、陶器到欧洲文艺复兴以来的绘画，看不够！与昨天的 MOMA 当代艺术馆相比，这里的展品更为丰富。当你再次和梵高、莫奈、塞尚、毕加索、毕莎罗、雷诺阿、德加、高更这些仰慕已久的大师作品面对面时，你会感到温暖，仿佛就是在倾听大师们的教诲。

只是因为时间关系，其他的展馆不能一一细看。在中国馆里，看到了傅抱石的一个画展。

大都会博物馆，是纽约给我最好的记忆。

2012 年 1 月 27 日（星期五，阴雨转晴）

依旧天阴有雨。一早即随"天马"旅行社出发，这是唐人街一家华人开设的旅行社，前去旅行的也基本上都是华人。第一站到宾夕法尼亚州的费城，参观的是独立宫和"自由钟"。离开费城，天始放晴，蓝天白云，比纽约也暖和不少。中午是在马里兰州的一个小镇用餐，下午3点抵达华盛顿特区，当车进入城市边缘，我看见天空上两架武装直升机护送着"海军一号"——奥巴马从戴维营度假回来了。

作为美国首都的华盛顿特区大气而庄重，尤其是以华盛顿纪念碑为中心的公园一带，更是气势恢宏。之后参观了林肯纪念堂和杰弗逊纪念堂，远远看了一下白宫，让我流连的却是两座关于战争的纪念碑：韩战和越战。

韩战纪念碑由两个元素组成，其一，是一群士兵雕塑，按照当时的战场情况，布置成"搜索前进"的形态；其二，是一面黑色的大理石墙，上面以素描的方式镌刻着众多参战官兵的形象，这些都是以照片为依据的真实人物。当你与他们面对时，黑色大理石的镜面便将你的影子反映其中，好像这个瞬间你与他们溶为了一体。其时正是夕阳西下，映在纪念碑上的余晖仿佛是那场战争尚未熄灭的硝烟和战火……这种设计可谓独具匠心！

越战纪念碑则十分抽象，它位于林肯纪念堂和华盛顿纪念碑之间的空旷地带，像一本打开的沉重书籍，上面刻有 57000 多名阵亡官兵和失踪者的真实姓名。1980 年，美国国会批准兴建越战纪念碑的提议，美国建筑师协会便向社会公开征集设计稿。最后，在 1421 件设计方案中，编号为 1026 的设计稿脱颖而出，成为首选。难以想象的是，这件作品竟出自一位华裔女建筑师之手，她的名字叫林璎，当时是耶鲁大学建筑系的四年级的学生，21 岁。尽管这个设计方案一直伴随着争议，但最后还是得以兴建。这座气势磅礴的建筑作品,独特之处在于彻底颠覆的"纪念碑"的意义——不是拔地而起,反而将建筑整体置于水平面之下的位置,形成一道黑色的、呈 V 字形的花岗岩墙。这让我不禁联想到二战期间,英国首相温斯顿·丘吉尔那个著名的"V"字手势,那代表着胜利;而眼前林璎的这个横陈于地下的"V"字,则让我看见了一次彻底的失败。我不知道林璎女士是否认同我的看法,但有一点应该没有疑义,那就是历史书的意向。"当你沿着斜坡而下,"林璎曾这样说道,"望着两面黑得发亮的花岗岩墙体,犹如在阅读一本讲述越战历史的书。"

中国大陆在介绍林璎时,总会提及一个事实,即她的姑姑是林徽因,姑父是梁思成,二人都是中国著名的建筑设计师,其实 1955 年林徽因去世时,林璎还没有出生。或许血缘就是如此的神奇吧,作为民国才女和美女的林徽因最后的建筑作品,便是 1952 年在丈夫梁思成的主持之下,参与设计的人民英雄纪念碑,至今树立在中国首都北京的天安门广场。整整 30 年后的 1982 年,他们的侄女林璎在美国首都华盛顿的广场,向全世界呈现了她的不朽之作——越战纪念碑。

2012 年 1 月 28 日(星期六,晴)

华盛顿特区的"黄河话剧团",不久前演出了我的话剧《合同婚姻》,反应据说不错。本想和他们见面聊聊,但因时间关系还是取消了。

一早前去国会山庄参观。随着美国导游,我们进入到这座著名建筑的内部,仿佛走进了一部正在打开的美国历史。之后,参观了美国的航空、航天博物馆,也是大开眼界。从全世界所有的飞机到今天的航天器,应有尽有,人家不保密,就像我在圣地亚哥军港参观,看不见一个站岗的哨兵。

离开华盛顿,最后去的地方是马里兰州的巴尔的摩,这是一座安静美丽的海滨城市,明珠海港一带可以说是美不胜收。

傍晚,回到纽约。

2012 年 1 月 29 日(星期日,晴)

来到世贸中心"911 纪念碑"面前,心情陡然沉重。难以想象,10 年前这里曾经饱受一场惊世浩劫!记得当时我正在北京,准备前去昆明参加中国书展，从电视上看见这一突发事件，便给庆红去了电话，她当时供职的地点就在这附近。纪念碑建在"双子星座"的遗址上，主体是两处水池，四周由黄铜包裹，上面镂空刻了3000多死难者的姓名。这不禁又让我想起华盛顿那座越战纪念碑。无论是战争还是灾难，不能忘记的是那些死去的人！

在距离纪念碑不远的地方，还有一道浮雕墙，刻着那些参加抢险英勇殉职的消防队员的形象和姓名，一位中年黑人男子在细细擦拭着上面的灰尘。从这里走出去，不远便是哈德逊河畔的"炮台公园"码头。在"911"时被毁坏的世贸大厦前那座地球仪标志被移放到了这里，伤痕累累！它的周围依旧摆放着花环。对于美国，对于全世界，这是永远的痛。但是，你回头再看看这里即将落成的两座新的大厦，你会肃然起敬！

带着这样的心情，再去那座自由女神像，便觉得很复杂。这座举世闻名的雕塑以往电影里出现得太多，但给我印象最为深刻的是意大利导演朱佩塞·特纳多雷的那部《1900的传奇》（中译《海上钢琴师》）。当初，那些漂泊到纽约来的外国人，都是在此登陆，他们为投奔自由而来，但是世事沧桑，历来自由都要付出代价，今天则更加高昂。

最后，又去著名的华尔街走了一趟，这条不足一华里长的街道，却左右着整个世界的经济命脉。然而树立在美国证券交易所前的那座铜牛，怎么看都是打不起精神。庆红所在的德意志银行，就位于华尔街60号。

我的东海岸之行匆忙结束了，明天一早将直奔纽瓦克机场，返回洛杉矶。

2012年1月30日（星期一，晴）

早晨八点便搭乘出租车赶往纽瓦克机场。这个机场属于纽约，却落在新泽西的地盘上，很是繁忙，几乎没隔两分钟便有飞机起降。10点15分，本次航班CO1148W正点起飞，天气无比晴朗，我的座位是37F，挨近窗户，所以一路都能在万米空中俯瞰美国大地，以至于沿途所经城市的机场跑道都能看得清楚。经过6小时飞行，飞临洛杉矶上空，再次感到洛城的广大，这是一座天使之城，但我很快就要离开了。我的家在北京。

潘军文集

第玖卷

红泥的记忆

这孩子

这孩子一来人世，就睁着眼，就吮手指。整个产院数她的哭声最响也最长，似乎觉出了自己的错误，不该到这世界上来凑热闹。

"没见过这样的孩子！"动作老道的产士治不好她，就照她的屁股来了一巴掌。

这孩子是我的女儿。是去年七月四日七时出生的，重七斤四两，长五十二公分。当时窗外大雨滂沱。我是在她的周岁生日这天开始写这篇文字的。我三十岁少四个月。

"给孩子取个名吧。"她妈妈说，那时她刚证明是怀孕。

"无论男女，都叫格子吧。"我说。

她妈妈以为是"鸽子"，就说太一般。她与我是大学同窗，还残存着那么一点风雅。

"是格子。方格子的意思。我姓潘，潘攀同音；攀者爬也，潘（攀）格子便是爬格子。"我颇有些得意地说，自以为是天下最会取名的先生了。但是她妈妈不以为然地撇撇嘴，说："我可不情愿让孩子再干这弯腰低头的事。作家，谁稀罕？"

我承认自己的想法有点子承父业的意思。我的父亲也曾专心爬过格子，1957年我来人间点名他便"夭折"了。他做了十八年的"右派"。我本是企图充当中国之毕加索的，然而有一天我在农村的废品收购站里发现载有我父亲文章的半张旧报纸后，我陡地想到：难道两代人做一桩事还能不成吗?！于是在这激荡的一瞬间，我完成了终生选择。现在看来，我是过于乐观了。我正在做的这桩事在我今生未必能做得像样。我怎么不希望我的孩子再接着做呢？尽管这职业之于别人未必伟大，但我却是以整个生命去对付的。我干因为我喜欢。我喜欢的难道孩子也喜欢吗？我想。

我希望孩子将来随便干什么事，但一定要喜欢。这是个前提。

我给女儿取名叫萌子。姓就免了。现在我们称她萌萌，这是个蛮不错的音节。

她妈妈没有奶。民间百法使尽硬是催不出一滴奶水。孩子在月子里总共只尝了充其量为一汤勺的母乳。

孩子是牛喂大的。

她能吃。我不按"指南"本本中规定的量给她吃。我随她。她能吃多少就多少，够了，便把奶嘴吐掉。她在月子里体重增加三斤半，我的肉失了十一斤半。

这孩子极怕热。小胳膊腿全是圈圈。月子里她就在我腋下躺竹凉床并且吹电扇，居然不流清鼻涕。她至今没有生过病。

最要紧的是她不缺钙。

孩子一来人世我便失去了"自由"。不敢吸烟，不敢谈笑，捂住嘴咳嗽，脾气显著好起来。谁敢把她弄醒？除非她睡够了。我与她妈妈逢她睡熟了后讲话也和"地下党"接头一般。有时进屋取件东西，路过她的床边如同踏过雷区，气不敢大出。这孩子总睡不深，碰醒就炸。有一次弄醒了她，结果哄了近十个小时。二十多斤并且活动并且嚎哭的孩子捧在手上颠来颠去，那滋味可想而知了。

这孩子坚决不睡摇床。她嫌窄。

在孩子出生几天后的一个晚上，我有了一种重新返回襁褓，伴随她牙牙学语，由童年再到少年的感觉。

这感觉愈来愈强烈。

我在蜜月里应一位在少儿出版社当编辑的朋友之约，破天荒地写了一部十万言的小说，叫《一个夏天的童话》。我写的是一个少年和一只小狗在一个夏天的经历。我以为他们眼里的世界是天然去雕饰的。我不以为儿童文学是写给孩子看的。我们很久以前就说过，大人有教育孩子的义务，其实这一说自信而高慢。我倒觉得孩子是大人的一面镜子。从这面镜子里反映出的每一条皱纹未必都是光荣。

1984年秋我去首都参加一个小说笔会。有一天去一位先生家做客，席上结识了一位女编辑，她是一个十岁孩子的母亲。她同我谈了她的孩子。她说孩子很热爱集体，新买的小画书统统朝教室里搬，挂于墙角让同学们都看。"对于孩子的行动，我当然要鼓励的。"她说，"可是呢，照这么下去，我又担心孩子将来会吃亏……我真不知道该怎么去教育孩子了。"她说的是真话。

我在写那篇文字时想到过这件事，但我写的不是大人教育孩子，而是孩子教育大人。

然而这部书的出版极不顺利。管事的人说："怎么新社会还有离家出走的孩子呢？"他两手一摊，又点拨人给我开了三百元的辛苦费。我没说什么，因为这老人不懂文学。我将书稿另投别处，被接受了。这本是我给孩子的第一件礼物。

有一天下班回家，她妈妈满面春风地告诉我："萌萌会叫爸了！"我心里大响了几下。那时孩子还不到百日，说会叫不可信，但的确能发出"ba ba"的音节，极标准。有时还发出"ai ba"——"爱爸"。

她真正会叫爸爸，是半岁的时候。一见我面她就爸爸地叫起来。

我举着孩子，让她的小手来揉我的脸。我凝视着那两颗明净的瞳孔里两个小我，陡然觉得自己的憔悴已是一日不济一日。

做父亲的我那一刻想的是如何做父亲。

这不是几句漂亮话能解决的。

重要的是不能欺骗那双眼睛。

如果选举世界上最伟大的童话，我会毫不犹豫地投《皇帝的新装》一票。我认为这才是真正的童话。应该说，安徒生是写给大人看的。

她妈妈哄孩子时爱哼"小燕子，穿花衣"。有一次我发现孩子坐在小车里随着节奏悠悠地摇晃。以后又试几次，还这样。我便哼起另一种节奏的曲子，女儿竟也合上了拍，并且"欢迎"。

"这孩子喜爱音乐吧。"她妈妈说。

"吹牛的。"我说。

其实女儿将来能学习音乐，我是极愉快的。在所有的艺术门类中，大概唯有音乐是最纯净的了。可我又有点遗憾。我和她妈妈皆属五音不全之人。我的音乐细胞仅仅表现为能将１２３念作多来米。我们帮不了孩子。不过，天才的音乐家有几个是遗传的呢？

有个问题好奇怪。孩子至今不会爬。然而站、坐、滚、学步都蛮可以，钙是不缺的。

"怎么就不会爬呢？"她妈妈说。

"大概因为是我的孩子吧。姓潘（攀），一辈子都在学爬，所以暂时不慌。"我说。

爬是教不会的。

我抽屉里有一本《小马过河》的画册。我是替孩子保留的。

萌萌，你能像小马那样遇事都自己去试一试吗？

邻居的孩子在刚开口讲话的时候便会了一些惊人的事：数数，识字，背"清明时节雨纷纷"或者"窗前明月光"。邻居多次提醒我，要抓紧进行孩子的学龄前教育。我只是笑了笑。我想我的童年太苍白了，没有做过一次美丽的梦，不会玩。所以我得千万百计地让孩子玩好，玩够。我决不指望我的孩子会成为"神童"。我也不喜欢这个词汇。神与童的结合无疑是一种亵渎——

不是童亵渎了神而是神亵渎了童。

童的世界如水晶透明。神的世界除了虚伪还能有什么？！

女儿爱照镜子。每次抱到镜子前她都十分专心地审视着自己，然后小心地用手抚摸，然后亲吻。

爱自己是极不容易的。所谓自爱。有自爱方有自尊，而后有自立与自强。

我唯一可以向孩子炫耀的是我还算懂得爱自己。我这辈子没有因为什么而失掉自己的斤量。我没求过人。任何人也不求。

我的孩子，你一定也会这样的！
也只能这样。

她乖的时候，我每天要与她玩一阵儿。
我们搭积木。我搭，她拆。
"我是建设者，你是破坏者。"我刮了一下她的小鼻子。
她大睁着眼，居然点头。
这倒也罢，我想，我的一切你都可以破坏。你不愿踩着我的脚印走，是吗？你的路你自己走，我懂你的意思。
你是个不缺钙的孩子。

孩子一岁了。
生日这天，我替孩子点上了第一支红蜡烛。她自然不会去吹，却出神地望着那跳动的火苗。我出神地望着她……
玩一次"抓周"的游戏吧。
我在三人沙发上依次摆了几件东西——
一串香蕉；
一本书；
一只表；
一瓶香水；
一台电话机；
一个玩具娃娃。
我扶着女儿蹒跚地由中间走过去。她先是一阵"欢迎"，然后左顾右盼，直眨眼。她的小手慢慢地伸出，又慢慢地收回。她扶着沙发朝左边挪了两步，接着慢慢地伸手抓住了一件东西——
书！
我一下将孩子举起来。可是她妈妈笑着说："三回两胜才第一回呢！"
于是我重复一次。然而孩子也郑重地重复了一次，抓住的还是书！抓住不放！
我亲了她的腮。我第一次承认游戏也是能使我激动的。

谢谢你，女儿！

我的女儿像虹。
她长得蛮漂亮。

我的孩子正在牙牙学语歪歪学步。等今年第一片树叶飘下的时候，她已经能走了。从那时起，我不会再去扶她，而是默默地注视着那个愈来愈高的影子。

这孩子学步时显出了勇敢，有力的小腿迈得很开，跌倒了从来不哭，接着走并且笑着……

这毕竟是个不缺钙的孩子。

她会用自己的脚去丈量地球。

也许，几十年后，当她搀着我在静寂的树林中散步的时候会问这么一句话："爸爸，我学走路快吗？"

"不快。但很会走。"

"为什么？"

"因为是你自己走的。"

"谢谢你，爸爸。"

"谢谢你，孩子。"

1987年7月4日　为萌子一岁生日作

与父母书

父亲、母亲：

现在是 6 月 12 日的凌晨 3 点，持续几天的雨还在我的窗前呜咽地落着。在我记忆里合肥似乎还未见过这么漫长的雨季，或许是我的感觉出了问题吧，这场雨实在下得很久了。雨溅在窗篷上发出咚咚的声音，在深夜里向我进逼过来，很空洞，带有莫名的恐惧，也唤起了许多的感慨。于是便从床上爬起来，在灯下给你们写这封信——好久没有给家里写信了，不完全是有电话的缘故，是觉得没有写的必要。而现在似乎到了非写不可的时刻。

我感谢你们对我的宽容。三十二年来，我没有尽到一份实在的孝心。如今我自己也是身为人父的人了，想到萌子在月子里，我几乎十八个夜晚没有睡上一次安稳觉，便深知了做父亲的艰难。从前听母亲说，人的眼泪都是往下淌的。上对下的爱从不掺水。

我也感谢我们这个家庭。因为她太多的曲折，使我对涉足人世的苦难有了超前的准备。这是我一辈子享之不尽的财富。我记得 1967 年，当我们家被人抄检的时候，外祖母欲哭无泪地站在门口，浑身哆嗦着。第二天，母亲被拉上剧团的舞台接受批斗，那时她肚子里正怀着小莉。1978 年 10 月 1 日，我去巢湖边上的雷方武村看望父亲，那三间破旧的茅舍仿佛是地狱的人间标本，深深刻进了我的记忆。父亲的小桌上放着一面水银剥落的镜子，但它的背面十分完好地镶嵌着母亲饰演《天仙配》中七仙女的剧照——那时的母亲顶多二十五岁吧？《天仙配》中有句唱词"大姐常说人间好，男耕女织度光阴"，那一刻想起来真叫我心酸。

昨天我又一次从噩梦中惊醒，感到自己的呼吸很短。像这样在光天化日里引发噩梦，在我生命里已有多年。最早的一次是在 1975 年插队的时候。我清楚地记得是个中午，我睡在床上，突然就感到了胸闷，接着感到自己似乎没有了呼吸，可我的神志并不糊涂，周围的一切都清晰可辨，只是无法说出话来，包括"救命"这样的呼喊。我的身体仿佛被无数根绳索紧紧地捆绑着，不能动弹。我想这应该就是那种叫做梦魇的东西吧，它让我感到窒息的恐惧。自这以后，我就经常被它所追逐。在昨天的那个梦里，我遇见了几个衣冠楚楚的人物。他们笑容可掬地把我带到一间空旷而高大的屋子里，说只是和我随便谈谈。与我谈话的那个人坐着一把老式的藤椅，手里摇着精致的折扇。由于他处在逆光之中，我始终没有看清这人的脸。他响亮地咳嗽几声后，就问起我在这个夏天里的情况。他们想知道我为什么不老老实实地待在办公室里而去街上走动，是何种动机的驱使，我说得很老实。我说：我的女儿现在三岁，如果二十年后，孩子问起这一年的夏天我是否干了点什么，我得给她一个交代。这就是我的动机。然后这个梦就醒了。但我又怀疑它究竟是不是一个梦。

　　这件事之后还会出现什么，目下难以预料。所以我决定出一趟远门。我可能要在外面住上一些日子，过一种被称作流亡的生活。所以给你们写这封信，是想在行前把一些事交代一下。因为我总预感到，某些事可能不可避免地要发生，即使我是在流亡途中。

　　第一件事，是萌子的安置。我倾向萌子留在她妈妈身边。这孩子天性聪颖，但又任性，现在正是难带的时候，我不在身边，你们要经常来看望她。明年孩子就该上幼儿园了。让孩子早一点进学校会对成长有好处。

　　第二件事，是关于我的一些手稿的保存。这件事可以交给小莉来做，她也是学中文的，将来整理起来会很自如。北京的人民文学出版社正在印《日晕》，这是我第一部长篇。手稿能否索回，需要和出版社交涉。其他一些手稿我大致清理了一遍，上个星期天小莉来，我已对她说了。

　　第三件事，是关于外婆的。1977年父亲在安庆为她安排的白内障切除手术，看来效果不太好。是否可以重做？这种手术没有什么危险。据说合肥现在也能够用激光技术来做这种手术，不复杂，也减少了痛苦。至于老人百年之后的安排，我的意见是送上罐子窑老家的祖坟，与外祖父合葬。然后给他们两位老人一起立块碑，碑文我已写好，到时由父亲书写。明天我先去照相馆把她的照片放大，再配上一只精致的镜框。

我没做过什么亏心事，也不欠任何人的钱。

夏天真正地来了，我最恨的蚊子赶也赶不走。要是我去的任何地方都允许点蚊香就好了。我听说有些场合帐子是不可以挂的。但值得安慰的是，任何地方都还可以看书。你们放心，无论遇见什么困难，我都不会给这个家丢脸。唯望你们珍重。

潘军
6月12日　合肥

戏园子（外四篇）

题　记

　　我的故里从古到今都叫石牌。现为安徽省怀宁县县城所在地。中国地图上有好几个石牌，指的都不是这一个。但翻开中国的戏曲史，这地方是颇占地位的。乾隆时，活跃在北京天桥的"四大徽班"，其扛鼎的角儿，如程长庚、杨月楼，就是石牌人。故有"无石（牌）不成班"之说。到了民国，安庆这一带兴起了黄梅调，其中著名的"怀（宁）腔"，至今仍为专家们所推崇。桐城的严凤英，真正红起来，也是在石牌老板的班子里的事。那位被江湖客称作"托天转"的张老板是个青光眼患者，在当时梨园里非常有市场。我外祖父曾在"张家班"客串过一个时期。但对从前的事情，老人在世时谈得极少。1949年，怀宁县有了国营黄梅戏剧团。外祖父带着当时才十岁的我母亲成为剧团第一代艺人。

　　我从小就把剧团唤作戏园子。我是在戏园子里长大的。如今我已是为人之父了，但还是把剧团唤作戏园子。不知道因为什么。

外祖父

　　外祖父是地道的乡下人，却有一个极文气的名字：由之。他的家乡，名字也很古怪，叫罐子窑。那地方距石牌镇不算远，大约七八公里的样子。那里的男人基本上都从事制陶劳动。外祖父的手艺是很好的。1967年，为避城里两派械斗，我随他去了罐子窑。一天中午，我亲眼看见外祖父从泥车上拉拽出一件陶壶坯子。他是怎样学起戏文的，我不清楚。

我想或许是一辈子只做一件事觉得闷了的缘故。闲时，随戏班子四处奔走，换一口新鲜的空气，另外也多得几吊钱。他以后的本末倒置，这是连他本人也始料不及的。

外祖父工青衣，也扮老旦和彩旦。据一些行家介绍，他的唱腔有一种特别的"沙味"。可惜我从未听见过。我的印象里，外祖父基本上是跑龙套。每晚演戏，他的事都不多。可他总去得很早，端着一把扁紫砂壶，坐在后台化装室里慢慢地喝。等别人的装化好了，他才移到镜子面前。他化装也极简便，只需抹一层底粉。若扮的是正面形象，就在双颊略施一些红。有时一台戏需要他扮正反两个龙套，他就随机应变。比如《智取威虎山》，外祖父先扮八大金刚中的一员，便在鼻梁上架了一副墨镜；之后又扮夹皮沟的老大爷，就将墨镜去了，利用幕间换景的时间在双颊施一点红，说一段白："小火车一响，座山雕来抢；穷了老百姓，富了国民党。"

我家的墙上，曾挂过一张外祖父扮演佘太君的剧照，是在汉口演出时拍的，"文革"期间被抄走了。

外祖父一直是理光头，穿便装。出门开会或者走亲访友，就换一套中山装。他的枕头边上有一只小布袋，里面盛满了奖章和证书，足有一斤重。他胆子小，从不和任何人红脸。即使是别人来抄家，他也照样给那些人递烟泡茶。那时候，我同他睡一张床。有几次半夜里我起来小解，看见他披着衣靠在床上吸旱烟。我知道他揣着不少心事。他的人缘好，剧团每去世一位老艺人，他都以"生前好友"的身份讲几句话，把"逝世"念成"折世"。好像是1972年，安庆地区黄梅戏剧团来怀宁招生，我极想报考。当时我母亲演出在外，家中做主的是外祖父。他整整想了一个晚上，终于还是叹了口气："这一行，太苦了。"然而我又很迷惑，当初他怎么舍得让唯一的女儿学这一行呢？

外祖父夹着尾巴做了一辈子的顺民。每次我看《茶馆》，总在于是之扮演的王利发身上发现外祖父的影子。他说："我是个好人。也是个无用的人。"他退休时说的一句话我至今还记得。那天他对着"光荣退休"的状纸看了很久很久，然后如释重负地说："我总算没犯过错误。"

退休后的外祖父很少进戏园子。他似乎很能平静地把日子打发过去。虽然他的言语明显地少了，但把心思集中在操持家务上，还养过一头猪。

那猪以后失踪了，他领着我四处张贴"寻猪启事"，但终究没有寻到。

1974年冬外祖父病逝，享年七十岁。他是睁着眼走的，嘴也是半张着，不知是想说些什么还是想唱什么。他的尸骨被安葬在罐子窑一块很不错的坡上，避风朝阳。下葬的那天，我听见母亲喃喃地说："他再不用怕犯错误了。"

一个女演员的成长史

有一年剧团招收了一批学员，都是从山里寻得的细伢子。以后每次我进戏园子，总听见池子里练功的细伢子杀猪似的叫：

"哎哟……妈哟……"

"不许叫！"授功的老师厉声道。

练功中最吃苦头的是扳腿。授功老师要把每个学员的腿直着扳到额头，才放手。"看着，"授功老师示范踢腿，勾起脚背猛踢到额部，"这才好看！"

这批学员中有个叫张玉的女伢子，与我同庚，其时年方十三。她是最矮的。据说她之所以由糠箩跳到米箩，就得助于她的矮——剧团小旦行当奇缺。这个理由是导演提出的。

这姑娘能吃苦。扳腿时只有她不喊不叫，默默流泪。她第一个把腿扳到头上。不久，往台上一站就像那么回事了。

或许是功夫不负有心人，几年一过，张玉不仅能唱个B角，而且人也出落得标致苗条，山里妹子的气味荡然无存，街上人一望便知是吃哪碗饭的。张玉踢开了"小旦"，进入"花旦"之列，且行情看涨。这样一来，虽说小旦还是奇缺，但毕竟添了一根"梁子"。那位导演也由此气壮，排戏无须再对其他的花旦烧香。"唱不唱？不唱拉倒，张玉上！"导演手里有叫响的牌，是无所畏惧的。

又过几年，张玉的身材蹿到了一米六八。这本不是个惊人的数字，可是这地方由于水土原因或者别的什么原因，人都难以长高。剧团里演员矮个居多，但多少年来大家没发觉，因为彼此彼此。于是出现了新问题：谁能同张玉配戏？

也没有人愿同她配戏。

"和她同台我宁愿吊颈！竖天竖地的，起码是形象不美嘛！"这类的话我常听见。

导演也没有了主意。本来他正在努力磨一个本子，决定参加地区调演，而且那本子确实是为张玉写的。谁料本子刚弄得像个样子，张玉却走了样。考虑再三，导演还是决定易人。后来我听说，张玉当导演面哭了，说她命不好，刚知道唱戏就不给唱了。导演叹息道：谁叫你蹿得那么快呢？像树一样。张玉也为自己申辩：我只有一米六八，书上讲这是当代女性最理想的身高。

"理想只是理想，"导演说，"还是顾全大局吧。"

狗子佬

狗子佬与我的外祖父是一辈人，也算得上戏园子的元老之一。他是打镲锣的。听外祖父说，狗子佬原先在京戏班子里待过，还曾掌过一阵"条子"——司鼓。这种资历使他拥有一种荣誉感。他很瞧不起黄梅戏，认为那一招一式都没个谱儿。"谭老板的戏，"他说，"那才是角儿！"其实我怀疑他也并未真见过"谭老板"。

打镲锣的事少。我每回看戏，差不多总和狗子佬挤一条板凳坐，并不碍他手脚，这时候我喊他作狗子爹。他的相貌很丑，皮肤却异样地白，光净的头像一只有病的梨。他的眼睛镶着一层膜，像鱼泡泡一样，所以很浑浊。但他行走又极灵便，从不拄拐子。狗子佬是个孤老。据说他有过女人，还蛮好看的，不过早随人跑了。

狗子佬很早就退休了。他向剧团讨了副旧拍板，可能是借以缅怀逝去的光荣，又可能是以此驱走往后的寂寞。大约是1971年，我们家租了一处私房。外祖父觉得多出了一个单间，就邀狗子佬来住。这样便成了邻居。当时边上还住着一位姓吴的篾匠，是个喜欢热闹的人。他用碗口粗的竹节替狗子佬做了一只"板鼓"。狗子佬很是珍惜这物件。每天黄昏，他都自打自唱几句京戏。

"一见奴才怒气（#）发～～～"

我就记得这么一句，也不知是哪出戏里的。

日子久了，我发现狗子佬非常古怪。他从不上公共厕所，也似乎不洗澡，桌上永远搁着剩菜。而且，他整天自言自语，好像在埋怨谁在背后坑他，又时常宣布什么东西不见了。这使外祖父很不悦，也很后悔。不过回数多了，外祖父也没往心上放。逢年过节，外祖父照例请他过来喝两盅。

有一天我放学回来，远远就瞟见家门口围满了人。有两个穿白制服的公安正在对狗子佬大喊大叫，其中一人手里还吊着锃亮的手铐。

"老不正经的东西！"公安人员斥道，"女人屁股是好摸的吗？"骂完，他自己也笑了一下。狗子佬吓得面色灰白，抖缩在门框上。外祖父上来给公安人员递烟，赔着笑脸，说："他眼不中用，兴许是无意的……"接着吴篾匠又给他们划火。

"下回再乱动，非逮你这老狗日的！"公安人员吸了口烟，便扬长而去。门口的围观者似乎还没上劲，也随之怏怏离开了。

很长时间后，我才知道事情的原委：狗子佬上街排队买猪油，排在一个大辫子的后头，手触及其臀。究竟是无意还是有意，只有天晓得。从这天起，狗子佬不再自打自唱了。不久，他又搬走，去了一条偏僻的老街。那年夏天乘凉时，吴篾匠看看天说："这狗子佬一走，夜显得怪长哩！"

狗子佬殁于1978年秋。他死得无声无息。大约在两天后才被邻居发现。门被踹开时，狗子佬跪在自己的床前，像一座出土的泥塑。

两个提琴手

我第一次见到小提琴，是在刚上小学的时候。戏园子的池塘边，每天一早有不少演员吊嗓。那天我看见斜立着一个跛子，正对着初升的太阳唱："雄鸡，雄鸡，高呀么高声唱，唱得太阳红又红。"我就疑惑地去问母亲，跛子也能上台唱戏？母亲说："他是拉琴的。"

这位新来的琴师是个大专生，姓饶，大家都喊他作饶老师。他拉琴喜欢站着拉，外人见了并不以为他是个跛子，反而觉得那是一种风度。况且小提琴天生一副高贵的面孔，有人能摆布它，是很受尊敬的。饶老师对人十分和善，他说的话似乎也与当地人不同。他是个兴趣广泛的人，拉了一阵子琴，突然又不拉了，改行去画布景——这个职业一直延续到现在。不过他早就声明不想画了，想搞无线电。

我在农村插队的时候开始练习绘画。一回来，自然要去戏园子里转悠。那时候只演移植的样板戏，所以我一去，饶老师就抓住我，让我替他画景。我一般是画"硬片"，他画幻灯天幕。他的人物画基础薄弱，一画非走样不可，就受到嘲笑。这样，我又把海报的绘制承担下来。我那时最高的理想是进剧团当一名职业美工，对此饶老师很帮忙。他让我画了几套样板戏布景的气氛图，作为凭据送到领导那里。领导说不错不错很不错，但就是不收我。这件事让饶老师很有些不安。有一回他在街上碰见我说："画布景没意思，你还是专心画人物吧。"

饶老师转为专业美工不久，剧团里又来了一位小提琴手，也是大专生，姓李，北方人。这人长得又高又壮，所以小提琴搁在他肩上总像是件玩具。他颇严肃，不苟言笑，满嘴的北方腔听起来像在骂人似的，大家叫他"李侉子"。他是正规学音乐的，在部队文工团干过，还能作曲。他的小屋子里到处是五线谱，还用精致的相框嵌着柴可夫斯基的肖像和俄罗斯巡回展览派大师列宾的名作《伏尔加纤夫》。在整个剧团，仅他那屋才有一点艺术的气氛。

他的琴，我以为拉得是很好的。我听过他拉《大红枣儿》，觉得和半导体里播放的一样。他拉琴也是立着，而且不停地摇晃，眼也始终是半闭着的。他几乎没有任何社交活动，整天待在那间小屋里。

1968年冬，城里两派武斗刚平息，要实行大联合了。同时，又要清算一批"五类分子"，让这些人戴白袖章去打扫厕所。那个冬天非常冷，雪也落得特别厚。这天我去戏园子找外祖父要洗澡钱，看见院子里李侉子在绕圈子跑步，只穿着一条短裤，浑身紫红。我以为他在进行早锻炼，就说："你身体真好。"他对我笑笑。我又问："你不冷吗？"他还是笑笑，顺手把吊得很长的鼻涕甩掉，继续跑。我就有些困惑，去问外祖父。当时外祖父他们正在屋里围着火盆学习最新指示，他把我支到外面，并不解释，让我拿着钱快走。到了晚上，我脑子里还转着白天的事，忍不住地又问外祖父："李琴师不冷吗？"外祖父靠在床上抽黄烟，他叹了口气，轻声说："他当过'三青团'……他疯了……"然后，老人将煤油灯一口吹灭。

天亮时，我出来解小便，听见几个人在屋檐下议论：李侉子刚才被押走了。

1989年12月　合肥

我的奶妈

我们家乡称乳娘叫奶妈。在我印象里，奶妈的形象是完全地模糊了。只是她的一些事迹，使"奶妈"存活在我的记忆之中。奶妈的故事是外婆说给我听的。

我生于1957年农历十月初七，是个秋日的黄昏。我母亲也有些奶水，但我父亲没让她解怀，说作为演员需要注意身段的保养。父亲在大学念过书，凡事爱讲个科学。这样，外婆就央人去寻奶妈了。没多天，奶妈上门，是个农村来的年轻媳妇，身体很好，皮肤黑黑的，自己的孩子刚过满月，奶水充足。家里人称她作娥。依这个名字，奶妈长得不丑。

外婆是位精干的家庭妇女，一生五个孩子就落下我母亲，而我又是她唯一女儿"长头的男孩"，自然对这奶妈的物色严之又严。外婆有心计，表面不动声色，却于暗中观察。婴儿的我吵闹啼哭过人，每逢这时，娥就放下手里的活，边喊着"我的心"边解开怀，把乳头塞到我嘴里。然而这在人面上做的，外婆不会往心里去。外婆关心的是她不在场的时候，奶妈如何对待她的外孙。于是连续三个晚上，外婆去戏园子听戏去了，家中独剩娥。其实外婆设了局，虚晃一枪地绕到屋后，于侧窗下静听室内响动。不一会儿，婴儿依旧是常哭，娥依旧"我的心"地拍哄，喂奶。等婴儿吃饱哄睡，娥才回到油灯下继续纳鞋底，脚尖轻摇着摇篮。外婆说我磨人，一晚上要闹十来回，娥就"我的心"十来回，喂奶十来回。一连三天，外婆说，娥真是好性子。此后，娥便完全成了家里人，她勤劳俭朴，是外婆持家的好帮手。

第二年，我家出了件大事：我父亲被划为"右派"，遭送农场劳教，家中遂蒙上了一层阴影。那时我母亲仅二十岁，组织上要她坚决同"右派"分子划清界限，分清敌友。母亲内心很苦，脸上还不能让人察出。

她把全部的精力用在演出上。那个时候剧团很忙，常常加班加点地排戏，演员一般不回家住。有天夜里，离别数月的父亲突然回了家，拿换季的衣服，规定天亮前必须返回。父亲当然想会会他年轻的妻子，而我家大人又处在积极分子的监视之中，出不了面。娥就自作主张地去了剧团，当众对我母亲说孩子发烧了。母亲遂告了假，与娥匆匆回去。路上，娥才说：姑爷回来了。可是等她们赶回，做姑爷的已经离开。他以为今夜夫妻难以团聚，也就不作指望，趁早赶路了。娥见此情景不禁泪流满面，娥说："姑爷是好人善人，政府怎么这样亏他？"

到了第三年，所谓的自然灾害袭来，大食堂越吃越稀。全家称得上可吃的都让娥吃，因为她要喂奶。娥心里也矛盾，她不忍看全家吃糠咽菜，又怕自己不吃而少了奶水。所以娥每吃必流泪。娥说我们家救了她的性命，要落在村里，早饿死了。有一天，娥的男人来了。娥一见就预感到家中出了事。果然，她的公婆和最小的孩子于一月内相继饿死。娥嚎哭，骂男人是死人，为何不早些给信？男人已很麻木，说家家都死人，有何稀奇？男人是来接娥回去的，而我也到了该断奶的时候，外婆虽舍不得娥走，又不便再留她。外婆就给娥做了新衣新鞋，又把家中仅剩的一麻袋萝卜匀出一半，让娥带回。娥"扑通"跪下，泣不成声。外婆也同样是泣不成声，说娥你以后就把这里当娘家，闲时多跑跑。娥那天是一路哭回去的。

娥后来也来过我家，捎来些土产，但主要是来看"我的心"。可我不争气，对她很生分，有一回居然钻到床底下不肯出来。母亲说那时娥就很失望的样子，泪眼花花的。以后，"文革"开始了，城里闹造反闹武斗，娥大约家庭成分"不怎么干净"，受到管制，就与我家断了联系。这一断，就是三十年，外婆一直私下打听着娥的消息。据外婆讲，娥的命相当苦，第一个男人死了；后来改嫁，男人也没活多久。这些年来，每当看见婴儿吃奶时，我就自然想起娥，我的好奶妈。1993年夏季的一天，我在海南岛看了根据白先勇小说改编的电影《玉卿嫂》，不禁泪涌神伤。那个下午，我沉浸在无限忧伤的气氛里，觉得玉卿嫂就是我要寻找的娥。我是吃过她奶水的！三十年了，我的奶妈如今安在？我一定要找到她，无论她是健在人世还是驾鹤西去，我都要向她跪下三叩。

1995年11月28日　挥泪于郑州

送二妹去美国

　　1994年11月的一天,我在海口接到父亲的电话,说二妹小莉已经办好了赴美留学的签证,过些日子就走了,问我能否送送。我说我肯定要送的。到了12月19日,父亲又来电话,告知小莉三天后启程,她从上海坐飞机。我们便约好后天在上海见面,我在电话里还强调,让他们坐飞机到上海。因为很多年前,当母亲还年轻的时候,她就对我说过晚年有两个愿望:坐一趟飞机,玩一趟上海。我想这回一并满足她。

　　放下电话,我突然就有了些忧伤,想起以往的家庭生活,一种很重的感觉压在心里。1978年之前,我们家可以说是处在水深火热之中,那时父亲还没有平反,在远离家的巢湖农村种田,兼做油漆匠。一家六口每月就只有母亲六十几元的薪水支持,难,可想而知。但是,我们家四个孩子读书很争气。那时我已在农村插队了,三个妹妹还在上中学。在她们当中,成绩最好的就是二妹小莉。当时,我家住的那个杂院里,基本上都是一些机关的科局长,还有一个副县长,显然他们的日子过得比我们好。我母亲是个自尊心很强的人,所以对几个女孩的穿戴很在意,尽可能地让她们穿得体面一些。但是,二妹却不肯,她总是穿一些旧衣,甚至穿屁股上打了补丁的裤子。母亲便责备说:有好衣裳你怎么不穿?二妹先是不吭声,后来才嘟哝道:我就是不穿,别看我们家穷,可他们家的孩子读书不行!这件事我总记得,也为此感到骄傲。事实上,二妹说得一点不错。到她考大学那年,院子里录取的就只有她。

　　12月21日,我和同在海口的小妹飞往上海,下午便在虹桥机场迎候父母和小莉。一家人在机场见面后,喜悦是自然的,我把他们安排在机场附近的一家宾馆,因为再过四十八小时,二妹就得飞美国了。当天下午,我们去了南京路,我想给二妹再买一些衣服,据说美国的东西不便宜。二妹却不肯，说：我要是混得连几件衣服都买不起，就不像这家的孩子了。最后，我只好在中百一店给父母各买了一件衣服，算是春节的礼物。逛过南京路，我们又去了外滩游玩照相。那天是个阴天，外滩的风也吹得紧，我们缩着身子走着，怎么看都不像是来游玩的客。母亲说：这就是上海？她总不时说上这么一句，一副极失望的样子。实际上我知道她也没有了玩的兴致。自从见面后我就发现母亲的神情有些异样，她似乎很平静，但那是装出来的。然后我们便匆匆照了相，乘车回到了宾馆。

照片很快就洗出来，效果竟还不错。有一张，是我搂着两个妹妹的合影，父亲拍的。母亲说，这一张最好。那个晚上，我们在一起聚谈。天气正寒，我让母亲和二妹先睡到床上去，哪知她们居然睡在毛毯上，拿床罩当盖被。小妹便乐不可支，指着姐姐嘲笑：你连标间也没住过？到了美国可别再出这个洋相了，免得叫美国佬笑话！二妹还真的脸红了一回。母亲也笑了，同时说了来时在飞机上父亲的笑话。父亲以为飞机上的饮料价格昂贵，就始终坚持不要，弄得空姐都很尴尬。后来还是母亲自作主张地拿了一听可乐，才知为免费赠送之物。等父亲猛醒过来，飞机已经下降了。我们全都笑得喘不过气来。几年后，当我在北京拍摄《对话》时，我利用这个情节做了影片的序幕。那时，我已经不再笑了，倒是有了一种莫名的伤感，想父母这一辈子实在不容易，最好的青春都浸在了泪水里。我们谈到很晚，直到外面的天色开始转白了，才睡下。母亲和两个妹妹同睡一张大床。像小时候一样，母亲的身旁一边睡着一个。

翌日一早我们便起床了，吃过早餐便直奔机场，二妹是9点的飞机。临行前她向我要了一百美元，说是路上买吃的用的。我问是否够了，她说够了。她又说：哥，这算我借你的。我很不高兴，说：你拿我当谁了？她笑着解释：你应该相信我的能力。我会很快挣到钱的。

到了机场，二妹先去办了登机手续，然后又出来和家人接着说笑。不一会儿，广播里的英语响了，父亲大致听懂了几句，就说：小莉，差不多了。二妹突然一下子扎到母亲怀里，哭了起来。而母亲的眼泪始终浸在眼眶里。她把女儿的发卡抽出来，重新别好，异常平静地说：哭什么，是好事嘛！

我们一直望着二妹的身影走进安检处。

后来，我们又换了一个地方站着，等待那架波音747起飞。母亲的眼泪还含着，我便走近对她说：想哭就哭吧！

母亲摇摇头，说："我这一生就打过一仗，就是把你们四个都带大了。我胜了。"

她这句话说完，我们听到飞机巨大的轰鸣声。一会儿，那架飞机飞出了我们的视野。

二妹在美国的第二年便顺利生下一女，取名格格。她和丈夫小倪先是在底特律附近的哥伦布市，上个月才举家移居西海岸的洛杉矶，二妹在一家贸易公司从事电子商务工作。她那个公司的五位董事全是女性，也都是哈佛的博士，据说还有一位当选过全美的名模。二妹是这个公司唯一的东方女性。最近的一次电话里，她提到让我女儿将来到美国念书的事，说一切全包在她身上。最后，她又向我建议，叫我每天抽出一个小时来重温英语，她说这很重要的。你以后还是到这边来养老吧，她这样说道。我却感到了异常地不安，毕竟，我离养老还远吧？

              1999年10月 怀宁

我的绘画生涯

有一种孩子在不识字甚至不知道说一句完整的话之前，却能画出很好的画来，我大概就属于此类。据我外婆回忆，我在三岁的时候就开始在墙上涂涂抹抹了。我自己对绘画最早的记忆是在1965年，那时我上小学二年级。我们的班主任姓朱，在上语文课时喜欢穿插一些图画作为表达。譬如讲到"球"，他就会在黑板上画出人打篮球、踢足球和打羽毛球的样子，看上去比正规的图画课还生动。图画课只教我们画太阳、房子和树一类呆板的东西。到了这年的秋天，王杰的英雄事迹出现，街上也就出现了许多大幅宣传画。第二年"文化大革命"，街上的宣传画就更多了，几乎每个星期都有新画。那时我爱在作画的大人身边转悠，偶尔帮他们涂一面红旗什么的。涂匀就行了，大人说，一笔就是一笔，不要来回拖。

到了70年代样板戏出来不久，书店里相关的连环画也有了，我喜欢买，然后就照葫芦画瓢似的临摹，自觉越画越像。我记得我画完了整整一本《智取威虎山》。

县文化馆有一个姓谢的老师，是画得最好的。他的画很正规，速写尤其好。那时只要剧团里演出，这人就要站在舞台边上画速写。看他寥寥几笔就把人的姿态勾画下来，我心里实在是羡慕，就想：什么时候也能像他那样就好了。我时常去谢老师那儿。他的屋子里四壁全是速写素描，都是我们身边许多人的肖像写生，都很像。有一回，我从头到尾看他画完了一幅我们班一位女同学的像。或许是边上有人，这人那天画起来特别神气，眼、手、头发动起来都有节奏感。用今天的话说，这是典型的潇洒。这一天对我非常重要，有一种茅塞顿开的感觉。同时我也被他那种画家特有的风度所吸引。

这以后我也这么干了。我有三个妹妹,她们是我最初的模特。开始,她们是兴奋的,觉得好玩,但时间稍一久她们就受不了了。画着画着她们突然就不合作,于是我只好买些零嘴来哄,来稳住她们。我的画没有得到妹妹们的好评。大妹说我把她的脸画得太黑,我一下就火了。你懂什么?我气愤地说,这是阴影,没有阴影你的脸能立体出来吗?她自然还是不高兴,脸上的表情也转变了。二妹刁,总是装肚子疼来躲过这一劫。稍微合作的是小妹,家里人叫她"大眼睛",很可爱的样子。那时她不过三岁,比较好哄。所以我画她的像是最多的。一天,剧团的一位职工到我家串门,看见我贴在墙上的写生,就说:这画的是"大眼睛"吧?这下可把我乐坏了,在我看来这无疑是来自社会的一种认可。不久,关于谁家的孩子会画的舆论便不胫而走,我仿佛一夜间成了小镇名流。那些日子我成天背着写生夹到周围农村去画写生。我喜欢画农民。县城边上有一个叫潘段的大队,一个寒假下来,我差不多把那里的男人全画了。

县剧团的美工姓饶,是个跛子。这个人的兴趣非常广泛,他本是位中学的历史教员,因为喜欢拉小提琴,就调到了剧团。进来之后,剧团正缺美工,于是他又临时顶了一阵儿。没想到剧团的美工一直就这么缺着,他也就干脆做起美工了。作为我母亲的同事,饶老师自然对我很好。我的第一个写生夹就是他给我制作的。我后来帮他画了许多布景,以此换回来一些绘画材料。每当一出新戏上演时,大幅的海报挂出去,文化馆的人一看就说:这是潘军画的,老饶画不出。饶老师听了一点也不生气,实际上他一直是拿我当朋友。

1975年我高中毕业,因为没有资格报名当兵,能选择的就是到农村插队。我去的地方是离县城二十里地的小山村,叫牌楼。农村的条件虽差,但人落了个自由,时间也好支配。雨天和晚上我都要画几张。但那时家境贫寒,我母亲一月六十几元的薪水要养六口人,没有更多的钱来给我买绘画的材料和资料。我只能画一些不带颜色的,这样就只好去临摹连环画了。那个时期,我临了贺友直的《山乡巨变》,华三川的《交通站的故事》,韩和平、丁斌曾合作的《铁道游击队》。与此同时,我的速写和素描的进步很大,而且我也接触到了一些外国的作品,譬如达·

芬奇、丢勒、列宾、谢洛夫和苏里科夫的。有一天，我在一个农民家里居然发现了一本范增写的小册子《徐悲鸿》，后面附有几张人体素描，都是画家留法时的习作，很喜欢。这个农民原是县食品供应站的职员，因为和一个女会计通奸，被判了五年刑丢了饭碗。这人大概很喜欢文艺，二胡也拉得不错。他把一些美术资料送给了我，他说：你是我遇见的画得最好的人。在当时，这句话给了我极大的鼓励，我似乎觉得我向往的像文化馆谢老师那样的艺术家生活已近在咫尺。

我开始画人体。我向平时与我交往较深的农民提出要求。怎么样，一包烟让我画一天？我对他们说，要是把自己全脱光了，就两包。可他们都不肯脱。他们大概觉得大老爷们儿做这种事很没面子，怎么着也得穿上一条裤衩。我也只好这么将就了。

我还制作过版画，把村里一位媳妇的洗衣凳锯了，那凳是梨木质地，做木刻纹理细致，效果极佳。

我绘画的才能很快得到了肯定，在县里名声还很响，后来地区也知道了。那时县里只要是大的活动，譬如"批林批孔"，譬如路线教育，譬如国庆和征兵，我都会被县里抽去。我很愿意站在脚手架上画大幅的宣传画，几十张白纸贴到墙上，边上围着许多人，连过往的汽车都要减速，我陷在众目睽睽和一片赞扬声中，内心无比满足。而且我每天还能挣到一元二毛钱——这在当时就是一个三级工的工资。这个时期，我开始向外地报刊投稿。我发表的第一幅绘画作品是《安徽日报》上的一幅速写。后来又在《人民戏剧》等刊物上发表过速写。我的绘画创作也被送到省里参加展览了。1976年8月，我去省城合肥参加进京参展作品加工学习班，这是我第一次到省城，显得踌躇满志。在那个学习班上，我见到了我们省的美术权威老鲍，很希望得到他的赏识，却总不在这人的视线之内。但他没有想到十四年后我们成了安徽文联的同事。1993年，老鲍在纽约的街头逛报摊，无意之中从台湾《幼狮文艺》上看见了我的一组国画写意小品，竟有些诧异，在他眼里我只是个作家。当后来我把一切告诉他时，他才做出若有所思的样子。

对我帮助很大的是安庆的孙浩群老师。他在地区一家影院画广告，有一次来怀宁辅导美术学习班，似乎一眼就看中了我。在他眼里，我是个聪明而有灵气的少年，是完全有可能画出来的。孙老师是画国画的，专攻工笔人物，有时也画一些小写意的山水。他画得十分老实，这很像他的为人。经他介绍，我认识了安庆的一些在当时算得上有名的画家。孙老师虽然没有直接教给我什么，但开阔了我的眼界。那时我的理想就是将来当一名画家。我觉得自己一点也不比安庆的那几个人差，而且我才十九岁。

1977年恢复高考，我报考了浙江美术学院。当时这家著名美术学院的招生办法，是报名与初选一起完成。报名者须具备一个先决条件，或在全国性报刊上发表过美术作品，或是参加过全国画展。而这两条我都具备。所以在我按要求把自己的材料寄往杭州不久，便收到了该校颁发的准考证与复试通知书。我报考的是版画专业，但这个专业在安徽只招一名（一共四个专业就招五名），我顿时就没底了。我在合肥参加了各项考试，也参加了体检，但最后还是落空了。从后来的情况看，这一年的招生对我不利的也是两个条件：其一是我父亲还是个"右派"（那一年还很看重"政审"）；其二是那些被录取者的父亲或者相当于父亲的人是我们省的美术权威。正如孙老师后来对我说的那样，美术这东西是没有"硬性标准"的，一张画放在那里，十个人就有十种说法，不像考文理科，一分就是一分。

1977年是我考美院落选的年头，但并不意味着我当一名画家的梦想破灭。我在长篇小说《独白与手势》里写到了这件事。我觉得浙江美院没有录取我这个事实，倒是改变了我的一生。1998年，我去杭州领"《东海》文学奖"，一个雨后的黄昏，朋友的车载我路过这家美术学院门前，我突然又想起了当年的那一幕。我不知道倘若二十年前我进了这道门槛，我的生活会变成什么样子？我还会写小说吗？

1978年我进了安徽大学中文系，然而对绘画的热爱仍折磨得我好苦，觉得上课十分没意思。别的同学在校报上发表文章，我却为它作画。不久，学校成立书画社，推我做社长，倒是给了我一个发挥的机会。那个时期我还经常为省内的一些报刊作插图，以换回一点小钱来买烟买书。现在想起来，总觉得这事就发生在不久前。

这些年，我对绘画的情感是一分都没有减的。每年，我都想有一段完整的时间去皖南山里跑一趟，作些写生。1993年，我在海口办了"蓝星笔会"，笔会结束的前一晚，汪曾祺先生邀我与他合作一幅国画。我便画了两头水牛，汪先生补了些雨景，并题款为"潘军画牛，曾祺补雨"，成为我对先生永久的念物。还是这一年的4月，马原来拍专题系列片《中国文学梦》，提出要拍我的绘画，我便为他当场作了幅水墨写生，由韩少功题款。这幅画让马原带去了，我后来凭着印象又为他画了一幅速写。我路过广州时，《花城》的田瑛来叙，无意间谈到这一期的封三缺了广告，我就把那幅速写拿出来，他一看就很高兴，拿去发表了。第二年，我又在《花城》发表了一组国画写意小品。到了1996年底，我来广东茂名参加"花城笔会"，为了表示对东家的谢意，我打工似的画了一夜。叶兆言一直陪着我。他说我的书画不是常见的那种文人"剽学"，有童子功。我给黄蒲生作了一幅水墨写生，也为耿占春和王鸿生各画了一幅钢笔速写，都很像。

　　现在看起来，从前绘画的训练对我后来的写作和搞影视很有益。李佩甫有一回说我的小说画面感很强，甚至有一种着色的感觉。这或许与我挚爱绘画有关吧。1997年，我重返海口拍摄电视剧《大陆人》，有很多的画面处理我就是用草图对摄影师表达的。去年，当我着手写《独白与手势》时，我决定把图画引进叙事文本，使之构成叙述的一个层面。我对找到这么一种形式很高兴，所以一口气便写了四十万字，我画了许多，很过瘾。

　　我对自己这一生有一个简单的设计，就是六十岁之前舞文，之后弄墨——这种生活对于我，实在是向往很久了。

1999年11月8日　合肥寓所

1999年12月31日：自叙

我于1957年11月28日的黄昏来到这个世界。出生地是安徽省怀宁县的石牌镇，从地理上看，这儿属于皖西南。我母亲生我时还不足二十岁，所以与其说是痛苦，还不如说是害怕。脐带刚被接生婆铰断，她就慌着让我外婆用一块布把我兜走了。那个时候，我父亲正在远离县城几十里地的农场劳教，据说他得知他年轻的妻子顺利产下一子时并没有表现出应有的喜悦，反倒平添了一份沉重。因为在他看来，自己将不可避免地要成为"右派"分子，失去这个儿子只是迟早的事。我父亲的专业原是英语，但他十分爱好文学。大学时代的他就订了《文学丛刊》这样的期刊，还经常给巴金等他崇拜的作家写信。到了他大学三年级这年，解放了，他像所有的热血青年一样投身到革命的洪流中，于是不久，他成了一名乡村小学的校长。这个小学坐落在怀宁县的小市乡，古称小吏港，因出了《孔雀东南飞》里的小吏焦仲卿而得名。但是从后来的历史看，怀宁的地位应与另外两件事有关。其一，这儿出了中共第一任的总书记陈独秀；其二是这一带出了中国戏曲史的泰斗级人物程长庚、杨月楼和杨小楼。我一直为此困惑，想不通这块水土怎么能把这两件事黏合在一起，尽管两者相距了一百年。

世上的事就是很怪。我父亲谈过四次恋爱，皆因种种原因而不成眷属，到了怀宁竟爱上了一个目不识丁的姑娘。他们的姻缘实际上还是源自黄梅戏。我父亲后来到县文化馆工作，开始创作剧本，这样就与后来成为我母亲的姑娘相识了。我母亲出身梨园世家，九岁就随我外祖父走江湖。解放后他们都被国营的县剧团收编了，进入了正式的文艺界。在我接触过的黄梅戏演员里，我觉得还没有能超出我母亲的水平的——她虽然没有进过一天学堂，但有过人的天赋与毅力。对于他们的缘分，很多年后，我在一篇文章里作过这样的表述：父亲姓雷，母亲姓潘，这两个姓氏都包含了水和田。然而这又意味着什么，我仍是不清楚。

但是在我童年与少年的记忆里，是没有这个父亲的。依稀记得的，是在五岁的时候，有个晚上一个皮肤很黑的男人到了我家，后来这个人给我洗脚，并搂着我讲《西游记》里的故事。那天晚上我母亲在剧团加班排戏，回不来，而我的外祖父和外祖母也不对我说这个男人是谁。等很多年以后，我才知道他是我父亲。那一次他是来向我们道别的，他在我出世后不久便成了"第二次深挖"出来的"右派"，组织上迫使他和我母亲离婚，然后发配到原籍安徽巢湖边上一个叫雷方武的村子劳教改造。这一去就是十八个春秋。

作为怀宁县城所在地的石牌镇，在我的记忆里似乎和现今的变化不大。那几条老街至今还保留着，只是把原先的石板路改成了水泥路，把木头的电线杆换成了水泥——预制的杆子。我在这里生活了二十年，对这个镇子的方方面面可以说是了如指掌。但是我的主要活动场所是在县剧团，这里的老人都称它叫戏园子。我家最初就住在戏园子的附近，我记得门前不远的地方有口水井。有个晚上，我由外祖母抱着去看戏，回来的路上就在水井边上遇见了一匹狼。奇怪的是这匹狼没有攻击我们。可能是因为这件事，我们家不久就搬走了。不过我还是差不多每晚都去剧团看母亲的演出。我觉得母亲在舞台上似乎变化无穷，她演《抢伞》中的小女孩，看上去就像我的同学，而她演《红岩》里的江姐时，又变得十分高大。那个时候，传统的古装戏已不演了，我对母亲所演的《天仙配》、《女驸马》、《打金枝》这类的戏文，认识来源于家里镜框里的剧照。我好像知道了，母亲原来也是很好看的。1966年，"文化大革命"开始了，当时我上小学三年级。街上一夜间突然就变得很热闹，到处都有大字报和红卫兵。很多人，包括我们的校长，都被押上街戴着各式各样的高帽子游街，他们都成了坏人。但我不敢接受这个事实，一遇见这种事，我就感到胆怯和害羞，似乎是我自己干了什么见不得人的事。也就在这个阶段，我感到了父亲成为"右派"的羞耻，这是我最初遭遇的政治压力。学校每次填写表格，我都紧张，在"家庭社会关系"一栏里郑重说明"已与父亲划清了政治界限"。我的内心已经感到了极大的自卑。我隐隐约约地知道，我在大家眼里充其量只是个"可以教育好的子女"。这年暑假的一天，我去剧团玩，意外地看见了写我母亲的大字报，铺天盖地，而写她的人基本上都是她收的徒弟。我母亲被打成"三名三高黑线分子"，成为重点打击的对象。几天后，剧团的这些年轻人上我家来抄家了，他们接到举报，说我家至今藏有国民党给我父亲的密码。这一天，我在家里。我亲眼目击了抄家的全过程。那些人抄得可以说是非常的仔细，连墙缝里都用铁丝掏了。他们当然没有抄出什么来，倒是翻到了我父亲留下的一摞没有写的稿纸——这是我第一次见到稿纸，它和我的作文簿差不多。"文革"期间另一件对我产生震动的事，是我们教导主任的投河自尽。这个人长相颇像电影里旧社会的账房先生，平时不爱说话，只是在没有人的时候提着马灯看写他的大字报。他临死前的一天黄昏我还看见过他瘦削佝偻的身影。他就死在我家前面的莲花塘里，尸体是渔人用网打起来的。这是我第一次面对死亡发出的惊诧，它留下的恐惧的阴影追随了我很多年。1999年，我在一篇小说里记录了这件事。

我的中学时代是从1970年开始的。对它的记忆我已没有更多的感叹。每天我们面对的都是些没有意思的课本，而革命的继续，又使我越发感到了政治的压力。我父亲是"右派"，这在同学中早已传开。我的成绩一直很好，但这也无法改变我的境遇。我现在能记得的是两件事，一是我从学校的图书馆偷到了一批文学书，这其中就有巴金的《雾·雨·电》和劳伦斯的《虹》，还有一些50年代的《文艺报》和《新观察》。但那个时候，我对文学的兴趣远在美术之下。在石牌镇，我的绘画已经小有名气了，我主要是看这些书上的插图。不过，我也知道了一些鲜为人知的事，如对肖也牧《我们夫妇之间》的批判。另一件事发生在1973年，那时又开始抓教育了，上海的《解放日报》上发表了一个叫做《补课》的独幕话剧，我们的校长心血来潮地认为，这是促进教育的好形式，于是就让我随一个家在上海的老师去上海观摩。这是我第一次离家远行，而去的地方竟是中国的大都市上海。我们乘车去了安庆，再由安庆坐轮船去上海。我记得到达上海的时间是在第二天的晚上，十六铺码头乱糟糟的一片，使我对这座著名城市的向往顷刻间打了折扣。倒是在儿童艺术剧院的观摩给了我一点安慰。说实话，我一点也不喜欢这个戏，我喜欢的是话剧这种形式。这是我第一次接触到话剧，不久，我在石牌把它给排出来了。有一天我听文化馆的人说，我父亲当年也干过类似的事，50年代初期他在同一个舞台上演出了海默的话剧《春风吹到诺敏河》。

中学时代给我最后的印象是高中毕业前一次规模宏大的征兵。因为我父亲是"右派"，所以我母亲事先就明确地告诉我：你不要报名。她的意思是我不具备报名的资格。那次征兵对我们的吸引力主要是可以借此逃避下乡插队。我好像也从来没有向往过军旅生活。不过，这个冬天在我的记忆里是异常寒冷的。我的外祖父因病去世，从此这个家里就只剩下了我这个小男人。我在医院里面对病榻上老人的遗容，他没有闭眼，杂乱的胡子扎痛了我的腮帮。这个瞬间，我意识到了自己今后的责任。那是我们家最为阴冷的时期，外祖父的死和母亲第二次婚姻的破裂，这个家庭实际上已经到了独木难支的境地。我母亲一人每月六十多元的工资要养六口人，而我因为爱好绘画每月要花去近三分之一的经济收入。有一次县书店进了两本《连环画精选》，定价是九元六角，我很想得到，就为难地向母亲开口。母亲先给了我五元钱，我没接，她就问：是不是不够？我也没说话，低着头。母亲又给了我五元，然后就去向别人借钱买米了。我因为买不起颜料而只能画些黑白的画。有时候，我为文化馆绘制大幅宣传画和为剧团画布景，以此换回一些剩余的水粉颜色。我即将面临的是下乡，去一个叫做平山的公社。那个地方距离县城15里路，却是一个名副其实的山区。

对父亲的印象是从十七岁开始的。外祖父去世后的第二年即1974年的秋天，记得是个很晴朗的下午，我从外面回来，看见两个陌生的中年女人正在屋里与我母亲交谈。母亲湿润发红的眼睛让我相信有什么重要的事已经发生了。果然，当我走进屋时，我母亲对她们说：这就是老雷的儿子。我的心一下就跳快了，我知道在我印象里失踪十几年的父亲回来了。这个突然的消息让我不知所措，我心里涌上了一种奇异的情绪，那是惊喜伴随着恐慌，激动掺杂着忧伤，想亲近又害怕亲近。这个黄昏，我随大人出发了。我将要去的地方是安庆，我父亲已被他朋友接到了那里，在等候着我们母子。我们乘坐的是一辆运粮食的大卡车，我躺在粮食堆里，看着西边的天一点一点地燃烧起来，最后又被黑暗淹没。在这两小时的时间里，我只有一个念头，就是我将要见到的父亲会是个什么样子。这么想着，我心里才感到了切实的悲痛，我已经是个十七岁的小伙子了，却还不认得自己的亲生父亲！

车到安庆已是万家灯火，我们去了当时叫做红旗路（如今的孝肃路）的一处低矮潮湿的房子，这里聚集着许多人，他们都是父亲的好友，也都是"右派"。但他们是黄梅戏的有功之臣。我们到的时候，父亲并不在场，他去一个地方给怀宁挂电话了，担心我们不能成行。过了很久，我父亲才赶来，第一眼看见他时我还是意外和紧张，因为面前这个黝黑瘦小穿着过长棉袄的男人怎么看与我想象中的父亲都不吻合。这个人完全就是个农民的形象。但是，很奇怪，这种不安转瞬即逝，之后便是亲情的气息传递。我甚至感到，这就该是我的父亲！1986 年，我在第一本小说集的后记里写道：父子重相顾，两鬓白如霜！父亲的青春已沉进了巢湖底，捞不上来了。

在与父亲重逢的那个晚上，夜深人静，只剩下了我们一家，父亲看过我的画后，又让我写几个字给他看，我便写了"鲁迅先生"。他看过之后没做任何评价，也写了这四个字。这倒让我吃惊了，因为他的字写得实在很漂亮。这天晚上，父亲还对我提出了一个问题，他说：你这辈子是打算留下几本书呢还是几张画？我犹豫了一下，说：我想当个画家。父亲说，一个出色的画家也是需要很好的文学功底的。很明显，父亲实际上希望我将来从事文学。但那个阶段我对绘画可以说是到了走火入魔的地步，而且我的画也在飞快地进步，有作品参加地区的展览了，想放弃简直不可能。但是我那时还不知道，几年后的一件事意外地改变了我一生的选择。

1975 年春节后，我肩扛行李到了平山公社。我插队的村子叫牌楼，在这个村子的背后是个不高但十分陡峭的山岭，叫梅子岭。在那些日子里，我喜欢每天收工后来这儿看风景。但是插队的日子不久便由最初时的新鲜变得苦不堪言。我的住处是生产队的披屋，低矮狭长阴冷潮湿。我住在里面，外面堆放着水车、犁耙、化肥这些农用品。窗户上连玻璃也没有，用一块塑料薄膜钉死了，下雨的时候，雨点打在上面像炒豆一样。屋里有很多老鼠，夜晚甚至沿着我蚊帐的空隙四下乱窜。一天夜里，我听见了狼叫，就在我窗外。狼的声音很悲惨。我渐渐被繁重的农活压垮了，特别是"双抢"季节，每日一早即起，天黑才收工。我最害怕的是交公粮，一百多斤的担子要挑十里路，每天往返几趟。只有到了晚上，我坐在煤油灯下来作画时，才觉得生命还有一些意义。这个时期，我对自己的前途开始感到茫然，不知道自己的命运会有怎样的安排。

　　我在这儿做了一年的农民，到了第二年的春天，公社通知我去平山中学当代课教师。这是个意外的好消息，后来才知道，原来当时的公社书记曾是我父亲的朋友，也曾当过一阵子"右派"，因为是党员，所以就先平反了。我自然高兴异常，不仅是因为摆脱了皮肉之苦，而且每个月还能领到十八元钱的工资，这对于我的绘画真是有力的支持。可是好景不长，我在学校只住了一个学期，就又被重新放回了牌楼村。因为帮助我的那位书记已调到县里去当粮食局长了，而新来的书记则要在学校安排他的关系户。这似乎很正常。我永远也不会忘记1976年夏天的那个晚上，我坐在梅子岭上伤心地哭着，也就是从这个晚上开始，我明白了权力在中国社会的作用。今年，我在长篇小说《独白与手势》的第一部里，写下了这种感受——

　　　　当一个人无法接近权力时，唯一能行得通的便是远离权力。权力左右你的前途与命运，这固然是无法忽视的存在，但仍然还存在着权力控制之外的另一种前途、另一种命运，那便是你的创造。正如农民创造粮食，母亲创造生命，权力是剥夺不了的。尽管权力可以扼制、限制你的创造，但创造本身的力量足以能同权力抗衡。没有一种权力可以规定音乐的具体性，因为旋律的形态是抽象的；也没有一种权力可以控制竞技的规则，所以体育比赛的魅力在于与生俱来的公平；更没有一种权力可以改变季节的更替、自然界色彩的转变。权力可以消灭生命，但消灭不了生命的辉煌。我的生命在于我的创造。

　　我的生命在于我的创造，这几乎成了我一生的宗旨。用我母亲的话说：你只能靠自己。

1976年10月，中国的历史发生了巨大变化。第二年，高考制度得到了恢复。我便打算回到县城家中复习迎考。那时我已经在大队林场劳动，在我搬行李的时候，那位场长对我说：你等考上了再搬也不迟吧？他的意思是我考不上。于是我对这个知青的管制者说：只要是凭考的，老子就不含糊！现在想起来，我已经没有那种热血了。我知道，在中国凭考取人的事实在是太少太少了。

这天，我去公社的收购站门前等班车。无意之中我发现了一张陈旧的《安徽日报》，日期是1957年5月27日。在这张报纸的副刊版上，我看到了一篇叫做《菱塘新歌》的小说，作者是我的父亲。我诧异的是，这张比我的年龄还大半岁的报纸竟然二十年后在一个偏僻的乡村与我相遇，而这是我父亲一生中唯一发表的一篇小说。那一刻我真是百感交集，我的直觉告诉我这是苍天的一次暗示，我父亲的文学梦过早地毁灭了，这个梦现在该由我接着做了。难道两代人做同一个梦还做不成吗？

1978年9月，我进入安徽大学中文系。这之前我报考了浙江美术学院，结果未被录取。大学这个环境对我似乎没有什么新鲜感。几乎所有的课程我都没有兴趣，我已经清醒地意识到，对于一个想当作家的人来说，大学这道门槛显得多余。事实上，上大学也就是为我解决了一个户口问题，使我由农村进入到城市，日后的身份由农民变成干部。所以我不是一个好学生，每学期系里公布的旷课名单上都有我的名字。

安徽大学的图书馆是相当简陋的。在旷课的时候，我主要就是泡图书馆。或许是我对绘画的旧情难了，我首先着迷的是电影，但又不是习惯中的那种电影文学，我痴迷的是导演艺术。我觉得导演这个行当能囊括我的全部爱好和才华，而且我私下认为这是个有趣的职业。我在大学图书馆借阅的第一本书就是苏联导演库里肖夫的《电影导演基础》，那是一本比砖头还要厚的书，里面有许多经典影片的剧照。我后来几乎是把这本书连同其中的插图全都抄了下来。不久，我写了一个电影剧本《徐悲鸿》，我把它寄给了长春电影制片厂。厂方很快就回信了，说剧本如何地不错，又如何地需要修改，拖了一年最后还是不了了之。连我本人也厌倦了。我那时真是太天真了，根本无法想到，在中国搞文艺创作这行，最僵化的也最没有希望的就是这个电影。很多年后，当我得知在中国一部电影的产生要经过那么多的程序后,我暗自庆幸自己没有在这条道上走得太远。1998年,我在北京电影制片厂的摄影棚里执导自己的一部电视电影时,回想起当初的热情,怎么看都有点不可思议。我觉得,1977年的美院落选和《徐悲鸿》的流产,也仿佛是宿命的驱使,让我在今后的日子里专心致志地去当一名小说家。但是,我对绘画、导演的热爱又不是短期内可以结束的。到了1981年,我还是写了一个独幕话剧《前哨》,以此纪念我敬重的鲁迅先生诞辰一百周年。这个戏我是编导演集于一身,我自己扮演了鲁迅先生。时隔近二十年,看着自己的剧照还是有些感慨。《前哨》意外地获得全国大学生文艺会演的一等奖,后来又改成了电视剧。但是该剧完成不久,也意外地出现了一件麻烦事。当初写这个戏,我就参考了上海的一个话剧《霜天晓角》,所以剧本在安徽的《戏剧界》杂志发表时,我便在后记里郑重说明了这一点,结果被编辑擅自拿掉了。而在几个月后,还是在这个杂志上发表了《霜》剧作者的来信,措辞相当尖刻,说我"把别人的衣服剪下一块当自己的手帕"。我便找到杂志社,质问他们为什么这么干,这不是对作者太不负责了吗?他们没有作出令我满意的解释,只好又登了一个启事向我表示道歉。对这种"先打倒后平反"的做法我非常鄙视,从这件事中,我感到了文艺界的险恶。那时我不过二十四岁,在涉足文坛之初就遭遇了这种大起大落。但是,我的性格决定了我不是个挨了当头一棒就会倒下的人,我对文学的这份自信心不仅没有因此崩溃反倒格外坚实地树立了起来。我深知他们不是我的对手。

1982年,我在《青年文学》上发表了小说处女作《拉大提琴的人》。此后,又连续在《花城》、《中国》、《北京文学》等刊上发表了一系列中短篇小说。直到1988年第一部长篇小说《日晕》的发表和出版,大概可以称作创作的第一阶段。

大学毕业后我被分配在安庆地委宣传部。两年后,又调入安徽省委宣传部。我在机关前后工作长达八年,这八年中的每一天对于我都是枯燥而无奈。1985年我结婚,翌年女儿出生,面对杂乱的家庭生活我也同样的一筹莫展。我每天唯一的宁静是在晚上去办公室写作。我带着一瓶开水、一条毛巾和一瓶风油精,总是差不多写到深夜两点。在这间办公室里，我写完了《省略》、《南方的情绪》、《蓝堡》、《流动的沙滩》，这些作品后来被批评界视为"先锋小说"，我也因此无可避免地成了这一流派的作家。"先锋小说"是批评家们做学问的一种归纳，但我需要说的是，无论现在还是将来别人怎么看，我对发生在80年代末期的文本实验活动，都一如既往地充满激情。

1990年，我调到了安徽省文联从事专业创作了，但这次调动不是恩赐，而是带有一种发配的性质。而对于我，这无疑是一次幸运的发配。我在文联被"挂"了两年，没有一个具体的单位愿意接收我，这让我感到诧异和困惑。于是我在写完第二部长篇《风》之后，干脆打了一纸报告，要求留职停薪，自我放逐去南方了。这已是1992年春天的事了。我记得我在合肥上飞机的那一天是4月5日清明节，洛岗机场的上空一片阴霾，似乎带有祭奠的意味，但飞机还是正常起飞了。当飞机穿过厚厚的云层时，我强烈地感到，这真是一块耻辱的天空。

然而令我始料不及的是，我竟阴差阳错地过了五年的经商生涯。我先是在海口，两年后又转移到了郑州。从南海边跑到了黄河边。在这五年里，我做过广告、做过服装、开过酒店。结果是我欠人家的钱一分也不能少，而人家欠我的钱则是一分也要不回来。我经历了前所未有的颠沛流离、身心交瘁，日子狼狈不堪。只有一件事让我以为值得纪念，那就是1993年的春天，我在海口主办了"蓝星笔会"。这个举动实际上表明从下海的那一天起，我就没有打算在商场上混一辈子。我需要挣钱，因为只有钱才能使我在权力社会面前保持最起码的自尊。但我内心离不开的还是写作和文学。我觉得这是我的看家本领。所以当我彻底摆脱困境之后，我再次安静地回到了书桌面前。回想起这几年的经历，我还是有很多的感慨，虽然吃了些苦头，但对那些日子我仍然是无怨无悔，因为我毕竟赢得了一样东西，那就是心灵的自由。

从1996年的《结束的地方》开始，我几乎是一鼓作气地写了《海口日记》、《三月一日》、《对门·对面》、《关系》、《桃花流水》、《秋声赋》、《重瞳》这些中篇。1998年秋天，我在北京靠近亚运村的一间屋里，开始写作长篇三部曲《独白与手势》。我已经完成了第一部《白》和第二部《蓝》。第三部《红》看来只能留到下个世纪了。现在，我在这个世纪的最后一夜写这篇《自叙》，我的窗外是我女儿和其他的孩子在提前燃放焰火鞭炮,他们不知道,这个世纪的最后一天与新世纪的第一天,原本是没有任何区别的。不过,我还是要祝福女儿和这些孩子,我衷心地希望他们比我们生活得好,好得多多!

在1999年第10期《北京文学》的"世纪留言"栏目里,我应约这样写道——

  我喜欢这样一句话:历史的发展不以人的意志为转移。
  这表明任何人在历史中的作用都是微不足道的,历史不相信历史中的英雄。就像如果没有爱迪生,地球上也将不会是黑暗的,一定会有另外发明电的人物出现,因为历史已经到了电该出现的时代。
  所以我会一如既往地等待着,边做自己该做的事。

          1999年12月31日夜里 合肥寓所

外祖母

我家乡怀宁那一带对外祖母的称呼不叫外婆,叫家婆。而在我家里,历来就是唤作奶奶的。这也许与我父亲是上门女婿有关,在我印象中,我家的老人就只有我母亲的双亲。我爷爷本来在安庆,因为我父亲被划为"右派",也就不敢与我们来往,怕受连累。外祖母姓卢,叫凤英,安徽怀宁江镇人氏,生于民国四年即1915年,现年八十四岁,除患白内障眼力不济外,身体仍好,神志清楚。

外祖母是我外公的续弦,嫁过来时大约只有十六岁。她的村子是罐子窑的近邻,据她本人后来说,在她还没有过门前,就知道她男人的名声了。我外祖父原是一名陶工(当地叫"做泥巴货的"),却不可思议地拥有一个儒雅的名字由之。罐子窑距县城石牌十里路,一直很穷。我至今弄不清的是,这么一个穷山村,怎么在民国初年就出现了戏班子?我想或许就因为穷,庄稼人和手艺人就爱做梦,在梦里去寻找另一种人生吧。而与梦相对应的,那就是戏了。戏是梦的冰山一角。人看戏为的就是从戏里看到身边不多见的也很难见到的生活。由之先生初闯江湖撑门面的是青衣。大凡青衣都有两个特点,其一是善唱,其二是剧中的人物都是极善良的心肠,很能引起观众的同情。我母亲说,外祖父的唱腔很有特色,带有一种"沙味"。他是黄梅戏的前辈艺人,除青衣行当,也善老旦和彩旦。

所以外祖母出嫁不久,每年有不少日子是跟随男人走江湖。她不唱戏,一边带孩子一边在剧场里卖茶水。这样几年下来,三寸金莲的她也走了不少的码头,如安庆(当时是安徽省的省会)、铜陵、大通。外祖母生性刚烈,打小就不好调教,她放脚,遇事敢像男人那样出面,也敢反抗她婆婆对她的欺凌,加上走江湖的阅历,便如虎添翼,敢作敢为。

她常挂在嘴边的一句话是：我是桅杆上的麻雀，虽小也见过风和浪。这话对于她，绝对不是大话。

世上的事就是很怪，我外祖父天生胆小，上天却给了他一个糊涂胆大的女人。1941年，外祖母陪她的公公，带着我三岁的母亲，去桐城找我外祖父。路上遇见日本兵和伪军的关卡，刺刀一横，老人小孩都吓得不行，她倒镇定自若应付过去。事后我那天生胆小的外祖父责怪她，说这个时候不该出门。她反问道：青天白日我一个妇道人家有什么可怕的？小时候我经常问她这件事，我问，日本兵是不是很吓人？她说他们长得跟中国人一模一样，你只要不含糊，他也就不敢随便找碴儿了。

外祖母胆大是出了名的。从前走江湖，外祖父只好赌这一口。一夜，他们几个人在屋里推牌九，红烛高燃，但外祖父手气很背。突然他堂客闯了进来，抓起烛台就砸了，然后把桌子一掀。几个男人被震得大气不敢出，此后外祖父就戒了。

1957年我出世不久，父亲就成了"右派"，以后去了皖河农场改造，一般很少有机会回家。第二年秋天，他请假回石牌取换洗衣服，正好这晚我母亲有演出任务。外祖母就让我的乳娘去戏园子传话。谁知这话叫边上人听见了，就去向团长汇报，说某某人老板（即丈夫）回来了。团长就宣布今夜散场之后加班排新戏，意思就是不让我母亲回家。这一夜，我母亲就裹着练功毯睡在舞台上，等天亮回家，我父亲已经离开了。事情还没有完，第三天，团长叫人把我外祖母唤去，见面就问：听说你那女婿回来了？外祖母点点头。团长又问：那你为什么不报告？外祖母说：我凭什么报告？就是报告，我也应该向我的组织居委会报告，我又不是你剧团的职工。团长姓胡，是个高挑个又精瘦的男人，他大概感到自己的权威受到轻视，便耍无赖地把桌子一拍，骂道：女婿！什么鸡巴女婿！右派！他以为这一下把这个目不识丁的家属镇住了，谁知外祖母说：胡团长，我当初嫁女嫁的可是国家干部，女婿后来的事我算不到；再说，广播里不是总讲右派是人民家里的矛盾吗？团长一下就噎住了。外祖母说：驼子背上一个包，摸得着可看不着，哪个能保证一生不栽跟头？果然在二十几年后，这个当时任地区文化局副局长的男人因徇私舞弊被开除了党籍、撤销了职务，证实了外祖母的预言。

"文化大革命"那阵子，我母亲被打成"三名三高黑线分子"，剧团到处都有她的大字报。有一天，造反派要到我家抄家，说我那"右派"父亲藏有国民党的文件和密码。外祖父早早来家等候着，叫他的堂客无论如何今天不能动怒。外祖母说："我让他们抄就是。抄出来，我替女抱被子进公安；要是抄不出什么来，我就得抽他们几马桶刷子！"外祖父急得几乎想下跪，哀求道，千万不能呀凤英！你不怕，可你女在人家手里呀！这话一说，外祖母便进了里屋。她在床上躺了一下午，等那些人空手离开后，她突然号啕大哭起来。

这是我记忆中外祖母第一回大声哭泣。在她这一生中，作为受累受苦的旧式妇女，她一定哭过无数回的。1975年，老人在安庆做白内障的切除手术，我去看她，在一个风和日丽的上午，她这样对我说：我这双眼就是淌多了眼泪。

我母亲生我时还不足二十岁，我一落地就让外祖母用一块布给兜走了。此后的几年，都是她带我。我之后的几个妹妹，也都是这个外婆一手带大的。我们家四个孩子，以前一放学，进门都要喊声"奶"。这个习惯一直保持到了现在。如今我已是四十二岁，这四十二年来我没有在外面过一个春节。即使再忙，我也要回故乡去陪老人过年。今年的春节我回去时给老人换了一台大点的彩电，想让她最后一点的余光看见这世界上每天发生的事。但这个冬季老人的身体很不好，令我有些担忧。一天，我替她剪指甲，对她说起了身后事。我告诉她，到了那一天，无论我在哪里，我都会赶回来给她送终的。我会把这件事搞得体面而热闹。老人倒很是从容，说人都是要走这条路的，自己这一生看见儿孙都有出息，楼上楼下电灯电话全都看见了，也没什么想不开的。最后，她叮嘱道：你们不能把我送到炉子里去，我要上山，祖坟里我预备着一块空地。我要去陪那佬。

她说的"那佬"就是外祖父。

2000年2月28日　合肥寓所

童年记趣

去年我在一篇小说里曾写过这样的话：人的衰老首先是从记忆力的变形开始的。这种记忆总是对眼前发生的事呈现出模糊状态甚至遗忘，而对一些年代久远的旧事似乎越发地记得清楚，好像还很新鲜似的。我现在就是这样的情况。我每天睡觉前还保持着读两页书的习惯，但是第二天醒来，基本上记不起了。生活上也开始丢三落四，明明想好了去发信件，走到邮局忽然想起忘了带通讯录。眼睁睁地看见外面在下雨，下了楼才知道没有带伞。这种过早的健忘让我感到沮丧。我自觉还没有接近老，更谈不上是衰老，然而事实摆在面前，不承认还不行。这样的时候，我就索性转过身去面对从前——这个词如今真是有久远的感觉了，让自己回到往事里去。所以我又想说说我的童年了。在过去的一些文章里，我也涉及我的童年以及少年时代的生活，但它们大都是些忧伤的文字，这篇文章我需要讲述童年的欢乐。

春

我对自己的童年最初的记忆是在四岁。我当然记不清所有的事，很多细节是后来外婆对我说的。我生下来直至五岁，后脑勺上都留有一束毛发，是胎毛。据说这是种迷信，有一种长命且又避邪的寓意。以后大人又将它梳成了一根细辫，上面系着红头绳。我的乳名叫小河，至今一些老街坊邻居还有叫我河伢的。我小时候很调皮，四岁那年的春天，邻居尚奶奶在门口涮过的马桶上晒了一双刚洗的棉鞋，差不多要干的时候，我从边上走过，就对着棉鞋撒了一泡尿。于是尚奶奶就觉得好奇怪，对我外婆说：真是怪事，都是一个太阳底下晒的，我这棉鞋怎么一只干来一只潮？外婆猜想是她那调皮的外孙干的，就说：你这鞋是一只朝阳一只背阴吧？总算遮掩了过去。这时候有人来向外婆报信，说你家小外孙下河洗澡去了。外婆听了心里一紧，嘴上却问：你可看清了？他才四岁呢。那人说：他把头伸到水里，就剩了根细辫哩！外婆这下可吓坏了，一口气跑到河边。果然，我竖着屁股，把头埋在水里，大概是在学大人的潜泳。外婆很冷静，她生怕一咋呼把我撵进了深水，就笑着说：河呀，我给你买糖果了。一边做出在吃的样子。我经不起这点诱惑，上了岸，外婆突然脸一沉，扒开我的屁股一阵好打。哪知这一打，又把我打走了。我拼命地跑，外婆是三寸金莲的小脚，撵不上我，没一会工夫我就从她视野里消失了。

但是到了吃晚饭的时候，我还是没有回来。家里的大人便着急了。那时候县城里还没有电，一家人就打着马灯四处寻我。他们找遍了每一条街，问了所有的熟人，也还是没有结果。这下外婆就吓哭了，因为那时总是听见人说县城里有野狼出没。事实上，有一次外婆抱着我去戏园子看戏，在回来的路上，就遇见了一匹狼。外婆一路哭喊着我的名字，六神无主地走在街上，忽然看见从路边水泥涵管里爬出了一个脏兮兮的孩子，就是她的外孙。我好像也饿了累了，在这管子里睡了一觉。这回外婆没有再打我了。回到家，她一边给我洗澡一边把气出到外公身上：都是你给孩子取了"河"这个名字。是河就离不开水，是水就总是要跑！

事隔近四十年，外婆这段话倒叫我想了很久。我父亲姓雷，母亲姓潘，这两个姓氏都包含着水。我喜欢水以及与水相关的一切。我已经过了不少年"在路上"的生活了。看来这生活还一时结束不了，我还将去哪里？往哪儿跑？

夏

到了夏天，池塘里的莲花开了，门前的大杨树上也有知了叫了。和邻居的孩子一起去捉知了，好像是我在夏季的主要活动。我们用细竹篾绷成一个圆圈，在这圈上糊满蜘蛛网，再把这东西安在一根竹竿上。我们通常去附近的乡下，在一片杨树林里捕捉。那里有许多的知了在鸣唱，嘈杂的声音却使我们好兴奋。我们看准一只，就悄悄把竹竿伸上去。等接近知了，突然用力一按，让知了透明的羽翼黏在蜘蛛网上，它就不能动弹了。就这样活捉了一只。然后是第二只、第三只。一个下午我们就能逮上十几只呢。我把它们装在一只纸盒里，在盒子的四周都挖了许多透气的小孔。知了也有公、母之分，我印象里鸣叫的是母的，不叫的是公的，与鸡正好相反。可是很奇怪，这些知了逮回来之后，无论公、母，慢慢地全像罢工似的不唱了。现在想起来，我觉得这就是知了对人的反抗，用的是沉默的方式。这让我想起夏夜捉回的那些萤火虫，把它们装在玻璃瓶里，放在枕边当做一盏灯。然而不久，它们也不再发光了，接着是慢慢地死去。这同样还是反抗，采用的则是毁灭的方式。前些日子我读了法布尔关于昆虫的书，才知道昆虫也是有情感的。对我很有些触动。我甚至觉得还不仅是个情感的问题，这些虫子似乎也有思想——知了和萤火虫的反抗让我同样能想到"不自由毋宁死"，这算不算是意识的产物？如果说这还是虫子的本能，那么我觉得这无疑是高尚的本能。

秋

每年的中秋节来临前夕，我们都要玩一种叫做"垒宝塔"的游戏。这游戏其实很简单，但颇费工时。我们四处去捡碎瓦片，把它们集中起来，再一圈一圈地往上垒。越往上圈就越小，直至完全收拢，形成宝塔尖。垒的过程中需要很小心，弄不好它就塌了。这种塔可以垒成一个大人那么高。之后，我们还要在它的身上披红挂绿，甚至挂上许多小灯泡。到了中秋之夜，就用电池使它发亮。我们围着自己的作品敲锣打鼓，好像在布置一场盛大的婚礼，一边吃着月饼。我们辛勤劳动了那些日子，总算是有了报答。可是等节一过，我们又得把它拆掉。拆的办法很简单，就是大家站在比较远的地方，用砖头将它彻底击溃。这实际上成了游戏的高潮，谁的砖头把它击倒，谁似乎就成了功臣。我们又是一阵欢呼，又是敲锣打鼓，但也没有最初时的热烈，似乎是在举行一次葬礼。接下来就是在大人们的呵斥下，把这一地的碎砖碎瓦清扫干净。大人说：哪儿来的回到哪儿去！于是我们又得辛苦一趟了。大家失去了激情，唉声叹气一筐筐地把这些东西抬走，谁也无法偷懒。有一天，我问领头的大孩子：这有什么意思呢？那孩子回答不出来，就反问我：吃饭有意思吗？不等我回答，他又说：什么都没有意思，就是个玩。我没话了，只觉得这个玩真是好辛苦。

很多年后，我在一部小说里谈到婚姻的离异，就想到了这个童年时代的游戏。我这样写道：这是一个不可理喻的游戏，它以艰辛的创造为代价换取一瞬间的毁灭之乐。但它隐匿着最朴素的宿命观，从你垒起第一片碎瓦起就预示着将有毁灭的时刻，仿佛生预示着死。这游戏远没有燕子衔泥筑巢那么令人神往。

冬

我印象里的冬天都是以下雪为标志的。没有见雪，我就觉得这还不是真正的冬天。我的故乡地处皖西南，每年都能见到几场好雪。我不喜欢融雪，觉得这种雪带有很大的欺骗性，明明看着从天而降，落到地上却怎么也留它不住。我记忆里的好雪都是在我睡梦中静悄悄地落下的。第二天一起床，哇！地上白皑皑的一片！我发现雪很有点像女人的漂亮衣服，穿上了就比她原来的样子好看。在我眼里，故乡的冬天永远是美丽的。但是从那一刻起，我的心也开始变得重了，我担心这样好看的雪会化掉，不知用什么办法才能将它完整地留住。所以我不喜欢像别的孩子们那样去高兴地堆雪人打雪仗，我喜欢在雪地里走路，再用脸盆端一些雪回来玩。我用雪做出我喜欢的房子和山。

然而天一放晴，雪很快就开始化了，我们家乡把这种现象称作"化洋"。那几天，我是决不出去玩的，觉得县城哪条街上都脏。

到了我十岁那年的冬天，过了很久还没有看见雪。我感到很失望，觉得这个冬天好没有意思。不过那时候学校正排演《智取威虎山》，我演杨子荣，也稍稍平衡了一下自己。我总设想是真在进行一次林海雪原式的追剿呢。正式演出的那天，学校借不到那种白靴子，我们几个就在胶靴上涂了石灰，结果惹了麻烦——台上每只靴子上都在冒烟，原来我们涂的全是生石灰，见水是要起反应的。毁了靴子自然要挨大人的骂，我还顶嘴，说：我不就是想在雪地里走走吗？不久的一天，我下午放学回来，路过一片基建工地，看见一池的石灰浆凝在那里，怎么看都像是雪，便试着从上面走过去，谁知没有走两步，人就全陷了进去，慌张地爬出来，早已成了雪人儿。很奇怪，似乎是我对雪的虔诚使上天感动了，这天夜里，全县普降大雪，第二天一早我站在大桥上往下望，整个县城就像是豆腐做的。那种喜悦真是发自内心的。

1988年的冬日的一天，我在合肥的家中做饭，两岁的萌在客厅看电视里的动画片《雪孩子》。突然我听见了孩子的大哭，便扔了手里的东西赶过来，我抱着女儿，问她怎么了。萌指着电视机，抽泣着说：雪孩子化掉了。

我一下将女儿搂紧，告诉她：雪孩子没有化掉，明年的冬天还会来找你玩。然后我们一起认真听完了朱逢博的那支美丽的歌。

2000年3月1日　合肥寓所

红泥的记忆

我在长篇小说《风》里，曾着意写了一个名字好古怪的地方，叫罐子窑。读过这部小说的人也许还记得。这其实就是我母亲的家乡。但在小说里我不过是"贾雨村言"般地借用了这个名字以及那种"陶"的氛围，是一种地理文化上的考虑。真实的罐子窑不在所谓的青云山下，而是距离安徽怀宁县城十多里的地方，今属江镇乡。这里祖祖辈辈都出制陶的手艺人，所以称作"窑"是名副其实，但不仅是做罐子，碗、盆、坛以及茶壶夜壶，都是做的。为什么单挑个"罐子"冠名，我一直感到困惑。

我的外祖父在走江湖之前就是这地方的一名出色的陶工。他在世时，我几乎每年都要随他去一趟罐子窑。那是20世纪六七十年代的事了，那时我还只是个少年。我印象最深的是1967年夏季的那次"跑反"——县城里两派闹武斗，什么都瘫痪了，我们绕了很大一个弯子回了罐子窑。一进罐子窑，映入眼帘的到处都是红土。这种红，类似国画颜料中的朱砂色。制陶用的便是这种土，经水调和就成了红泥。这一次我们住的时间最长，大约有一个多月。然而在这一个月里，我一点也不觉得寂寞与枯燥。每天，我都要去简陋的作坊去玩那些红泥；外祖父告诉我，泥必须揉得不黏手了才算熟。最初的几天，我用红泥捏成了许多的小动物，再涂上釉浆，晾干后就随大人的陶器一并送到窑里去烧冶。等过了些日子，我也想上"车"试试了。那时的陶车都是手动的，先用脚蹬几下使车转起来，再用搅车棍插到"车脐"上加速，然后就凭借着这惯性开始作业。

外祖父手把手地教我，他教我的要领是身体放松，双手均衡用力，手随泥走，但我还是显得过于兴奋和紧张，手不听使唤，一只坯子刚拉出来就塌了，只好返工重来。可我的热情一分也没有减去，终于在一个下午，我完全凭自己的努力制作成了一只既不像罐又不像坛的东西，但它的造型很完整。我真是好高兴，从车上取下摆到泥案上，我又在上面用心刻了几根兰草形状的图案。第二天烧出来，果真很好看的，外祖父很是夸了我几句。后来我把这件东西带回了自己家里，想等自己长大了就拿它当笔筒使，不料没过几天让外祖母寻去喂鸡了。

自我上大学之后，我就再也没回过罐子窑了。但对红泥的那份怀念时常让我激动。我有一位学工艺陶瓷的朋友，每回去他那里，看见满屋陈设的陶瓷作品，都叫我羡慕。我也作过这样的设想，什么时候闲了，再去罐子窑好好玩玩泥活儿。可是什么时候能闲下来呢？

在美国影片《幽灵》（又译《人鬼情未了》）中有一组堪称经典的镜头，就是男女主角在一起制作一件陶品，他们的手放在一起，随着陶车的转动而缠绵悱恻，与此同时，我们熟悉的主旋律悠扬地响起。这是一种朴素的美，因此也就是大气的美。某种意义上，正是由于这种别具匠心的安排，使这部原本平庸的影片变得不同凡响。这部影片我已看过多次。每到这一刻，我就想念起罐子窑来。我心里涌动的是另一种爱，它显示着我少年时代的一段欢乐时光。去年，从北京拍完一部片子回到合肥，无意中在附近的一条街上，我发现了一座叫做红泥的陶吧，顿时就有了兴趣。我想投资人可能是基于城市人的生活过于单调的判断，就建了这样一个可供休闲同时也重温天性的场所吧。几天后的一个下午，我便带着女儿走进了这座陶吧。我们各要了一个车，系上围裙，在工作人员的指导下兴致勃勃地玩起来。但是这个车是带马达的，速度要由一只脚来控制，我便很不适应，手忙脚乱，始终没有做成一件东西。倒是女儿接受能力强，没多会儿工夫居然做出了一只小花瓶。我洗了手，拿起相机，给她留影纪念。看来我对红泥的怀念只能保留在记忆里了。

2000 年 3 月 3 日　合肥寓所

宋　叔

我第一次见到宋叔是在1979年的夏天。那时我父亲刚刚"右派"平反，从巢湖边上回到阔别十六年的怀宁恢复工作。父亲打成"右派"时我还在母腹，而现在他平反了，我已上大学二年级。我们家才算破镜重圆。那个夏天家里来客不断，都是父亲从前的好友。像是一个黄昏，我正躺在竹床上看一本杂志，听见父亲在外屋喊我，就出来了。父亲指着他边上一个如他一般精瘦但比他高的中年人说："这是你宋叔。"我便喊了一声宋叔，然后与他握手。父亲泡茶去了，我陪宋叔坐。他似乎很想说什么，却终于什么也没说。但是在这有点尴尬的沉默中，我觉得他的呼吸开始变得粗短。我还发现，宋叔的脖子有点向右歪。很多天后，等我们熟悉了，他主动说起了这点残疾的原委，说他做"鬼"的时候，脖子上经常挂着一只盛满石头的粪桶游街。他说得哈哈大笑。

宋叔可以说是个文学酷爱者。他写小说，也编剧本，但从来没见过发表和上演。他还有填词的习惯，写了很多篇。我有些意外的是，在"伤痕文学"席卷文坛之际，这些诗词没有去忆苦思甜，大多却在说风花雪月。那时我已经在学习写作了，每次放假回家，都愿意把自己的一些习作带给宋叔看。他看得很认真，看后总要与我进行一次诚恳的交谈，尽管他谈的不一定对我的胃口。1982年我毕业分到安庆，每个星期六都要回怀宁一趟，那么这天晚上，宋叔就会来。那个时期我开始在《北京文学》、《青年文学》上发表作品，宋叔很高兴。只要是我的小说，他都要看，要保留一份。那时县里还见不到复印机，他就从图书馆将刊物借出来，抄上一份。我告诉宋叔，将来我出小说集子，一定要把第一本书送给他。不久，我调往省城合肥工作，之后与宋叔见面便一下少了。这在我们双方都很不适应。

宋叔不在文化部门工作，有一回，竟破天荒地被邀请出席地区的戏剧创作座谈会。为此他赶做了一件藏青色的呢制服，口袋上别了两支钢笔。这次会议回来，他便一气写了两个大型的戏曲剧本，有一个据说要排演，不知怎的反复几次就不了了之了。其时他已退休，却不住家，而是去了他爱人的单位——距县城十五华里的乡村小学。"在城里写不了，"他这样对我解释，"天天有人拖我打麻将。"但是，县里又有许多事找他做，譬如教书、整理工运材料、撰写革命烈士传略，他都一一接下。1986年春节，我回故里省亲，看见宋叔的气色比以前任何时候都好。那时我的第一本小说集正在编辑中，年底有望出版，宋叔听了这消息连声说好，他说："你要给我签上名。"然而在这年秋天刚刚开始的时候，9月的一天，我突然接到父亲的电报——宋叔谢世！

我感到悲痛，感到震惊。当时我因公务缠身未能赶回，只能通过电话、通过父亲表达我对宋叔的哀思。据父亲在电话里说，那是工会"青年文化补习班"开学，由宋叔讲授中国文学常识。他本来就是师范的高才生，又几十年一如既往地爱着文学，可想而知他的课是极其动人的。他本人也很激动。第一节课讲毕，他似乎觉得有些不对劲，但他无法抑制内心的这份激动之情，还是精神饱满地走上了讲台，他要讲的其实是他的一个光荣的梦想。于是几分钟后，他便带着多少年未见的微笑倒下了……他死于脑溢血。

这年的10月，我回家结婚，第二天一早我就和父母去叩拜宋叔的灵堂。我什么也没说，凝视着宋叔的遗像——他的脖子还是歪着，他的神情和我第一次见到时完全一样。我点上一支烟，竖立在宋叔的面前。烟在静静地燃烧着，直至全部烧尽。这时父亲走过来低声对我说，很奇怪，很多人也像这样做了，但烟都只烧到了一半，就灭了……

我说："宋叔宠着我呢。"

我的第一本小说集于两个月后出版。在一个没有月亮的夜晚，我认真地签上名，给我的宋叔烧去了……

2000年5月27日重写

"独立居主人"宣言

　　战军为《时代文学》特约主持的"书斋探幽"栏目，每期我都看的，好看。上个月我们在北京相会，他约我也写一篇，我说可以。后来一想，觉得答应得有些草率。其一，是这些年我过着"在路上"的生活，成了一个"住标间的男人"，根本无书斋可言。有时候在外地想写点东西，手头连普通的工具书都没有。那本《现代汉语词典》我至少买了五本——每到一处都要买，用完了就送给了宾馆的服务员。我对出门的厌倦即在于此，那个时刻便特别眷恋我在合肥的书房了。其二，我在合肥的寓所面积较小，所谓书房其实与客厅合二为一，严格地说，是起居室，实在无幽可探。幽者，静雅之境也。而我的书房外紧贴着一个篮球场，晨有老太太跟随"采红菱"的曲子轻歌曼舞，昏有小青年吆喝着进行比赛热身，说"幽"无疑是嘲弄。中国就是这么一个伟大而奇怪的国度，房子住得宽敞的，如高官、豪富、明星，用不着书房，而有书的却总为求得一间书房苦恼。

　　我对书房的渴望由来已久，可以追溯到十五岁读高中的时候。但对书房的概念从一开始起就有别于他人，还兼有画室的内容——我对绘画的兴趣早于文学。我希望有朝一日能有一间属于自己的大屋子：四面开窗，中置一张大台子，周围有很多书橱环绕；室内有我的书画，橱中有我的著述，觉得一辈子待在这样的空间里，如同守着一个永不醒的好梦。那时我们家租住的是一处旧民房，有一阁楼，我就住在这阁楼上，四周用塑料薄膜隔成"墙壁"，朝北开有一扇小窗。主要的设施是一张床、一张桌子和一个小书架。难容过多摆设的屋里却摆有一尊维纳斯的石膏胸像。唯一的墙壁上悬挂着苏轼书《兰亭集序》的碑帖。这两件东西是我的两位老师送的，由于它们的存在，使我第一次感到一种特别的气息。

我想这就是书斋的气息吧。

　　真正有了书房是在十几年后。1987年，我在住了几年招待所后，终于调配到了一套房子。这套房子的年龄比我还大，破旧不堪，我当初愿意住进来，看中的就是它的面积。我想我也该有间正式的书房了，尽管它潮湿、阴冷、终日没有阳光。书房的窗户朝西，所以检查那个时期我写的文章，篇末有时会注明：某月某日写于西窗之下。我曾经想写一本《西窗偶记》的随笔，写了几篇又失去了兴趣。不过，在这间屋子里我还是写出了两部长篇小说《日晕》和《风》，以及像《南方的情绪》、《流动的沙滩》、《蓝堡》这样的中短篇。那个时期我在机关服务，每天坐班，写作纯粹是业余的活儿。而且我女儿萌子才一岁，家务显得琐碎而繁重。所以写作的时间总是在每晚的10点之后。然而我并不觉得疲倦。那个时候我会沏上一杯浓茶，点上烟，在一圈柔和灯光下扮演几小时的皇帝：书房是我的金銮殿，写作就是批奏折。唯一的遗憾是，我不能将这个皇宫布置得富丽堂皇。它太潮了，新刷的墙不久便石灰剥落。书画家赖少其先生曾给我写过一幅行草，没挂多时就出现了霉斑，只得取下。书房里唯一的装饰是我自己制作的一幅挂毯——那是一个变了形的京剧脸谱，一个铜锤花脸。

　　我在这间房子里住了八年。1995年，旧房子拆迁了。按理，作为拆迁户我可以在一年后住进新房，但是房管部门却百般刁难，只同意在旧房中进行有限的调剂。他们振振有词，而理由只有一个：必须按级别。而我没有级别，我自然也弄不清级别是个什么玩意儿。但是我明白有一种东西可以和权力抗衡，那就是金钱。钱有时能给人买回一个尊严与公道。于是，我依旧住进了旧房。这套房子仅比我年轻十岁，但毕竟使我拥有了一份阳光。我清楚地记得，我们一家住进去的第一个早晨——准确地说应该是凌晨，时间刚到5点，由窗外射进的晨光竟然使我们睁不开眼睛而过早苏醒！其实那个时候，太阳在这块土地上还没有升起。阳光在我的生命里至少失踪了八年。1999年我把这个细节写进了《独白与手势》。

　　现在的书房里有八个书橱，式样是我自己设计的。写字台上放着一台宏基电脑，由我与女儿合用。逢她学习或者玩游戏，我就只能支起笔记本电脑，去小餐厅。井水不犯河水。有时候我俩都要作画，难免要互相吹捧几句。她说她是天才，以后要先去日本读早稻田，再辗转到美利坚大显身手。"到时候我会在美国的西海岸给你准备一间漂亮的书房的，"她这样对我许诺说，"你就安心写作吧。"女儿的天真烂漫让我开心，却也使我生出一些忧伤来。1931年"九一八"事变后，在读书人中间有句流传很广的话——整个华北已经放不下一张安静的书桌。如今时间淌过了近七十年，日本也投降了五十五年，中国的许多读书人却还在为一间书房苦恼。我无法不为此忧伤！

当初刘禹锡写《陋室铭》不知是为了安慰自己还是为了激励他人，到如今却成了权势者戏弄读书人的堂皇借口。好像知识必须和穷困结合，学问只能与潦倒相连。书的位置一般是在狭窄潮湿的空间，读书的人往往待在阴影里。这是书的不幸，读书人的不幸，更是社会的不幸。我不认这个。此生我一定要获得一间理想中的书房，用钱去买。我要建立我的书库，建立我的工作间。在那块纯粹私人领地里，我要摆上两张大台子，摆上最舒服的椅子，用于我的写作和绘画，用于接待我的朋友。我要用最好的材料来置办书橱，放上我的藏书，放上朋友的赠书，放上我自己的书。在书橱的衔接空间里是我的书画、雕塑、工艺品，以及我拍摄的电影剧照。我要让阳光普照我的书房！我的书斋没有名号，如果要取，我想可以叫"独立居"。那么这篇小文就权当"独立居主人"宣言吧。

2000年6月20日　合肥寓所

女儿潘萌

1987年7月4日是女儿潘萌一周岁生日。那天晚上我为她写了一篇文章,记录她自出生以来十二个月的日常生活。原想以后每年的这一天都写上一篇,计划写到她十八岁,再汇成一册,作为她出远门的礼物。结果,我没有做到,如今想起来总觉得很遗憾,我这做父亲的实在是失职。现在女儿已经长到了十四岁,个头已高过她母亲,亭亭玉立,我却不知道该怎样来写她了。前几天她过生日,来了五位同学送她礼物,而她则以请大家去西餐厅吃牛排作为答谢,并且让我和她妈妈在邻桌作陪。她解释说:你们在场,我们就不自在。看着这些少男少女就着可乐吃牛排,眉飞色舞地高谈阔论,我们又高兴又失落。女儿这么快就长大了。可这个女儿还没有和我们亲热够,就让我们"另开一桌",剩下的便是埋单。

7月4日是属于我的。

孩子大了,不愿和父母多接触,这个现象很普遍。所以我这篇关于她的文章只能是以看为主。看,可能是表面的,能否由表及里,没有把握。加上这几年我时常在外面做事,连看都显得匆忙。在家里,她妈妈主要是看她的作业。我呢,注意的是她的课外生活。潘萌的兴趣广泛,爱好也多,她喜欢游素兰的画,喜欢李玟的歌,喜欢贝克汉姆的帅,也喜欢读一些杂书,譬如《少女》、《读者》这样的期刊,譬如"痞子蔡"的《第一次亲密接触》。这些我都觉得挺好。她也有一些爱好不令我满意,譬如看香港的武侠电视剧。但是我没有过多地去干预她,我只是在她边上说没意思。她立刻就反驳,说:什么叫有意思?老师课堂上总叫我们去记住《第一辆纺车》,记住鲁迅是哪一年生的哪一年死的,记住资本主义为什么腐朽,这就有意思了吗?

词锋煞是犀利，我也无言以对。女儿的书包很沉，所以每天放学回来她都朝地板上一扔。我很同情，问她：你们同学中厌学的多吗？她说：没有不厌学的。1998年《北京晚报》上讨论关于中学生减负问题，连续发表了系列文章。当时我正在北京，便把这些文章剪下来寄给她。她不以为然：讨论能使我的书包轻下来吗？

实际上，潘萌喜爱那种注意方法的学习，讨厌死记硬背。她的理解能力不错，但是每次考试的总成绩都不是很突出。问题出在两方面：忽视副课和粗心大意。

潘萌十岁时就开始看《红楼梦》，这之前因为看过连环画和电视剧，对故事情节有所了解。六岁那年春节她随我回怀宁老家过年，要她当演员的奶奶给她化装造型，一个人轮着扮演林妹妹和宝哥哥。但她并不是一开始就喜欢这一对主角的。先是喜欢宝琴，继而喜欢妙玉和晴雯，最后才轮到林黛玉。庚辰版的《红楼梦》她至少看过三遍，有时闲着没事，就翻上几页，林黛玉的诗词她能背诵不少。她也痴迷林黛玉那种"感时花溅泪"的模样。有一次我们去"红泥陶吧"玩，做完陶器，每人又画了一个挂盘，她画的就是"黛玉葬花"。这个挂盘后来我买回来了，至今还放在我的书橱里。潘萌对绘画有天赋，从小爱涂鸦。记得五岁在少年宫画的一幅《游乐场》还得过一次全国奖，入选了画集。去年我写《独白与手势》，把图画作为叙事的一个层面引入小说，其中就借用了她三岁时的一张画。以前有些朋友建议我可以让潘萌系统地接受绘画训练，从素描开始。我没采纳。我觉得孩子的绘画主要是给想象力一个表现方式，给天性一个自由发展的空间，这就够了，并不意味着要去做一个画家。后来，她母亲又给她买了一架钢琴，最初她也是很兴奋的。每个星期天去老师家里上钢琴课，课程学得很快，但是平时不肯练习，不到一年她就不想再弹了。这件事令她母亲很生气，我也有看法。我说：你拿钢琴当玩具，是不是贵了点？她有些内疚，但还是喃喃申辩说：它就是玩具，只是我没有玩好。前几天她和我谈到练琴的事，她自己对半途而废也感到遗憾，想中考结束后再拾起来。我说：你看着办吧。

两年前我开始用电脑写作，先是买了一台笔记本，好随身携带。但是，一回到合肥就被潘萌霸去玩游戏了。只好按她制订的配置再购一台台式的。台式的键盘大，用起来比笔记本舒服，这样又经常与她发生争执。我说我要写作。她说：对于我来说，游戏和写作一样重要。我拗不过她，只好去另一间屋把笔记本重新支起来。

我印象里，女儿似乎从来不以有个当作家的父亲而自豪。我的作品，她只喜欢《小姨在天上放羊》。不过我也从来不主张自己的女儿将来干写作这一行。这一点我曾明确地告诉过她，我说：你最好干点别的，不要选择当作家。她便反问：那么你当初怎么选择这行呢？我说我是别无选择。上次安徽电视台来拍我的专题，记者也问道：你希望你女儿将来继承父业吗？我说：不希望。记者问为什么，我说：这一行太累心了。我希望她们这一代是轻松的一代。记者问：那么，你觉得孩子干什么合适呢？我说：最好去搞自然科学，或者去做一个卡通设计师。

自从上中学后，潘萌开始有了自己的朋友，来往密切的有三个，都是同班的女生。这四个人每天电话联络频繁，每个双休日都得一起聚聚。看上去她们很志同道合，有时连穿戴都风格一致。有一个时期她们迷上了日本的歌星酒井法子，到处买她的歌带影碟，以至突击学日语，为的就是能叽里呱啦地模仿酒井。今年春天我在北京做事时，有一天逛书市，发现了一本酒井法子的传记，便高兴地给她买了回来。可是她很冷淡地说：我现在不喜欢酒井法子了，因为她嫁人了。她们的兴趣转移到安室奈美惠身上，尽管这个安室早就嫁人。孩子的心理就是很怪，在她们看来，酒井法子令她们失望了，所以她们也就毅然抛弃了她。

我们四个女生有一个共同的目标，或者说是一个共同的计划。有一次潘萌这样对我宣布说，我们打算将来集体报考日本的早稻田大学。但是我们只在日本把学位读完，发展还得去美国。

她们计划在美国的西海岸落户，先买一幢四层楼，把各自的父母都接过去，每户一层。这样即使她们在外地工作，这四个家庭也可以互相照顾。等到她们三十岁之后，她们就独立门户了，各人住各人的别墅，把父母带在身边。原先那幢四层楼便对外出租，所得租金全部用于我们这些做家长的养老补贴，她们分文不取。虽是笑谈，但这件事在我心里还是引起了震动。这些年每次我出门做事，临行前，女儿都要在我皮包里放上一件她亲手制作的护身符。我在外地几乎每天要和她通一次电话，其实也没什么说的，只是想听听她的声音。

潘萌怀在母腹四个月，有一次我陪她妈妈去看中医。那位老中医一号脉就知道是喜脉。那天是个阴天，看完病，我故意把伞落在诊室，等把她妈妈送下楼才回头来取。我问大夫孩子是男还是女，大夫说：如今一个孩子，男女不都一样吗？我就明白，几个月后我将会有一个女儿了，继而断定这是个漂亮可爱的女儿。但那个时候我还没有想到，做父亲的有个女儿，就等于免去了后顾之忧。这个女儿使我一生的情感都有所寄托。从这个意义上讲，我这辈子其实只剩下一个愿望了，就是力争活过女儿三十岁。

2000 年 7 月 20 日　合肥寓所

我家的时尚女孩

　　人民文学出版社计划出一套关于作家和自己孩子的书。8月里编辑胡玉萍女士来电话约稿，希望我和女儿潘萌能够加入。我说既然是一次合作，自然要事先征求女儿的意见。那时她正在暑假中，本想出门旅游，因为这件事答应下来，所以她便放弃了原来的安排。为这本书撰稿成了她这个暑假的主要内容，《时尚女孩》便是其中的一篇。后来，她把它寄给了《新安晚报》——这是她第一次公开发表文章。这篇不足两千字的文章发表后，很快她就收到了来自省内外五六个地方的读者来信。安徽有线电视台还去学校找了她，说要根据这篇东西改成一个电视片的脚本，并由潘萌自己出演这个"时尚女孩"。我听到这个消息是在10月份的南京"中国书市"上，当时潘萌在电话里这样对我说："怎么样？我才小试牛刀呢。"言下之意是，将来她要是动了真格的，肯定强于我这个作家父亲了。

　　这件事情过去了一个月，电视台的人又似乎冷淡下来。有一天我问潘萌："电视台的人怎么说好了又不来了？"本想刺激她一下，不料她说："不来算了，我还嫌烦呢。"她并不生气，也看不出一点失望。这倒叫我感到高兴。那个下午后来女儿上学去了，我坐在书房里却想了许多。我对面的墙上，刻有她身高的记录，这几年我经常在外面做事，每次回来便要求她贴墙站好，拿铅笔标上她的身高。女儿如今确实长大了，以致我们之间都没有了"共同语言"。她每天放学回来，书包一扔便把自己关在属于她的房间里，一边听音乐一边给同学打电话，要不就是玩电脑。即使是双休日，她也有她的安排，譬如与同学一起去逛书店，譬如到网吧去和网友进行网上聊天——她有许多像"缺氧的鲸鱼"、"玻璃水草"这样古怪的网上名字。那时候我干什么呢？好像一般都是在家里给她做饭。她喜欢吃我做的菜，有一回竟然这样对我说："爸，我觉得你的前世应该是个壮志未酬的厨子。"

我喜欢那篇《时尚女孩》。文章散发出的鲜活与灵动令我始料不及。这完全是一篇十四岁少女的个人宣言，直抒胸臆，且有激情与文采。我尤其喜欢那些奇异的句子，譬如以"阳光"来修饰时尚女孩的形象——"长得阳光"，这样的句子语文老师是会画掉的，而我以为很精彩。再譬如以小首饰来"装点十四岁的心情"。这是一种直觉的判断，属于文章的"破格"。前些日子我整理这本书稿，按照编辑的策划，还需要插一些我和潘萌的生活照片，于是我便将过去的影集从头翻了一遍。看着女儿成长的见证，我很自然地生出了一些感慨。实际上潘萌是一个很有灵气的孩子。记得在她三岁的时候，有一次她妈妈给她洗澡，她便埋怨人身上的肚脐眼儿长得很难看。她妈妈就解释说，这是接生的大夫剪断脐带的结果，是瓜熟蒂落。潘萌就质问："为什么不给脐带打一个蝴蝶结呢？"是呀，为什么呢？等到了五岁，她开始变得捣乱，爱闹。结果自己不小心玩破了手指，血流出来，她便吓哭了，一边哭一边喊："你们不管我啊？你们要让我去和我的血做朋友啊！"我吃了一惊，笑着对她妈说："你听，这可是莎士比亚的语言啊！"

我还记得她有篇作文，是写她随我回故乡探亲的。文章的最后写到了一条小路，她这样表达：故乡的路永远不会老。

《时尚女孩》里她说到了"追星"。从去年开始，她欣赏的对象是韩国的安在旭。合肥街上只要是与安在旭有关的东西，什么碟片呀，歌带呀，书籍画报呀，她都买回来，仔细地收藏好。安在旭的肖像贴在她的屋子里，好像这个家不是她潘萌的，而是安在旭的。今年9月我在北京，计划月底去大连讲学。临行前的一个晚上忽然接到潘萌的电话，说安在旭10月初要来北京举办个人演唱会，她想利用国庆的长假来北京观看，希望我能提前为她订票。她说："路费我自己解决了，用我的压岁钱。"这一说，反倒让我有些感动。我说："你来吧，一切都由我来承担好了。"我想满足女儿的愿望。那时正是旅游的高峰季节，北京的宾馆饭店床铺相当地紧张。于是我把去大连的计划作了修改，压缩时间，并让对方事先给我订上返程的车票，我必须在女儿到达之前回到北京，再去车站接她。而且，宾馆的房子也不打算退了，由它空着，免得到时候找不到住的地方。但是事情很快起了变化，我这边才到大连，刚和合肥的女儿通上电话，就听见她说她决定放弃了。为什么呢？我说我已经安排好了呀。女儿说："其实欣赏一个人，也不一定非得见到他本人不可。再说我还有很多的作业。"

话虽这么说，但是我能感觉到她的语气似乎很无奈。这种情绪慢慢也感染了我，我不知道该怎样来劝她了，只是觉得孩子这么美好健康的愿望没有实现，是一件憾事。说来也怪，当天的《大连晚报》上竟然登载了一则关于安在旭的消息，说他因为打棒球受了伤，来不了北京了，演唱会被迫取消。我立即又给女儿去了电话，把这消息对她说了。我的意思很明显，就是让她彻底地放下心来，这档事就算一风吹过了。但是，那一连几天里我还是有些不安，我想自己在这件事上显得有些自私，把这消息告诉孩子，本意是希望她就此轻松下来，不再矛盾，可是孩子会怎么想呢？她真的可以轻松吗？她会因为她所喜爱的偶像意外受伤而轻松吗？很多天后我才知道，在接到我的那个电话之后，潘萌便在为安在旭祈祷，祝愿他早日康复。也许正是这点内疚，使我在离开北京的时候，四处打听哪儿有《安在旭写真集》。最后，终于在西单商场的"韩国城"买到了。那本画册的定价只有三十六元，而我花在寻找它的的士费上至少五倍于画册的价格。

我已经说过，潘萌并不以有一个当作家的父亲而自豪。我的书她几乎从来不看，因为她觉得不好看。但是每一封读者来信，她都非看不可，之后便是反复地提醒我及时给人家回信。她说你回了吗？你得赶快给别人回呀，别让人家等久了！现在她自己也有了读者来信，她总是及时回的，而且用最好的信纸和信封。如今她的笔友已经很多了。她答应把自己即将出版的这本书寄给四面八方的朋友。关于这本书的编选，我的想法是，客观展现我们父女两代人不同的生活面貌以及不同的过去，但是我不认为这就是"代沟"。我虽然有些未老先衰，但我希望我的女儿永远做一个时尚女孩。

我们家住在省委机关院子里，有一次，他们几个同学议论，谁的爸爸最近提拔成副厅长了什么的。潘萌却不以为然，说："这个院子里的厅长多的是，但是好作家只有我老爸一个。"——这是她唯一的一次对我的夸耀，却能使我受用终生。不过后来她又说，她是说着玩的。

2000 年 11 月 15 日　合肥寓所

一起走过的日子

　　潘萌是在超过预产期三天后才来到这个世界的。前一个黄昏，我陪她妈妈在医院里候产，遇见妇产科主任，就问：怎么还不生呢，都超过三天了。主任说：别老躺着，你们出去走走吧，多走走。

　　我记忆里的那个黄昏很明亮，感觉不出少了阳光。我扶着她妈妈出去散步，沿着合肥东边的和平路走着。她妈妈大腹便便，行动缓慢，但我们还是走了不少路，一边说着几年前我们在大学里的事，谈话中偶尔她会插上一句：刚才又动了一下，怎么就不出来呢？而我一路上都像是在猜一个谜：将要出生的这个孩子是个什么模样？

　　我们所在的医院叫"安纺医院"。这个医院不大，选择它是因为这儿是潘萌外婆的工作单位。那时我想，分娩总是一件艰难而危险的事情，如果产妇身边有亲人，是会受到鼓励与支持的。但这一天还是平静地过去了。到了翌日凌晨1点多，产妇有了腰酸腹胀的反应。至3点，腹胀转为坠痛，很快被大夫确定为宫缩，产科上一般对此视作"第一产程"。我突然感到紧张，便立即骑车去喊来了我的岳母。等我返回医院时，天已经下起雨了，连日的炎热总算透出了一丝清新和凉爽。几小时后，潘萌出生了。其时窗外大雨滂沱，电闪雷鸣，我记下了这个时刻：1986年7月4日7时。很多年后，我在南边遇见一个来自加拿大的女汉学家，有一回说起奥立弗·斯通的那部《生于7月4日》。我对她说，我也应该写一本关于7月4日的书。她问道：你喜欢美国？我说：我爱我的女儿。7月4日对于我，首先是我女儿的出生日，之后才是美国的独立日。

　　潘萌见到的第一个亲人是她的外祖母，我是第二个。当时我在外面听说孩子顺利娩出，便急着要看这个女儿。于是她外婆就将她抱出了产房。第一眼我就觉得这孩子像我，让我想起自己半岁时的那张照片。但是这个漂亮的新生儿有些特别,她一点也不皱,脸蛋圆而饱满,皮肤白皙,头发乌黑鬈曲,而且是睁着眼睛四处张望着。那一刻,我意识到自己是个父亲了,那种激动与感慨实在难以言表。外面的雨停了,然而这一天还是个阴天。妇产科病房依旧亮着灯,使我感觉还是夜晚——一个期待已久的、温馨幸福的夜晚。等真正的夜晚来临后,孩子开始了大声啼哭,其声响亮而不绝,引得所有病房里的人都过来了。换了几个护士哄她,还是不行。最后是自己哭累了才停歇下来。这时我才发现,她在吮吸手指,原来是饿了。可是她妈妈没有一点奶水,只能用牛奶了。这些年我时常想,作为一个父亲,能亲自动手为自己的孩子煮第一杯牛奶,洗第一块尿布,真是一件很幸福的事。

女儿在医院住了一周后回家。那时我还在机关工作,临时住在一个叫木林村的招待所。每天下班回来,第一件事就是抱着女儿在走廊上溜达。天气很热,我总是用一块干净的竹席坐垫托着她。这样既能使她感到凉爽,又能保证她的骨骼安全。实际上这是一个不缺钙的孩子,一百天的时候小身体就已经很硬朗了,可以在床上做短暂的支撑。到了十个月,她开始练习走路。起先她似乎迈不开步,在我看来不是因为胆小,而是在于不得要领,好像她的路是不需要自己走似的。有一天,我突然把她靠墙放着,不再抱她,她很困惑地对我伸出手,使劲拍打着,我仍然不予理睬。她急了,睁大眼睛瞪着我,那意思好像是:你不抱我我就不能走了吗?然后说走就走,一气走了十几步!我兴奋异常,连忙抱起她,她自己也好高兴,想把我的手拿开,嫌我碍事了。从这一天起,孩子便热爱走路了。我印象里女儿的学步阶段很顺利,几乎没有什么跌跌撞撞。这很像几年后我学驾驶,我只在一块空地上跑了一个多小时,就把一辆"桑塔纳"开上了街。

但是,婴儿时期的潘萌却又是经常伤风感冒。她一感冒便要发高烧,奇怪的是她的活动量还是不减。1988年,记得是在夏天里,潘萌刚过两岁生日不久,我得空回故乡怀宁探望父母。自从孩子出生后,我已经两个春节没有回老家了。从合肥到怀宁每天只有一趟车,两百多公里的行程,回到家已是日近黄昏。很久不回来,这次我想多住上几日,陪陪日益年迈的父母。而对父母来说,是想我这个儿子能好好休息一下。我如今也是做父亲的人了，工作与家务使我每天疲于奔命，况且还要业余坚持创作。那是我一生中最消瘦的时期，面目憔悴不堪。这天晚上，我和父母一起在院子里乘凉，向他们介绍萌萌的成长情况。正说着，父亲单位的人送来口信，说刚接到我合肥家中的电话，孩子病了，高烧达四十度。家里一下紧张了，接着我便去联系车子，想当晚赶回合肥。那时候县里的小车还很少，最后还是找到一位在银行当行长的中学同学，让他帮助弄了一辆北京吉普。这时已经临近子夜时分了。我母亲担心路上的安全，便让我父亲陪同前往。算起来，这次回家前后只待了六个小时。车过了皖河大桥，我不禁想起母亲以前说过的一句话：人的眼泪都是往下淌的。

前几天我整理照片，看着照片上我们一家人的欢乐情形，便想起我们一起走过的日子。那些逝去的日子再次重现于眼前，让我感慨万千。随后，我的心情又慢慢变得沉重起来。现在我写这篇文章，就是带着这样的心情。

1992年4月5日，清明节，合肥又是一个阴天。凌晨5点的光景，我起床了。我将出门远行，去的地方是南方之南的海南岛。那时候我的女儿正在睡梦之中。我在那一天的日记里这样写道：

> 凌晨即起，洗漱完毕后坐在书房里抽烟，看着身边的行李与桌上的机票，始才意识到今天是出发的日子。这一走就是很远了，也不会很快就回来的。去隔壁卧室与妻儿道别，孩子尚在梦中，不敢亲她。我的离开不知她知道后能否适应。此番南下，最放不下的就是这个女儿了……

我到达广州的那个晚上，想做的第一件事便是给合肥的家中打电话。我想听到女儿的声音！电话通了，女儿稚嫩的声音传过来：爸爸，你什么时候回来呀？我说很快，说着我就流下了泪水。因为我深知自己决定迈出这一步意味着什么。一想到我和女儿相隔千山万水，我的心便如同铅铸。我太爱这个孩子了，可是命中注定我又不能守着我的女儿，而我的漂泊又怎能说不是为了她呢？我希望我付出的艰辛换回的是我女儿日后的幸福。回想起那段不平凡的岁月,至今还让我有些伤感。那种孤寂是别人难以体味的。每当我身心疲惫之际,唯一能给我安慰的就是女儿电话里那稚嫩的声音,而她每次都会问:爸爸,你什么时候回来呀?

那些日子,最不容易的还是她妈妈。我难熬的不过是思念之苦,她却要为孩子成长的每一个环节操心受累。她在"萌萌成长纪念册"里这样写道:"萌萌不满六岁,其父孤身闯海南,其母独自带萌,可谓辛苦至极。"这不是夸张,是事实。所以我现在经常这样对女儿说:你这辈子最要报答的人是你的母亲。

我在海口住了两年,又去了郑州两年,最后才转到北京。我是出门挣钱,回家写作,总感到欠孩子太多,所以写作都是安排在为她做饭之余。她爱吃我做的菜。以前我家里有过保姆,现在还有钟点工,但是我从来不会让她们做菜。

我在外面的时候,想得最多的也就是这个女儿。到了暑假,我会把她接到身边。1992年她去了海口,第二年又到了北京,但是这两次我都没有好好带着她玩,以致到今天她还埋怨我说,她对海口的印象就是菠萝与芒果。那些日子我陷在忙乱的生意中。相比而言,1996年的暑假在中原的那段时光,要愉快得多了。我们去了黄河边上,去了嵩山少林寺,去了洛阳的龙门石窟和它对面的香山。潘萌的胆量不小,敢骑马,也敢上嵩山索道。但是那一次不巧遇到了停电,毫无遮蔽的缆车悬在几百米的高空上晃悠,我都感到心悸,她倒没事似的欢呼。让我留恋的是1995年的暑假,我开着车带她回故乡探亲。一路的山清水秀,一路的好心情。路过我插队的地方,路过我代课教书的地方,我都会向她介绍。最后我们在一个叫小河湾的地方停下来,坐在路边看对面山间流动的浮云。我记得当时问她,将来打算干什么?她说我现在只想好好读书。

转眼间,女儿大了。再过几年她就会出国深造,远离她的祖国和父母。我不知道这一天真的来临后我的感受会怎样。如今她自己已有了小圈子,还有许多的笔友,平时和父母的交流在逐渐减少,这种迹象实际上表明"代沟"的既成事实。"代沟"未必是什么坏事,它意味着两代人在价值观念与生活方式上的差异,也意味着时代的发展。只是我一想到这个渴望独立的女儿不久也会出门远行,去她想去的地方,自然难免有些伤感。去年夏天的一夜，我在北京突发胆结石，疼得难以忍受，躺在病榻上看着护士一次又一次地给我抽血，给我输液，心里纳满了苍凉。那个时刻，我最想见的是我的女儿。如果女儿在身边，即使她不为我做什么，即使是坐在我身边看着我，与我说话，我也会得到很大安慰的。我想给她打电话，可是又一想，觉得不知该说些什么，担心孩子会从声音中感觉到父亲是躺在医院里，由此会引起不安来，也就作罢了。人出门在外，会时常想到许多的不测。1997年春天，我重返海口拍摄电视剧《大陆人》，临行前我甚至写了一份遗嘱，交到她母亲手里。

　　按我的本意，潘萌当初的名字叫格子——我姓潘，可以谐音"攀"，攀者爬也，潘格子也就是"爬格子"。我希望女儿将来也热爱文学。但是她妈妈不同意，理由是"爬格子"太辛苦了，也未必有什么出息。于是才改成了"萌子"，预示着勃勃生机。现在看来，我总感觉或许有一天她自己还会改回来。但是我已放弃了原来的主张，不希望她将来从事文学这个格外累心的行当。我希望她成为一个拥有知识和高尚情操的人。有一次我对她说：潘萌，我只送你三个字，就是"经得起"——无论荣辱还是顺逆，你都得经得起。她的路还得自己去走，我说过，这是一个不缺钙的孩子。

　　潘萌周岁生日的那一天，我们也按照惯例玩了一次"抓周"的游戏。当时我在沙发上摆放了十件东西，其中有一本书，让女儿来选择。

　　她选择了书。

　　她三次选择的都是书。

2000年12月3日　合肥寓所

下雨的时候

我喜欢下雨的时候。喜欢雨在眼前那种飘落的姿态,喜欢听雨落在屋檐、窗篷上的声音,更喜欢在雨中独自地行走。

我的出生地是位于皖西南的一个古朴的小镇,叫石牌。那些清末民初遗下的旧建筑,以及夹合成一条条的老街和小巷,在下雨的时候是异常好看的。很似一幅写意的水墨画。老街的路面,由一块块青石板铺成。雨落在上面光洁可鉴。那时候,我就举着一把油布伞在街面上走动。似乎毫无目的,走得茫然,但我就喜欢这么走。那时我不过七岁吧,刚上小学,但留存记忆中的这些画面至今依然清晰。我很珍惜它。

那时候县城使用的还是老式的火力发电机,功率却不怎么够的,到了晚上12点就得停电。街上的路灯灭了,睡得迟的人家就掌起煤油灯来。因为母亲每晚都得演出,我家总是睡得很迟。而且,有一度家的位置偏僻,还未通上电,所以一到黄昏,我和外婆就开始擦煤油灯的灯罩。先对着里面哈一口气,让它内部湿润,再用废报纸拭擦。下雨的时候,煤油灯似乎突然变得很明亮,我在灯下写作业、画图画,外祖母在一旁纳鞋底。那份感觉称得上惬意。有时,我望着煤油灯出神,耳边响着淅淅沥沥的雨,于是就有几分幻想生出。这潮湿的幻想是雨中的双翼,在很多年后支配我走南闯北。雨往往是同雷电结伴而至,我厌恶雷声,却愿意看雨中的闪电。那耀眼的一瞬,雨是晶莹剔透的,仿佛九霄而落的珠帘挂在窗前;那又是触目惊心的一瞬,我缩在帐子里,把自己裹得很紧,只露出一双眼来注视这带有几分恐惧的美。

然而雨中真正的恐惧发生在十年之后。那时我在农村插队,因为征兵宣传,我被抽到区里。那一天事情完了,我得赶回大队。从区里到大队有近十公里的山路。那天是个阴雨天,雨很小,我心想在这雨中走在山道上，应该是别具风味的。谁料半路上随着一声惊雷，雨突然就下大了，天色也很快暗了下来。头上的伞像一面鼓在有力地擂响，密集的雨竟挤过伞布的纤维落到我身上，没多久，我已浑身湿透。山道上看不见一个人影，所有的树都像中了风似的在雨中摇曳着，惊雷接连不断，仿佛就落在我的周围，其声如同一把利刀劈开干枯的竹子，令人发憷。但是，我无法就此停下来，还必须去走我的路。我干脆把伞收拢，好像把自己彻底交了出去。很奇怪，这样反倒减轻了那种恐惧感。这一天我在滂沱的大雨中走了近三个小时，直到天黑时分，才到达了大队。很多年后，我在南方之南的海南岛，于一个情形相仿的雨夜回忆起这次异乎寻常的经历，还是有很多的感慨。这一次，我因车祸被抛在海口与三亚的公路上整整一夜。我躺在撞坏的汽车里，像一件无人认领的破包裹。过往的车辆都是从眼前飞驰而去，连下同情的喇叭声都不肯留下。我的窗外是狂风暴雨，雷电交加，四面都是大山。但那个时候，恐惧已离我远去了，取而代之的是无边的孤独和一份人世间彻骨的冰凉。亮在我心中的是从前的那盏煤油灯……幸好收音机还好着，我在收听2000年奥运会的申办权揭晓的最终结果，知道我们失败了。后来，我听见了一首动人的曲子，是一首交响乐，感觉上它成了这个雨夜的伴奏，使这个看似凶煞的夜晚无端绽放出了诗意。

很多时候我想，人的一生中很多东西仿佛都是命定。我父亲姓雷，母亲姓潘，两个姓氏恰巧包括着"雨"和"水"。这似乎就是一种暗示，注定我此生将是一个在风雨中独行的人。而且，我已经不再习惯出远门时随身带上一把伞了。小时候每逢下雨我就问外婆：雨是从哪儿来的？地球上怎么会有这么多的水？外婆告诉我：水是从天上来的。1997年秋天的一个雨夜，我破天荒地写下了一首小诗，题目就叫《水》——

> 水从天而降
> 经过空气、云
> 它依然是干净的
> 水落到地上，就
> 一下变脏了
> 可我们还得喝

漂白粉的用量超过了盐

后来街上出现了许多矿泉水
许许多多
我们信它之际
腰包叫别人掏走了

与水相关的东西都让我心动
问题是
水是否是水

2001 年 3 月　合肥

丁字街

丁字街是石牌镇的一条老街。从前沿街铺的都是浅褐色的麻石条，看上去似乎很有些年代。下雨的时候能清晰地照出人影，很好看的。我每天上学，这条街是必经之路。然而不知从何时起，丁字街变成了现在的水泥路，感觉很不舒服。那时候——应该是上个世纪70年代的初期，丁字街是我喜欢去的地方，因为这条街上住着我的一位要好的女同学。如果按人的意识划分，这个女同学可能就算是我的初恋。那时我经常去她家玩。每逢她父母出差，我俨然就成了主人，指挥她和她的弟妹。有一次，突然来了生人，她显得很慌乱，便把我藏到她父母的屋里，不许我出来。那一刻，我的心情有点异样了。这个女同学冬天喜欢戴一面大口罩，露出的只是一双大眼睛，睫毛也很长，我就觉得特别好看。还有一次，晚上她去我家，出来的时候天下雨，我便拿伞送她，那是一把黄色的油布伞，我们合打一把，挨得紧紧的。上了大路，正好碰上电影院散场，人流从我们身边涌过。我当时好紧张，把伞压得低低的，生怕被熟人看见。我感到心跳得好乱，脸也在发烧。那个瞬间我非常希望自己立刻长大，长到十八岁，觉得一个十八岁的小伙子是完全不会有羞怯的。这感觉属于初恋吗？我想应该是。

丁字街这一带，以前集中着几家早点铺，正是这缘故，所以街口五十年前就有了一座茶水炉子，旁边挨着一个茶摊。石牌人并没有喝早茶的习惯，茶摊实际上是做外地人的生意。所谓外地人，也都是附近一带方圆十几里地的农村人，他们上街看病卖菜，或者买牛捉猪，忙完了，总得在茶摊上歇息片刻。也有几个老街坊，闲来无事时，便到这里摆一个象棋残局琢磨。

我对这个茶摊的印象是很早的，大约在我三岁的时候吧。我记得家里人送我去上幼儿园的小班，两天的新鲜劲儿过去，我便不想再去了。我忍受不了那种带有集体化的管束，于是就想逃学。那时管理茶摊的是一个年轻的妇人，她生有一个好哭的女儿，尚在襁褓中，所以她要一边卖茶一边哄孩子。那孩子也好哄，只要把她放在摇篮里不停地晃动，她就不哭了。有一天我放学路过，正逢孩子哭闹，就过去帮着摇了。很奏效，一会儿这孩子就不哭了。我似乎有了一种成就感，很是得意。第二天，我便不去上学了，专门到这茶摊里来摇孩子。那年轻的妇人问我：今天不上学吗？我说不，学校放假。妇人就觉得好奇怪，却不想及时点破。一连几天我都是这样，一早赶来摇孩子，等到其他学生放学了，我才混在中间跟着离开。家里人浑然不知，还以为我经过学校的调理，立刻就变化了。直到一个星期之后，茶摊的妇人才向我母亲泄密，等待我的自然是一顿训斥和罚跪。四十年过去了，这件细微的往事却成了童年记忆的一种温馨的提示，好像打开了一本旧书，发现夹在其中的一枚别致的书签。

去年我回故乡过春节，一个阳光明媚的早晨，我带着照相机骑着自行车去了丁字街。我的那位初中女同学早已离开这里了，但原先属于她家的那座房子还在，只是改变了门面。远远地我还看见了那个破旧不堪但照常营业的茶摊的上空，升腾着开水的热气。当年那位年轻的妇人如今已是年过花甲的老人了，她的表情已经彻底失去了鲜活，岁月在她脸上刻下的是过早的衰老。她当然不会认得，现在对着她的茶摊举起照相机的这个男人，就是从前帮她摇孩子的那个逃学的男童了。她有点好奇地看着我，却不言语。而那个时刻，我想到的是，记忆永远比岁月年轻。

2001 年 7 月 12 日　合肥寓所

从前的院子

去年我为《山花》写过一个中篇，名字就叫《从前的院子》。小说自然是虚构文本，但"从前的院子"却是真实的，它坐落在我的故乡怀宁县石牌镇的正街上。正街也是一条老街，至今还残存着一些带着阁楼和马头墙的老房子，这一处也是这样的，大约是民国初年的遗产。这样的院子，沿街的门面很小，往里去却很深，颇有点上海里弄的意思，只是以后发展的建筑没有上海里弄那么讲究而已。

我们这个院子里有近二十户的人家。各式各样的，有副县长、机关的科局长，也有像我们这样的一些普通人家。大家平日里相处都很好的。然而祥和的院子也是有着不幸。我记忆中这个院子先后死去了几个中青年人。这其中有我的两位同辈人，都死于非命。一位叫做小福的，就住在我家的对面。他是一个电工，在一次野外作业中发生了意外。另一位叫朱明明，是我的中学同班同学，她是一个性情开朗的女生，没想到会在三十岁的时候无辜惨死于一个无知少年的刀斧之下，悲惨地离开了这个世界。

我珍存着一张照片，它摄于1999年的冬天。照片右边的那排平房的第二家就是我家以前的住所。从1970年到1991年，我们就在这里生活。房子的面积大约四十平米，住着七口人。这间屋子对于我有着许多的回忆与纪念。1971年我从这里上中学，1975年我再从这里去农村插队当知青，到了1978年，高考制度恢复，我又从这里考上大学，自此离开了我的故乡。四年后，我大学毕业，开始分配在安庆地委机关。安庆距怀宁不远，只有两个小时的车程。所以每个星期都有可能回来一趟。1985年我由安庆地委调到省委机关工作，有一回到家乡出差，处长带着一辆旧上海，本想开到我家的门口，给我装装门面，结果因为街道狭窄而未能如愿。也还是这年的中秋,我回家结婚,便在这屋子里设下了两桌筵席,招待父母的朋友。前些日子,在洛杉矶的两个妹妹通过 E-mail 给我发来了一张旧照片,便是在这间屋子里由我父亲拍摄的,那是 1982 年。

沿门前的小路往下走,有一条不宽的河流,不宽,但是活的,以前很清碧。在县里还没有自来水的时候,周边百姓吃水洗衣都在这里。到了夏天,这条河就是我们这些男孩戏水的场所了。等自己觉得长大了,我也偶尔会在一个有月亮的晚上,去河堤上散步,想自己的心思。如今这条河已接近干涸,看上去很容易伤感。

1991 年,我父母家搬迁了。那时我已经定居省城合肥。母亲搬的第一件东西是平时晾衣服的竹篙子,我觉得特别奇怪。母亲后来对我说,"篙"与"高"是谐音,象征着往后的日子像芝麻开花节节高。

去年我在合肥为父母购置了新宅,他们从此告别了生活了大半辈子的石牌镇。但是平时再也难见街坊邻居来串门聊天打麻将了。即使是春节期间,也看不见有人来拜年。从前的院子消失了,或者说只保存在他们的记忆之中。他们只能通过电话与老朋友互致问候。他们说,等天气凉爽了,还是想回去看看的。毕竟,他们这辈子的酸甜苦辣都埋在那块皖西南的土地上。

2001 年 7 月 12 日　合肥寓所

病中琐记

1月21日夜，我因突发胆结石住进了安徽省立医院的南楼。这个南楼实际上是所谓的高干病房，我不是高干，但我现在是一个病人。难道病人之间还要作什么区别吗？还好，经司机老王的几句交涉，值班的查晓光大夫便将我收留了。这个晚上，我伴有感冒，身体难受至极，睡到病榻上就不想再动弹了。然后，无休止的点滴便开始了。

翌日上午，医生们按惯例查房。领头的是年纪与我相仿的主任医生梁山，阜阳人。后来聊起来才知道，他的哥哥梁杰是我在安徽大学时的校友，低我一班。梁山说我需要一次手术。但从B超成像看，我的胆总管以及肝胆管都有结石的迹象，加上面部的黄疸严重，所以，他作出了利用核磁共振再行检查的决定，以便确定手术方案。核磁共振检查目前在国内是相当先进的，其准确率达到95%。我做了，结果是胆总管里没有。梁山说，既然如此，那就可以利用腹腔镜来实施手术了，这样便可以不做常规的剖腹，患者恢复起来要快得多。

我在医院住了一周后，进行了消炎与相关的手术前准备。手术的时间定在1月29日上午。前一天，我收到了史铁生兄寄来的随笔集《病隙碎笔》。铁生这部书来得真是时候，我当晚便看了一半。铁生自1972年双腿瘫痪，算起来已经在轮椅上坐了整整三十年。后来他的病情加重，转为"尿毒症"，肾脏坏死，只能实施透析，而且两天一次。去年夏天，我和《北京文学》的社长章德宁前去看望铁生，他的状态很好。

1月29日一早，手术室的车子便过来接我了。我换上了病员服，很怪，即刻便觉得自己像一个病员了。在注射过镇静剂之后，我躺到了这架狭窄平硬的床上。很快，我来到了手术室。那时候我的父亲还奔赶在来医院的路上。手术室看起来很精致，周围的女护士们，由于穿着一致，由于都戴着口罩，看上去像一家人，彼此是孪生的姐妹。这个瞬间我突然有点诧异了：怎么一点也不感到紧张呢？是自己的心理承受能力好了还是以前被这种病折磨得够了？抑或是我真的感到有些累了，想彻底放松地躺下歇上一阵子？大约四十分钟后，梁山主任到了，他看了我一眼，问道："还好吗？"我说挺好的。接着麻醉师开始为我注射麻醉剂，当一个棕色的氧气面罩戴上我的面部之后，我顷刻便失去了知觉。

我醒来的时候已是中午时分，已经回到了病房。我的父亲和老王在我的身边。我私下一想，这个手术竟然进行了三个小时。父亲轻声告诉我，手术很成功，由于我的结石过大，需要在体内夹碎才可以取出来。而且，梁山为了证实胆管里确实没有结石，还在手术过程中做了一次胆管造影。结果很快出来，没有。他放心了。这就是为什么一个简单的腹腔镜手术需要花三个小时的原因。我感谢他以及他的助手们。

然而这毕竟是一次不容置疑的手术。它自然要伴随着阶段性的肉体折磨。从中午起到午夜的十几个小时，是特别难受的。最大的痛苦还不是创口的疼痛，而是呼吸的困难。可是吸氧又十分不舒服。我的呼吸越发短促，提不起气来，仿佛有一只手生长在了我的体内，只要我一呼吸，它便紧紧拽住我的肠子。我的额头开始渗出密集的汗珠，但是不可以喝水。老王便不时用半勺子水来湿润我干裂的嘴唇。我勉强支撑坐起，想以不断调整姿势来改变呼吸的艰难。我父亲便用身体支持着我，让我靠在他的身上。时间在一秒一秒地度过，病房内的灯也亮了起来。

这样的时候，女儿潘萌来了。我有些意外，因为前几天她对我说："爸，你做手术，我不准备去看你，因为我不想看见你满身插管子，一副病恹恹的样子。你在我心目中不是这个样子。我不想改变你过去的形象。"而现在女儿已经坐到了我的身边。她把一只手从手套里褪出来，握住我的手。她说："爸，感觉还好吗？"我说你不是已经看见了吗？我很好的。我没有让女儿多坐，让她放心地回去。

第二天的阳光在不知不觉中照到了我的床头。难熬的一夜过去，我感到自己的呼吸已经变得顺畅了，这样就可以谨慎地下地了，也能够自理生活。变化竟然是如此的明显。我开始进食，胃口比想象的要好。第三天，情形更加不同了，我居然可以自由而迟缓地行走了。这天的下午，我慢慢走进了离医院大约三站地的家，女儿在半路上接我，我们慢慢走着。我想明天我可以出院了。

秀才人情纸半张，我送给梁山大夫几本书。他竟在工作之余读了好几篇。他对我说，你是一个纯文学作家，你的有些作品，譬如《南方的情绪》，让人感觉有象征意味。"但是，"他接着说，"现在中国的老百姓这样的艰难，你怎么不去写写这方面的事情呢？"他的语气似乎含有责备。梁山说自己在普通外科干过多年，每天都目击着一些来自基层的患者，他们的困难是超出一般人的想象的。有的病人，本可以完全治愈的，但限于经济的困难，只好放弃了治疗，只好眼睁睁地看着本可以恢复健康的身体慢慢地死去。他的话让我感动，因为它显示了一个医生的良知。我说："梁山，你回头看看我的《秋声赋》吧。我想我们之间没有任何的分歧，关心的都是现实，区别在于方式。"我和梁山约好，等我完全恢复了，在一起好好谈一次。

作家史铁生在《病隙碎笔》中这样写道："生病也是生活体验之一种……生病的经验是一步步懂得满足。发烧了，才知道不发烧的日子多么清爽。咳嗽了，才体会不咳嗽的嗓子多么安详。"铁生指出："其实每时每刻我们都是幸运的，因为任何灾难的前面都可能再加一个'更'字。"

这样朴素的话语却蕴含着深刻的道理。

2002年2月2日　出院后的第二天　合肥寓所

蓝边碗

去年冬天，我在省城做了胆囊摘除手术。愈后，便写了一篇随笔曰《病中琐记》，发在《新安晚报》上。一个下午，那时我已经人在北京了，我的手机显示出了一个陌生的号码，一接听，才知是安庆老友王伟东来的。他说他在报纸上得知我做了手术，问我恢复得如何。我说很好，没有觉得身体上真的少了点什么。我与伟东平时没有什么联系，所以电话挂断后，便有些感动。也许从那个时候起我动了回一趟安庆的心思。

重阳这天，我决定回一趟安庆。行前给伟东去了电话，我对他说，给我找个住的地方就够了。伟东是我小学的同学，我们的家也相距不远，都在怀宁石牌镇的后街一带。那一带，旧称城隍庙。那时的城隍庙已经成为我们的学校了。他与我很要好，往往吃饭的时候，我们都端着饭碗从自家门里跑出来碰头，用的就是那种今天在城里几乎灭迹的蓝边碗——用的是一种粗瓷，有两道淡蓝的圈，如果按照对瓷器的划分，属于青花一类。伟东小名飞飞，我的小名是小河。飞与流动的河，仿佛都暗示着调皮的天性。儿时的飞飞黑瘦，有猴儿的精明，爬树掏鸟窝是好身手，而我也算得上是"浪里白条"。但是很快"文革"了，学校不上课，我们整天就是到处捡传单、抢鞭炮。我一直怀疑，伟东这个名字是由"卫东"演变而来的。如果我记得不错，伟东应该是1968年前后离开石牌随家迁往安庆的。他走后，我的生活里便缺了一个很好的伙伴。我时常想起他的脸颊上有一块月亮形的疤痕。几年前，我写过一部叫做《我的偶像崇拜年代》的中篇小说。说的就是以自己的儿时经历为蓝本的故事。这部小说我本人很喜欢，收入了几个版本。我想，这里面应该找得到我和伟东从前的影子的——那个时候，我们是多么的调皮啊！

再见伟东，是在插队的时候。他偶尔回石牌来，我也不时往安庆去。

一去，有时就住在他家里。记得有一次，那是在恢复高考的前夕，天正热，我带着一只鸭子去安庆。在伟东家吃过饭后，我俩就关在屋里瞒过大人抽烟聊天。一聊就是几个钟头，出来一看，那没有来得及松绑的鸭子已经给热死了。后来，伟东的父亲一直拿这件事取笑我们，说：你们这两个人可真是贪玩啊。

第二年，我们都考进了大学。那个阶段，我们走动得还算密切。他当时在安徽农学院设在淮北新马桥的一个分院。好像是1980年的国庆，我还专门去了那里一趟，过了几天放浪形骸的快乐日子。

毕业之后，我们都分回了安庆。却都没有去搞专业，而是鬼使神差地进了机关。我深知我这样的人是不能在机关干下去的，所以最终还是做了自己喜欢做的事情。伟东呢？他似乎变得很平静，没有多少挑剔，也不想多做选择。1984年我离开安庆到合肥，三年后，伟东陪母亲来合肥就医，就住在我家里。那时候，我已经在伟东的神情里找不到猴儿的精明了，倒是过早地看出了一个男人的老成与持重。他的语气开始转为十分的温和，表情居然也变得腼腆。我一直想与他聊聊，却又不知从哪里说起。

一路上我就想了这些。刚刚开通的合安高速公路，只需一个半小时的行程，安庆城郭便呈现在了我的视野之中。这个城市在我印象里总是在不停地挖路，不停地修修补补。车进市区，人便有了一种压抑。我住进了安庆宾馆。到了黄昏，我和伟东见面了。他如今已经是市旅游局的副局长，自然可以埋单的。但我说，今晚我不想在包厢里吃饭，我想去你家里，去看看你的母亲。伟东从来不勉强我，就微笑着点了点头。从安庆宾馆出来，一个板车夫拉着一车的蓝边碗从我们眼前通过，我对伟东说：我已经很久没有用这样的碗吃饭了。那个瞬间，我自然想到了我们的儿时。可我没有想到的是，这个小小的感叹在半小时后就得到了消解。我见到伟东的母亲，我拥抱着这位清瘦而健旺的老人。吃饭的时候，我和伟东用的竟都是那久违的蓝边碗！这似乎就是一种暗合！这应该是我近期吃得最多也是最快乐的一顿饭了。我们一边吃，一边谈着儿时那些开心的事情，自然也少不了提起当年那只被无辜热死的鸭子。遗憾的是，伟东的父亲已经于几年前去世了，那是一个快乐的老人，对我们这样调皮的孩子格外地宽容。伟东家一直订着《新安晚报》，于是伟东的母亲就把这份报纸上关于我的一些情况如数家珍地说出来。我告诉她，回去之后一定要写一篇文章交于《新安晚报》发表，题目就叫《蓝边碗》。

两天后，我应安庆师范学院的邀请，为同学们作一次关于我个人创作的讲座。由于停电，讲座临时改在晚上8点进行。我到的时候，报告厅里已是座无虚席，连过道和门口都挤满了人。同学们的热情感染着我，我一气讲了两个小时，再用一小时的时间回答学生们的提问。其中有这样的一个问题——文科学生毕业后是搞专业好还是进机关好呢？我回答得很坦率，我说：我希望大家能去从事自己喜欢的专业，不要进机关；机关这个词，怎么看都意味着明枪暗箭，防不胜防。大家报以热烈的掌声。讲座直到晚上11点多才告结束。等大家散开，我才看见一个角落里，慢吞吞站起了一个人，是用报纸垫在地上坐了三个小时的伟东。我很诧异，问：你怎么来了？他说：我也想听听，你讲得很好，真的很好。他陪我回到宾馆，因为明天我又得离开这个我情有独钟却又无可奈何的城市了。我真希望下回再来的时候，在我的眼前出现一条宽阔的大街，不要再修修补补了。我们简单交谈了几句，然后我送他出门。这个时刻，我看出了他的憔悴。望着他的背影，我突然有点惆怅，我知道，从前的飞飞已经离我远去了，已经变成了现在的"旅游局老王"——他总是这样介绍自己。光阴荏苒，岁月就是这样悄没声息地流逝着，像流水销蚀着石头。

我在庭院里点上了一支烟，一抬头，天下起了小雨。

2002年10月19日　合肥寓所

毕业的故事

1974年底，我高中毕业之际，赶上了一次规模宏大的征兵。这在当时有着异常的吸引力。因为搭上这班车，你就可以逃避上山下乡了。但是，当我把这个好消息告诉母亲时，她却没有表现出高兴。相反，她的神情瞬间忧郁起来。母亲说：你不要报名。你和别人不一样。母亲这句冷漠的话，提醒我注意一个事实，我有一个"右派"的父亲。尽管那个时候父母已经离婚十几年了，但这种阶级界限，一到关键时刻，人家就不承认你划清了。那是我人生记忆里的第一个寒冬，我的外祖父也因病去世了。现在在这个家里，就只剩下我这一个十七岁的男人了。全家的经济来源是母亲每月六十多元的工资，支持着六个人的生活。不久，我在锣鼓鞭炮中送走了一些入伍的同学，然后肩着担子独自去了一个叫做牌楼的村子。那地方距离怀宁县城虽然只有二十华里，却是一个名副其实的山区。村子坐落在梅子岭下。我在农村当了两年多的知青之后，高考制度得到恢复。于是，上了安徽大学中文系。

我至今无法兴奋地回忆出大学四年的生活。我觉得它是平淡的，没有什么色彩。有时候，一个人到校园里散步，总是情不自禁地想起插队的地方。农村虽然艰苦，却给了你自然的清新与自由。那些远去的黄昏，我喜欢到梅子岭上俯视村落袅袅升起的炊烟。而如今却是"城里不知季节变换"了。

四年的大学生活很快结束了。又是毕业。那时的毕业是需要国家统一分配工作的。因此同学之间的距离，往往就是在这样的关口拉开。譬如分到省直机关的，几年之后，一提拔就是副处长的人物；蹦到县里去的，恐怕奋斗一辈子也难企及这个级别。这是制度的可恶。毕业分配历来就是没有硝烟的战争，也历来是那些喝学生血的家伙暴发的季节。那时候你会觉得，人性在一天天地扭曲，看同学，一些面容常常就会成为嘴脸。有门道的人如鱼得水，剩下我们这些缺少关系的，就只好听天由命了。由于这种心理压力，在我们前一届，中文系一个鲍姓男同学跳楼了，当场死亡。

我清楚地记得，当时中文系的领导和我谈分配时的情景。和蔼的表情，流畅的语言，满口的道理，但结论是你不能留在合肥，尽管你创作的话剧获得了全国大学生文艺汇演一等奖。你为学校赢得了荣誉，但现在学校需要你返回家乡。

我打断了那位领导的话，站起来说：我相信安徽大学历史上只能分配潘军一次，那您就随便分好了。我没有任何要求。

我的意思是：剩下的，将是我自己分配自己。

在一个权力至上的社会里，与其寻求公道，不如相信自己。

我一直活得挺好。没有理由不好。

2004 年 6 月 19 日　于 Z74 次直快列车

我的读书

1978年我上大学之前，曾有过两次贪婪读书的经历。第一次，是在中学时代，大约在1973年前后，我所在的县城中学图书馆，要集中一批"毒草"拿到纸厂化浆，让我们帮着清理。这是我平生第一次见到这么多的书，于是就动了心事，假借整理，悄悄把一些认为好看的，譬如巴金的《家》、《春》、《秋》，譬如肖洛霍夫《静静的顿河》，偷偷藏到了窗下，趁人不备拔开插销。到了晚上——那是一个星光暗淡的夜晚，我拖着自制的滑轮车，溜进了学校。那时学校里没有读书的氛围，根本就取消了夜自习，校园里很黑，很安静。然后就翻进了那扇窗户，把白天挑选的书装了满满一大麻袋，拖回了家。这批书陪了我整整一个暑假。两年后，我到农村插队，村里有一个因为破坏军婚劳改释放的会计，曾经做过"文学梦"。这个人和我聊过几回，就把他的一堆藏书送给了我，说：这个，你将来用得着的。我接收了，送了他一条廉价的纸烟。这些书中有劳伦斯的《虹》、司汤达的《红与黑》、丁玲的《太阳照在桑干河上》、梁斌的《红旗谱》、欧阳山的《三家巷》。在当时都是"毒草"。现在回想起来，我当上作家，与这两件"毒草"多少有点关系的。

我原来是自学美术的。1977年恢复高考，我报考了浙江美术学院，身体也检查了，但那一年需要政审。我父亲当时还是一个没有平反的"右派"，因此，我的政审没有过关。于是第二年，我考上了安徽大学中文系。这个选择，似乎暗示着日后我要走上文学创作道路。我的性格不适合做研究工作，而进机关服务，显然违背了我的意愿。私下的这个定位，决定了读书的方向性。我在大学里不是一个好学生，因为我经常旷课。每学期公布的旷课名单上都有我的名字，事实上我在图书馆待的时间一点也不比课堂上的时间少。但我的成绩还不错。有些课，譬如文艺理论、现当代文学、外国文学，考试一般都是第一名。可能是对视觉艺术比较敏感吧，我在大学图书馆里借阅的第一本书，并非文学名著，而是一本电影导演的工具书，叫《电影导演基础》，作者是前苏联的库里肖夫。那是一本比砖头还厚的书，图文并茂。我几乎连文带图把它给抄下了。很多年后，当我自己当导演拍电影电视剧的时候，这本书的形象还在我眼前活动着，却觉得非常多余了。

那时候，对于一个由穷乡僻壤来到省城读书的青年，读书是一种奢侈的快乐。身上没有钱，买书的能力有限，所以只能拼命去借，去读，大量做笔记。因为想当作家，所以我在大学里的阅读是以文学作品为主的。我读外国文学名著要多一些。时间一长，读这样的作品就有了一个自己养成的习惯。第一，要看译笔是否对我的口味。这个判断，完全是依靠阅读经验逐渐建立起来的。译笔不好，即使作品影响很大，我也不想多看，翻翻而已。譬如福楼拜的《包法利夫人》，我就喜欢李健吾先生的译本。我特别痴迷他的那些短句子。这个定势，使我后来专挑这样作品的译本：王道乾之于杜拉斯，李文俊之于福克纳，施咸荣之于塞林格，鹿金之于海明威，还有王央乐之于博尔赫斯——1993 年，马原来海口拍摄《中国文学梦》，要拍韩少功和我。我问他已经拍过了哪些作家，他提了一大串名单，其中就有王央乐先生。我想马原一定也是痴迷王先生的译笔才作出这种安排的。中国的所谓先锋作家们，大概没有人不喜欢王先生在 1981 年出的那个小 32 开译本的。所以说，我们这些不能直接用外语进行阅读的作家，首先要感谢这些著名的翻译家。是他们为我们打开了一扇扇窗口，让我们看到了千姿百态的小说。甚至某种意义上，在创作的初期，我们实际上是在模仿他们。第二，在大学三年级的时候，我计划按作家选择作品阅读，也就是一个一个地读，不分散。尽可能把这个作家译进来的作品都读了，以便有一个比较全面的了解。我记得有个学期，就只读了海明威。

在中国作家里，我喜欢读鲁迅。《鲁迅全集》我是读过四遍的。我不是批评家，因此我往往看重的不是鲁迅的思想，而是他的文字。我认为鲁迅的文字显示着汉语言叙事作品的最高成就，当然指的是白话文。当初胡适只提出了一个口号，但鲁迅完成了实践。鲁迅的文字看得久了，你会觉出别样的味道。这味道不是批评家们归纳的那种所谓语言特色，而是我的直觉感悟，它蕴藏在文字内部，散发于字里行间，无法用文字来说清楚。这觉悟出的味道让我体会到写作的幸福。很多年前我读阿城的《棋王》，就感觉他的文字味道有点像鲁迅的《社戏》，比如"红红绿绿的动"。

一个人读书的方向是随着年纪的增长而调整的。一个作家的阅读和一个读者的阅读也不尽相同。我以前读书，基本上根据自己的兴趣选择。所以看了一些与文学艺术相关的书。这大概算是一种功利的阅读，有用，但并不愉快。进入四十岁之后，对阅读文学作品的兴趣日益淡了，对绘画、电影方面的书籍也淡了。兴趣慢慢转移到读杂书上。譬如谈战争的，谈兵器的，谈宗教的，谈建筑的，谈陶瓷的，谈京剧的，谈民俗的，都愿意读。对古典文学的兴趣也开始浓郁了，喜欢读一点闲书，读一点书札尺牍。但比较偏爱的，是读文史类的书和一些回忆录。譬如这两年我读的钱穆先生和黄仁宇先生的系列作品，和最近读的章诒和女士的《往事并不如烟》。这时候的读书，可以纳入到自己的日常生活，如同写作，十分愉快。每天需要静心读几页，才觉得这一天过得比较充实，是一种欲望的满足。遇上一本好书，也会通宵读完，然后用电话推荐给自己的朋友。

梁启超有句名言：只有读书可以忘记麻将，也只有麻将可以忘记读书。这也是我热爱的两件事。梁任公把这两件事相提并论，在我看来，是这两件事不仅因为快乐让人痴迷，而且能养育出你心灵的自由。

2004 年 6 月 23 日　京城寓所

老友记

似乎是惯例，每年的春节之后我都是要回一趟故乡安庆的。这一趟，之于我是美差，既没有采访的任务，也没有讲学的安排，纯粹就是会会朋友——我的朋友绝大多数在安庆，一个历史上令人景仰、现实中让我焦虑的城市。会朋友，无非也就是一个玩字。玩，说有境界之分显得严重了，但的确有情趣之分。这情趣又纯粹是属于个人的，远离了世间的复杂和各自的身份。因此后来有人说，潘军一来，就把饭桌上的职务摆平了。这看似简单的一句话却让我感慨，是的，职务这种东西有时候看来并不可爱，至少摆到饭桌上，让聚餐者暗自败了胃口。我把这句话看成安庆的朋友对我的奖励。在我这篇文章里，所谓职务、身份，就暂时统统去 TM 的吧。

我只谈朋友。

然而今年回乡我是抱有愧疚的。年前我在北京的寓所，接到怀宁丁风生的电话，说打算在正月初四举行 74 届高中毕业的同学会，要我参加，我当即就应承下来。放下电话，突然就觉得时光不经意地流淌了三十年！那个晚上我着实没有睡好，把自己的旧作《我的偶像崇拜年代》读了一遍。这篇小说写的就是上个世纪的六七十年代，在我们这些同学少年身上发生的故事。书中的角色都打着那特殊时代的烙印。这篇小说我是看重的，曾经准备把它拍成电影，终因投资而暂时搁浅。去年台湾出我的文集，出版商还特地选了它，因为这之前，台北大学已将它列为文科学生的必读书目。有一次我在由北京开往合肥的 T64 次列车上，与中学同学李国安不期而遇，兴奋地谈了一个通宵，也说起了这篇小说。我对他说，书中有一个救火的情节，我们是共同参与者，你还记得那个早晨我们救完火神气十足地走在石牌镇的大街上像个英雄吗？国安连声说记得记得。丁风生是这次同学会的组织者，据说是联系到了将近三百个分散在全国各地的同学，光电话费一项就用去了几千元。这是一个不小的工程。

　　到了正月初四这一天，一早，送我的车来了，但是天不作美，昨夜合肥悄然而落的大雪使高速公路全程封闭，无奈不能成行，我因此错过了这样一次意义非凡的同学聚会，只得用手机短信表达祝贺。但我心里已经有了安排，大雪过后，我仍然还是要赶回故土的，见见我的老友。于是第二天，我再度出发，但第一站是直达安庆市。1982年我大学毕业，分配在当时的安庆地委机关工作，这里可算得我人生路上的第一个码头。但我不是一个愿意在码头上一睡就是多年的人，我喜欢漂泊，在安庆只待了两年，什么都淡忘了，倒是交了几个好朋友。那时期的安庆是比较萧条的，每逢周末，能聚在一起的是金海涛、周锦宏。老金一直在做电影，其时已有《月亮湾的笑声》这样的作品问世。老周是优秀的报人，他对报纸的某些想法很独特，尽管未必都能够实现。最初我蜗居在地委大院对面的那个破旧不堪的"红旗旅社"里，与我同居一室的，是我的校友李剑军。旅社虽破，但很方便，实际上这里也就是个睡觉的地方，每个晚上，我都在自己办公室里看书写作。后来还真写了一个短篇小说《旅店记事》。第二年，我们这些单身青年全都住进了崭新的宿舍楼里，邻居有地委办公室的秘书苏荣生，1983年长江大汛，我们一起被抽调到了望江华阳的同马大堤防汛指挥部，度过了一段值得回味的岁月。几年后，我的长篇处女作《日晕》，便是以这段生活为背景写出的。

　　这次回来金海涛安排我住在黄梅山庄，他的家就在这"山庄"的后面。这地方面临菱湖，风景秀丽。我出生在一个黄梅戏世家，我母亲潘根荣是一位出色的演员，在怀宁剧场被焚烧的几年之后，母亲也于去年化作了一缕青烟直上九霄了。来时路上我就想着，昨天的那场大雪，或许是上苍有意安排我当一个孝子吧？母亲去世方半年，按旧例做儿子的当是守孝一载，故免除了我在同学会上大出风头，保持低调。

　　每次一到安庆，需要给两个人电话通报，一为孙嘉达，他是我大学的同窗，当年带着三十几元工资上大学足让我们这些穷酸小子眼红了四年。嘉达在我家乡怀宁县为官九载，用他的话说，是把青春献给了怀宁县。二为王伟东，他是我小学的同学，用北京话说就是"发小"。我们是一起爬树掏鸟、下河摸鱼的交情。因为伟东，我在二十七年前就结识了他的同学、也是怀宁人的江洪。那时他们在固镇的安徽农大新马桥分校读书，1979年国庆假期，我从合肥杀到那里，在大宿舍里用搪瓷缸子喝着他们自己酿制的果酒，放浪形骸。这以后，他们放假回来总要在合肥的两所大学宿舍逗留，我在安大，另一个怀宁人柳宜春在工大，他们一来，我们往往就集中到工大老柳那里，因为他自己带着一个煤油炉子，可以在宿舍里烧饭做菜，算是打了牙祭。老柳一手可以掌勺，另一手写得一笔好正楷，于是我就把写出来的小说或者剧本草稿交到他那里，几句吹捧的话一说，他就替你抄了。这种种的印象至今还是那么深刻，真可谓往事并不如烟。事隔二十几年，我对江洪说起，他那不苟言笑的脸上竟也显示出了春风诗意。

　　人到了安庆，朋友就相继而来。孙嘉达还是那副呼风唤雨的派头，找到他，我就能见到在安庆的大学同窗，如伍先翔、王中东、邵光、鲁昭才。嘉达喜欢我的《海口日记》，这小说中有一句话流传得很广：男女之间，手够不到的地方就是远。去年我把它挪用到了话剧《合同婚姻》里，这个戏经北京人民艺术剧院演出，四十余场爆满，每次一说到这句台词，都是掌声雷动。《南方周末》报道这出戏，也还是用这句台词作为标题。有一天，我在北京的地铁里还听见有人在说这出戏，心中窃喜。遗憾的是安庆的老友圈里都是男人。第二天，伟东神秘地对我说，晚上聚餐，有一个叫汪莹纯的要来。这名字让我心头一热，见了，才知还是爷们儿。不过人如其名，相貌是典型的白面书生，机敏藏在那双清澈的眼中，含而不露。我们这些朋友聚到一起，那气氛可想而知，他们热情款待，我只能是"秀才人情纸半张"，挨个送书，我说，毕竟我是把书背来了，是出了力气的。我自然高兴，也得意有三。其一，我破除了某些习气；其二，我觉得当一个作家值得；其三，我感到做人没有失败——到处都有朋友。我曾经这样说过，人生无大事。人这一生，父母终将离去，子女终将独立，情人也终将分手，剩下的就只有几个老友了。去年秋天，伟东陪我去公墓替母亲看墓地，我对他说，也许多少年之后，为我们自己也选上一块吧，大家都聚到一起，挨个排着，守望着身下这块故土。

我在安庆需要纠缠的人还是金海涛和周锦宏。除了吃喝,还有麻将,还得书画,这次海涛还把书画家唐罡先生请来了,海涛说,让你们搞一个袖珍的笔会。于是铺纸研墨,和唐先生即兴作了两幅大写意。唐先生题款,其字拙中见奇,有大家之风。锦宏这次本有一个诗意的安排,原打算把宴席搬到江中舟上,一醉方休,结果又是天公不作美意,连日的大雨使这安排临时取消,但鮰鱼是吃上了。海涛的妻子还专门杀了一只由桐城乡下带来的土鸡,我双手作揖向嫂子致谢:多少年没有受过这等的礼遇了。锦宏的太太李慧喜欢听我神侃,但锦宏却声言,潘军每次来我们高兴,但也很累。

在安庆住了三日,伟东陪我到了怀宁新城高河镇,那里,风生、老柳等人已经在等候了。风生陪我们参观了新城,站在颇有气派的政府大楼前放眼望去,这个新城超出了我想象。怀宁县城的搬迁,几代人的梦想,在今天算是实现了。但我也有失落,毕竟,属于我的记忆在这片新楼大厦之间,是打捞不起来了。我对风生说,什么时候还是陪我去石牌镇看看吧。看看皖河,看看老街,看看曾经读过书的教室和插队的地方。后来风生对我说起了几日前同学聚会的事,说来了二百四十位,最远的是昆明的胡怀庆。我一听,就觉得遗憾,2001年我到昆明"中国书市"上签名,怎么就不知道这个同学在昆明呢?而另一个遗憾来自一个叫陈小保的同学,初四的白天他还在为大家唱歌,可是晚上却意外发生了车祸,不幸身亡。小保的车我曾经坐过的,他的歌声至今还保留在这次同学会的光盘上。风生把同学的通讯录给了我,我说今后无论走到哪里,有它就能找到同学了。在此我需要借这篇文章,向我的同学深切地说一声道歉。

我四十余年来没有喝过这么多的白酒。我醉了,在醉中与我的同学、朋友拥抱告别。下午,我回到合肥,给几位老友发去了这样一条信息:一路吐回合肥。

几分钟后,伟东来了回复:三十年吐一次,也值得吧?

2005 年 2 月 17 日　合肥

本命年

年初，女儿潘萌从湖南转回安徽大学不久，随她妈妈去了一趟九华山。一位师太给她看了相，问她长得像谁？女儿说，像父亲。然后就报上了我的生辰八字，让师太顺带着也给我看了。师太说，你父亲正戴孝。女儿有些愕然。那时她的奶奶我的母亲去世刚半年。

师太的第二句话是，你父亲近期还得戴一次孝。

几个月后的"五一"那天，我九十高龄的外祖母谢世仙去了。那天合肥下着罕见的大雨，我和父亲以及大妹一家送外婆回到了老家，怀宁县一个叫做罐子窑的村子。翌日，和老家的亲戚一起披麻戴孝把老人送至故里的山坡上，与去世二十一年的外祖父合墓安葬，重新立碑。

潘萌的第一部长篇处女作《时光转角处的二十六瞥》先由《花城》、《作家》、《芙蓉》三家杂志联袂发表，后由湖南文艺出版社出版。8月初，我陪她去上海签名售书。回来后便临近了母亲的周年。事先已经在安庆陵园看好了墓地，计划将她安葬下去，入土为安。那天也是雨，但时辰到了那前后的十五分钟里，雨停歇了，天空还显出了阳光。心想，妈还真是体谅人啊，知道今天有不少朋友来送她，担心湿了大家。

母亲离开后，父亲对我提出想回安庆定居，他说安庆是他入城的第一个城市，他的一些老朋友都在那里，而且现在大妹也在身边，我自然是答应的。于是在8月最后的一周内，先送父亲回了安庆，再回头把合肥的房子卖掉。交易完成的那天，我临时住到了母校安徽大学的外宾招待所里，我突然感觉到，合肥这座我生活前后近二十五年的城市，开始变得有些陌生了。我成了她今天的客人。有媒体说我是"皖籍作家"，倒准确。

一切都变得简单起来。

需要做的无非就是把那几十箱书托运去北京。我打算在那里正式安个属于自己的家了。清楚地记得是 8 月的最后一天，看好了一处房子，不到两个小时就办妥了手续。之后的一月就是忙着看家具家电。10 月，短篇小说《临渊阁》获得"第二届新世纪《北京文学》奖"。然后，出了一趟远门——参加由农业部南海区渔政管理监督局和《花城》杂志社联合主办的"西沙笔会"。在海上漂了九天八夜，人放松下来，心情也豁然开朗。四野苍茫，海水如墨。没有见过这么黑的海水，水手告诉我，它的深度在三千米。经历了八级浪，竟然没有晕船。在一个阳光明媚的下午，登上了西沙群岛的主岛永兴岛。我在岛上遇见了一个姓周的战士，他说看过我的《死刑报告》。这让我很有些激动。然而却不能点燃我对写作的欲望。这一年里，我没有写小说的计划。除了去当孝子贤孙，余下的时间里就为国家话剧院写了大型话剧《重瞳——霸王自叙》，是根据自己同名小说改编的。我还根据这个小说改编了一个京剧《江山美人》，对自己在戏曲上的能力作了一次证明。两个剧本都是在一周时间里完成的，感觉好顺手。

11 月回到北京，住进了新宅。一面墙上挂满亲人的照片。就在这些照片的陪伴下，安静地度过了本命年的生日。我收到唯一的礼物，是女儿用自己的稿费给我买的挂件玉观音。那个晚上，我思念母亲和女儿。

熟悉我的朋友，知道我一直怀有影视方面的梦想。这梦想，指的是亲自执导几部自己满意的作品。我对电影的研究达二十几年，尽管之前我也有过两次这样的经历，但因为投资方与我的想法出入太大，合作无法和谐，结果与初衷自然相去甚远。但这一次有所不同了，我的投资人说，他不愿意花两百万买我的剧本，更愿意出两千万请我把它拍出来。他说，一切您说了算。那么，我只能重新披坚执锐了。

我的计划是在明年做出两部电视剧，即《最危险的时候》和《儿女婚姻》。到了 2007 年，我将做出自己的第一部电影，暂时考虑的是《我的偶像崇拜年代》。

九华山的师太对我女儿说的第三句话是：经历了这两次戴孝，你父亲的事业将会……

将会什么？女儿在电话里没有再说，而是诡异地笑着。

我也不想打听。放下电话的那个瞬间，我看见了母亲的背影。

2005 年 12 月 21 日　北京

窃书记

我有过一回窃书的经历。

那是在读初三的时候，应该是1972年的夏天，我十五岁。我的故乡是地处皖西南的安徽省怀宁县。熟悉中共党史的人，应该能想起这个地方，这里出了中共的第一任总书记，五四运动的领军人物陈独秀。我所在的怀宁中学是县城最好的一所中学，但那个时候，学校几乎是无法读书的。每天都是政治活动，我们不懂，但要跟随着学习。学校的图书馆、阅览室也不开放。有一天下午，班主任对我们说，今天的劳动是打扫学校的图书馆。这样，大家第一次走进了这栋长年关闭的陈旧的灰房子。进去一看，才知道这里的书真的不少，几乎所有的书架都是满满的。而且，地上也堆放着一些旧书，看上去很脏。图书馆的负责人对我们说，这些地上的书都是毒草，大家可以不用管，明天就要当废品卖给收购站了。他这一说，反倒激起了我的好奇心。我不知道怎样的书才叫毒草。于是在打扫的时候，我开始留心那地上的"毒草"了。我一眼就看见了巴金的《雾·雨·电》和欧阳山的《三家巷》。巴金的名字，我是知道的。我曾经在邻居那里读到过他的一本散文集，至今还记得其中有一篇叫《哑了的三角琴》。也许从那一刻起，我动了窃书的念头。做法倒也简单，不过是把那些书一捆捆地挪到靠窗的位置，然后趁人不注意把窗户的插销拔开。

那天晚上，天色有些昏暗。实际上从下午起我就在盼着天黑。吃过晚饭，还下起了一阵子小雨。待雨歇之后，我就拖着自制的滑轮车去学校了。所谓滑轮车，就是用四个轴承支起一块平板。当时这东西在县城很流行，几乎每个男孩都拥有一"辆"，平时我们用它帮大人买米买煤球。

那时是没有晚自习的，校园里和往常一样，除了操场上有几个高年级的同学在打篮球，看不见任何动静。我悄悄接近了那座灰房子，它笼罩在梧桐树的阴影中。走到那扇拔开插销的窗户前，忽然就听见自己心跳得响了。有一瞬间我产生了动摇，毕竟这是在做贼啊。但是白天里见到的那些书在诱惑着我，又不舍得放弃了。于是在黑暗中把额头汗抹了，把窗户打开，再敏捷地跳进去，迅速把堆放在旁边的书一册册地装进了大麻袋里。装了满满一袋。然后，我就拖着滑轮车往家中去了。出校门的时候，意外地遇见了一个熟悉的老师，他并没有问我干什么，只是狐疑地看了我一眼，却惊出了我一身冷汗。

我总算把这一袋子书拖回了家中。那时我住在家里的阁楼上，这些书便藏到楼上，没有任何人知道。可是让我失望的是，那些白天被我看好的书，大多数都不在这只袋子里。我想可能是下午在我走后，图书馆的人又挪动了。不过幸好他们没有发现那个拔开的插销，否则就是现在这些书我都得不到了。被我偷来的书，除了几本小说，譬如《红岩》、《播火记》、《三家巷》，就是《文艺报》和《中国青年》杂志的合订本。都是50年代的期刊。我没事的时候就随手翻翻，在它的上面，我读到了肖也牧的《我们夫妇之间》、刘冰雁的《在桥梁工地上》和王蒙的《组织部新来的年轻人》。我还读到了关于胡风反革命集团的材料，读到了反击右派分子的材料。这些当时我都是读不懂的。让我敏感的是"胡风"和"右派"这两个字眼。因为我父亲在我出生的那一年就被划成了一个"右派"，而且这之前还曾经险些被打成胡风分子。

我把这些书刊集中放在一只老箱子里。这是一只标准的旧式书箱，我们家乡称为脚箱，是旧中国那些进京赶考的秀才装书用的，我们至今还可以在传统的剧目中看见，譬如《梁山伯和祝英台》，书童四九挑的那种。它分为两层，上面的很浅，且有分割，是用来装文房四宝的，下面才是装书的。这箱子是我的外祖父用三十斤大米的价钱替我置办的，说是将来给我装书用。我母亲却嫌它难看，可现在它是派上了用场。

很多年过去了，那只脚箱以及里面装的旧书刊，早已不知去向。但窃书的经历让我时时想起，成为谈资。和同年人相比，我显然是过早知道了"胡风"和"右派"，对我意味着什么，直到现在也说不清楚。它成为我记忆中的一朵云霓，占据着我内心一块不够晴朗的天空。

2006年11月12日　北京

故乡·朋友·文人画

我每次回故乡安庆，都怀着一个非凡的乐趣，就是又有机会亲近笔墨，写字作画了。安庆地处长江中游的北岸，历史上算是不大不小的古城。这块土地上从前出过中共的第一任总书记陈独秀，当代也出过"两弹元勋"邓稼轩。但我记忆中最为亲切的，却是二百年前的几位徽班鼻祖，如程长庚、杨月楼等，还有大书法家、金石家邓石如。或许正是这样的地域原因，经济虽不发达的安庆，似乎至今还散发着一种文化的雅致。倘若从书法上看，安庆就有不少"拿得出去"的人物，去老街上走一遭——以前有条墨子巷，你会看见不少令你驻足的匾额。这个安慰，对我而言，比妇孺皆知的黄梅戏更大。

市文联副主席金海涛先生是我二十几年的朋友，他是剧作家，早年写过电影《月亮湾的笑声》广为人知。最近几年老金在写作之余练习书法，钟情明代才子董其昌。所以我一到，必定要借他家那块宝地，汪洋恣肆一番。没有带印，海涛便临时安排朋友为我赶治，并且还让出自己两方心爱的闲章。我习书画，纯粹自学，也纯粹是业余，充其量算是"票友"。既为票友，就会放松、放纵、放肆，无须顾忌专家的评点，也没有舆论的压力。我相信，书画为性情表达手段，信手挥毫，涉笔成趣，天机一发，也许偶得佳品——无论专家怎么看，我都敝帚自珍。但在安庆期间作下的所有字画我都没有得到，被朋友拿去补壁了，算是厚爱。

另一位画友唐罡先生是我的新交，但十五年前，我就知道这个名字。那时我的单位安徽省文联的杂志《艺术界》和《清明》上，发表了唐罡的书法作品。匆匆一眼，就给我留下了深刻的印象。我欣赏书画作品历来只凭直觉判断。在我看来，唐罡的字，最可贵的是一份稚气。这无论从结体上还是用笔上，都不难看出。书家，最怕的是碑帖带来的匠气，难得的是这份稚气。画家何不如此？这是我喜欢唐罡的理由。

去年夏天，我回故里省亲会友，又是海涛提议，邀请唐先生和我，在他家里举行一个小型的书画笔会。于是，在那个阳光明媚的上午，我和唐先生第一次见面了。简短的寒暄之后，笔会闲散地开始。我起笔画了湖泊和沙丘，唐先生视察之后，果断地在近景位置添上了两株老柳，绿色一染，气氛浓郁。这张大写意就这么一挥而就了，谈不上润格，有的是一份情趣。

或许因为作家身份，朋友都称我的画为"文人画"。其实"文人画"这个称谓，最初是由明代的董其昌提出的，但可以追溯到汉。它的精髓之处，是主张让中国画进入到一个诗、书、画相通交融的境界。画中有诗意，有墨趣，有性情，有思想。无论是唐之王维"以诗入画"，还是宋之苏轼"以书入画"，为的都是这个，与当时的民间工匠画和宫廷绘画有着显著的不同。随着时代的发展，所谓文人画实际上已经演变成了一个文人表达主观情怀的载体。倪瓒讲"自娱"，顾恺之讲"形神"，本质上是一致的，都是在力图寻求一种与自然亲近的方式，抒发自我的情怀。"元四家"之一黄公望的《富春山居图》，是他晚年的作品，那种随意的勾勒与点染，已经与自然浑成化境，笔简而气壮，笔不周而意周。

按陈衡恪（师曾）的解释，文人画"不在画里考究艺术上的功夫，必须在画外看出文人之感想。此之，所谓文人画或谓以文人作画，知画之为物，是性灵者也，思想者也，活动者也，非器械者也，非单纯者也"。无疑，陈师曾重视的是文人画的精神与品格，轻视的是那种匠气与呆板的技法。或者说，文人画是画中带有文人的情趣，画外散发出文人的思想，这样的文人画方为上品。仅就技法而眼，我喜欢石涛的简约，八大的恣肆，吴昌硕的洒脱，齐白石的天真。我相信"法自我立"，追求手心相应，落笔成趣。

书画同源。李苦禅老对二者的关系，曾有高屋建瓴的概括。他说：书到高时是画，画到高时是书。这是一般人难以企及的境界。以我的理解，苦老这两句话博大精深，既有艺术的辩证法，又含审美的原则。我在谈到小说或文章时，也曾说过：好的文章都是先做加法，后做减法。

前者讲的是积累,后者讲的是提炼。从前看齐白石,不觉得妙;如今读来,妙不可言,我看出了大师的性情与笔墨趣味,知道了一种大巧若拙的美。但凡文学艺术创作,朴素的美终是大美。

陈师曾在谈到文人画的要素时这样指出:"第一人品,第二学问,第三才情,第四思想。具此四者,乃能完善。"可见,这已经不是画的境界了,而是人的境界。

2006 年 1 月 15 日　京城寓所

相　遇

　　我父亲雷风原本是学外文的，却因为在大学时代订阅了巴金主编的《文学月刊》，便从上个世纪40年代开始，做起了文学梦。1949年解放后，他从事了一段教育工作，再转为职业编剧，为黄梅戏写剧本。1956年他写了黄梅戏《金狮子》，受到了普遍好评与奖励。但是不久，他就成了"右派"，遣送原籍劳教了，这一走就没有了音信。父亲离开后的许多年，我经常听见县城的一些老人谈起他，说那是一个有才华的青年，不仅剧本写得好，小说还登上了省报。有人说得更具体，说那篇小说的名字叫《菱塘新歌》。

　　在我十八岁之前，我记忆里没有父亲的形象，也没有读到过父亲发表的任何文字。父亲对于我如同一个传说。

　　1976年10月，中国的政治形势发生了大变化。第二年，高考得以恢复。那时我在本县平山公社一个叫做牌楼的村子插队，高考的消息一传开，我就打点行装回家了。我清楚地记得，那是一个阴天，随时都会下雨。我用一架破板车拖着被子行李，自作主张地离开了村子。刚到村口，就遇见了大队的一个头目，那人平时就和知青关系紧张，一见我拖行李就问为什么？我说回家，考大学。那人鄙视我一眼，意思是：那也等考上了再拖不迟嘛！我也鄙视他一眼，我的意思是：只要凭考，老子就不含糊。

　　就这么走了。

　　牌楼村离公社五华里。刚到公社边上，天下起了雨。我把板车拖到废品收购站躲雨，正赶上他们处理一些旧报纸，准备装车送往纸厂化浆。突然，一张报纸在我眼前划过，我一下就看见了《菱塘新歌》的标题。然后，我看见了父亲的名字。我心头一热，那个瞬间感觉父亲就站到了我的面前，尽管我还不知道他长什么模样。

我向收购站的人讨下了这张1957年5月26日的《安徽日报》。它的年龄比我还大半岁，却在这个乡村的角落与我相遇！这意味着什么呢？当时没有想清楚，只觉得奇怪和感动。那时期我是立志要去做一名画家的，可是高考恢复的第一年，还是需要经过严格的政审，这样，虽然我成绩优秀，身体健康，却还是被一家美术学院所拒绝。第二年，这政审的尺度改变了，而我也失去了继续考美术学院的兴趣，改考了中文系。我想，我这辈子可能留不下几张画了，但一定会留下几本书。

1979年，父亲"右派"平反后回家了。他的形象是一个标准的农民，穿着一件过长的棉袄，略显佝偻，与传说中那个有才华的青年毫不相干。只有那一笔娟秀的钢笔字，让我无法怀疑这是一个旧时的书生。有一个晚上，我拿出了那张旧报纸。父亲看着它，好久才低声说：这是我唯一发表的小说。

很多年过去了，我时常想起这张视为珍藏的旧报纸。我并不喜欢父亲这唯一的小说，它甚至都不能算作小说，只是一个文学青年的习作。但是为什么却要在那样的时间那样的地点与我相遇呢？或许，这就是上帝的旨意，告诉我，你父亲没有做成的梦你需要继续梦下去。你有理由继续梦下去。

我这一生的选择其实在那个时刻就已经完成了。

2006年1月12日　北京寓所

安庆的父辈

> 我一直想为安庆的父辈们写一篇文章。这是我的一个心愿。
>
> ——作者题记

我于 1957 年 11 月 28 日出生在怀宁县石牌镇，一个梨园世家。外祖父潘由之是黄梅戏的前辈艺人，他的独生女儿，后来成为我母亲的潘根荣，是黄梅戏的一位优秀的演员，无论别人怎么看，我觉得母亲作为表演艺术家是当之无愧的。我的父亲雷风 1949 年自老安徽大学出来后，就投身到小学教育和黄梅戏剧目的创作中，在 1956 年第一届全省戏曲汇演中，以一部叫做《金狮子》的剧本获得了奖励，成为戏曲作家。第二年秋天的黄昏，我出生了。这本当是一个幸福而蕴含着诗意的家庭，但就在我还在襁褓之中，随着一场声势浩大的政治运动，父亲成为"第二次深挖"而出的"右派"分子。从此宣告了这个家庭的风雨飘摇和妻离子散。时间很快走到 1962 年，所谓三年自然灾害之后，父母终因屈服于政治压力而分手。这一分，就是十二年，光阴的一个轮回。在我童年的记忆里，是没有父亲这个形象的。倒是石牌街上的老人时常向我谈论着那个从前的书生，说那是一个有才华的青年，不仅剧本写得好，而且一笔字也令人称道。而在我，可谓少年失怙。

1974 年，外祖父病故。从此这个家庭的担子就完全落到了母亲身上。那一年，我高中毕业，面临即将下乡插队。那是个特别萧瑟的秋天，我沉浸在外祖父去世的忧伤之中。然而一缕意外的阳光却射进了石牌镇正街的一个院落，那是我家。是在临近黄昏的时候，我从外面回来，看见母亲正和两位陌生的女人在低声谈论着，他们的眼睛都布满了血丝。

我一到，母亲就对那二位说：这就是老雷的儿子，小河。我很快就明白了，她们是我父母的朋友，听口音来自安庆，显然带来了关于父亲的消息。母亲告诉我，这两位，一是斯华云，另一位叫韩黛枫，她们的丈夫郑立松和王兆乾都是父亲的好朋友。斯妈当即对我说：小河，你爸爸回来了，在安庆，我们是来接你和你妈妈过去的。你赶紧收拾收拾，车在等我们。

车，是装载粮食的解放牌大卡车。她们挤在驾驶室里，我躺在粮食堆里。车驶出石牌镇走上皖河大桥时，西天的太阳开始坠落了。望着那天际的灿烂逐渐敛尽，然后熄灭，化作青暮之色，我十七岁的心中纳满了苍凉。有一种酸楚的感觉随着身下这不平的道路在心中颠簸着。十几年了，我终于能够一见自己还是戴罪之身的父亲了，以这种特殊的方式。车抵安庆城已是万家灯火时分。这座历史上颇有名气的古城，从我第一次走近她，就有了一种难以名状的隔膜。但我还是走进了她，随着接我的人去了红旗路（今为孝肃路）市人民医院旁边的一间低矮潮湿的民房。这里，已经有许多人在等候着我们了。我见到了王兆乾、郑立松，见到了黎承刚和胡翠云夫妇，见到了这屋子的主人李洁吾。我称他们叫叔叔阿姨、伯伯妈妈。十几分钟后，我的父亲来了。第一眼看上去，父亲完全脱离了我的想象。石牌镇传说中那个才华青年的痕迹荡然无存，倒是一个十足敦厚的农民，穿着一件烟灰色的、显得过长的棉袄。

关于这次不同寻常的会见，我已经在其他文章里有过表述，他们曾经都是"右派"，更是可以托付生死的朋友，两年后的1976年，中国的政治形势发生了根本变化，坚冰消融，春回人间。又两年，由胡耀邦亲自主持的右派平反工作全面展开，这些人得以重返毕生喜爱的岗位，这就是黄梅戏。1979年3月的一天，我在大学接到父亲的电话，说他和母亲今天复婚了，仪式是在安庆进行的，由当时地区文化局局长方博文主持。在这个简朴的仪式上，著名演员麻彩楼演唱了《金狮子》中女主角的一段唱腔："四十年前姑娘新，冰清玉洁钟爱情。"后来父亲不止一次地这样感慨：没有安庆这些老朋友，我们家没有这后半辈子。

安庆这块水土是属于戏曲的。二百多年前的"四大徽班"进京，便是从这里开始。经过百余年的辛勤耕耘，至道光咸丰年间，徽剧逐渐取代了北方昆曲在京师的统治地位，而后，形成了徽汉合流的局面，即在唱腔上将徽剧的"二黄"与汉调的"西皮"合二为一，又兼收了昆曲、秦腔等精华，这才有了京剧。而遗留在安庆本土的，是黄梅戏。在我看来，正是黄梅戏这个别致的剧种，把这些人集聚在了一起。我在安庆的父辈都是黄梅戏的有功之臣。李洁吾曾任地区黄梅戏剧团的领导，郑立松整理过的《打猪草》和《闹花灯》，至今还在传颂。而王兆乾以一部《黄梅戏音乐》奠定了地位，更有《女驸马》成为这个剧种的代表作。黎承刚在1954年的省里汇演中曾经和我母亲合作过折子戏《卖杂货》，后来长期担任导演，胡翠云的表演一直是有口皆碑，她的《春草闯堂》我看没有人可比。1974年秋天这次见面，留给我的印象难以磨灭，将伴随我终生。

那是一个非人的政治环境。像我们一家这样的"地下见面"肯定还有不少。那以后，我和父亲开始了通信，但都经由李洁吾手转。那以后，我每年都要来上几次安庆城，一来，就是在李家、郑家、王家、黎家轮流住。李伯当时是鳏居一人，因此我一来就和他同榻而卧，每天早晨起来，都要靠在床上说上几句话。这位淮北霍丘人口音中有一种刚毅的亲切，他思维缜密，谈话的方式总是"润物细无声"。我记得有一次他还为我买了一件的确凉的白衬衫，花费了他工资的三分之一。在李伯的床头墙上，挂着一只钢丝"背心"，是他成为"右派"之后劳改弄伤了腰脊的见证。

郑家当时住在青年路小学，因为斯妈是那儿的教师。这份天职使得她平添了母爱之外的一份爱心，在那些夏季里，我和他的几个儿子，以及其他朋友的儿子，喜欢把席子铺在教室里，听斯妈给我们"上课"。用她自己的话说，是"老鸡带小鸡"。这份来自斯妈的羽翼护暖之爱，曾经慰藉了我失落忧郁的少年之心。斯妈是老胃病，但她从来在外面都是乐观的。在斯妈的身上，我总是能看见一种男人的刚毅性格。她在几十年的逆境中一直带着微笑。多少年之后，当我已经写过四十本书成为一个作家时，她才对我感叹：小河，你斯妈的眼泪早已经在人背后流干了啊。

黎家在地区黄梅戏剧团的院子里。这些人中，我是最先认识黎叔的，记得是在1973年前后，怀宁剧团请他来导一台现代戏。母亲是女主角，在排戏之余，他们总是私下说上几句话，我猜想是在谈论我的父亲。黎叔叔话不多，但我能感觉到他对我的赏识。他喜欢看看我随身带来的写生夹。胡阿姨与我母亲同岁，他们的女儿小云，我们叫她"小拖子"，也与我同庚。我们也是好的朋友。当时黎家的墙上有一张小云的照片，梳着一条独辫，明眸皓齿，我至今记得。几年前，我收到黎叔寄来的书法作品，他和胡阿姨的退休生活想必是很惬意的。

与其他几位沉默的性格不同的是王兆乾。我第一次见他，就觉得此人气宇轩昂，风度翩翩，一口流利的普通话透露出一种贵族霸气。我后来知道，王伯伯年轻的时候，是足以让包括严凤英在内的女人倾倒的。这是一个才华横溢的男人，即使是在逆境中也未曾见到他衰败。这也是一个自信的男人，不服老的男人，至今还以古稀年纪出外讲学，探讨他挚爱的傩文化。

在安庆的父辈中，还有已故的汪兆称伯伯，还有年愈八十、身体健旺的夏惠民伯伯，他们二位和我父亲是东南中学的高中同窗。前年我去拜见夏伯伯，看见他正在把我在报纸上连载的小说剪贴起来，让我感动不已。夏伯伯是著名的戏曲票友，除了黄梅戏，还工京剧梅派青衣。我就想什么时候再去安庆时，一定要请他合作，两代人唱上一折《武家坡》。

安庆的这些父辈们是我记忆中的一块祥云，想想他们，我就感受到了这人间的亲爱与温暖。去年8月23日早晨，我母亲因病在合肥去世，我第一个电话就打给了斯妈。当天中午，李伯、黎叔胡阿姨和王敏叔叔就发来了唁电，翌日一早，郑伯和斯妈就赶到了。病榻上的王伯伯委托她的大女儿小枫赶到了，远在深圳的"小拖子"给我打来了电话。接着，夏伯伯也不顾高龄地赶到了，对着我母亲的遗像三鞠躬。父亲说，夏伯伯对我母亲的情谊，不仅是朋友的，更是一个票友的，他十分欣赏母亲的表演。那个上午，斯妈含着泪，拉着我的手说：你母亲生前曾经托付过我，说她要是先走了，就让小河把老雷送回安庆，儿女们都有自己的事，他这里毕竟还有几个老朋友在，互相可以走动。我告诉斯妈，我会这样安排的。安庆是父亲人生的第一站，叶落归根，他离不开这块土地。

我原打算在母亲的遗体告别仪式上,播放她生前的唱腔。但是很遗憾,过去的录音资料怀宁方面没有保存。于是我的女儿选择了小提琴协奏曲《梁祝》,作为背景音乐。我觉得是合适的。在悠扬悲切的旋律中,我仿佛看见母亲在空旷的舞台上摆动着三尺水袖,翩翩起舞。而《梁祝》中有一段欢乐的快板,正是父母一生中短暂的幸福时光的写照,铭刻在爱她的人和她爱的人的永恒记忆中。

2005 年 2 月 20 日　合肥寓所

我们的大学

——写在母校建立八十周年

  2008年是母校安徽大学创建八十周年的纪念。黄德宽校长嘱咐我写一篇文章。他说，你们家三代都是安大人，也都是文学人，这在安大八十年的历史上是不多见的。显然，这文章还得先从我父亲说起。

  我父亲原名雷如朋，后来改名叫雷风。他是1948年进入安徽大学文学院英文专业的。那时安徽大学设在当时的安徽省会安庆。这里也是我的故乡。我父亲如今已是八十开外的老人了，谈起母校，能记得的东西很有限。他只说，自己的系主任叫郑启愚，其时国民党政权日薄西山，学校里时有进步学生"失踪"的消息，说是被国民党特务秘密逮捕或者暗杀了。另外就是，他在安大读书时期很爱好文学，经常给巴金这样的作家写信，订阅了不少文学期刊。翌年，安庆解放，安大肄业的父亲，先是投身到教育工作，在怀宁县的一个乡村小学当校长。据说，抗美援朝时，他曾准备去当志愿军的翻译，但是还没有行动，战争已经走向了结束。那以后，他又参加了戏曲改革工作，发掘整理散落在民间的黄梅调，在这个基础上，形成了后来的黄梅戏。正是这个缘故，使他和黄梅戏的一些前辈艺人有了接触，这其中就包括后来成为我外祖父的潘由之。1956年，安徽省第一次戏曲会演。父亲创作了大型黄梅戏《金狮子》，这个戏获得了一些荣誉。也是在这年的年底，他和我母亲结婚了。我母亲叫潘根荣，九岁登台，虽然没有什么文化，但天赋过人。如果不是后来因为父亲的政治问题，我相信她在艺术上会有很好的成就。这个所谓的政治问题，就是1957年的反右派运动。在我出生后的几个月，我父亲成为"第二次深挖"而出的"右派"。从此，他抛妻别子，去了原籍的巢湖劳动改造。在我的旧相册里，至今保留着我有生以来的第一张照片。

照片摄于1958年的春天，推算起来，正是父亲被打成"右派"的日子。我的眼神带着莫名的惶恐和阴郁，又像是在目送着背井离乡的父亲。但我没有想到，父亲这一走，就是十八年！在我童年和少年的记忆里，是完全没有父亲这个形象的。当我见到他时，我已经有十八岁了。那是在1975年的秋天，在安庆那些"黄梅人"的秘密帮助下，我和母亲在安庆见到了父亲，他的形象完全脱离了我的想象，如果不是他那笔灵秀的字迹，我难以把他和从前的大学生联系起来。十多年后，我出版自己的第一部小说集时，我在后记中写下了这样的句子：夫妻重相顾，两鬓白如霜。

1978年中国恢复了高考制度，我考入安徽大学中文系。入校迄今正好是三十年，白驹过隙。我们那一届，大都是从社会上来的，应届生极少。那时候上大学，颇有几分自豪感。但我上大学的目的非常简单，就是解决一个户口问题。入校前，我是农村插队的知识青年，如果没有高考，有可能就一辈子当了农民。我插队的地方，是怀宁县的平山公社。那是一个距离县城二十华里的地方，却是一个名副其实的山区。高考的消息一传开，我就打点行装回家了。我清楚地记得，那是一个阴天，感觉随时都会下雨。我用一架破板车拖着行李，自作主张地离开了村子。刚到村口，就遇见了大队的一个头目，那人平时就和知青关系紧张，一见我拖行李就问为什么？我说回家，考大学。那人不屑地看了我一眼，意思是：那也等考上了再拖不迟嘛！我也不屑地看了他一眼，我的意思是：只要凭考，老子就不含糊。

于是就这么走了。一走了之。

牌楼村离公社五华里。刚到公社边上，天下起了雨。我把板车拖到废品收购站躲雨，正赶上他们处理一些旧报纸，准备装车送往纸厂化浆。突然，一张报纸在我眼前划过，我一下就看见了父亲的名字，那张报纸上印着他的一篇小说，名字叫《菱塘新歌》。我心头一热，那个瞬间感觉父亲就站到了我的面前。

我向收购站的人讨下了这张1957年5月26日的《安徽日报》。它的年龄比我还大半岁，却在这个乡村的角落与我相遇！这意味着什么呢？当时没有想清楚，只觉得奇怪和感动。那时期我是立志要去做一名画家的，可是高考恢复的第一年，还是需要经过严格的政审，这样，虽然我成绩优秀，身体健康，却还是被一家美术学院所拒绝。第二年，这政审的尺度改变了，而我也失去了继续考美术学院的兴趣，改考了中文系。我想，我这辈子可能留不下几张画了，但一定会留下几本书。1979年，父亲右派平反后回家了。有一个晚上，我拿出了那张旧报纸。父亲看着它，好久才低声说：这是我唯一发表的小说。很多年过去了，我时常想起这张视为珍藏的旧报纸。我并不喜欢父亲这唯一的小说，它甚至都不能算作小说，只是一个文学青年的习作。但是为什么却要在那样的时间那样的地点与我相遇呢？或许，这就是上帝的旨意，告诉我，你父亲没有做成的文学梦你需要继续梦下去。你有理由继续梦下去。

　　我这一生的选择其实在那个时刻就已经完成了。但文学梦真正开始的地方，却是在我的母校安徽大学。1981年，是鲁迅先生诞辰一百周年。为此，全国大学生举行了首届文艺汇演。我代表安徽大学创作了独幕话剧《前哨》，自编自导自演——在剧中扮演鲁迅先生。这个戏后来获得了"全国大学生首届文艺汇演一等奖"。接着，我又将它改编为同名电视剧，由安徽电视台和安徽省话剧团摄制，中央电视台在"纪念鲁迅诞辰一百周年"专题节目中播出。第二年，我又在《青年文学》的创刊号上发表了我的小说处女作《拉大提琴的人》。安徽大学确立了我的人生目标，那就是，做一个身心自由的人。尽管毕业后我在机关混迹了七年，但最终还是圆了自己的梦，成为一个专业作家，自由撰稿人。这二十几年来，我共创作了长篇小说《日晕》、《风》、《独白与手势》之《白》、《蓝》、《红》三部曲、《死刑报告》，中篇小说《重瞳》、《海口日记》、《对门·对面》、《秋声赋》、《南方的情绪》、《流动的沙滩》、《关系》、《合同婚姻》、《我的偶像崇拜年代》等三十多部，还有像《纸翼》、《和陌生人喝酒》、《临渊阁》、《草桥的杏》、《枪或者中国盒子》这样的短篇小说四十多篇，在国内外结集出版的小说、散文、随笔有四十卷。2000年，包括母校安徽大学出版社在内的中国七家出版社不约而同地先后出版了我十六本书，为此这一年被舆论称之为"潘军年"。其实在我看来，这只是我的小说年而已。中央电视台的"读书时间"为此还做了一期《潘军和小说》。国内十家文化单位，也于那一年在京联合主办了"潘军作品研讨会"。第二年，我又为国内两大话剧团体北京人民艺术剧院和中国国家话剧，写了两部话剧——《合同婚姻》和《重瞳——霸王自叙》，后来改名为《霸王歌行》。我在写这篇文章的时候，北京的舞台上正在上演这个剧目。我的努力非限于此，还扩大到影视领域。我自编自导了电视剧和电视电影有《大陆人》、《对话》、《五号特工组》和近期的《海狼行动》。其中《五号特工组》在全国绝大多数城市都创下收视之最。写下这笔流水账，算是一个学生对母校的汇报。

安徽大学也是我收获爱情的地方。时隔三十年，我的女儿潘萌已经成为安徽大学中文系的一名应届毕业生。三十年前，我在校园里认识了她的母亲赵蓓，我们同是中文系的学生，她比我低一届。我们一起在图书馆看过书，递过条子；一起在阶梯教室听过课，讲过悄悄话；一起在舞台上跳过舞，一起在校园里散过步……而今这一切，都成了我们共同的最美好的记忆。

女儿潘萌，上大学之前就和我合作了一本散文集《我家的时尚女孩》。由人民文学出版社出版。她曾经参加"全国中学生'新表现'作文大赛"，获得了一等奖，并创下一项全国纪录——中国青少年各项赛事物质奖励之最。奖品是一辆捷达轿车。潘萌上大学的第一年，又独立完成了她的长篇处女作——《时光转角处的二十六瞥》，先由《作家》、《花城》、《芙蓉》三家刊物联袂发表，后由湖南文艺出版社出版。其中部分章节，还先后被《读者》、《青年文摘》转载。潘萌后来又陆续在国内一些有影响的报刊上发表了一些小说、散文、随笔。

几年前的一个早晨，我随女儿来到安徽大学的新区报到。这个新校园远不像三十年前的模样，它有着许多让学生喜悦之处，当然是在我这个78级的老学生眼里。年底，我在黄德宽校长的陪同下，对新校区的整体建设与规划进行了参观，我为自己母校的发展感到骄傲。然而潘萌却对现代的教学设备和舒适宽敞的寝室不以为然，她说，某种意义上，她更喜欢在老区的图书馆里自习，或者带着疑问敲开某个教授的家门，"读着上一辈读过的书，那才有大学的感觉"。我当年的同学有不少都选择了留在中文系当老师，他们和我一样，对这个学校有着割舍不断的感情。而我也接受了学校的聘请，成为她的特聘教授——这是我愿意保留的唯一头衔。我愿意尽可能地多站在讲台上给同学们讲文学、话剧或者电影。看着济济一堂的演讲大厅，我感觉自己的心年轻了很多。它让我忘却了校园之外的种种龌龊。这么多年以来，我每回合肥都必定与这些朋友小聚,聊聊彼此的近况,谈谈文学,回想我们还是毛头小子的校园趣事,总会让大家激动不已。我喜欢这种激动。现在,我又可以经常在这些老友的口中听到女儿的消息,比如说她刚获得了学校颁发的特别奖学金,比如说她为机器人比赛撰写脚本,比如说她像我当年一样,也在自编自导一个小话剧。朋友们赞许的语气让我又一次体会到了作为一名安大学生家长的快乐。

潘萌今年6月份就将毕业了,她决定去美国留学,申请电影学的硕士。她很严肃地对我和她妈妈说,希望我们对她的选择给予一名安大学生对另一名安大学生应有的尊重。我自然是同意的。事实上,关于女儿的成长,我和她妈妈早已达成了共识,孩子有自己的路要走,她的世界我们不可能都懂,我们要给予的便是相信她,理解她,尊重她。我想这也是一座学校应该给予每一位学生的礼物。

安大新校区落成之际,我遭受了有生以来最大的痛苦——2004年8月23日,我的母亲因患癌症去世了。在她临终之前,我和父母商量了一件事,就是将故乡院子里的十三棵树捐献给母校。那是我父母亲手栽种,已经有二十年的历史,其中有亭亭玉立的水杉,有散发清香的桂花,有硕果累累的枇杷。如今,这些树就立在新校区里,成为一片风景。每回去讲演,事先我都会去看看。我对黄校长说,以后,只要我有时间,我都会在植树的时节带着女儿回来,在它们周围栽上一些树苗,若干年后,它们就会长成一片林子。这个传统,我们将代代相传。我甚至这样对潘萌交代过,当我离开这个世界的时候,就将我的骨灰撒在这片林子里,这是我此生最后的归宿。

2008年3月5日 北京寓所

送潘萌赴美留学

　　2008年7月26日，星期六，是送潘萌赴美留学出发的日子。一早，我和驾驶员小毕带着孩子的行李离开合肥，走合宁及沪宁高速，行6小时许抵达上海。后又在浦东问询下榻酒店地址花去了一小时，于下午4点到达富驿时尚商务酒店。潘萌与母亲赵蓓、保姆宋阿姨、同学陈瑶则乘火车前往，我们几乎是同一时刻在浦东会合。当晚，她们一起去看外滩的夜景了。我则独自留在酒店里，回想着女儿从前的点点滴滴。

　　真是一转眼的时间，孩子就长大了，这回算是真正离家出门远行了。1992年我离开合肥去海口，那时女儿不过6岁，这之后我们父女就是分分合合，聚少散多。但无论我身在何处，心一直就留在女儿身边。随着孩子的成长，我们渐渐由父女变成了同事，变成了知己。2001年，人民文学出版社出版了我们父女俩合著的一本散文小册子《我家的时尚女孩——害怕长大》，那时潘萌才15岁。第二年，她因参加全国中学生"新表现"作文大赛，以一篇名为《旅途》的作文获得了一等奖，奖品竟是一辆捷达车。我陪同她去长春领奖，评委会主席张笑天先生这才知道，潘萌是我的女儿，他说13位评委的选票一致投给了潘萌。那一刻，我真为女儿感到骄傲。又一年，潘萌在长沙岳麓山下完成了她的第一部长篇小说《时光转角处的二十六瞥》，分别由《作家》、《花城》、《芙蓉》三家杂志联袂发表，后由湖南文艺出版社出版，我的朋友史铁生先生破例为这本书作序，他说"潘萌的文章，最是角度与形式的不拘一格让我赞叹"，又说"正是想象力的不拘一格，或对生命态度的不落窠臼，造就了潘军、潘萌之间不同凡响的父女关系"。真是感谢铁生兄的鼓励！

　　翌日上午10时即离开该酒店，前往浦东国际机场。潘萌乘坐的是中国东方航空公司MU583次航班，由上海直飞洛杉矶，飞行时间约12个小时。由于天气原因，航班起飞时间实际在 15 点 50 分。这样推算起来，她抵达洛城应该是在明天的中午时分，而我们这边还是凌晨。届时，她的两个姑姑潘莉和潘微，将去机场接她。潘萌此番是去洛杉矶的查普曼大学电影学院攻读编剧专业的研究生。她也是这个专业历史上的第一个亚洲学生。孩子的兴致很高，愿意接受新的，也是艰苦的挑战。要知道，一个 22 岁的姑娘，敢于用英语来创作剧本，这将是多么的不易！我们父女有一个约定，就是在不远的将来，会师戛纳电影节。这虽然是个即兴而随意的约定，但在我们心中形成了鞭策。

离别的时刻，赵蓓和同行的女宾皆流泪，潘萌也一样，我只能分别劝慰着。但我心里，也确实难舍，感觉这只风筝将要高飞，手中的线顷刻要断。然而这毕竟是件喜事，是潘萌人生的一个转折。这之后，她将展翅高飞。

我母亲在世时，先后送走了潘莉和潘微赴美留学。如今母亲已经去世四年，想起 2001 年同样在这个机场送走小妹的情形，犹如昨日！

我亲爱的女儿，勇敢地飞过太平洋吧！你会感到属于你的天空是那样的广阔、蔚蓝，充满着绚丽和希望。爸爸为你祝福，爸爸更为你骄傲！

2008 年 7 月 28 日凌晨 2 点 27 分　于上海建国宾馆 806 房

安庆的麻将

每回到安庆，只做两件事：会朋友、打麻将。或者说是以打麻将的方式来会朋友。关于麻将，曾写过一篇随笔，叫《麻将之所以好玩》，其实我还应该再写一篇，叫《安庆的麻将尤其好玩》。这绝不是老王卖瓜，我自觉玩过不少类型的麻将，北京的、上海的、广州的、长沙的、武汉的、合肥的，全都没有安庆的麻将好玩。安庆这个城市多年来并没有多少起色，但安庆的麻将却在与时俱进。每次玩，都有改革，而实践也证明了，改革是有效的。在我看来，安庆的麻将最大的看点就是上下手之间形成了制约——你吃我三口，可以，如果你和了，我加倍地赔付；反之，倘若最后成牌的是我，那么你的赔付则更大。这就把过程的刺激与愉悦，提升到了空前的高度。我们不是赌徒，贪恋的，不就是这个黑格尔琢磨一辈子的所谓过程吗？

这两年一直忙于拍戏，去年春节没有回去，直到今年的6月中，才偷得浮生半日闲，驾车一千二百里，奔上故乡路，重返麻将台。人到安庆，没有下榻，就会给小金发短信：我到了。于是很快会收到这样的回复：两点半，老地方。那时你会感到热血沸腾，远比上台领个什么奖激动。

赌这个字特别有趣。按汉字六书，应属会意。左为贝，意思是你得先出点钱，既然不是赌徒，那么钱就不能大，只作为一个起码的责任要求。右为者，这个十分要紧，你将和什么人玩？

玩牌自然是要看人的。

我们这几个人，都是多年的老朋友。算起来，我和老盛相识较晚，但他对我写作的关注，却在三十年前。老盛也是学中文的，甚至还迷恋过一个时期的"先锋派"，至今谈起余华、苏童，依旧是滔滔不绝。或许正是这个缘故，我们便一见如故。我和老盛的牌路相似，都是和牌欲望强烈，永不轻言放弃。这与老周的牌风形同冰炭。

都说老周的麻将打得深，而所谓的深，也就是他能识破一些圈套，同时也不断地给别人设置圈套，左右这么一来，便深不可测。从来没有觉得老周的稳健，但在麻将桌上，会感到判若两人。和老周打牌你会有一种破案的感觉，时机一旦成熟，便是手起刀落，不是你死，便是我亡。

老黄的麻将似乎让你感觉到始终带着几分醉意，不紧不慢，输赢不惊。其实是给自己留足了余地和面子，赢了，那是潇洒；输了，那是正常——毕竟我今天是喝高了嘛，以至于我们这些赢家倒成了趁火打劫的。

有时候老纪也来客串一下。他是个画家，但麻将却打得像个哲学家，莫名其妙的理论，莫名其妙的招数，弄得原本轻松的局面陡然间变得异常凝重。偶然小赢，神采飞扬，几番回合之后，便是一声长叹：山都输得空。

麻将有章法，但却不讲理。麻将讲技巧，但更看手气。这是严肃而无奈的。于是几天后便有那么一回，一个女人临时补充上来，胡打一通，最后竟然打倒了三条汉子。

2011 年 7 月 2 日　北京

我的电影悲欢

我记忆中第一次看电影,是坐在母亲腿上。看的影片,后来知道是谢晋导演的《红色娘子军》,那应该是在1961年前后吧,我四岁。电影是在县城新落成的电影院放映的,县城人叫它大会堂,因为主要是用来开大会的。这部影片我记得最清楚的地方,是逃出来的琼花在屋檐下偷红莲家的山芋吃,以后一放到那里,我就说:"那女的要偷东西吃了。"边上的大人就笑了,说孩子就知道记住吃的。这家电影院本应该成为我认识电影的摇篮,但是很不幸,没过多久的一个晚上,邻居告诉我家,说电影院起火了。邻居是一个木匠,通报了失火消息,就背着我去观看消防队救火的场景。现场人山人海,我骑在他脖子上,站在很远的地方,只见电影院的上空火光冲天。几天后,我又去看了,电影院只剩下一个破烂的屋架,成了一片废墟。我想我当时的心情应该是很难受的。很多年后,我看到了意大利导演朱佩塞·托纳多雷的作品《天堂电影院》,惊讶地发现自己童年的这段经历几乎就是影片主人公的翻版。这或许是我对这部影片独有情钟的一个特殊原因吧。

县城电影院后来一直没有在原址上修建,而是挪到一个叫孙家祠堂的地方支起了一些长条凳,凑合放映。那里没有舞台,只有银幕。但这个地方的好处,是离我家很近。于是我们这些附近的孩子,都和检票员——当地叫"摆栅子"的,一一混熟了,在观众不客满,或者电影放过一半的时候,他们会放我们进去。我母亲是剧团演员,与电影院同属文化系统,所以我比那些孩子更加方便。我就这样蹭了一些电影看了,记得最深的是《平原游击队》、《英雄儿女》、《南征北战》和《小兵张嘎》。还有一些阿尔巴尼亚的影片,如《脚印》、《第八个是铜像》。那正是"文革"时期,能放映的影片非常有限。还有一次,放映朝鲜的宽银幕影片《卖花姑娘》，当时正值夏天，是露天放映的，很轰动。这是我第一次看见宽银幕，觉得气势恢宏。

或许是母亲是演员的缘故吧，我打小看电影就有与众不同的角度——注重演员的表演，而不完全是被影片的情节所吸引。我至今引为自豪的，是年纪不过十来岁的我，却对表演有一种先天的鉴赏力，因此能作出正确的裁判。譬如《平原游击队》，我觉得饰演李向阳的郭振清和饰演松井的方化非常好，《英雄儿女》中最好的演员是饰演军政治部主任的田方，《南征北战》中，我最喜欢的是师长的扮演者陈戈和饰演敌张军长的项堃，还有演高营长的冯喆和演小胖子的铁牛，我都觉得演得好。我至今还记得，阿尔巴尼亚影片《脚印》中那位扮演阿尔丹大夫的演员，很了不起，可惜我没记住他的名字。我喜欢模仿这些演员的表演，模仿他们的台词风格。还曾经把周围的小伙伴集中起来一起排演某部电影里的一段戏，自然由我担任导演并主演。譬如就模仿过《红色娘子军》中洪常清受刑之后写绝命书的那段戏，穿着破烂的衣衫，上面用红墨水做出鞭痕的效果，头上扎着绷带，让人拖出来。然后双手扶着桌子，从眉毛底下鄙视地看"南霸天"一眼。我甚至还幻想，如果我长大了，这个角色是完全可以担任的，未必输给王心刚。我的童年，原本是苍白的，因为我父亲——他是一位戏曲作家，在我出世之后不久他就被划成了"右派"。但是，电影给我带来了欢乐。

童年无数的梦中都有电影。

1975年，高中毕业后的我到农村插队，所在地虽然距离县城不过十五公里，却是一个名副其实的的山区。这里很难看到一场电影。农村放映队条件很差，用的是16毫米的拷贝，发电机是那种脚踏式的，像骑自行车一样。每放一盘拷贝，就有两个小伙子轮换，继续踏。踏这种发电机，用力得均匀，如果忽快忽慢，银幕上就忽明忽暗，人物的声音就像惊风发抖似的。放映员随身带着一把很大的油布伞，即使不下雨，也照样撑在头上，担心一旦断片或者机器出了故障，老乡们会出其不意地把小石子扔过来。尽管这样的条件，每次放映，观众都非常多，周围四邻的农民都扛着凳子早早来了，热情高涨。一个老乡说，我除了和老婆困觉，就剩下这点文娱活动了。

我每次回县里，必须要做的一件事就是去电影院看一场电影，有时遇上换新片，就看上两场。电影票一毛钱一张，宽银幕一毛五。当时的鸡蛋是七分钱一只，按照这个比价，电影是非常便宜的。那个阶段看的电影，基本上是一些重拍片，如《渡江侦察记》、《平原游击队》、《南征北战》，但都觉得没有以前老的好。我说的好，还是指演员的表演。譬如新《南征北战》，无论是饰演我方师长的王尚信还是饰演敌方张军长的王培，都无法同陈戈、项堃相比。而新《渡江侦察记》中的连长（王惠饰）和《平原游击队》中的李向阳（李铁军饰），就更不是孙道临和郭振清的对手了。"文革"中摄制的几部影片，我觉得于洋的《火红的年代》好，其实还是指他演得好，他的形象气质，以及那种沙哑浑厚的声音，都让我痴迷。有一次看《难忘的战斗》，我发现演得最好的不是主角达式常，而是那个反派配角刘副区长。很多年后，这个演员以一部电视剧《雍正王朝》中扮演康熙的形象为大家熟知，知道他名叫焦晃。当北京的一些报纸上在说焦晃演技如何如何时，我心中也在说，三十年前我就说他很棒了。

我欣赏的演员还有，蓝马、石挥、金山、赵丹、崔嵬、于是之。我第一次看《烈火中永生》时，不是为银幕上的烈士而激动，而是为那时几大电影厂的合作感到激动。上影的赵丹（饰许云峰），北影的于蓝（饰江姐）、张平（饰李敬原）、项堃（饰徐鹏飞），八一的胡朋（饰双枪老太婆）、王心刚（饰刘思扬）以及长影的庞学勤（饰彭松涛）。我想，倘若我是导演水华，能与这样一台优秀的演员合作，该是多么幸福的事情。

在农村当知青的时候，我自学美术，为县文化馆画过大幅的宣传画，为县剧团画过布景和海报。有一天，我从一本过期的《大众电影》上看见了崔嵬导演《青春之歌》的现场工作照。戴着鸭舌帽的崔嵬在摄影棚里给演员谢芳、于是之说戏，边上站着摄影师、灯光师，还有人工下雪的美工。现实和虚幻集中在一块，让我兴奋不已。我仿佛从这张照片里窥见到了拍电影的奥妙，或许就在那一刻，它燃起了我想成为一个电影导演的梦想。

1978年高考恢复之后，我曾萌生过报考北京电影学院导演系的念头，我甚至还私下改过一个分镜头剧本。但仔细一想，觉得很不现实。我蛰居在一个偏僻的小县城里，连一份招生简章都见不到，如何考？再者，家里仅靠母亲每月六十几元的工资，要养六口人，连出门的盘缠都凑不齐。于是，一个梦想就这样自然放弃了。然而放弃并不意味着破灭。我后来进了安徽大学中文系。在大学里，我从学校图书馆借到手的第一本书，是苏联导演库里肖夫的《电影导演基础》。那是一本比砖头还厚重的书，我几乎是把它从头抄了一遍，还画了不少插图。与此同时我开始写作一个叫《徐悲鸿》的电影剧本，当时的想法特别天真，希望通过剧本创作与电影发生联系。这个想法与美国的科波拉很相似。科波拉最初也是依靠《巴顿将军》的编剧才能，叩开了好莱坞的大门，后来拍出了著名的影片《教父》和《现代启示录》，成为世界电影的经典。我这个剧本后来交到国内一家大电影制片厂，与编辑书信往返多次，最终还是不了了之。

大学四年，我看到了一些过去被封存的外国电影，譬如由钱拉·菲力普主演的《红与黑》。这个时期国内的电影也逐渐变得很活跃，每年都有几十部新片上市。但是与那些译制片相比，就觉得差距太大。如同看书一样，我的兴趣主要是阅读外国文学名著，我看电影，基本上是看译制片。读外国文学名著，我很在意译笔，倘若译笔不好，即使再著名我也没有兴趣。而看电影，我在意的还是演员的演技。像《悲惨世界》中饰演冉·阿让的让·加班，《简·爱》中饰演罗切斯特的斯科特（此人也是"巴顿将军"的扮演者）以及日本影片《追捕》中饰演杜丘的高仓健，在我看来都是杰出的表演艺术家。我沉醉于他们的精湛表演，一部电影看下来，能记住其中一些精彩的台词。由表演琢磨起导演的手法，是很自然的。记得看日本影片《远山的呼唤》，高仓健和倍赏千惠子的表演无可挑剔，其中高仓健骑马的镜头用高速摄影（即"慢动作"），给了我很深的印象，因为这是女主人眼中的男人英姿，是女人的主观镜头，而不是一种外在的仅有的形式技巧。

由于国家体制和意识形态的不同，一些国际上很有影响的影片，在当时并没有看到，我们没有引进。这一点上，远没有文学做得好。多年之后我才逐渐认识到，文字上可以说的，银幕或屏幕上未必可以看。即使是创作，可以写的，未必可以拍。这也是中国的特色吧。

1981年，是鲁迅先生百岁诞辰纪念。省里和全国都在搞大学生文艺汇演。于是我以30年代鲁迅和几个文学青年的交往为题材，写了一个独幕话剧《前哨》，自任导演，并且扮演鲁迅先生。没有人知道我做这件事的动机是什么，它还是为了想圆内心的这个导演梦。我没有机会施展作为电影导演的抱负，至少可以先在舞台上一试拳脚吧。这个戏当时在大学里很出名，以至于外省的大学都来观摩学习，最后获得了全国大学生一等奖，我本人还获得了表演一等奖。第二年，我临近毕业，论文的题目是《论谢晋的导演艺术》，系里没有老师懂电影，但还是给了优秀，因为他们觉得我说得有些道理。谢晋拍了不少电影，但我在论文里，着重解析的只有两部：《红色娘子军》和《舞台姐妹》。由此我回溯1949年至1966年的中国电影，觉得好的大约是这样一些：谢铁骊的《早春二月》、郑君里的《林则徐》、水华的《林家铺子》。如果说到1949年之前，必须要加上的，应该是费穆先生的《小城之春》。它们构成了我对中国电影的缅怀。

上个世纪80年代给我印象最深的一部中国电影，是吴贻弓的《城南旧事》，我私下认定这是中国第一部"散文电影"。而同一时期出现的陈凯歌的《黄土地》，应该是中国第一部"诗电影"。随着"第五代"的出现，我逐渐看到了一批优秀的国产电影，它们是：陈凯歌的《霸王别姬》，张艺谋的《红高粱》和《秋菊打官司》以及姜文作为导演的处女作《阳光灿烂的日子》。这应该是迄今为止中国电影的最高水平，它预示着一个新的起点。

真正推开窗口，看到当今世界一些优秀影片，是近几年的事情。那就是买盗版影碟。这些作品从哪些渠道进来的，我不知道，但似乎各地都可以买到。我开始收藏这些影碟光盘，每看到一部优秀的作品，都有说不出来的愉悦。我收藏的光盘不下千张。从这个时候起，我对电影的认识提升到了一个全新阶段。我知道了英格玛·伯格曼和基耶斯洛夫斯基，知道了美国电影史上以科波拉、斯皮尔伯格、斯科西斯为代表的"电影小子"，知道了丹麦的拉兹·冯·特里艾尔、意大利的朱佩塞·托纳多雷、西班牙的佩德罗·阿姆多瓦。我从伯格曼作品里看到了一种宗教情怀，从基耶斯洛夫斯基的《三色》和《十诫》中看到了人生的迷惘。我尊敬地称他们为大师，他们的作品给我启迪，给我震撼。并且使我作为导演的热情死灰复燃。

但是，做一个导演并非想象的那么简单。最大的苦恼是与一群人打交道，与投资方争取权利，与演员讨价还价。1997年，我为郑州一家音像公司自编自导了一部二十六集的电视剧《大陆人》。这是我第一次当导演，但没有什么慌乱，手头的活还很利索。老实说，对导演工作程序，我成竹在胸。但是与投资方的合作却非常不愉快，以至于我最后退出了后期制作阶段。第二年，我在北京又拍摄了一部"电视电影"《对话》，还是由我自编自导。这一次，虽然跟了全程，但还是与投资方不和谐。我们的立场完全不一样，我力求拍好，他们只想省钱。这部作品后来在央视电影频道播了几回，没觉得怎么样。我因此停歇下来，又回到了小说创作上。直到2006年，因为生计再次回到电视剧上，于是就有了广为人知的那部谍战剧《五号特工组》。之后又一气拍下了《海浪行动》、《惊天阴谋》、《河洛康家》和《粉墨——永远的母亲》。但我自己明白，电视剧和电影毕竟还是两码事。

我需要着手做自己的第一部电影了。

我心目中的电影，如同我的小说，依旧是自己内心的一种表达，然后才是一种叙事。但这样的电影却远远要比做那些商业片艰难得多。它要面对官方严厉的审查，要面对投资人对市场的优柔寡断，要面对庸俗舆论的无端挑衅。这些并不可怕，但会让你感到厌倦。

我曾对人说，做一个电影导演，聪明人只要在现场站上一天，也就大致明白了。但想做一个好的导演，会不知不觉扔掉一条命。基耶斯洛夫斯基在笔记里曾这样写道：拍电影，并非意味着记者采访、荣誉，更多的是每天早晨六点起床，和雨水泥巴打交道。他说："这是一个令人神经衰弱的行业。"这段话说完不久，他就因心脏病突发去世，终年五十三岁。是的，我梦想走的，无疑是一条异常艰辛的道路。但是，我对电影的欲望却无时不在驱使着我前行。一个人的梦想，破灭是困难的。它至少可以激荡在我的血液之中。

2011年7月　北京寓所

关于我的母亲

> 以前做事，浑身有使不完的劲儿，总觉得身后有一双眼睛在注视着你。那是母亲的眼睛，饱含着慈爱、信赖与期望。如今我转过身来，身后只是一片寂寥空洞的世界。
>
> 我意识到，当母亲离开这世界的那一刻，我已经成了一个精神上的孤儿。
>
> ——作者题记

母亲逝世已经七周年了。这七年里，我时常还在梦中见到她。她头上没有一根白发，端着茶杯，像以往那样偶尔在我身后停一下，看我写字，然后就去了外面，那是故乡的院子。那里，有着她和父亲栽下的九棵香樟和三棵水杉，另外还有一株桂花和枇杷。每年秋来，桂花淡淡的香就会散发在院子里，枇杷也会结出一小筐。从院子走出去，顺着屋前那条很狭窄的小河走下去，再拐上两道弯，就到了她工作一辈子的单位——安徽省怀宁县黄梅戏剧团。这里有她立足半个世纪的舞台，但现在已经被焚烧成了一片废墟……

母亲叫潘根荣，生于民国二十八年，即1939年。出生地是地处皖西南的安庆市管辖的怀宁县，一个叫做罐子窑的村子。顾名思义，这个地方是因出产陶器得名的。我曾在多部小说里写到这个名字古怪的地方。我的外祖父不通文墨，却有着一个文雅的名字：由之。这个正经的陶工，在我母亲出世前的几年，忽然下海进了黄梅戏的乡班，唱上了青衣。从此他把唱戏当做了正业。他是黄梅戏历史上的著名老艺人，曾经和郑绍周、丁老六、潘泽海等人一起演出，那时的严凤英还叫"小鸿六"，属后来者。就这样，外祖父带着外祖母和他们的女儿在江湖上一漂就是十年。可以说母亲是在戏班子里长大的,九岁的时候便登台演出,艺名"小由之"。第二年,解放了,不久这些走江湖的艺人,优秀的均被国家收录,成为怀宁县黄梅戏剧团的元老。母亲没有进过学堂,但天赋过人,她很快脱颖而出,在家乡乃至安庆这一带,算得上少年成名。即使是现在,在安庆对一些喜欢看戏的老人谈起怀宁的潘根荣,他们都还清楚,说这是一个名角,一个戏路子宽广的好演员。从前农民们听戏,都说"潘根荣的班子来了"。我至今记得,"文革"前以及1978年之后的那些年,只要海报上挂出潘根荣的名字,票房一定十分可观。每年春节期间,从初一到十五,票都是预先订光,中午还得加演日场。

舞台上的母亲光彩照人。她工青衣花旦,偶尔也演小旦,后来又过渡到老旦。因为父亲政治问题的牵连,母亲在事业上受到了极大的限制与不公正的对待。很多剧目,最初都是由她主演,可是一调到北京演出,立即就将她换了。但母亲在艺术上的成就并没有因为世道的黑暗所湮没,她被时间珍藏。但凡一些黄梅戏历史上的前辈专家,如《女驸马》的最初作者王兆乾和《打猪草》、《闹花灯》的整理者郑立松等,只要一谈起母亲的演出,都是交口称赞。严凤英有一回看母亲演出《小辞店》,当众就说"《小辞店》我唱不过根荣!"前些日子我陪吴琼拜访著名黄梅戏作曲家时白林先生以及他的妻子,也是吴琼的老师丁俊美,谈起母亲的唱腔,时先生当即翘起大拇指说:"潘根荣的唱腔是这个,而且,扮相也好!"丁老师要吴琼赶紧去找我母亲的唱腔来听,但是,已经无法找到了,过去录制的磁带早已报废。

历史上的怀宁县算得上是戏曲之乡,过去有"无石不成班"一说。这"石",指的便是怀宁县城所在地的石牌镇。二百多年前的"徽班进京",造就了一代名优,其中有不少泰斗级的人物都是安庆这一带人氏。如潜山的程长庚、怀宁的杨月楼、杨小楼。母亲的唱腔非常的淳朴,有黄梅戏特有的那种韵味。即"怀腔"。我至今还能依稀看见,母亲在1966年之前所扮演的那些角色,除了黄梅戏《天仙配》、《女驸马》,还有后来移植过来的《白蛇传》、《打金枝》、《宝莲灯》、《碧玉簪》这些古装剧目,以及《江姐》、《党的女儿》这样的现代戏。母亲塑造的舞台形象都令我难忘。母亲的花旦青衣分为两个阶段,即1966年之前和1976

年之后。这中间的十年，她都是在演样板戏了。她先是扮演《沙家浜》中的阿庆嫂，后来演《红灯记》，她扮演李奶奶——这是我记忆中母亲第一次改演老旦，居然也是很好的。1976年10月之后，中国的政治形势发生了根本性的变化，剧团恢复了传统剧目的演出，这一时期母亲的舞台形象，在我这里如同描了一遍，而对于母亲本人则无疑是一种缅怀。

母亲的戏路子很宽。也是一个善于动脑筋的演员。1984年，平反归来的父亲创作了大型黄梅戏《杨月楼》，母亲饰演的是韦太太，她把这个角色在行当上做了一种老旦与彩旦之间的交融处理，在老旦的基础上融进了一些彩旦的表演，使这个形象非常生动，受到一致的好评。

我尤其欣赏的，是母亲的反串小生戏，其代表剧目是《女驸马》和《孟丽君》。她的表演在女性柔美中蕴含着男人的刚毅。我想这不是偶然，生活中的母亲原本就是一个敢于和命运抗争的人，如逆风中挺立的一根芦苇，宁折不弯。"文革"期间，她被打成了所谓的"三名三高"分子，在她一直演出的剧场接受批斗，那时她正怀着我二妹妹，却自己站上高高的凳子，将牌子挂上脖子。这一幕，当时九岁的我是亲眼所见，而揭发她的人，竟然是她的一个徒弟。很多年后的1994年，我们一家送二妹潘莉去美国，在上海虹桥机场，母亲说起这一幕时却没有更多的感慨，她说自己当时只有一个信念，就是千万别从台上栽下来，否则肚子里的孩子就保不住了。

是的，母亲在属于她的人生舞台上站住了，从未跌倒。

我现在唯一遗憾的是，没有及时把母亲的演出实况录制下来，几年前我曾经有这样的安排，也曾经与县剧团的人谈了，想把当年与母亲一起搭档演出的几位老演员召集起来，选择代表性的折子，进行录制。但这件事始终停留在计划中，没有抓紧实施。等我想操作了，母亲已经患病，这一病就没有再起。

母亲的四个儿女，三个已经远走高飞。我旅居北京，潘莉和潘微则远去了美国。2000年春，我在合肥为父母置办了新宅，他们这才离开了生活半个世纪的石牌镇。那一年，是我创作上的丰收之年。国内七家出版社不约而同地出版了我的十六本书。秋天的时候，我在北京参加"中德作家对话会"，并着手准备赴德进行为期两年的访问写作，但是很快就传来了母亲被诊断出癌症的消息。这之后的三年,我和父亲陪母亲看病求医,穿梭于北京合肥之间。母亲在北京接受了两次大手术,每一次上手术台都是那样的安详从容,然而她一直在痛苦中备受煎熬。

2004年7月29日夜,大约在九点过后,我突然接到父亲的电话,说母亲的情况突变了,感觉不是太好。前一日,我还和母亲进行了电话交谈,也感觉她自从患病以来第一次出现口齿不清的状况。我当时提醒父亲注意这个变化,他说可能是想要睡眠的原因。像以前一样,每次只要在夜间接到父亲这种电话,我便无法继续睡了。我需要立即赶回去。很快,父亲的第二个电话来了,这次说得更严重,说母亲经过诊断,初步确定是肾衰竭引起的代谢性酸中毒,已经神志不清,浑身痉挛,危在旦夕。

经过十几个小时的奔波,我由北京赶到了母亲的病榻前。母亲仍处在严重的昏迷之中,她的双臂都在输液,鼻腔插着氧气。我伏在她耳边呼唤着,我说,妈,我回来了!母亲没有回答,她也根本说不出话来,但是,她的眼泪顺着眼角淌下了。父亲说:你妈心里清楚。

几天后,母亲的病情稍有好转。她的知觉和意识已经得到恢复,只是讲话还不行。作为演员出身的母亲,从前唱腔优美动听,如今竟不能完整地讲出一个句子,我心里除了悲伤,还觉出人生的荒谬与无奈来。这天上午,我带着刚满十八岁的女儿潘萌去医院探视。孩子刚刚考取大学,将去位于长沙岳麓山下的湖南师范大学读书。母亲得知这个消息,只含糊地感叹"远了,远了"。我说,孩子大了,应该出远门了,当年,您不也是把我们一个一个送走的吗?要说远,你两个女儿还去了美国呢!

我隐约感觉到,母亲是靠期待的信念支持着生命。这期待,是等待她十年客居美国洛杉矶的二女儿潘莉。由于"绿卡"的困扰,小莉一家自从1994年底出境,至今还没有回来。我给妹妹去了电话,简单地说明了母亲的病情。与以往不同的是,这回我暗示出了危险。潘莉说她已经办理了本月15日左右回国探亲的手续,很快就能成行。

酸中毒之后的母亲浑身开始疼痛,需要昼夜进行按摩。我的手触摸到她的身体,感到她已经只是皮包骨头了。病危通知书上这样写着:卵巢癌术后转移,肝功能不全,肾功能衰竭,肺部感染,心力衰竭,电解质紊乱,代谢性酸中毒。对于一个晚期的癌症病人,这其中的任何一项都是可以致命的。紧接着，母亲开始浑身浮肿，小便的量也骤然减少。种种迹象表明，母亲可能过不了这个月了！

和潘莉的电话每天都通着，她也非常着急，等待着她的"返美证"。终于等到了成行的那天了，8月19日。潘莉将在美国西部时间中午由洛杉矶起飞，经停日本，然后降落在上海的浦东机场。这个机场我们是熟悉的，4年前，我和父母就是从这里将小妹潘微送走的。我至今记得，当飞机起飞之后，母亲说了这样的一句话：我这辈子就打了一仗，把你们兄妹四个都带大了，我赢了。

晚上8点50，潘莉搭乘的全日空公司的飞机安全降落了。三小时后，她改乘5520次列车继续归乡之路。这样，她会在太阳升起的时候见到她阔别十年的母亲了。

一切安排停当，我心里骤然辛酸起来。我深知我的母亲已经走到了人生的尽头，与她的二女儿见一面之后，便会撒手人寰。这注定是一个不眠之夜，整个一层的住院部全都安静了，母亲处在昏睡中，父亲和潘虹不停地给她按摩。我坐在走廊的尽头，看着悬挂的电子钟一分一秒地跳过。我想，如果有上帝存在，就请您帮帮我们一家，让母亲最后看一眼她十年去国未归的女儿，让女儿拥抱她的母亲吧！我在祈祷着，请求上帝给我力量。

母亲在黎明前醒来，她让父亲帮她刷了牙，洗了脸，她在等待着女儿归来。外面的天白了，我从病房的窗口看见了朝霞，看见了太阳，然后，母亲看见了她的女儿……

8月22日上午，潘虹对我说，妈今天居然自己翻了一个身。她说得很轻松，我却暗自心惊。这是不可思议的啊，母亲卧床已达数月，一切都不能自理。我明白，这是母亲最后积蓄的一点气力，过了这个坡，她就该走下坡路了，这应是所谓的那种回光返照。这一天，合肥陡降大雨，中午，我独自去了一家服装大楼，默默为母亲准备好了"出院"的衣物。父亲似乎不能面对这个事实，他说难道就在今天吗？几天前，我悄悄为母亲放大了照片，他也同样不能接受，他还是相信会有奇迹在我们家发生。我的老父亲啊！他任劳任怨地伺候母亲三年，连母亲自己都说，这是她修来的。她说：老雷，下辈子你家有一个小保姆，那就是我。

外面的雨还在下着，渐渐小了。时间很快进入到 8 月 23 日。自凌晨 3 点开始，母亲的呼吸出现了极大的困难，需要依靠氧气和"呼吸兴奋剂"。与此同时，她的血压也开始下降，完全靠输液调剂。我找到值班的苏医生，对他说，我希望我的母亲在最后的时刻不要感觉到死亡的恐惧，更不能遭受肉体的痛苦。苏医生，这个年轻的小伙子告诉我，他们会让母亲安详度过的。他对我解释，病人很快就会进入到半昏迷状态，之后是深度昏迷，会慢慢失去知觉。我立刻安排大家和母亲告别，我第一个贴着她的脸颊，对她说：妈，没事的，您睡吧，我们都在边上。然后是潘虹和潘莉，最后是父亲。他坐在母亲的边上，抚摩着她的额头。果然，不久母亲进入到了半昏迷状态，她在呻吟，可能是感觉到肉体的痛苦，苏医生便让她吃了一颗吗啡。很快，她平静了，但呼吸却非常短促。苏医生用手电观察她的瞳孔，母亲还略有一点光感，用棉签划动她的脚心，她也还有一点本能的病理反应。但是很快，第二次测试，这些反应全都消失了，母亲进入到了深度昏迷状态。我一直在猜想，母亲这最后的两小时里，知觉是没有了，但她的意识应该还在。她的意识应该在飞翔，从她遥远的童年那个黄梅戏乡班飞出来，飞到石牌镇上，那里，有一个叫雷风的青年大学生在等待着她。他们恋爱，度过最初的也是最为短暂的欢乐时光。母亲的意识在飞翔着，她送她的儿子上大学，送她的女儿出国，和她的孙女一起散步……

我们兄妹三人跪在母亲身边，此刻，死亡已经大步走向了我的母亲，她的呼吸越来越短，声音也越来越低。外面的雨在不觉中停歇了，天色白了，6 点 10 分，母亲呼出最后一口气，把弯曲的右脚伸直，悄然离开了我们，离开了这个世界。医生和护士们为母亲做了最后的心电图，我看见了显示而出的一条直线。我对苏医生说：请给我再打出一张吧，他似乎有些迟疑，于是我又说：我要保留母亲最后的心脏轨迹。苏医生吩咐护士做了。我把这张心电图撕成四份，分别交给两个妹妹，余下一份，让潘莉带回美国给小妹潘微。我说：把这个时刻记在上面——2004 年 8 月 23 日早晨 6 时 10 分，我们的母亲与世长辞。

2004 年 8 月 26 日上午，是母亲的告别仪式。遵照母亲生前的嘱咐，谢绝一切来自官方的吊唁。

前来参加告别仪式的，皆是母亲生前的朋友和同事，以及亲属。他们知道母亲生前的爱好，所以都带来了鲜花。我没有选择哀乐，原先设想的是在这个仪式上播放母亲的唱腔，但最终还是因为当时录制条件的限制而未如愿。告别的曲目，最终由我女儿潘萌选定为小提琴协奏曲《梁祝》，我觉得非常好。潘莉曾担心这曲子中的那一段欢快的快板，怕影响气氛。我说这正合母亲的人生经历，在她六十五年的生命里，欢乐仿佛惊鸿一瞥。

我为母亲撰写了挽联——

　　为梨园人　两袖清风今谢幕
　　是好母亲　一身正气永留芳

七年后的今天，2011年8月3日，远在洛杉矶的潘莉携女儿米雪尔和潘微同时飞回来了，这是我们兄妹四人时隔十七年后的第一次团圆，只遗憾，我们的母亲已经离开了七年。当我们兄妹四人一起跪在母亲的墓前时，从前如在目下，伸手可触。之后，我们又去了故乡怀宁县石牌镇，想去看看曾经居住过的那个"从前的院子"。如今县城已经搬迁，市民们也都陆续离开，那条老街的两边已长出了青草。我们走进了从前的院子，原先的老房子居然还在。从上个世纪70年代起，我们家在这里前后住了二十几年。院子是宁静的，但我会听到母亲熟悉的脚步声渐渐近来，她下班回家了。

2011年8月22日　北京寓所

潘军文集

第玖卷

清澈见底的河流

清澈见底的河流

汪曾祺先生辞世了。我是在郑州得到消息的。中央台的口播新闻说作家、剧作家汪曾祺在北京因病逝世,没有冠以种种头衔。那一天我感到胸闷,很想找人一起谈谈汪先生。后来我让人替我给汪夫人松卿女士发了唁电。翌日中午,《作家》主编宗仁发打来电话,我告诉他汪先生辞世的消息,他停顿了一会儿,然后说:"你写篇文章吧,赶快寄来。"

我和汪先生认识很晚。那是在1993年2月,我在海南岛主持召开"蓝星笔会"。出席那次会的,大都是带有先锋色彩的中青年作家,唯一特邀的老作家就是汪先生。陪同他的,是他的夫人施松卿女士。由于他们的到来,与会者感到十分快乐。汪先生幽默、健谈,这与他的文章是一致的。汪先生好书,好酒,有飘逸之气。有人说他是最后一位士大夫,我想指的可能就是这种飘逸之气。都说文人活得很累,其实不尽然。汪先生就活得很轻松,很快乐。这无疑是一种境界,能达到者不会多,汪先生是达到了。汪先生欣赏弘一法师临终的偈语:"悲欣交集。"我觉得这或许就是贯穿他全部作品的东西。

汪先生的文章,是当代中国文学的一道异彩。由于他的存在,文学史得到了补充。作为小说家,汪先生没有鸿篇巨制,甚至没有写过一部中篇,但丰富了汉语言文字。我喜欢汪先生的文章,他送我的书我每年都要翻览。我觉得汪先生的文章淡而有味,这是一个高度。中国没有几个作家能做得到。他博学,和他聊天是一种享受。在兴致好时,他喜欢吟诗作画。他的字显然是师从王羲之的,流畅清丽。他作画几乎不施颜色,于笔墨中寻求变化,很恬淡。在海口的那些日子,我同汪先生有过几次长谈。最后一夜,他同我合作了一幅水墨画。我画了两头水牛,汪先生补了雨景并题款:"潘军画牛,曾祺补雨。"这幅画我后来一直带在身边，挂在书房里。睹物思人，那夜的情形历历在目，我不能不感到悲痛。

　　汪先生是位高尚的作家，配得上德高望重。文坛纷争几十年，从来就没有听说汪先生弄什么事。他只读书写作。这本是一个作家的分内事，是天职，但在今天却显得那么珍贵。汪先生是位具有世界影响的中国作家，这影响是自自然然形成的，就像水落到地面形成河流那样。但他不摆谱。他微笑着，和你喝酒，谈从前的一些开心事，给你欢乐。每次他的电话号码更换，他都会主动通知你。和汪先生在一起，你会觉得当一名作家是多么明智的选择，而且还有自豪感。现在，汪先生匆匆走了，带走了他的飘逸之气，那淡而有味的文字也从此告别了我们，这是中国文学的损失。汪先生不过七十七岁，他还有许多东西要写的。他是一位热爱生活的老人，眷恋自然而且怀旧。他喜欢水，他的文章总与水相关。现在，他走了。他的文章也如水一般在我们眼前静静流淌着，那是条清澈见底的河流。

1997 年 5 月 25 日　合肥

《清明》和我

10月21日我在人民文学出版社看自己一本选集的封面小样，突然接到季宇先生的电话，说下个月2号是《清明》创刊20年的日子，问我能否参加座谈会？我说我力争赶回去。我不开会已经多年，但《清明》的创刊20年纪念会，我是愿意参加的。和季宇通过话后，我的心情开始变得有些复杂，自然就想到了11年前《日晕》的写作与发表的过程。对于我，这并不算是往事。

1987年秋天，不知出于什么考虑，省里要将《安徽文学》与《清明》二刊合并，之后仍然叫《清明》。那时我在所谓的上级机关跑腿，参加了这一合并的全过程。当时的情况让上面很棘手，而给我的感觉是，这两刊的编辑们都爱自己的刊物。然而爱是一回事，命令则是另一回事。于是至1988年春，合并完成了。新的编辑部当时竟不设主编，实行的是编辑部主任负责制，这样担子就落到了周锋和段儒东二位先生身上，可以说是受命于危难之中。他们在理顺秩序的同时还要抓第三期的稿，尽管辛苦，但精神很饱满。

那时我刚写完自己的长篇处女作《日晕》，人民文学出版社的两位编辑专程到合肥取稿。而这部稿子的发表，我已经给了北京的一家杂志，他们打算采用。在和周、段二人的接触中，我提到了这件事。有一天，他们找到我，问能否将《日晕》的发表权交予《清明》？他们想在合刊的第一期也就是那一年的第3期上重点推出。我便有些犹豫。或许是被他们的热情所打动，抑或是"重点推出"的吸引，我表示可以试试。于是编辑部承担了我去北京的车旅费用，在2月的一个晚上，我搭乘了北上的火车。到了北京，我只好对那家杂志说了瞎话，我说明年是建国40周年，省里要求作家的重点稿要发在本省的刊物上，而我又是"上面的人",不敢违命云云。没想到竟然奏效了。为了平衡关系,我后来为这家杂志另写了一个7万字的中篇。

《日晕》抱回之后,编辑部立即进入了操作。这部小说的责任编辑是孙叙伦先生,他很细致地看完,给予了很好的评价。时值今日他还记得"夕阳下的安平塔像一把淬火的剑"这样的句子。然后是周、段二位先生看,也给了我极大的鼓励。他们认同了这部稿子,决定把它做好。首先,他们决定这部23万字的长篇不仅不用小字排,而且要加多幅插图;其次是约请唐先田先生写了一篇长篇评论同期配发(后来唐先生认为这是他自己写得满意的一篇文章)。另外就是,让我再写一个创作谈,并在封二上刊发照片与小传。我这里要提到当时兼任美编的孙民纪先生,除了为《日晕》作了插图,他还对那一期的版式进行了新颖的设计。

1988年5月下旬,第3期的《清明》在经过一阵风雨后终于以崭新的面貌问世了。《日晕》很快在省内外产生了影响,有不少报刊发表了这部作品的评价文章。不久,《清明》又发表了陈辽先生为《日晕》写的评论。这篇文章是张禹先生约的。张先生是我的父辈,是位德高望重的老编辑。他在年轻时被打成所谓的胡风分子,后来中央关于给胡风集团平反的文件上都有他的名字。我有一次对人说起张先生,我说这事若落在某些人身上那就成资本了,一味地向上面伸手要这要那。而张先生一辈子就愿意默默无闻地为人作嫁。我尊敬这样的人。这年秋天,还是《清明》会同几家单位,在合肥举行了《日晕》座谈会,从而使这部小说产生了更为广泛的影响。一年后,《日晕》获《清明》文学奖。

我和《清明》主要就是这一次的合作。我记得后来还为她写了两篇散文,由段儒东先生编发。1992年春,我只身去了海南。这之后与《清明》的关系便有所疏远,但《清明》对我的支持,至今我记得很清楚。没有这份杂志对《日晕》特别的操作,我想这部小说的影响是不会有这么大的。《日晕》后来出书,继之又在海外出版,我在序言上都提到了它的首发刊物是《清明》。作者写一部稿子固然辛苦,而为这部稿子问世,则花费了许多编辑的心血。我想一个作家可以忘掉很多事,但不应忘记曾经帮助过自己的编辑。如今我虽然写过一些东西,也形成了一定的影响,应该说与11年前《清明》对《日晕》的深切关怀分不开。这份美好的记忆将一直追随着我。

这些年我东奔西忙地跑了不少地方，每到一地，自然都会与期刊界的朋友接触。令我吃惊的是，几乎任何一地的文学期刊经费都比《清明》富裕——4万块怎么能使一份大型的文学刊物成活?! 安徽穷这是事实，但不该穷在《清明》上，难道我们对唯一的文学门面也如此吝啬？商品社会，一切都在竞争，刊物也不例外。而竞争就得花钱，才能好做文章，才能改变面貌。《清明》对当代中国文学是做出过杰出贡献的，作家们的支持只是一方面，某种意义上，政府的支持更为重要。一个新的世纪眼看就来了，作为一个安徽作家，一个从《清明》走出来的作家，在这份刊物走过20年的时候，我心里平添的竟不是一份喜悦而是一块沉重，这就是我要写下这篇文章的真实原因。

1999 年 10 月 26 日　北京

牛汉先生

1948年7月,一位流寓浙江天台的青年给胡风寄去了一首长诗。胡风读过,很兴奋,便将其推荐给了当时在北平出版的文艺杂志《泥土》。这首叫做《彩色的生活》的长诗后来发表于该刊第5期,作者史成汉第一次以牛汉署名。不久,胡风将牛汉的诗编订成集,还以《彩色的生活》命名,列入"七月诗丛"第二辑。收入这个诗丛的还有鲁煤、曾卓、彭燕郊等诗人(史称"七月诗派")的诗。但牛汉与胡风的第一次见面,却是在一年半之后,见面的地点是北京东四头条胡同文化部招待所。这之后的几年,他们就文艺问题通了近二十封的信。到1955年,三十一岁的牛汉因"胡风反革命集团案"第一个遭到逮捕。他清楚地记得,这一天是5月14日,春天彻底过去了。

  1986年3月,我在合肥与牛汉先生见面时,他已是一位年过花甲的老人。但他给我的感觉依旧是那么精神焕发,如同他的诗歌。这位蒙古族的后裔有着从他剽悍的祖先那里继承而来的高大魁梧的体魄,在与他的交谈中,我能感到他的豪放与成熟诗人特有的那种飘逸气质。此时的牛汉,正在帮助丁玲创办大型文学期刊《中国》,出任副主编。实际上,这个刊物由他具体负责。同时他还是《新文学史料》的主编。牛汉此行是陪夫人吴平回故里探亲的,吴平是安徽桐城人。我那时刚刚开始学习写作,经一位朋友的介绍与牛先生见面,地点是合肥一家很不起眼的招待所,条件极为简陋,但和牛先生的几次交谈使我十分愉快。他平易近人,而且,能够包容我们的浅薄与偏激。这种亲切的默契,是我在前辈作家那里从未获得过的。那时我刚写完一个叫做《篱笆镇》的中篇,交到牛先生手上,他很快就看了,他说:我带回去。这篇小说后来就发表在《中国》那一年的第3期上。同时牛先生又约我再写一个。于是我把一个被人退回的中篇《大江》重新改了,很快就寄了去。但是不久,我接到了《中国》的终刊号,感到非常意外。那篇一看便知出自牛先生之手的《〈中国〉备忘录》的终刊词,时至今日似乎还在我耳边回响。在这篇文章的结尾,牛汉引用了他的朋友、已故诗人阿垅的诗句:我们宣告无罪,然后我们凋谢。

《中国》停刊了,我那部《大江》由牛先生转交给了《华人世界》,不久便以头条位置发表了。实际上,我并不喜欢这部作品,但它却是牛先生作为一个好编辑的见证,他对作者的关心与负责让我感动。

这年的年底我去北京参加"青创会",这也是我第一次在冬季去京城,带了很多的衣服,总觉得那是个极冷的地方。我记得会议开幕的那天是除夕,会议结束的前一天,我去工体路人民文学出版社宿舍看望牛汉先生。我到的时候,他正在朝北的一间狭小的书房里写作。和几个月前相比,先生显得有些消瘦。这一次我们谈了很久,牛先生留我吃午饭,我也没推辞。临别,他送我新近出版的诗集《蚯蚓与羽毛》。我后来在《北京日记》里记录了这件事。

这以后由于他的搬迁,我们的联系便中断了。1992年我去了海口,曾多方打听牛先生的电话,也还是没有问到。直到去年的秋天,我在北京拍一部叫做《对话》的"电视电影",一天去人民文学出版社谈稿子,才从陶良华那里知道了牛先生的地址电话,他现居十里堡。于是在一个下午,我从亚运村赶往十里堡,前去拜访牛先生和夫人吴平女士。见了面,我感觉两位老人的变化并不大,身体与精神都不错。牛先生还是那么健谈,言谈中还是那股书生气。谈话的地点还是他的书房。一样地不宽敞,但现在朝南了。这一次我们谈得很晚,我原想请牛先生吴师母出去吃一顿,但他们都嫌麻烦,还是决定在家吃饺子。吃过饭,我们又谈了一会儿,这次谈的似乎是一个属于他个人的专题——梦游。牛先生为此写过一首叫做《梦游》的长诗,他反复写了三稿。在这首诗的题记中,他这样写道:医生确诊,我是一个有三十多年历史的梦游患者。

我喜欢这首诗,喜欢这样的表达——

奇怪的是
三十多年来

> 梦游过不下几百回
> 却从没有遇见一个人一个有形的生命
> 是不是夜行者看不见梦游的人
> 而梦游的人也看不见梦外的生命

外面的天已经很黑了,我得离开。在离开之前我需要和牛先生在一起合影留念,我来的时候就带着相机。吴师母替我们照了相,然后,先生又送我两本书《牛汉诗选》和《中华散文珍藏本·牛汉卷》。

这天晚上,我什么事也没做,回到住地就躺在床上读《牛汉诗选》。我不是一个诗人,我平时也几乎不看诗,但是我喜欢牛汉的诗,因为在我看来,这是一个男人的诗,一个拥有良知、正义与爱心的男人的诗歌。

> 沿着那一束雪亮的光
> 执迷地向远远的黑夜游走
> 如果没有这束光
> 人世间决不会有梦游的人

我想,我也是个梦游者,一个未经医生诊断的梦游者。

1999 年 10 月　北京天坛之侧

我印象中的韩少功

前些日子和韩少功通电话，一是请他为我一本小说集子作序；二来想证实一下他的辞职与返乡——我从田瑛那里得到消息，说少功将辞掉包括海南省作协主席、《天涯》杂志社社长在内的一切职务，然后回到湖南老家去专事写作。田瑛说对于一个作家，这很不容易。10月，我去太原，见到李锐、蒋韵夫妇，又提及此事。李锐说得更具体，说少功在故乡的房子都盖好了，在洞庭湖的边上，靠近一个小码头。看来这件事确实无疑了。

我便不由得想起当初去海口的情形来，因为我到南方的第一站，就是少功安排的。那是1992年的4月，我离开合肥往海口。想去看看那边的形势。4月5日这天是清明节，我被麦道82型飞机运到广州后，就给少功家中打电话，直言不讳地想请他帮我找个暂时住所。其实那时我和他并不认识，他顶多是知道有一个写小说的叫潘军，但电话里我听出了他的热情。他说来吧，我近期不外出。这样，几天后的4月9日，我随一条叫做"玉兰号"的轮船在海上漂流了一天一夜后，于接近中午的时间抵达了海口秀英港。我在一个大学同学那里暂时歇脚后，下午就去海南师范学院宿舍区找少功了。见到面，我感到他与我以前在照片上看见的样子差不多，个头与我相仿，突出的是他的络腮胡子，给我一种很熟的感觉，以至总觉得我在1986年的那次"青创会"上见过他的，但他说那次的会他没去。我们简单地聊了一会儿，他大概以为我此行目的只是来玩一趟，就说：先住下吧。然后，就用摩托车驮着我去了一个叫"五公祠"的地方，那是当时海南作协的所在地。我被安置在作协的客房，在我来之前的一个星期，北京的岳建一、章德宁夫妇也在这间屋子里住过。他们也是我的朋友。安顿好，少功从钥匙串上取下这间屋的那把，对我说：随便住吧，晚上去我那里吃饭。

实际上，我在后来的几天里经常去他家吃饭。那时他们的日子似乎过得很简单，他夫人小梁是财务人员，每天坐班，少功得承担一部分家务，所以在冰箱里储藏了许多的食用罐头，如豆豉鲮鱼。但这道菜非常对我的胃口。1997年我重返海口拍摄《大陆人》，和少功见面时他还笑我：去吃顿饭吧？你不是喜欢豆豉鲮鱼吗？

但是，那时少功并没有想到我会在海口一住就是三年。他还是以为我是在合肥待闷了，出来散散心，因为他知道我遭遇了政治压力。但他没有直接问过我，我也没有多说。大约住过三天，当时作协的负责人出现了。这个人无论是年龄还是个头都高我一筹，自然说话的口气也高，他倒是很坦率，问我打算在这作协的客房还住几天？我被这突然的质问弄得不知所措，那人就又补充道：我们最近要调两个编辑来，房子很紧张的。既然话说到此种地步，我再不接话就太不像话了，我就说：我再住几天吧。那人和他的文章一样很仔细，追问：你说清楚，几天是几天？

三天。我这样回答道。这样那高大的人物才满意地走了。

也就在这天晚上，少功来看我。之前我已在电话里告诉他，说我很快会走。他可能以为我要回内地，就捎了条红双喜烟，显然是让我"带着路上抽"的。不料我对他说了自己的意思，我说我不是要离开海口，而是要离开"五公祠"，因为有高大的人物在撵着我。少功这才知道事情的原委，他似乎有些气愤，说：怎么能这样呢？作协的客房不就是接待作家的吗？我说：我不想因为我给你们内部添乱。

第二天，我去了一家公司求职，很快就搬走了。黄昏时我给少功打电话，说我已经重新作了安顿，并让他转告那位高大人物，我说话是算数的，说三天就三天。我说：他硬是要把我撵进别墅不可。

这件事我忘不掉。

不久，我居然就做起了一个文化公司。那时也经常去少功家聊天，有一回他问我：生意做得怎样？我说还行。他又问：小说呢，还想写吗？我说肯定会写，我从来没想过自己的将来和一个小老板联系起来。我现在不过是缺钱挣钱而已吧。他似乎是不太相信。等到十个月后，即1993年的2月，我斥资10万办了"蓝星笔会"，他才真的觉得我并没有在商道上滑得太远。我在海口的那些日子，少功那里是去得最多的地方。我需要和他聊天，从与他的闲谈中我能感受到我内心渴望的那种气息。他仍然把我当成一个作家，这是我所高兴的。不过有一回他对我谈到海南作协的事，问我是否进来？我说我在安徽已辞掉了一切，就不必再在海南起事了，我说：我只交朋友，不入队伍。

1997年2月，我回海口拍《大陆人》，第二天就去了少功那里。我记得那天是个阴雨的天气，我到的时候，他正在拆看一份特快专递，是山西的李锐寄来的《哈扎尔词典》复印件。那个时候，他正陷入莫名其妙的"马桥事件"中，所以他说：我得好好看看自己是怎么"全部照搬"的。他很坦然自若，同时送给了我一册《马桥词典》。这本书的写作几年前我就知道，当时作家出版社的编辑老朱为此专程去了海口，我好像还埋过一次单的。

当晚，我回到住地，躺在床上把这本书看了，觉得好。我觉得很好。时值今日我与别人谈起韩少功，我便这样说：以前我只认为他为中国文坛做了三件事，即写了《爸爸爸》、率先译了昆德拉和办了《海南纪实》，现在我还得加上两件，那就是写出了《马桥词典》和办了《天涯》。一个作家能做出这些，我看中国没几个。

《天涯》创刊之初，少功曾约我写小说。我自然从命写了一篇《杀人的游戏》，写的自然也是海口的事，他和蒋子丹都说挺好，但那时的《天涯》据说要送到长沙去终审，结果因"性"的问题被审去了（此事一直叫我困惑）。前些日子，我回母校作讲座，一位朋友问我：你怎么不给《天涯》写写？我说我很快会写。可是既然现在韩少功走了，我似乎觉得再写的意思就不大了，因为我历来是冲着朋友写作的。

1999年12月28日　北京天坛之侧

老 唐

早就想写一篇关于老唐的文章了。一直没写,我想可能是因为我们靠得太近。我们住在同一个院子里,低头不见抬头见。确实,自我到合肥来的十六年中,与老唐的走动是最为频繁的。如果让我在这个城市只挑选一位朋友,那么我就会肯定地对你说:这个人便是老唐。

我和老唐之间,是一种多重而复杂的关系。我们是校友,先后毕业于安徽大学的中文系。他出校门的十年后我才进校门。他的名字,我在校时就听说了,而且也经常在报刊上看到他写的文学评论。直到1984年我由安庆调到合肥,才与老唐见面,而且一下就靠得很近,我们成了一个处室的同事。他的桌子就摆在我的前面。那时我才知道,我们除了是校友,还是同乡:我家在怀宁,他的故里在宿松,都属于安庆市的管辖范围。那个阶段,我还是单身汉,有时候食堂吃腻了,便不假思索地去老唐家蹭上一顿,似乎从来就没有过腼腆。他的夫人李大姐待人宽厚,所以每回去他们家我都毫无拘束。有时候手里缺钱,便去向老唐借,也从来不吞吞吐吐。实际上,我已经把他视为一位可靠的兄长了。

按机关的标准,我是个毛病很多的人。从我进机关的第一天起我就明白,我应该是个机关的异类。但是我和老唐能走得这么近,其中一个不可忽视的原因,是在于我们都是文学的虔诚信徒。这使我们的友谊从一开始就超出了一般水准,由此发展到朋友和纯粹意义上的同志。但那个时期我们都属于文学的业余爱好者,八小时之外我搞创作,他搞研究,我写小说,他写评论,间或也写一些散文和杂文。我曾私下琢磨,老唐的爱好其实是一种寄托。如果没有这个寄托,他可能会成为另一种人。在我印象里,老唐也属于机关里不太会混的人物。

安徽第一个为我的作品写评论的是老唐。那是1985年的春天,我在

《北京文学》上发表了中篇小说处女作《小镇皇后》。不久，老唐在《安徽日报》副刊上以"宿阳"署名对此进行了短评。三年后，当我的长篇处女作《日晕》发表于《清明》后，老唐应编辑部之约，写了一篇长达万余字的专论。在那篇文章里，他第一次提到我的创作应该以1987年发表的中篇小说《白色沙龙》为标志，从而进入到一个新的阶段。这个观点后来被很多人所引用。据说当初这篇文章发表后还引起了一些人的微词，以为这是某种庸俗的交易。老唐听了很气愤，说："我能和潘军交易什么？我不过是做了一件我愿意做的事。"不久，李大姐也写了一篇关于我小说创作的评论，也是万余字的篇幅。

1989年秋天，我决定离开机关去文联。那个时期，大约由于我承受着某种压力，一时间门庭冷落。经常来我这儿串门的，恐怕就只有老唐了。我们依旧谈论着文学，但我能感觉到，他一直为我的前程担忧。不过他从不进行劝慰，而是一如既往与我作随意性的聊天。有时我们几个朋友一起玩几圈麻将。他的牌风如同他的为人，持重而不失机智。而我则无疑是锋芒毕露，自觉也有几分潇洒。1992年我决定去海南，临行前我和老唐有过几次长谈。他明确地表示不主张我去经商。我对他说，我去南边是想换一种活法，我所做的一切努力，都不过是为了有朝一日安静地回到自己的写字台前，写自己想写的东西。这样一说，老唐似乎是放心了。我在海口住了两年，有时夜间和老唐通电话，感觉上我们还是靠得很近。

我想我没有欺骗老唐。从1996年开始，我彻底摆脱了一些杂事，以一篇《结束的地方》结束了我商海的生活。这之后便有些一发而不可收，连续写了十五部中篇、二十来个短篇和长篇三部曲《独白与手势》。每出一本书，我会首先送给老唐一本。这样的时候，老唐总是兴奋的。尽管我们某些文学观念有所不同，但每一次交谈，对双方都有所启发。他喜欢我的《秋声赋》、《对门·对面》、《抛弃》以及《重瞳》。看《秋声赋》时，他正因急性肾结石住院，我去看他，他便与我聊起了这篇小说。他说这篇小说写出了对中国农民承受苦难的尊重。小说中"吃老鼠"的细节让他想起了自己的少年时代，也就是小说中的那个年代——1960年。他说那个时候他刚上初中，每个星期要步行近一百里的路回家，从黎明走到黄昏，想得到一碗饱饭吃。但这只是梦想，饥饿追逐着他，死亡也追逐着他。于是他就去田埂上逮土蛤蟆，生吞下喉。他说："我都能感觉到蛤蟆在胃里的跳动。"他说得很动感情，那个瞬间，我看出了面前的老唐骨子里是一个纯粹的农家子弟。我也明白了为什么他将两个女儿取名为"犁"和"亦犁"。这个细节一直缠绕着我，我想如果在写《秋声赋》之前能和老唐进行一次交谈，也许会写得比现在好。

去年秋天，我完成了《重瞳》的写作。我特地为老唐出了一份电脑清样。他反复看了几遍，给了我很大的鼓励。他说这篇小说不仅是塑造了一个全新的项羽形象，而且改写了"历史小说"的范式。为此他写了几篇评论，指出以往的历史小说都不能去颠覆"质"的东西，或者说只有颠覆没有重构，而《重瞳》出色地完成了这一点。

老唐名先田，1944年生于安徽宿松，现任安徽省社科院副院长、编审，仍业余从事文学研究与创作，著有评论集《文艺长短录》、散文集《红豆集》等。妻李美云，副编审，可以看做职业编辑。如今他们已是做外公外婆的人了。老唐的业余生活过得很滋润，他喜欢每天喝两口酒，写几行字，读几页书。这种快乐，我想不是每个官场之人都能获得的。老唐大约还有不少头衔，但我是记不得了。我能记得的，还是老唐和我靠得很近。

2000年3月12日　合肥寓所

说说杨立新

　　杨立新因演过情景喜剧《我爱我家》而在中国家喻户晓。他算得上明星。按时下京城的说法，属于"腕儿"。但我对他的印象，是从很多年前的那部《半边楼》开始的。他演的那个戴眼镜的知识分子很有些深度。电视剧是个极通俗的东西，演员能这么对待，说明这是个好演员。1996年我在郑州搞《大陆人》，其中有个叫"沈晓秋"的人物，既要仰仗自己现在的岳父，又要对过去的情人负责，性格复杂却又行为迟疑，下笔之前我就想到了杨立新。我觉得他能演好这个角色。剧本完成后，年底我去北京物色演员，便给杨立新去了电话，约好在凯莱饭店见面。这次见面我们谈得十分随便，并没有陌生的感觉。关于剧本我似乎只说了一句。我说：你要是觉得《大陆人》是你自演电视剧以来接触到的最好的剧本，你就给我打电话；没有这感觉就算了，哪怕是第二好。他可能觉得我这人忒狂了，但也只是一笑付之。其实我当时这么说是一种激将法，我知道像他这种腕儿手里从来就不缺剧本的。我必须要让他重视这个剧本，从而使我们之间可能的合作迈出第一步。

　　两天后，杨立新的电话来了。他坦率地说，这确实是个很好的剧本，而且他对自己的那个角色也很喜欢。电话里传达的气息亲切而富有信任感。后来我才知道，他因为《大陆人》放弃了另一个报酬更高的戏。

　　我们便这样有了第一次的合作。1997年2月，我们在海口会合，玩儿命地干了七十天。最后一场戏，是剧中的他遇上车祸。这是一个难度很大的处理，由四个镜头完成。其中一个是"重重地摔到地上"。我让他躺在汽车引擎盖上，自己摔，但拍了三条还是觉得不满意，有一个下意识的用手撑地的动作，不真实。可是我又很为难，觉得这么摔下去演员会吃不消。这时杨立新说：我躺在引擎盖上，你让场记出其不意地把我推下来。最后也就这么拍了,效果很好,但杨立新的手臂却给摔青了一块。接下来是"他"送进手术室抢救。或许是对杨立新表示歉意,那位由女护士不断擦汗的主刀大夫,由我亲自串演。在海口的那些日子虽然没日没夜地干活,却感到十分开心。那的确是一段值得回忆的好时光。我们也自然而然地成了朋友。后来杨立新对他太太说,这回去海口,最值得高兴的是结识了潘军这个人。这也是我的感受,我为有这样一位同龄的朋友而愉快。遗憾的是,由于受到投资的限制,《大陆人》原先的一些拍摄设想无法实现,以致我拍完前期就与投资方分手了。我记得当时曾和杨立新通过一次电话,对此,我们都很惋惜。

这以后我们的联系就多了,每个月都要通几次电话,彼此谈些近况。这几年我在北京待的时间多,每回来,住下后的第一个电话总是给杨立新的。他很快就开着切诺基来了。1998年10月,我在北京筹拍一部叫做《对话》的"电视电影",便与杨立新又有了一次合作。这一回,他的戏不多,实际上我们的兴趣已经转移到了《海口日记》上。这是根据我同名中篇小说改编的一部二十集的电视剧,我都做好了导演台本。但是投资方一直没有着落,最后也只好眼睁睁地把剧本给卖了。这件事使我心里难受了好些日子。可是钱是人家的,又有什么办法呢?商品经济有时就是这么他妈的。好在这部小说的电影版权还攥在我手里,我想,终有那么一天我会把它拍成电影的,让杨立新来好好演上一把。在我看来,他是一位很难得的演员,而他最大的愿望就是能有好戏演。

《海口日记》搁浅后,杨立新去了浙江,在《海瑞罢官》中出演海瑞。我相信他能演好,事实上,他在《春秋篇》中饰演的齐桓公就相当出色。

去年的5月,北京人艺重排老舍的《茶馆》,将排出全新的演员阵容。其时我正在北京设计《独白与手势》的图书版式。得知这个消息,我觉得杨立新应该来演"秦仲义"才是。可他告诉我说,林兆华让他演庞太监。我说,这好像不对吧。我说这出戏如果由我来排,"秦二爷"就敲定你了。他倒没说什么,还是一笑付之。可是没过几日,杨立新来电话说,他的角色又调整了,还是回到了"秦二爷"。关于《茶馆》的重排,我已有专文谈过,我对它是持否定态度的。我觉得导演没有拿出一套完备的总体构思来,依然是在焦菊隐划定的圈子里打转转。这样一来，演员就无所适从了。不过，对《茶馆》，杨立新是不敢怠慢的。他几乎能将这个戏一字不落地背诵出来。他分析角色的认真程度令我始料不及。小时候我常听我母亲说，一个好演员要懂得"带戏上场"，带什么戏，这其中是很讲究的。尽管老舍先生在剧本中有着详细的提示，但是仍然存在着不同的理解。杨立新认为老舍选择"戊戌变法"失败几天后的一个"早半天"来拉开《茶馆》的帷幕，暗藏着一种气氛和一种情绪，这对于风度翩翩却缺乏胆识、抱负远大而实力单薄的秦二爷来说，谈不上志满意得，也做不出神采飞扬来。政治思想的幻灭如同一层阴影笼罩在这个人物身上，由此萌生的便是"实业救国"。他觉得体现在秦仲义身上的更多的是一种忧郁的天真。我同意他的分析。

熟悉杨立新的人都知道他在舞台上很见功夫，他的《哗变》已是十多年前的作品，至今却还有人在谈论他的表演，尽管他的戏并不多。确实，当后来我看《茶馆》的演出时，我能感到杨立新在这个角色上是付出了心血的。有一回我遇见批评家陈晓明，说起新排的《茶馆》，他说：杨立新演的秦二爷很不错，看得出演员的造诣。我想这个判断是准确的。杨立新喜欢看书，也偏爱我的作品，只要是我新近发表的小说，他都会到街上去买一本。他说他喜欢像《风》和《结束的地方》这类具有历史感的作品，也喜欢《秋声赋》和《对门·对面》这种反映现实生活的作品。《重瞳》发表后，我对他说，如果说改编，那么最好的形式不是电影，而是话剧。他的看法与我一致。看来我们对话剧都情有独钟，都有一个"话剧情结"。我们希望在国家大戏院落成的日子，在那个辉煌的世纪剧场上看见作为一台大型话剧的《重瞳》。

我相信会有这一天。就是说，我们真正的合作还没有开始。

2000 年 5 月 28 日　合肥寓所

老友田瑛

人的一生中有很多朋友。朋友也是各式各样的。有一种朋友可以无所不谈，上到国计民生，下至个人隐私。田瑛就是我这样的朋友。第一次知道田瑛这个名字以为是位女士。瑛者，美玉之光也。后来才慢慢晓得是爷们儿。再后来，明白是真爷们儿。

和田瑛的初次见面是在1992年的4月7日。我离开合肥取道广州去海口，自然要与《花城》联络，去了电话，对方便是田瑛。一小时后，我们在位于水荫路的出版大楼上见了面，感觉这个人的眼睛很亮。果然，他冲着我就是一句：你怎么一脸的晦气？

倒是准确，那个时期正是我一生里最背时的日子。要不，我何苦要抛妻别子去这天涯海角？我不是淘金客，却是名副其实的流亡者。

以后只要是回内地，我总要在广州搭上一脚，因为广州有田瑛。记得好像是1993年的夏天，我拖着田瑛去深圳。刚从天河宾馆出来，正欲拦出租车去火车站，转眼之间我的密码箱就被偷了。四万块钱没了。这之前田瑛还有过一次提醒，之后便是一路上靠他向深圳的朋友借钱付的。

到了翌年的7月，我撤回合肥投资了一家酒店。开业前夕我给田瑛去了电话，希望他前来助兴，他也就飞来了，背了一大包方便面。我问何故，他说怕看"世界杯"熬夜饿了肚子。简直笑话，合肥再穷，方便面总归还是有的，况且我还新开了酒店。

1996年我在郑州搞电视剧，为了使剧本做得好一些，便邀请了田瑛和宗仁发一起来谈谈。他又只好飞来，我去机场接他，远远看着他一拐一拐地走下舷梯，觉得奇怪。近了，才知道他脚上正生着毒疮，连皮鞋都无法穿上。一下飞机他就得去医院打消炎针，以后的几天里他都穿拖鞋。有一天我们同游洛阳的龙门石窟，再去伊水对岸的香山拜谒白居易墓。我们在墓前合影留念，他说：我得换上皮鞋才行。第二天，我们结伴去了长沙。湖南作协主席孙健中陪我们玩了几日，去橘子洲吃了"王鸭叫"，又去岳麓山看了"岳麓书院"，他的病脚似乎也开始好转起来。那一次如果不是因为时间不由人，我很想随田瑛去一趟湘西，去凤凰看看沈从文先生的故居，看看张家界风光。田瑛就是湘西人，土家族的后代。他说土家族的人都是很好看的，女的像宋祖英，男的就如同他田瑛了。我曾在田瑛家里看见过他二十多岁时的照片，那时他是连长，很有些英武之气。

这一年的12月，《花城》在广东的茂名开笔会。其时我正在成都为《大陆人》物色演员，接到田瑛的电话便直接飞往广州。参加笔会的其他作家都已于前一晚出发了，编辑部留下林宋瑜等候我和宗仁发。当晚我们乘着豪华软卧直奔茂名而去，翌日清晨见到田瑛，看他两眼血丝，就觉得这人昨夜肯定是搓麻了，就问手气如何。他说：你来了，我的手气就好了。我想他什么话都可能对，但这句话委实错了——这些年我们交手不下十次，我记不得他可曾有过赢的记录。然而他打得爽气，打得愉快。事实上，田瑛就是一个给人带来愉快的朋友，和他在一起你会感到年轻。田瑛也是一个乐于助人的朋友，他帮过我很多忙。譬如有一回我的汽车在广州徐闻抛锚了，就是他费了很大力气找人解决问题的。那时已是年关边上，他一手安排把车送到了合肥。这一次我们聚到茂名又能开心地玩上几天了，不过他的手气并没有因为我的迟到而转好。

两个月后，我带着剧组又来到了广州。第一场戏就是"码头上船"，需要大量的群众演员，这给制片部门带来了难题。我只好又找到田瑛。第二天上午，他差不多把整个花城出版社的人全弄来了。大家在洲头咀码头配合了我一天，才知道拍电视剧这玩意儿一点也不刺激。

有一点一直让我们困惑。这些年来，我时常走进田瑛的梦境，而且一般是在危险而恐惧的梦境里与他相遇。只要这类的梦境出现，三天以内田瑛就会意外地接到我的电话。这种感应让我欣慰得有些不知所措，我想我们的确有着很深的缘分。今年的4月17日，我在北京和田瑛通电话，他说：昨天夜里我又梦见你了。他说我们在一座正在喷发的火山下奔跑，火山的熔岩疯狂地追逐着我们，然后我们跌倒在一起，顷刻间彼此的头发全白了。这是一个颇有后现代主义色彩的梦境。但是第二天晚上9点，我突发急性胆结石，疼痛难熬。我从来没有患过这种毛病，以致后来在医院的十多个小时中，医生拿不出确切的诊断，时而怀疑是胃穿孔，时而怀疑是胰腺炎，时而又怀疑是肠梗阻。医生就这么反复地将我折腾着，抽去我六管子血。翌日才经过B超查出是胆结石，大的一颗已有十八毫米。

5月9日，田瑛来京参加我的作品研讨会。我让他看了B超的影像，他说：怎么会这样呢？应该于你有利才对呀。这一次我们的时间比较宽裕，于是就有了几次长谈。想那一年我们在广州的见面，光阴不经意地就淌过了八年。那时我们都是青年，而现在这项桂冠业已摘去，伤感似乎在所难免。

熟悉田瑛的人都知道他是位好编辑，但很少有人知道他同时也是一个挺好的作家。他对生活的把握以及对叙事艺术的操持，都有独到的地方。田瑛如今还是协助老肖主持《花城》，这份难能可贵的文学期刊是许多作家的钟爱。在今年的第1期上，发表了我最新的一个中篇《重瞳》。这篇关于两千多年前西楚霸王项羽的小说五年前我就想写了。我记得在广州逗留时就对田瑛说过，我说我要写项羽，用第一人称写。田瑛说：你能写好这小说。

我曾经说，人这一生下来，其实最后得到的就是几个好朋友。因为父母终归要离去，儿女也终归要自立，能够相依为命的，唯有朋友。

之于我，田瑛便是。

2000年6月7日　北京天坛之侧

我的"亲友团"

李静来电话说,下个月是《北京文学》恢复创刊20周年,编辑部想约请几位作家写文章谈谈这个刊物,希望我也写一篇。我立刻就答应了。对《北京文学》我是有话要说的。前些日子我给《北京青年报》开专栏,第一篇叫《光着脚丫上路》,写的就是我和《北京文学》的交往。我这样写道——

  1984年第1期的《北京文学》是"青年作者专号"。头条是《星星》,二条是《教授和他的儿子》。两篇作品都是自由来稿。到了这年的10月,《北京文学》在西直门外的上园饭店召开小说笔会,应邀出席的除了一些已经成名的青年作家外,还有几位无名之辈,其中也包括上述两篇小说的作者:余华、潘军,分别来自浙江的海盐和安徽的安庆。

这已是十六年前的事了。不过我还是记得很清楚,因为这是我参加的第一个笔会。那时我大学毕业分配在安庆地委宣传部工作刚一年,也刚刚开始写小说。单位资料室订有《北京文学》,主编杨沫,副主编王蒙、苏辛群。我以为杨王二人已是著名作家,编辑部的事应该由苏辛群来管,于是就把一篇叫做《教授和他的儿子》的短篇小说寄到了苏的名下。不久,我接到了苏辛群和责任编辑陈红军的来信,说稿子不错,他们已经编发了。

负责那次笔会的是已故的周雁如和如今担任着领导职务的陈世崇,具体奔波的有李志、陈红军、刘恒——他当时好像正在上电大,业余已写了不少小说。那个阶段的刘恒对沈从文很推崇,只要说到沈从文,他都是很兴奋的。还有傅锋,刚从北大出来,我们对文学的某些观念很一致,很谈得来。有一天我问陈红军,怎么没见到苏辛群?她说老苏抽去筹备第四届全国文代会了,并说帮我联系一下。过了几天,她对我说:下午老苏来看你。我和苏辛群就这样见了一面,谈了很久。苏辛群后来被派遣去了香港,曾一度出任"银都"的董事长,他在港期间与我通过不少信。他告诉我,自己很想在卸任后静下心来写作。但是1990年7月的一天,我突然收到了给他治丧的唁函。似乎相隔不久,周雁如大姐也撒手西去。他们的谢世让我悲痛。

1987年10月,我参加了《北京文学》的第二次笔会。这次会议开到了我的家门口,地点是位于黄山脚下的泾川山庄。在这次笔会上我认识了刚刚出任主编的林斤澜先生和今天的社长章德宁。当时副主编李陀大概因为什么事给缠住了,一直说来却终于没有露面。笔会实际上由编辑部主任陈世崇负责,与会者基本上都是鲜为人知的青年作者。和三年前的那次笔会相比,这次笔会带有旅游的性质,很宽松,别有情趣。有天晚上在篮球场上搞舞会,老林说我的舞跳得不错,让我去请他老伴戴老师跳。后来我听章德宁说,其实老林本人就是学舞蹈出身的,可他自己不跳,只坐在一旁当忠实的观众。笔会期间,我和章德宁、陈红军还有作家陶正经常一起聊天,聊得非常开心。那次笔会我因女儿生病提前离开了,后来他们去了浙江淳安的千岛湖。我在《北京文学》这年的第10期上发表了中篇小说《白色沙龙》——这篇作品后来被批评界视为我写作生涯的真正开端。其实这篇小说一年前投给了《人民文学》,压了很久还是退了。当时他们正为马建的一篇小说头痛,改组换血什么的。有一天我接到陈红军的电话,说少了一页。"不过,"她又说,"把前一页最后一句画掉,又好像与后面的接上了。"我说那就这么接吧。至于那少掉的一页是什么,我至今也无从知晓。

《北京文学》是我早期创作的主要园地,我在这份刊物上发表的作品足以编一本集子。所以这些年来我对她一直怀有一份特殊的感情,仿佛是我的初恋。《北京文学》的人都是我的朋友。以后只要我去北京,都要与他们在一起聚聚。有时难免还要给他们增添一些麻烦。譬如有一次回程的车票就是刘恒帮着张罗的（他有个邻居在北京站派出所）。我记得当时他的《狗日的粮食》刚刚获奖，而他妻子正在月子里，刘恒骑着一辆破自行车，忙了一下午。以后我只要看见铅印或者激光照排的"刘恒"，我总要想到那辆自行车。1992年我去海南，最初的栖身地是韩少功安排的海南作协客房。那是位于五公祠的一座单元楼，环境幽雅。他说，章德宁、岳建一夫妇刚刚离开这间屋子。经他这么一说，又使我想起了黄山脚下的那次笔会，怀念之情类似空谷回音，愉快中带有一丝惆怅。我现在说起这段往事，是想表达我对过去那段时光的怀念。我不知道现在是否还有像《北京文学》这样从自由来稿中发现作者的刊物。在今年的第5期上，章德宁编发了我的一个话剧《地下》，据我所知，这是自恢复《北京文学》以来他们发表的第一个话剧。1964年，当时的《北京文艺》发表过吴晗先生的《海瑞罢官》。

"凤凰卫视"有一个收视率极高的节目《非常男女》，是教人谈恋爱的，可以现场速配。大凡来这档节目里做角色的，都拥有"亲友团"的支持。倘若依这个模子来套用，倘若我是其中一位求凰者，那么我想，《北京文学》应该是我的"亲友团"。我坐在台上之所以不心虚不怯场，是因为台下的"亲友团"在为我加油壮胆。去年冬天一位批评家到合肥做我的访谈，说有一段时间我似乎消失了。他说：不知是你潘军遗忘了文坛，还是文坛遗忘了你潘军。这话说得很有趣。但是我想，这些年来我没有忘记《北京文学》，而《北京文学》也没有忘记我。从来没有。

2000年6月18日　合肥寓所

宗仁发和作家们的《作家》

中央电视台的《读书时间》栏目计划做一期"潘军与小说",主持人李潘小姐电话里告诉我说,他们想从这一期起开始改版,即把过去半小时的对话改为四十五分钟的访谈与答问。这就要求邀请几位嘉宾和一些读者,来共同参与这个节目。李潘希望我能推荐,她说:其中一位最好是对你的创作很熟悉的,也是你的朋友。我说那就是宗仁发了。

然后我就给仁发挂了电话,他爽快地答应了,说北京见吧。其实我们上个月刚刚从北京分手,5月10日,全国十家文化单位在京召开我的作品讨论会,那个会就是由他主持的。放下电话,我忽然觉得早该写篇关于宗仁发的文章了。但是要谈这个人就不能不谈到《作家》杂志——他们是无法拆开的。

我和他们的联系始于1989年的春天。那时的我正醉心实验小说,自然就关心能够支持这种文本的期刊。我把一个由《收获》退回的中篇《省略》直接寄给了宗仁发,我说这是份退稿,但我觉得还有点意思,希望你能看看。没过多少天,他给我复信,说稿子准备用。然而不久,因为时势的变化,我想这时候发这样的稿子恐怕不合时宜,就又给他去了信,说算了吧。我知道1987年《作家》曾因为马原的《大师》受到过打击,不想再给他们惹是生非。宗仁发却说:再等等,文学终归还是文学。结果,《省略》发表于这年的十月号上。这期本是"吉林青年作者专号",可我竟这么挤了进来,占下了每期唯一的中篇位置,以致一段时间里我被一些读者视为吉林作家。

似乎有一个规律,好像一到遇见麻烦事,我就想到了宗仁发。变化的只是时间——1991年初,我把《蓝堡》寄给了《作家》。这部中篇实际的写作时间是1989年12月,首投《收获》,据说在编辑部内部反映不错，但是却一直发不出来。于是编辑部采取了折中的做法，寄还给我，让我等候通知。恰在此时，我接到了宗仁发的约稿信，便不假思索地将稿件寄去。"但是，"我对宗仁发说，"这篇稿子会不会给你们惹麻烦？"我自己也对其中"性"的问题表示了担忧。直到几个月后《蓝堡》以头条位置刊于《作家》，我仍然心有余悸。《蓝堡》在我早期的创作中占有很重要的位置，现在能看到的，是经过宗仁发小心处理后的面目，但我弄不清他在何处做了手脚。从这个角度，我能感到他作为一名编辑的业务水准不同凡响。那大概是我与宗仁发通信最多的时期，这些信，我至今还保留着，至少有三十多封吧。一年后，我决定去海南闯荡。行前曾与宗仁发通过几次电话，适逢他刚从海口回来，他向我介绍了那个新型的南国城市的特点与风情，但口气似乎有些平淡。我记得他说："满街都是椰子树，街上的红绿灯都很矮。"八年后的今天，这个人才在北京对我说："其实我很担忧。我怕因此会失去一个好作家。"这句话让我感动。

我想，应该是我去海南十个月后的"蓝星笔会"打消了老宗的疑虑。1993年2月，我和宗仁发终于在这个笔会上见面了。尽管在这之前他很少抛头露脸，但与我感觉中的那个北方男子毫无二致，洒脱中不失谨慎，持重中显露机智，有文人气质，更有大丈夫气概。那一次，因为我负责张罗会议，几乎没有完整的时间与老宗畅谈。到了1996年的秋天，我辗转到中原郑州，才有机会邀请他和田瑛来聚。本想在一起多玩上几天，去中原古战场走一遭，可他还是行色匆匆。那时他刚刚出任《作家》的主编，又兼有吉林省作协秘书长一职，忙是肯定的。他的整个心思都被《作家》牵扯着。这份由王成刚先生精心培育的文学期刊传到宗仁发手里，意味着责任重大。一个地处关外的文学期刊能办得具有全国乃至国际影响，给我带来的是不可思议的喜悦。她的追求与文学发展的方向始终是一致的，她的追求也就是作家们的追求，这应该是《作家》立于不败之地的主要原因所在。宗仁发说："刊物作为连接作家与读者的桥梁，实际上是在于其能否起到一个有效的中介作用。她一方面为优秀的作品提供园地，另一方面把这些作品及时地推荐给读者。这就是期刊的使命。"

1999年，我开始了长篇三部曲《独白与手势》的写作。在这部小说中我企图做一次叙事上的冒险，即把图画作为叙述的一个手段引入，从而构成叙事的一个层面。当小说的第一部《白》完成后，我还是把这个由十七万字和一百幅图画构成的文本首先给了《收获》。但是没有被接纳，理由是"把图画拿掉并不影响阅读"，但他们不说"带图的阅读"和"不带图的阅读"是两种阅读。这种分歧实际上意味着一种沟通上的困难，但退稿是编辑部的权利，如同写作是作家的义务，我想这也十分正常。其实我早该明白，作者与期刊或者出版社都还掌握着一项共同拥有的权利——选择的权利。而选择就该是双向的，即使是面对《收获》这样的期刊。当她不选择你时，你不妨把她看成一册由上海人编辑的、印满汉字的道林纸。于是，我让《收获》把这部稿子直接转给了《作家》。两个月后，《作家》从七月号起开始了连载。据我所知，这是《作家》（包括她的前身《长春》）自创刊50年来首次破例发表长篇小说。

《作家》这两年的变化格外引人注目，几乎全中国优秀的作家都是她的作者，所以说她是"作家们的《作家》"毫不过分。这自然让我想起了另一位"作家们的作家"——我敬重的阿根廷作家博尔赫斯——如果说博尔赫斯以其超凡的智慧给20世纪的小说带来了奇异的局面，那么，《作家》杂志则是靠一贯的文学品格赢得了作家们的尊重。我说的是一贯。新千年来临之际，《作家》以全新的面貌问世，从形式到内容都有很大的调整与改变。关于这次改版的议论至今还在继续着，赞成与反对的声音都有。说明很多人在关心着这份不可多得的文学期刊。我是持赞成态度的，因为我知道宗仁发的用意不过是合理吸取了国内外时尚刊物的形式特点，来包装严肃文学的实质；但对其中的某些细节也很是挑剔，譬如我觉得栏目过于琐碎，作品的篇幅相对减少，还有字体的密集与图画的过大，某种程度上容易引起读者的误解，以为是一份新出的时尚刊物。我和宗仁发多次坦率地交换了意见。我赞成形式面貌的改变，但不能以丢失文学品位为代价。老宗说：我会逐渐理顺的。我相信。他会办出一份中国的《纽约客》。

我已经连续三年为《作家》的新年第一期写过短篇。在1999年《作家》第3期的封底，我写下了这样一段话——

  优秀的文学期刊是襟怀坦白的。她必须向社会坦言自己的文学主张，并以负责的态度和一贯的实践履行诺言。

《作家》正是这样的期刊。

2000年6月18日 合肥寓所

金萨克酒吧

"金萨克"是杭州城内一个颇有影响的酒吧,它的投资人是章氏兄弟。其中大哥章勇是我在海口时结识的朋友。但据我所知,章勇先生对于音乐尤其是萨克斯完全是外行,为什么偏要取这么一个名号,一直是我的困惑。有一点倒十分明确,章先生是位优秀的文学爱好者,而我自以为是个不坏的作家,这也是我们最终能成为朋友的原因,我写小说,他看小说。我的小说他似乎看了很多,有时看到兴头上他会突然来个电话,与我就写作的素材与背景作坦率的交谈。你这个人物是不是写她的?类似的提问总让我措手不及。

1997年7月我去杭州,章勇去那个破烂不堪的火车站接我。当晚我们就去了他的"金萨克"。走进门,我对这个明显抄袭南国风情的环境就产生了好感,仿佛我今夜不是做客杭城而是魂归了海口。实际上,当我们去楼上落座之后,谈话的内容几乎都与海口有关。想起当年几十万的"大陆人"涌进那个巨大的岛屿上,不分昼夜地折腾,不觉有恍然若梦之感。那时我和章勇在靠近沿江三路的一个粗糙的楼上时常聊天至深夜,话题却总有两个:文学和女人。聊饿了,便去楼下马路边的大排档吃宵夜。我们爱吃一个长春人做的凉菜,再各要一瓶啤酒和半斤"东北水饺"。喝完吃完,人又来了精神,于是就在马路上高声唱从前的老歌,高声学毛泽东说的方言:中国人民从此站起来了——大手一挥,结果边上的出租车全停了,以为我们要搭车。

毕竟是几年过去了。如今我们这些人又像鸟一样飞回了老巢。章勇回杭州不久便开了"金萨克",他说:我得先有个吃饭的地方。他的意思是,不管怎样,他是不会折回单位上班的。温饱对每一个人都是首先需要解决的问题。人不愁吃穿了,就不至于做事直不起腰来。大凡去南边闯荡过的人，都有这份值得骄傲的固执。他们好像也并不在乎挣几个钱了，但他们业已习惯过那种无拘无束也无怨无悔的日子，却是铁定的事实。没有比自在更昂贵的东西了，就像这些来"金萨克"的客人，花钱在这个不大的空间里坐上一会儿，却足以消化漫长一日的劳顿与烦恼。

那个晚上我们喝着啤酒，听两位歌手唱流行的歌，最后，我点了一首臧天朔的《朋友》，那位男歌手唱得很投入，唱到副歌部分，我们都加入了进去。这支歌的词有些牛头不对马嘴，但曲子我以为不错，透着一份沧桑感。几天后我回到合肥，便以这个环境为背景写了一个短篇《对话》。在那个不足万字的小说里，我写了一个男人和一个女人的邂逅与交谈。这篇小说我给了杭州的《东海》，刊出之后，又被《小说月报》和《小说选刊》同期转载了。

到了去年的秋天，《对话》获得"《东海》文学奖"，杂志社通知我来杭州出席颁奖仪式。那时我正在北京筹备一部电视剧的拍摄，本不想去，但组织者再三的邀请又使我不好意思拒绝。这样，我就从北京飞往杭州。在飞机上我就想，今晚可能又得上"金萨克"了。我们被安排住在钱塘江大桥那边的一家豪华酒店里。我自然要给章勇去电话，像每回一样，他首先得谈又在什么期刊上看到了我的小说，并说把登载《对话》的那一期《东海》买了很多本，送给了一些朋友和"金萨克"的老顾客。然后，他又告诉我，自己刚刚从一桩莫名其妙的事中摆脱出来。他被人平白无故地整了一回，抓进去又放出来，彼方却没有对此举作出更多的解释，好像整了也就整了。电话里他没有多说，但我能感觉到这件事给他的心灵蒙上了一层阴影。颁奖活动结束后，我便又随章勇去了"金萨克"。但这个晚上我们没有怎么说话，我们倾听着一支不知名字的但十分忧伤的低音萨克斯独奏曲，时值今日它似乎还在我的耳边回响。

2000 年 10 月 5 日　合肥寓所

八骏图

史铁生

说起中国的作家,特别是中青年的,所谓口碑,我想最好的肯定就是史铁生了。那一年在全国作协代表大会选举中,史铁生的得票最高,位于巴金之前。这应该是一个测验。1991年,他写了著名的《我与地坛》,发表在《上海文学》上。后来韩少功说,那一年的中国文坛仅凭这篇随笔,就不能说是没有收获。这是很高的评价。史铁生的文章有着朴素平和的外表,但在其下面,总深藏着一份凝重。这是一个作家的功力,是真正的平实。

去看史铁生几乎已经成了我的一个愿望。1984年《北京文学》笔会期间,陈村就对我说了许多关于史铁生的情况,但是那一次却没有见到他。以后我每次到北京,电话与他联系,那端也总是无人。后来我听余华说,可能是他去医院做透析了,他现在需要隔两天做一回。铁生患的是尿毒症,时间已经很久了。

史铁生以《我那遥远的清平湾》登上文坛,是很多年前的事了。几年前,他唯一的长篇《务虚笔记》问世,立刻引起了圈子里的关注。那是一部读起来有些费劲但读过之后令人遐想的书,我喜欢。据说这部小说发表时有所删节,我觉得很奇怪。最近这几年,轮椅上的史铁生写了许多关于病中的思绪,取名为《病隙碎笔》。其中几则与我的中篇小说《秋声赋》同期发表在前年的《花城》杂志上,那一天我忽然感到,必须早点去看他了。

去年7月的一日,《北京文学》杂志社的社长章德宁总算给我们联系上了。但是她反复叮嘱我,考虑到铁生的健康状况,最好不要聊得太久。那天下午3点,我们驱车去了东八里庄的一座高层公寓。这是他妹妹临时腾出来的住所,因为铁生自己的房子正在装修。我终于见到了史铁生。坐在轮椅上的史铁生气色比我想象的要好,面色红润,很安详地笑着伸出手说:"潘军,我们也算是神交已久的吧?"他爱人小陈接着说,她还去书店买了我的《独白与手势》。我说,早知这样,我应该带些书来。

铁生说,他昨天刚从医院做过透析,之后的第一天状态最好,到了第二天就开始有点不对劲了。所以今天的交谈可以不受时间限制。他抽烟,但每次都只吸半支。健康的原因使他连喝水都要受到限制。但是我眼前的史铁生根本不像一个隔两日做一次透析的病人,他很健谈,声音很和蔼,我们的交谈一直是在轻松而愉快的气氛中进行着。但是话题似乎与文学没有多大关系。时间不经意地就到了黄昏,铁生还是兴奋的。章德宁提议外出聚餐,铁生似乎有些犹豫,我说:"出去吃一顿吧,我来推你。"于是就把他推进了电梯,再推到了附近的一家川菜馆。外面的天空显得很高远。那家馆子的酸菜鱼做得很不错,我们喝了一点啤酒,依旧是兴趣盎然地交谈着。等外面的天完全黑了,我们才离开饭馆。我把他送回家,这才握手道别。

2002年1月21日,我因突发胆结石而住院。这已是第三次发作了,我需要接受一次手术。手术的时间定在29日,而在这前一日,我收到了铁生寄来的《病隙碎笔》。铁生在这部沉重但也轻松的书中,对病有这样的解释:"生病也是生活体验的一种……生病的经验是一步步懂得满足。发烧了,才知道不发烧的日子多么清爽。咳嗽了,才体会不咳嗽的嗓子多么安详。"

在轮椅上坐了三十年的作家史铁生最后指出:"其实每时每刻我们都是幸运的,因为任何灾难的前面都可以再加一个'更'字。"

2002年12月　合肥

韩少功

1992年我去海口,最初几日的住宿是韩少功为我安排的。那时我与他并不熟悉，但是却有一见如故之感。他把我安排在位于"五公祠"附近的海南作协的客房，它处在风景秀丽的环境中。不过，当时他以为我只是来南边玩几天而已，所以，当我决定离开这个临时住地时的那天夜里，他来给我送行，还带给我一条"红双喜"的香烟，那意思似乎是让我带着路上抽吧。然而我没有离开海口，而是去一家公司扎下来了。这样，我在海口以后两年多的时间里，去得最多的地方就是他的家了。我们海阔天空地聊天，他的谈吐很有魅力，很吸引我。他当时问我，还写不写小说，我回答说，肯定是要写的，但现在我需要挣钱。因为我意识到，一个作家想按照自己的文学原则写作，首先得有能力把自己养起来。等第二年春天我张罗起"蓝星笔会"，他好像对我的承诺不再怀疑了。去年，花城出版社出版《潘军实验作品集》，我请他为这部书作了序言，文章的题目是《行动者归来》。

我曾对朋友们说，韩少功为中国文坛做了几件事。其一，是写出了"寻根文学"的代表作《爸爸爸》——许子东说，这是那个时期中国文坛的三声枪响。其二，他率先翻译了米兰·昆德拉的《生命中不能承受之轻》。其三，是办了《海南纪实》和《天涯》这样个性鲜明的刊物。一个作家，能做出这样的事情的，在中国并不多见。

在《马桥词典》之后，韩少功的主要精力似乎放在了文化随笔上。他的随笔写得很有力量，有一篇叫做《世界》的，其中谈到一个观点让人警醒，大意是：一个民族的衰亡首先是从语言的衰亡开始的。显然，他对汉语言的日益丧失感到担忧。韩少功对母语怀有深厚的感情，多年前他就呼唤"美丽的楚文化哪里去了"，从而引发了当代文学史上著名的"寻根运动"。继之他把这份可贵的感情融进了《马桥词典》，也融进了《天涯》杂志的"民间语文"栏目。

我印象中的韩少功为人很真诚，也很幽默。他获得过许多荣誉，但是，他又是一个极讲原则和立场的作家。央视的《东方之子》在开播之初应该说还是一个引人注目的栏目。有一次，他们专门去海口欲做韩少功的专题，想请他谈谈南迁的感受，不料被他谢绝了。这件事在当时引起了一些议论，有些人还以为这个韩少功的架子太大了。对此，韩少功没有解释。其实也用不着解释，这本是他个人的权利。有的作家喜欢整天被媒体追踪，而另外一些人却愿意不在这方面耗时，很正常。

几年前，我离开海口时，曾去向他辞行。我问道：你准备干到何时呢？这地方是个码头，没有谁愿意在一个码头上睡一辈子。他说他也快了，等女儿上了大学之后。现在，韩少功已经辞去了包括海南作协主席、《天涯》杂志社社长在内的全部职务，离开了海口。他选择的归宿是三十多年前自己插队的地方，那是汨罗江边的一个乡村。他在那里盖上了宽敞的住房。给我一种"采菊东篱下，悠然见南山"的感觉。他说："什么时候请你们过来玩吧。"

我期待着这一天，就像在海口的时候一样。

2001年11月21日　北京天坛之侧

余　华

1984年10月《北京文学》杂志社在北京举行小说笔会，除了邀请了一些知名的青年作家外，还特别从自然来稿中"淘"出来两个作者，就是我和余华。算起来，我们认识已经十八年了。那个时候，余华在浙江海盐的一家牙科医院当大夫。这种医院，在当地被称作"牙齿店"，余华在这"店"里已经干了八年，看过了上万张的嘴巴。有一天，他在街上遇见了文化馆里的人，觉得那人实在是游手好闲，可那人却说他是在工作。于是余华就想做这样的工作了，当时想进文化馆只有三条路：绘画、作曲、写小说。余华不能作画也不会作曲，但觉得可以写小说。就这样，余华开始了写作，目的是想调进县文化馆。令人吃惊的是，他一出手就显示出了一个小说家难得的天赋。

在所谓先锋作家中，余华的风头应该最劲。他在上个世纪80年代的中期，经慧眼识人的李陀推荐，一连在《收获》上发表了四个中篇，便一举成名了。所以现在余华一提起李陀，总忘不了说"我的老师李陀"。但余华在民间的影响，还是因为几年后写出的《活着》和《许三观卖血记》。前者张艺谋把它改编成了电影，又加上这部片子的禁演，所以撩起了大家的好奇心。其实那部片子并不怎么样。后者无疑是一部难得的佳作，我读过后，感到非常高兴。有趣的是，当大家期待着余华的"下一部"时，他却写起了随笔——那也是很精彩的。我想中国作家能写出这样随笔的没有几个人。以至于有人问：写随笔的这个余华与写小说的那个余华是不是同一个人？不过让我困惑的是，连五线谱都未必识得的余华，怎么能谈起莫扎特和肖斯塔科维奇来那么津津乐道？

　　1984年秋天的笔会上，每天都会有类似记者采访、名人接见什么的，但是没有余华和我的份儿。尽管那时我们就已经相信，我们的小说会越写越好的，依旧还是遭受冷落。不过，这次笔会却使我们成了朋友。现在的余华已经不敢接家中的电话了，因为十个电话中可能有八个是记者的。有一次我遇见一个女记者，说她曾经给余华电话留言，邀请他去电视台做节目，但是余华没有理会。她说这太奇怪了，我说一点也不。他并不是在摆什么架子，只是不愿意耗费时间。

　　漫长并且还在继续的写作生涯使我知道，写作能够改变一个人。对此，余华的感触也是很深的。他说写作"会将一个刚强的人变得眼泪汪汪，会将一个果敢的人变得犹豫不决，会将一个勇敢的人变得胆小怕事，最后就是将一个活生生的人变成了一个作家"。

　　如此看来，我们今天都已经不是一个活生生的人了。

2001年10月　合肥

叶兆言

　　我们这一批作家中，生于1957年的很有几个人。除了我，还有浙江的李杭育、辽宁的洪峰、河北的铁凝以及江苏的叶兆言。兆言这个名字，取自父亲叶至诚和母亲姚澄姓名的一部分。姚澄女士是著名的锡剧演员，地位如同我们安徽的严凤英。去年秋天我去南京，在兆言的新宅里还见到过以她的剧照制作的明信片。

　　兆言很像他的文章，沉静而平实。文艺学家鲁枢元曾在一篇文章里，将兆言与我作过比较，他这样写道："如果说叶兆言的身上有一种秦淮名士的儒雅之气，那么潘军身上则有那种塞上军旅的霸气。"

　　兆言是一个职业作家。用他的话来说，是状态好时写，状态不好时也写。最近几年他致力于随笔的写作，在《收获》和《小说家》上开专栏。我喜欢他写的那些旧时人物的随笔，如写吴宓的多情，闻一多的执著，朱自清的朴素，读来都叫人高兴。他还参与策划了那套"老城市"的丛书，其中《老南京》便是自己所撰。他给我寄了一本，上写"潘军一笑"，但我却读得津津有味。兆言做事历来认真。他写这些随笔，都是凭借着自己读书的记忆，显示出他的史料掌故基础。不像我，需要现查现找。他读书是很认真的。他同时又是一个很有原则的人。譬如他就反对把朱自清先生的《荷塘月色》选进中学课本，认为这种"新文艺腔"正是朱先生后来坚决要去掉的东西，而现在作为教材，容易对学生起误导作用，会觉得这样才是好作文。即使是《背影》，他也认为文字技巧上仍有可推敲之处。如第一句——"我与父亲不相见已两年余了，我最不能忘记的是他的背影。"兆言认为两个"我"起码可以删去一个。

兆言的小说，涉及的方面很广，他既可以"先锋"（《枣树的黄昏》）也可以纪实（《走近赛珍珠》），还可以由"吃"写到"厕所"（《关于饕餮的故事梗概》、《关于厕所》）。这些作品读起来都颇有情趣。据说，大学时代的兆言还是个体育家，曾获过系跳远冠军的。1997年10月，我们都去杭州领《东海》的文学奖，晚上没事就去打保龄球。洪峰与苏童一家，与我和兆言对抗。兆言以十分别扭的姿势时常打出一个满贯，一旁的洪峰就叹道："这家伙姿势丑陋，却很好使。"有一天我接到兆言的电话，他说："我在《山花》上见到你的介绍，怎么说你是生于1959年呢？"我说："那一定是他们印错了，把'7'印成了'9'。你就是因为证实这个才来电话的？"认真的叶兆言便在电话那边笑了。

2001年10月　合肥

苏　童

如果我说有个作家叫童中桂，你一定会感到陌生，但是我要是说他就是苏童，你便会说：不就是写《妻妾成群》的那位吗？看来《妻妾成群》无疑就是苏童的代表作了。特别是这部小说经张艺谋拍成电影《大红灯笼高高挂》之后，苏童这个名字便几乎达到了家喻户晓。其实我倒喜欢"中桂"这个名号，有点旧时状元的感觉。而且我还认为，实际上像《我的帝王生涯》、《一九三四年的逃亡》、《罂粟之家》这样的作品，似乎更能证明他作为一个优秀小说家的能力。在我看来，苏童小说的最大特点就是叙事的从容不迫，他也能把一个枯燥的故事讲得生动，这些都是本领。

苏童生于1962年，是我们这代作家中年龄偏小的一位。但是他的文章却显得老到，像《妻妾成群》、《园艺》这样的小说，叙述中总带有一种沧桑感。和苏童的交往也已经有十多年了。那个时候，他在《钟山》杂志做编辑。我每次去南京，不是和他谈稿子，而是去他家里打麻将。他从前的家住在一个似庙非庙、似教堂非教堂的旧屋子里，我们一去，便显得十分拥挤。以后，我们又多次在类似笔会的场合下见面，凑到一块儿还是不谈什么文学，而是打扑克。

对待名气，苏童有句很精辟的话。他说：名气就像路上拾到了一只钱包，拾到了当然好，但是你总不能因为这个意外之财不走路了吧？

这就是作为作家苏童的心态。

两年前，市场上有一本叫做《十作家批判书》的东西，苏童和贾平凹都在其中，于是有记者问我，对此如何看。我当时说：苏童是一位值得期待的作家，我相信他还能写出更好的作品来。但是对贾平凹，我却说，他不具备一个小说家的素质。这件事后来传得很乱，说我一身江湖气，只为朋友辩护。其实我所说的完全是我个人的一点意见，并不具备什么"权威性"（贾平凹语）。"批判"这个词看起来扎眼，实际上是个中性词，无有褒贬。我觉得，对待任何一个作家和作品，都可以批判，问题是这批判得有理性支持，得自圆其说。我反对的是那种不分青红皂白的骂骂咧咧。

最近的一次与苏童见面，是在去年南京举行的第十一届"中国书市"上，浙江文艺出版社出了我们几个人的散文集，希望我们签名售书，结果被苏童在饭桌上断然拒绝了，他说：没有意思。于是我们就不签了。这就是苏童，一个绵里藏针的作家。

            2001年10月　合肥

陈　村

很多年前,《小说界》上曾经发表过一篇名为《论陈村》的长篇文学评论,作者杨遗华。那时的陈村已经成名于中国小说界了,但是这个"杨遗华"是谁,很少有人知道。有一天李陀告诉陈村:你们上海最近又出了一个批评家,写你的那篇我看了,很不错。陈村笑而不答。其实这个"杨遗华"就是陈村,是他的真名实姓——他是一个遗腹子,回人。陈村作为上海下放知青,1971年来安徽无为县插队,累坏了腰,却意外地收获了一个有趣的笔名——陈村,就是依照皖南那座陈村水库取的。读过陈村小说的人,都被作者机智而幽默的语言所折服。文如其人,这一点反映在陈村身上成为最大的证据。他是幽默的,也是机智的。

1984年的《北京文学》笔会,我和陈村同居一室,尽管他比我大不了几岁,但在我眼里,他似乎已经很有点功成名就了。他当时带着半部小说,就是后来的《少男少女,一共六个》。我记不清小说的内容了,但是里面的人物差不多都是以照相胶卷命名的,譬如"柯达"、"富士"、"阿克发"等等。那些天我们的交谈很随便,他说他这回来北京,想去看一个人,就是史铁生。他还向我推荐了马原,说这个人的《零公里处》写得特别好。

时间一晃就是很多年。再见陈村,已是十年以后了。那时我在海口,韩少功张罗了一个"天涯人生笔会",除邀请了大陆上的李国文、蒋子龙、张承志、陈村、孙甘露等人外,流落在岛上的几个"文学疑犯"(韩少功语)——马原、张曼菱和我,也在应邀之列。陈村来了,但是一见,我着实吓了一跳——他的腰已经差不多弯成了九十度,感觉有点夸张似的。我没有想到,十年会使他成为这个样子。我突然想起了他的一册随笔,名字就叫《弯人自述》。然而成了"弯人"的陈村还是从前那个幽默机智的陈村,他的谈吐总还是那么有趣,那么富有感染力。

有一个时期,陈村的住宅在上海一家妇女用品商店的楼上。陆星儿就取笑他说:瞧你这大男人,哪儿不能住,偏要住那上面?陈村说:那有什么,我本人不就是妇女用品吗?后来有人敷衍说:陈村的这句话胜过他所有的小说。

陈村有一个很著名的短篇叫《一天》，他用比白开水还白的文字——每个句子的末尾不是"的"就是"了"，写了一个叫张三的男人同样平淡的一天。但是他们构成了无与伦比的和谐，就像乌龙茶必须要用紫砂壶来沏一样。

幽默而机智的陈村如今坐在了轮椅上，但他又是年轻的。最近一个时期，他在上海的"榕树下"网站当版主，折腾得红红火火。他还经常给一些朋友 E‐mail 过来一些有趣的东西，余华总是说好看好看。我也是享受这种待遇的人之一，看过他传来的东西，我就感觉这个陈村比我还年轻，真是有些想念他了。

陈村在完成以个人经历为底色的长篇小说《鲜花和》之后，便一门心思地专事随笔了。他的随笔十分精彩，有一篇写马原的，其中谈到曾经以"叙事的圈套"而著名的马原现在却决心要写一点流行的、通俗的小说给大家看了。于是陈村说："现在流行的是电视剧一样的写法，不厌其烦千姿百态地温柔读者。别说圈套，连外套都常常脱了。"陈村这样感叹，因为他的心里还存着一分"小资"。

2001 年 11 月 1 日　合肥寓所

刘　恒

今年 7 月，文化艺术出版社出版了一套当代小说家的集子。书出版后，策划者便邀请在京的几个作家在西直门外的"国宴名人居"聚餐。那天去的，有莫言、余华、刘恒和我。刘恒一见面就说："老潘，还记得吗？十几年前我在这儿伺候过你们呀！"他指的是 1984 年《北京文学》的那次笔会，地点就在旁边的上园饭店。刘恒当时还是《北京文学》的编辑，负责张罗具体事，笔会上出来的稿子都由他一手编发。但那时他还不怎么叫刘恒，叫刘冠军，已经写小说了，用的是那种蘸水钢笔。他对我说起沈从文先生，那种敬意是毫不掩饰的。那一年，我才二十八岁，却已经被刘恒无端喊作了"老潘"，而对与我一般大的王朔至今还是称作"小王"；我就想，这个刘恒是一个严守个人习惯的人。譬如前几年他试着用电脑写作，但是很快就不习惯，于是就扔了，重新执笔，还是蘸水钢笔。听说他买这种笔一买就是一打。

这次笔会结束后不久,因为一篇《狗日的粮食》的小说获奖,"刘恒"就一下被叫开了。那个时期,只要我去北京,总会去找刘恒聊聊的,也少不了给他添麻烦,譬如订张卧铺票什么的——他有一个邻居在北京站派出所。1986年的夏天,我去北京,还是找刘恒订票,其时他的儿子刚出世,家里很忙,他还是照样骑着一辆破自行车为我帮忙,这件事我总是忘不掉。

到了1993年的春天,我在海口举办"蓝星笔会",自然邀请刘恒去玩。他很挂念家中的妻儿,几乎每个晚上我都陪他去办公室打电话。他当时很反对我在商场上混,说人要那么多钱干什么呢?我说,这只是暂时的。第二年,刘恒又带着老婆孩子来了海口,我们谈得很多,谈到凌晨3点。他还是在劝我,不要在商场上待久了。

这么多年来,刘恒给我最深的感觉,就是十分平和。他总是那么不急不躁,总是那么随随便便,这有点像他的小说风格。

除了小说,刘恒的剧本也写得很好。他肯定是中国电影剧本写得最多的而且也是极好的小说家。张艺谋曾经对我说,他特别喜欢与刘恒合作,说刘恒一个显著的特点就是能用几句话把整个故事说清楚。我曾经在一篇随笔里谈到过《秋菊打官司》的台词风格,我说那种"白而有味"的台词是最见功夫的。不像现在一些低劣的剧本,剧中人一张嘴就不会说人话。

刘恒近期最火的作品,是《贫嘴张大民的幸福生活》。他用地道的北京普通话写了地道的北京普通人的日子,又分别改编成了电影、电视剧和评剧。刘恒于是就赚了不少银子,但是他平时出门还是骑着那辆破自行车。

在这次聚会上,刘恒说起他接下来想做的事情,是把自己的小说《冬之门》拍成电影,他想自己执导。为此他已经在电影学院听了半年课了。

分手时,天正下雨,我送刘恒上车。忽然想起,从我们在这里认识,至今已过去了十七年!这是一个多么惊人的数字啊!

2001年11月13日　北京天坛之侧

莫 言

莫言,原名管谟业,山东高密人,从前为军旅作家。与莫言的第一次联系是因为史铁生,当时我听说铁生的身体状况不太好,每周透析两次,就觉得可以找几个作家朋友共同出一些钱,为铁生换一个好肾。我给莫言打电话,他说:钱不是问题。后来这件事没有做成,因为山西的李锐告诉我,铁生的身体条件无法承受这样的手术。

莫言是一个特别有趣的人。他的小说也一样有趣,从《透明的红萝卜》到《红高粱》,用现在的时髦话说,都很"另类"。我至今还记得《红高粱》里有这样的句子——"罗汉大爷的耳朵被鬼子割下来,因此他的头颅变得十分简洁。"又说谁的脑袋被打成了"煮熟过头的鸡蛋"。他在《酒国》里写了一个名叫"余一尺"的总经理,说那是个袖珍男人,而且"像上足了发条的小机器人一样可爱"。几年前他和朋友一起写了个话剧《霸王别姬》,去年空政话剧团把它做成了小剧场,效果很不错。据说,最初莫言向导演提议,能否让英雄项羽骑着一头毛驴上场,导演一时无言以对。

莫言近年头发落得厉害,每次出来都梳理得规整。余华就说这么讲究呀。莫言说见笑了,哥们儿。最近,一家出版社出我们几个人的作品集,邀请我们在北京西直门饭店聚餐。我与他、余华、刘恒便在这场合见面了。席间我问他:在报上看见,说香港的王家卫愿意出一百万买你的近作《檀香刑》,怎么样了?他说:报上的事你怎么能信呢?全是扯淡。原来这是一条不实的新闻,大概是重庆的一个小报记者编造的。不过《檀香刑》却是一部别致的小说,结构分为"凤头"、"猪肚"、"豹尾"三部,还穿插着莫言老家高密东北乡的"猫腔",写法上依然保持着莫言式的幽默、挥洒与灵动。这回我们还闲扯到了"茅盾文学奖",莫言说:应该把这个奖颁给萨马兰奇。

当初莫言给张艺谋做《红高粱》时,只拿了一千多元的稿费,看来是冤得厉害。这一回,张艺谋的《幸福时光》要"取材"于他的小说,交涉版权费用时,他提出八万,但没怎么谈就以五万成了交。更不幸的是,那《幸福时光》拍出来后一点也不"幸福"。而且莫言还感觉到银幕上的形象都很不清晰,就撇开影片本身,专谈国产胶片质量不行。于是边上有好心人递给了他一副眼镜,让他试试。他戴了,然后兴奋地说:"好清楚啊,像水洗的一样!"原来问题出在自己的眼睛上,并非什么"国产胶片"。这回戴的是老花镜,可是看书呢,老花镜又不管用了,又必须戴上近视镜。现在他一样配了一副。

2001年10月　合肥

彦周先生

我一直喊鲁彦周先生为"鲁伯伯",喊他的夫人张嘉女士作"张阿姨"。因为除了他们是我的长辈外,还在于我和书潮是大学同窗。书潮是他们的儿子。我上大学是在1978年,但"鲁彦周"这个名字,在我很小的时候就已经知道了。我看过他的电影《凤凰之歌》,还知道这个片子是根据他的庐剧《王金凤》改编的。那个时候,我顶多八岁吧。一个八岁的县城男童,能记住一个有名的作家,并不是一件很容易的事情,然而我还是做到了。

真正见到鲁伯伯,是1978年以后的事了。那时,星期日我经常随书潮去他家,见到他作为著名作家的父亲,很有点受宠若惊的感觉。可是鲁伯伯为人随和而亲切,他与你几句简单的交谈,就让你放松得很。之后,张阿姨会留你吃饭,和你聊家常;再之后,鲁伯伯还会送你书,写上"潘军小友留念",出来的时候你拿在手上,便会产生一种难以名状的自豪。这样的感觉伴随了我许多年。这些年我经常在外面,一些同行问起安徽前辈作家的情况,提到的名字并不是很多,但没有人会忘记鲁彦周这个名字。一个作家自然是靠自己的作品立足的,这是个极其朴素的道理。其他的东西,对于作家我觉得完全是多余。

几乎是我和彦周先生相识不久,在《清明》杂志的创刊号上,大家读到了后来使他名声大震的中篇小说《天云山传奇》。那一期的《清明》,印制得很差,但是并不妨碍这部作品的影响。再后来,我们又见到了他的许多长篇和中篇,譬如《阴阳关的阴阳梦》、《双凤楼》、《逆火》、《迷沼》,等等,还有他的电影《廖仲恺》。这个时期,是作家鲁彦周的辉煌时期,他的作品受到了广泛的称赞。去年王蒙来安徽,说安徽除了黄山和九华山,还有一座天云山。话虽机智,但是我却不能苟同。对于

《天云山传奇》，我曾经与朋友谈过，尽管这部作品影响极大，几乎可以看做鲁彦周的代表作，但是我还是坚持认为，真正能反映出鲁彦周作为一个作家的能力与素质的，应该还是《逆火》、《迷沼》这样的作品，它们透出了一个作家对生活的把握和来自文学自身的那种纯粹。我相信这一点随着时间的推移会得到证明。鲁彦周一生追求的文学主题是反封建，他在这面旗帜下走了半个世纪，这是他的文学立场。从这个意义上判断，鲁彦周是一个有着职业信仰和良知的作家，写作无疑成了他的使命。

很多年后我才知道，1956年鲁彦周写《王金凤》时，我父亲也写了黄梅戏《金狮子》。这两台戏都参加了安徽省第一届戏曲汇演，在当时都产生了不错的反响，但是第二年我父亲成了"右派"。二十三年后，鲁彦周完成了一部关于冤假错案平反的中篇小说《天云山传奇》。历史使得这两个来自巢湖之滨的书生走出了不同的道路，而内心却布满着一样的沧桑。

如今已过古稀之年的鲁彦周，对创作仍然保持着难能可贵的激情。他仍然在进行笔耕，每年都有新作问世。与此同时，他与夫人张嘉还有书画之乐。前年的春节，我便得到了他们的一张自制的贺卡，张嘉作画，鲁彦周题句，可谓珠联璧合的雅事。一个作家对后辈的影响，往往是无形的，就像甘露对植物的滋润。他并不刻意告诉你什么，事实上，创作也是无法告诉的，但是他的那种精神气质却对你在发生着作用。这样你就会明白，我应该做什么，应该看重什么，应该断然拒绝什么。所以，当我决定以写作来填满自己每一天的时间时，我的眼前便会出现那些令我产生敬意的身影。

这其中，有着清癯而挺拔的鲁彦周。

2001年9月30日　合肥凤巢园寓所

公刘先生

2003年1月9日夜，我在北京的临时寓所里忽然接到了《安徽商报》记者王志琦的电话采访，他告诉我，著名诗人公刘先生已于7日去世了，希望我能对他的辞世谈点想法。我当时愣住了，因为去年夏天的时候，我曾经到中医院去探望过先生的。我万万没有想到先生这么快就去了！

我脑子很混乱，电话里只说，对公刘先生的去世感到悲痛，对先生的道德文章很敬重。电话里就匆匆说了这些。这之后，我立刻给家在京城的邵燕祥先生去电话，他们是好友。有一次邵先生去合肥开笔会，因时间关系没来得及去医院看望病中的公刘，只好委托我代为问候并转去一些营养品。我需要及时把这个不幸的消息告诉邵先生，可是很遗憾，邵先生家里的电话无人接听。

那个晚上，我的情绪显得有些忧伤。我告诉身边的朋友，我与公刘先生并非忘年之交，我也不是一个诗人，但公刘这个名字我三十年前就知道了。我的朋友说，她也是早就知道公刘这个名字的，知道公刘曾参加过整理民歌《阿诗玛》，却不知道我们是同事。于是这个晚上，我在悲伤的气氛里开始回想公刘先生。

1986年，中国文联出版公司出版了一套"未名丛书"，目的是支持几个在文坛暂露头角的安徽文学青年。我在其中，那本叫做《小镇皇后》的册子，是我的第一本书。书印出来之后，安徽省文联召开了一个座谈会。据当时担任编辑工作的黄复彩回忆，在那次会议上，公刘先生对几个出书的青年一一作了点评，并且说对我寄予了很高的期望。对这次会议，我已经没有什么印象了。但我知道，公刘先生不仅是一个著名的诗人，同时也是小说家和杂文家。我曾在《收获》这样的期刊上读过他的小说，他眼光敏锐，文笔犀利。那个时期，我在省委宣传部的文艺处工作，因此常与文联打着交道。有一次，我和公刘先生进行交谈，在谈完公事之后，他对我说：你这种性格，是不适宜在机关工作的。你应该到文联来，专心创作。当时，安徽文联已经成立了文学院，公刘出任首任院长，他希望能把一些有潜力的青年作家调到这里，培养出一批精干的文学队伍。然而中国的事情并非先生想得那么简单，文学院实际上无法决定这样的事情，从而成了先生的一块心病。

  我检索了日记，探望病中的公刘先生是在 2002 年的 8 月 3 日。那天上午，我与我的同事、公刘先生的女儿刘萃约好，去了中医学院的附属医院。对我的来访，先生显得很高兴。他安静地坐在沙发上，面色并不憔悴，但略微显得浮肿。我坐在他的边上，与他进行愉快的交谈。由于疾病的后遗症，先生说话时的口齿显得不很清楚，刘萃便为我们"翻译"。那次的交谈，先生主要说了两点。一是我的作品。他说，他最后读到我的小说是《重瞳》，他说很喜欢这篇东西，并且说也看见了报章上的一些关于《重瞳》的评论。但他说，那些评论似乎没有说到点子上去。他说自己的身体原因，要不就想写点看法。二是，关于文学院。作为安徽文学院的首任院长，这些年来，他为此付出了很多的心血。他一直觉得遗憾的是，在他手上，没有把一些有潜力的作家调进来，也没有把签约作家的事情做完，好在这件事现在总算有眉目了。他说没有一个很好的文学队伍是不行的。这次的会见大约进行了一个小时。临别的时候，我祝愿先生早日康复，等着看他的新作。可是我没有想到，这竟是与先生的诀别。我不能不感到悲痛！

  由于我在北京陪着母亲治病，所以不能赶回去与公刘先生作最后的告别。翌日，我让朋友给文联发出了唁电以示自己的哀思。两个月后，我回到合肥，见到了刘萃。我关心的只有一件事：先生可有什么遗嘱？刘萃说，父亲早就说过：平平常常地来，安安静静地去。就这样一句极其简单的话语，我忽然想到，很多年前，也有一个英年早逝的诗人也说过"轻轻地我走了，正如我轻轻地来"。这个人就是徐志摩。我想，莫非只要诗人才会有如此的默契？我的朋友、作家史铁生说，徐志摩这句诗是人生最好的墓志铭。现在我觉得，公刘的这句话也是如此。刘萃说，她自己最大的遗憾是没有握着父亲的手送他离去。说到此，刘萃已经热泪盈眶。

《合肥晚报》的记者何素平，在公刘先生去世后写过一篇很好的报道，题目是《鲜花送你静静地走》。我读过之后，很感动。我想起第一次见到先生的情形。那应该是上个世纪80年代的事情。1981年秋天，我在安徽大学读书，有一次去宿州路上的文联院子，在门口看见一个衣着朴素，脚步稳健的中年男人。他一手拿着报纸信件，一手拿着热水瓶、低着头似乎在想着事情默默行走。有人告诉我说，那就是公刘。我很激动，很想与那个渐渐远去的背影打声招呼。同时我又觉得，这个身影与我想象中的那位著名诗人很不吻合。但很多年过去了，我觉得这才是公刘。他的身影并不高大，但十分的朴素与坚实，仿佛他自己的作品。

2003年4月23日　北京寓所

关于田瑛，想到就写

田瑛小传：田瑛，1954年生于湖南湘西，土家族。1971年入伍，在湖南省吉首军分区当战士，1978年提干，1985年调广州军区机关工作，其间，在职就读并毕业于华南师范大学中文系，1985年转业到花城出版社工作至今，现任《花城》杂志社执行主编。1974年开始文学创作，迄今发表和出版作品共五十万字，主要作品有《龙脉》、《大太阳》、《独木桥》、《早期的稼穑》等。另有多篇作品在海外出版和发表。

《海口日记》开篇有这样的叙述："在广州要做的事，是和一位朋友见面。他是一家文学刊物的负责人，我们只通过电话，不能算认识。后来我就去了那家杂志社。我说我要找谁，立刻就有一位五短身材的英俊胖子从电话机边上站起来，说就是他了。"

明眼人一看便知，小说中那个杂志社是《花城》，而这个"英俊胖子"即是田瑛。这是发生在1992年4月6日上午的事，我和田瑛就是这么认识的。前一天，我由故乡合肥飞抵广州，赤手空拳准备下海了。时间一忽悠，十一年过去了。这十一年来，我们天各一方，偶尔见面，经常"电"话，觉得什么都没有变，唯一在变的，就是每隔一段时间的见面，彼此都发现衰老了。有一天我居然被自己的口水呛了嗓子，有人对我说：这是喉部的括约肌衰老的缘故。是的，我们一天天地在衰老，成了这个时代的特征之一。人一衰老，就想回忆。所以建法兄来电约写田瑛的稿子，我答应的，因为这个人占据了我记忆的一部分。建法说《当代作家评论》一个"作家眼中的编辑家"的栏目，将陆续介绍一些编辑家。我说这个好，接着就问篇幅应该多长，建法说，五六千字左右吧。我说这么长？建法嗓门一抬高，说编辑们如此辛苦为人作嫁，你还不应该好好写写？

然而我对编辑这个职业很陌生，谈不高深的论断，能说说的是田瑛这个人。去年我编《潘军文集》时，发现相当一部分的作品，是发表在《花城》上的，除了小说，还有散文随笔文学，甚至还有美术作品，足以编成两本厚厚的集子。这样的规模，让我对这份文学期刊表示敬重与感谢外，就让我时常想念它的执行主编田瑛。

田瑛，男，1954年生于湖南湘西，土家族。1971年入伍，1974年开始文学创作，最初写诗，后改写小说和散文。1985业去花城出版社当编辑，1991年开始主持《花城》杂志工作至今。

1992年春天我和田瑛见面，很匆忙，编辑部内说了几句话。田瑛见我就说：你怎么一脸的晦气？这句听起来巫师气息的卜语却准确地刻画了我当时的形象。第二天，我就搭乘轮船往海口去了。那是我一生中最阴冷的时期，我正处于个人生命"歌"的境地，我离开了故土，眼下正像一只无人认领的包裹扔到了这条船上。我不知道前面除了海市蜃楼还有什么。

我在海口，运气最初不错。有人愿意为我办一个文化公司，不到半年工夫，居然也折腾得像个样子了。于是两年的春节后，举办了一个"蓝星笔会"。这次笔会除了邀请一些作家还特别邀请了几家一贯扶持先锋文学的期刊编辑，如《收获》、《花城》和《作家》的编辑。其中自然就有田瑛。我还邀请了已经卸任的《花城》主编范若丁先生。1986年我在《花城》发表了第一个中篇《墨子巷》，的自然来稿，担任责编的就是老范。那次的笔会规模不小，也产生了影响。笔会以"为了告别的聚会"为题向外发了通稿，意思就是我们虽经历了一场政治风波，但文学还在。原本这个笔会是想接着办下去的，每回主题，不料政治风云才过，经济大波又起，随着国家宏观调控的实施，戏也到了落幕的时刻，现出了"泡沫经济"的原形，我思考的那些计划付诸东流。

那两年，我经常往返于大陆与岛屿之间，只要在广州经停，第一个电话总是打给田瑛。其实那个时期心思不在写作上，我们之间没有业务关系，但我们已经成为朋友。一个人一生中的朋友并不是很多，我认作朋友的，是物以类聚的，是心性相近的，也是臭味相投的。我和田瑛无所不谈，这应该是一个尺度。你如果和某人到了无所不谈的程度，那么这个人就是你很好的朋友了。有一次，大约是在1994年的夏天吧，我邀田瑛陪我去深圳，在天河宾馆门前拦出租车时，我随身带的密码箱被贼人偷走了。贼手之快让人难以置信，简直就是上帝之手。田瑛说报案吧。我说，警方不可能为你几万块钱去花心思的，还是自认倒霉吧。后来这一路上的花费，全是通过田瑛向他的战友借的。钱虽被盗，人倒不沮丧，没有钱，反倒省去了一些闲事。在深圳的那几天，我们基本上就待在屋子里聊天，聊了一些有趣的问题。回到广州，接着聊；聊过了，就是麻将；麻将过了，就去郊外一个熟人那里吃昆明风味的水煮鱼。

1995年，我离开海口去了中原的郑州。本来是想和一家电视台谋划一个自主经营的栏目，结果事情没有做成，人却陷到了泥潭里。我挣扎了一年，在第二年的夏天得到了一个机会，为一家机构编导一部大型电视剧《大陆人》。为了对剧本进行评估与修改，我特地邀请了田瑛和宗仁发来郑州审读。他们来了。我去机场接田瑛的时候，看见走下舷梯的他穿着大花衬衫，左脚缠着纱布，趿拉着皮鞋，一瘸一拐的。他的脚正害着毒疮，走起路来生生地疼，但他还是来了。我真是感动，也真是高兴。请他们来，与其说是审读，不如说是相聚。等所谓的工作做完，我们就去洛阳看香山和龙门了。那天是个阴天，凉爽，为了游玩的方便，事先我让田瑛换了拖鞋。一路上我们玩得很开心。到了白居易的墓前，我和田瑛需要一个合影。相机已经支好，田瑛忽然摆摆手说：等等，我得先把鞋换了。于是他就把病脚临时塞进了别人的皮鞋里，然后才开始照相，以示尊重。毕竟，我们和白居易是同行，只是他比我们过得滋润一些。白老西儿不仅为文，还为官，且官至刺史，临了还选了这样一块风水宝地把自己安顿了，亡灵与对面美丽的卢舍那隔水相望。不过人们是记不得白居易是否当过刺史，诗人最后还是活在了《长恨歌》和《琵琶行》里。

那一次田瑛出来，计划在郑州逗留后再去长沙。看着他拖着病足，我不放心，于是就陪他前往。我们乘火车到达长沙，受到了省作协主席孙健中先生的接待。老孙也是湘西人，也是土家族作家。在长沙的三日，我和田瑛去了橘子洲和岳麓山。在岳麓书院，看着朱熹的题字，我感到了一种久违的温暖。朱熹是从前的徽州人，是南宋理学的宗师。那时我想，倘若有一天来这岳麓书院写作，真是一件快事。田瑛似乎看出了我这点心思，从山上下来，他就问我：你现在这么忙，还想写小说吗？我说：我现在所做的一切，都是为了使自己将来能够安心写作。因为像我这种写作，其实是很奢侈的。对此他理解，也赞成。后来我对他说：我想写项羽。用第一人称来写。田瑛说：你能写好。

几年后的夏天，我把在郑州开了三个头都不满意的《重瞳》于合肥一气完成，交到了田瑛手上。

其实作为编辑的田瑛是一个不俗的小说家。不俗，不是因为他写有什么鸿篇巨制，也不是因为他名噪一时，而是他有自己的叙事。多年前，他的《牛贩子山道》与我的《流动的沙滩》发在同一期的《钟山》上，我就看出了这一点。作为湘西人的田瑛，从少年时代起就有了作家梦，他期待着三十而立，因此把自己第一个集子命名为《而立集》。田瑛说，历史上的湘西只出两种人——土匪和作家。后者的代表人物是一直受田瑛敬重的沈从文先生。田瑛说他本人的经历与沈先生很相似，同为湘西人，同是早年在地方土著部队服役——田瑛入伍时在吉首军分区，后来又去了花垣县的武装部，最后又走出湘西，立足于一个大都市。沈先生那篇著名的《边城》其原型就是花垣县的茶峒。田瑛多次去那里看过，每看一次，作家梦就显现一回。但是，田瑛的创作却是相当的不顺利。1979年2月，他作为广州军区前线创作组成员赴中越边境采访，结果有负此行，未能写出一篇像样的东西。他后来在笔记中这样写道——作为这场战争的目击者和见证人，我采取的是一个军人不应有的默然态度。那么应有的态度又是什么呢？田瑛没有说。但我相信，他看到了硝烟背后的东西。多年后，田瑛写了一批以湘西生活为题材的小说，他想写出另一种的湘西。我以为他还会写出更重的湘西来给我们看的。

在我看来，编辑这个职业，最可贵的是一副眼光。面对一篇稿子，只要看第一自然段，大概也就知道了写它的人是怎样的水准了。这应该是大编辑的眼光。这眼光来自天赋和后天的锻炼。田瑛以作家的身份干编辑的差事，某种意义上，他不仅是在阅稿，而且已经介入到创作之中。一篇小说，他能说出好来，也能看出问题。这种素质总是令作家安慰。我从事写作二十年来，遇见过形形色色的编辑。最初的几年，我最怕遇见的是两种编辑，其一是他不仅给你提意见还给你拉提纲，让你按他的路子去写去改,其二是自作主张地替你"润色",甚至连你的标题都改了。这样的编辑可爱,也可怕。其实一个作者最需要编辑给予的是理解。最佳的编作关系是默契。编辑这个职业之所以今天还有人愿意干,是因为这个职业意味着发现。我没有过作为编辑在一大堆稿件中发现杰作的经验,也没有过受期刊的推举使一个无名之辈成为著名作家的经验,但我能体会得到其中那种快乐。那应该是一种非凡的快乐,这种非凡的快乐就是成就感。田瑛主持《花城》以来,这个被称作"四大名旦"的刊物发表了一系列产生影响的作品,其中有王蒙的《蜘蛛》、王小波的《青铜时代》、史铁生的《病隙碎笔》、毕飞宇的《青衣》、林白的《一个人的战争》、陈染的《私人生活》、北村的《施洗的河》、吕新的《抚摸》、阎连科的《日光流年》、李洱的《花腔》以及我的《重瞳》。今天,你只要与一个对文学有兴趣的人说起《花城》,你就会看到一个满意的眼神。

广州这块水土很有意思,在从前提倡知识分子革命化、劳动化的年代,那里竟然独立着一位卓尔不群的先生陈寅恪;在今天最先掀起商品大潮并且一直势头不减的时候,那里会有一份与周边环境格格不入的刊物《花城》。在我看来,叫"四大名旦"不如叫"四大须生",那么《花城》就像其中的"奚派",它虽没有"马派"的婉转,没有"谭派"的高亢,也没有"杨派"的苍劲,但有一种不可多得的隽永,有一种洞箫之美。某种意义上,一份文学期刊最可贵的还不是改变,而是坚持。《花城》这些年来,没有看见它怎么改头换面,也没有见到它大做宣传,但它却一以贯之地实现着自己的文学主张。这非常对我的脾气,也是我愿意继续为它撰稿的理由。

算起来,我和《花城》的交往已经有十八年了。一个孩子长到十八岁,就成了公民。然后开始自由恋爱,开始闯荡世界。一个作家和一份刊物有如此之久的交往,那份友谊可想而知。从范若丁开始,《花城》先后担任过我的责任编辑的有朱燕玲、王洪昭和林宋瑜。他们的敬业与负责让我难忘。1996年12月,我去广东的茂名参加"花城笔会",笔会期间不是与田瑛神聊,就是和他一起搓麻将。花城社的社长、《花城》的主编肖建国也是搓麻的好手,但是有一天他刚刚自摸,就接到了老婆的电话。老婆说:我们家被偷了。两个月后,我带着《大陆人》剧组来广州的码头拍外景，让田瑛率领花城出版社的编辑们来当群众演员。他们一早就乘着大客车来了，个个神情昂扬。但是一直折腾到了黄昏，他们就觉得，这拍电视真的太不好玩了。我印象里，田瑛的麻将总是理论脱离实际，他有一肚子的麻将经，但每回的交手总是以他的失败而告终。三年后，报仇的机会来了。北京召开我的作品研讨会，老肖、小林和田瑛都来了。当晚我们把宗仁发拉上，开始搓麻，依的是湘派麻将的路子。田瑛一上来就杀气腾腾，口袋里的钱眼见着上鼓，结果午夜刚过，他就滑坡了，一蹶不振，一直滑到谷底，连老肖也一块陪斩了。最后以我和老宗各赢五百元告终。有一次我去广州，和《花城》的朋友一起聚餐，地点是珠江的一条船。席间机智的文能突然说：怎么今天潘军一来，你们几个女士就把耳环戴起来了？大家哈哈大笑。这样的快乐总让我回想。

我和田瑛还偶尔在梦中相遇。忽然有一天，他会打来电话，说昨天晚上我梦见你了，梦见我们在火山口下奔跑，跑得满脸是汗、一身是泥。又忽然有一天，我会在电话里对他说：昨天我梦见你我在一条河里游泳，无论怎么游，就是见不到岸。我觉得之所以有这样的梦，可能是因为我们有许多相近的地方。譬如我们都胖而又喜欢吃肉，譬如我们喜欢游走却害怕坐飞机，譬如我们谈论小说又不是中国作协的会员。

现在，有时候我总这样想，朋友间的见面不能总指望客观上的一种机会的撮合，应该作出主观上的安排了。譬如每隔一两年约定去一个度假的地方，准风月谈，通宵麻将，一醉方休。那无疑是人生的一大快事。唐寅有诗曰："人生七十古来稀，斩头去尾二十年。"时光就是如此短暂。我想再过一些年，等我们手头无事可做或者不想做事的时候，就来实现这个计划。这应该是不难的。说人生简单，也就这么简单。我曾经说，人这一生，或者说一个男人的一生，最大的愿望自然是和一个最好的女人相伴终生。那叫幸福。但这个愿望，很多男人都无法实现。世界每天在堕落，能够拯救它的除了爱情就是友谊了。因为父母终将失去，子女终将自立，夫妻或情人——当然不是全部的，也终将分手。最后剩下的，就是几个朋友了。在我看来，田瑛是这样的朋友。

2003 年 6 月 27 日夜　京城寓所

音声相和　斐然成章

三十年前,我的志向是做一名画家。那时在农村插队当知青,白天的劳作很辛苦,到了晚上,才觉得在一盏煤油灯下临摹连环画,是多么幸福的一件事。我的绘画,没有经过正规的训练,后来又因为高考的政审一关,失去了深造的最后机会,于是只能自得其乐了。然而这样的绘画,却从一开始就养成了不拘一格的胆子。油画、国画、版画,我都不同程度地接触过。等几十年过去,选定了只作国画了。国画讲究"书画同源",因此,也好写字,自然临过一些碑帖,但都没有下功夫,说穿了,这样的书画之于我仅是一种爱好。既然是爱好,那就该放纵一些。"票友"的好处在于不需要承受专家的评点和舆论的压力。

去年春天,北京城一夜之间成了"非典"的中心。那些日子,人们谈北京色变。没过多少日子,城里一下子空了许多,路上再也不塞车了。人心浮动,做不了文章;往日厌烦的社交也断绝了,时间突然就溢了出来,于是有一天去逛琉璃厂,花大把的钱买回了文房四宝,我想作画了。在后来不足一个月的时间里,我竟作出了好几十幅画来,有山水,有人物,还有戏曲速写和人体速写。我把这些画,收入到最近出版的一本随笔集里,叫《山水美人》。

上海人民出版社主办的《中外书摘》,曾经多次选登过我的小说。而这回,他们挑选了这本集子里的几篇随笔。责任编辑是章煌远先生,我们至今未能谋面,但从往来的通信中,我能感觉到这应该是一个注意清洁、重视仪表的书生。有一天,我接到了这书生的一封信,其中有这样的表述——

潘军老师：

　　现有一事相求。看了《山水美人》一书中您的画作，很喜欢您的字画，想拜托您写一张横幅，内容是对我父母人生的总结。

　　我母亲叫赵抒音，是上影的演员，父亲叫章超群，是上海美术电影厂的导演。母亲去年去世了，我们家属在上海郊县的福寿园置买了双穴墓地，设计制作了艺术性很强的别致的墓碑。福寿园是上海最好的陵园，内有华师大历史系教授苏渊雷、著名学者邓云乡、莎翁专家孙大雨、原上海市副市长潘汉年，著名电影导演张骏祥、汤晓丹、万籁鸣，著名电影演员阮玲玉、上官云珠、刘琼，还有徒步走中华的余纯顺等众多名人的墓地。我们准备今年冬至前将母亲安葬下去，将来等父亲也走了，也安葬在此。我们拟了一个碑铭："音声相和，斐然成章"。这八个字，前者出自《老子》，是对父母情感生活的概括，后者出自《论语》，是对父母事业的总结。句首的"音"和句末的"章"，又分别嵌入了父母的姓名。所以想请您撰写这个碑铭，镌刻在大理石盖板上。我父亲看过您的字画，很欣赏。希望您能满足我们这个要求……

　　这让我感动。煌远的母亲赵抒音女士，是上影厂著名的演员。我记得第一次接触到这个名字，是在上个世纪70年代，在重拍的《渡江侦察记》里饰演那位皖南老大娘。那时我还是一个少年，但我的记忆不会错。再后来，像《今天我休息》、《金沙江畔》这样的老片子重新上映了，我又见到了赵女士年轻时的形象。我想，煌远父亲章超群老先生的作品，我也一定是多次看过的，譬如那部木偶片《三毛流浪记》。而现在，赵抒音女士已经骑鹤西去了，在她洁净的身边，预留着她的爱人章老先生将来的位置。这是多么诗意而幸福的安排啊！我为影坛这对相濡以沫的伴侣一世的恩爱感动，也为他们子孙的这种安排感动。

　　当天中午，我便放下手头的工作，铺上了宣纸，认真题写了这个碑铭。我一共写了三幅，挑出其中这一幅，寄给了煌远。两个月后，我收到了煌远的来信，并且寄来了完成的墓园照片，他说，昨天，他们一家人已经把母亲安葬了。我看着照片，那是多么清净、幽雅的一个环境。在青松与鲜花的背景里，竖立着洁白的墓碑。那上面嵌入了赵抒音女士、章超群先生的肖像,并刻有一幅章先生把握摄影机的剪影。在墓碑的前面,肃穆地安放着赵女士的骨灰,那"将军红"的花岗岩盖板上镌刻着我题写的碑铭:

音声相和,斐然成章。

2004 年 3 月 27 日　北京寓所

风中的马原

第一次听到马原这个名字，是在 1984 年 10 月的"《北京文学》笔会"上。当时我与陈村住一屋，他说，最近有一个叫马原的，小说很不错。大概这以后我就留心了"一个叫马原的汉人"。在所谓先锋小说中，马原算得上是一个标志性的作家，文学史不会忽略这一点。

1993 年我在海口办"蓝星笔会"，想邀请马原来，却无法找到他。两个月后，他带着《中国文学梦》的摄制组自己来了，要拍韩少功、蒋子丹和我。这样，我们才有了第一次的见面。马原个子高大，魁梧，满嘴的胡子，这与我在照片上见到的一致。他对自己的身材和长相都感到骄傲，说从前有人说他像样板戏里的杨子荣，后来又说他像帕瓦罗蒂。但是，我发现这个高大的男人实际上很腼腆，时有伤感，口表远没有他的文字有魅力。马原的摄制组，也就三个人，他身兼多职，既是撰稿又是导演，既是制片人又是主持人。摄影师叫刘成伟，还有一个当随从打杂的女孩子。就这么三个人，却张罗着要拍中国一百个作家。我翻了日记，马原来海口拍摄的那天是 4 月 13 日，地点是蓝星公司的办公室。采访开始后，马原拿着话筒对着我，我好不自在；而他却更紧张，看着随从的女孩站在门口，立即就发火了，说你不要站在我面前好不好？我这样说不出话来。那女孩就吓得跑开了。这次采访的提问，随意性很大。我记得他当时问我，为什么要到海口来？我说因为缺钱。因为缺钱才来挣钱的。他接着又问：如果上帝还让你做一次选择，你是否还当作家？我说那当然，为什么不呢？之后，他提出要我为他画像，并且要拍下这个场面。我于是就铺开宣纸，拿起毛笔当即为他画了一张水墨肖像，由韩少功题了词。这幅画后来被马原带走了。第二天，我问马原，这一百个作家的名单是怎么确定的？他觉得好奇怪，说自然是我马原确定的啊。

我又问，那么，你的片子能发行吗？他很不以为然，说怎么不能呢？我还想发到国外呢，只要谁肯出十五万美金。我说，马原，这片子发行估计很困难啊。他说，我拍的是作家，又不是政治家，怎么可能不让发行呢？我说，在中国，拍谁和不拍谁，就是政治了。他一下沉默了。事隔十一年，据一位朋友告诉我，这部《中国文学梦》还放在马原的冰箱里。

马原有许多美好的想法，譬如说他一直想设立一个"马原小说奖"，专门奖给那些短篇小说写得好的作家。他认为短篇小说最能见识一个作家的功力，而世界上最好的短篇小说是《圣经》。他曾经公开宣布，他将是中国第一位获得诺贝尔文学奖的作家。但是自从高行健得了这个奖，他就觉得这个奖没有什么意思了，于是也就没有必要再得它了。

那次采访结束不久，马原就到海口了。他想做公司，自然先找到了我。但是那时我已经想离开了。在我看来，海口只是一个码头，人总不能在码头上睡上一辈子。没过多久，马原遇见了一个姓陆的老板，他说是陆定一的孙子，给他投资做一个传播公司。他说要从电视切入，要把他的"拉萨小男人系列"拍成电视剧，可是却把几十万块钱用去买了一堆摄像器材。对这种安排我很吃惊，为什么不先租机器试试呢？要知道，马原花钱历来是很谨慎的。海口的经济形势很快发生了变化，我撤了，马原的公司最后大概也没有做成。这以后，关于马原的消息就有些断了。起先听说他在北京折腾做话剧，后来又听说他被余秋雨推荐去同济大学当教授了。倒是还能在一些刊物上读到他的讲稿和访谈，觉得很有趣。马原喜欢上海，这我是知道的。他在上海起飞，但我没想到他也会在上海降落。很久没有和马原联系了，感觉里的这个马原是在风中。我喜欢西藏的马原以及他关于西藏的小说，喜欢他的《冈底斯的诱惑》和《虚构》。但是后来，用他自己的话说，他因为一个女人离开了西藏，离开之后，这个女人又离开了他。

但我不希望小说也从此离他而去。

2004年3月28日

去汨罗乡下看韩少功

几年前,作家韩少功辞去海南作协主席的职务后,回到了湖南汨罗的乡下,盖了一幢房子。这不是一次迁徙,用他自己的话来说,是一次"逆行"。当一些人(包括我在内)都往大都市里扎的时候,他却去了自己熟悉的乡下,以求得一份安宁。说熟悉,是因为几十年前,韩少功是在这一带插队的。他的夫人小梁也是插队知青之一,可以想象,他们是从这里开始恋爱的。1992年我去海口,受到少功短暂的安顿,从此我们成了朋友。我离开海口后,除了1997年重返海口拍摄电视剧《大陆人》和少功见过一面,就没有再见。我们偶有电话和通信,他邀请我去汨罗乡下看看他的"村舍",我也一直是想去的,但这几年因为母亲的病和最终离开,终于没有去成。

2004年8月里母亲去世后,我第一次感觉自己成了精神上的孤儿。料理完后事,朋友们都劝我出去散散心。不久,机会也来了。这机会,是女儿为我创造的。女儿那年高考,因为一题漏改,无端去掉了二十分,最终取了她的第三志愿——湖南师范大学。她虽然不怎么乐意,但对楚地的山水人文,却是向往已久。10月8日,我们在武昌会合,然后在朋友楚天舒的安排下,当天驱车赶往长沙。湖南师范大学坐落在岳麓山下,面临湘江,我觉得非常好。但女儿却觉得这个学校一没有大门,二没有围墙,完全脱离了她关于大学的想象。她的情绪陡然变得低落了。毕竟是第一次出远门的孩子。于是我就告诉她,等安顿好,带她去乡下看望她喜欢的韩少功叔叔。我还说,湖南师大是韩叔叔的母校,你们如今是校友呢。她一听情绪就转变了,很高兴,说来时刚刚读完《马桥词典》,很是喜欢。

10月10日下午,我带着女儿由长沙出发去汨罗。同行的司机对那一带并不熟悉，所以一路上全靠少功电话遥控指挥。在京珠高速公路上走了七十公里，从汨罗出口下来，然后走的就是一些乡间公路了。往往以为快到了，但少功在电话里说，往前走七公里，然后又是往左行五公里，仿佛这是一次带着赎金去搭救人质的行动。过了大荆镇，过了三江镇，又过了智峰镇，然后，车开上了一个叫蓝家洞的水库大坝上，那真是一面好水。我这才真正意识到，距离少功的领地是近了。因为倘若是我，也会选择这样的地方安居落脚的。择水而居是我的梦想。果然，少功最后一个电话说，往右行五公里，到达一个叫八景乡的地方，找到小学就找到了他的新家。八景乡，一个雅致的名字，此前我曾听台湾正中书局的编辑陈思小姐电话里说过，韩家就在学校里。其时陈小姐正主编了一套"典藏华文大家系列"丛书，收入了包括少功和我在内的几位大陆作家的小说集子。当初她就是从我这里得到韩少功的联系方式的，现在她却无意中充当了我的导游。

  总算到了。车停在学校里，远远看见少功在对着我们挥手。他家的小狗——后来我知道叫三毛，一溜小跑地前来迎接。少功穿着一套睡衣，趿着圆口布鞋，和几年前相比，他的头发已经花白。但气色异常的好，一副养尊处优的样子。他的"村舍"，是一幢二层楼的房子，红砖青瓦，木的门窗，有一种乡间别墅的感觉。前后有院子，院子里有园子，种着各式的瓜菜、养着成群的鸡鸭。在这个理想的农家院落里，却装置着三台卫星接收天线，几只鸡在边上跳动着。少功美滋滋地说，现在这种天线接收锅降价了，一口"锅"也就两三百元，普通农民都装得起。不过装上这么多"锅"来偷窥世界，是不是有点中央情报局的感觉？我从少功的神情中看出了一种小隐于林的惬意。然而这惬意不会让他陶醉，实际上韩少功是一个行者，每年国内国外的没少跑。他也是一只候鸟，夏季飞回八景乡，一进11月，便又飞回了北纬20度的海口——他的新居坐落在白沙门的海滨，隔着琼州海峡可以遥望大陆。

  少功和夫人小梁以及他的姐姐、姐夫，居住在这里。这里的一切都很简朴，但很有情调。我喜欢客厅里用圆木劈成的"沙发"，喜欢用厚板拼凑的餐桌，还有那老式的茶柜。他经常在这里接待一些朋友，其中包括某些汉学家。一些作家朋友，如李锐、蒋韵夫妇、方方，都已经来过。长沙的作家，如何立伟、王跃文，自然也是经常来聊天。这里还盖着一个车库，有一辆老捷达车。少功说，他烧液化气，所以得经常进城采购换气什么的，有时候也到长沙看看朋友。

在楼上，还有一间宽敞的客厅，被少功戏称为"老干部活动室"，那是他们四人一起聊天的场所，隔壁就是少功的书房。他拿出新书《暗示》和《完美的假定》送给我和女儿，对我谈了最近的写作情况。

从屋里出来，随少功夫妇四处看着，小狗三毛一直跟在我的脚边。这是一只活泼可爱的马尔吉斯犬，个小，但异常的精神。潘萌几次想抱它，它却躲得好远。小梁兴致很高地领着我们去看她精心培育的菜园子，那里结着丝瓜，这里长着蔬菜。但我最爱的还是这面水，湖光山色尽在其中。少功说，去年夏天汛期的时候，水库的水涨到了距离屋基一米的地方，那时候从家门口就可以跳到水库里游泳，真让我好向往。心想什么时候可以再来，一定要跳下去游个痛快。但这次不能多逗留了，车子是临时借的，得抓紧时间往回赶了。

回来的路上，暮色一点一点袭来，车行在山间的公路上，两边青翠的山峦让我情不自禁地思念起我的故乡来。那里的山水与这里大致不差。也许有那么一天，我会仿照韩少功的做法，去故乡盖上一处房子？没有就这个问题想下去，天色完全黑了下来，山间腾起了雾霭。我忽然感觉到，其实我和少功的做法异曲同工，他来汨罗，寻求的是一份心灵的安静，我上北京，是看重那里容易抑制我骨子里的轻薄，因为那里的天下太大，谁也霸不住，于是也就有可能养育出另样的一份安静。我没有大隐于市的境界，但是我愿意被城市淹没，被人遗忘。

这样很好。

这篇文章写到一半的时候，有一天我收到韩少功的 E‑mail，他说他失去了小狗三毛，好几天内心空落。我把这消息用手机短信告诉女儿，她回复说：我哭了，我好伤心……

于是我又看见了八景乡的"村舍"和它的主人。少功兄，别来无恙乎？

2004 年 10 月

纪　念

还是6月的时候，我回合肥，从老友唐先田那里得知，彦周先生因病住院了。第二天，我便携女儿潘萌前去省立医院探视。当时，彦周先生虽然卧床，但感觉除了气色稍许差些，没有多大的变化。所以，昨天下午，当同事刘萃告诉我先生辞世的消息时，我还是感到惊讶。万没想到夏天的见面竟是永诀！

我当即给女儿去了电话，让她代我前去吊唁。然后又去附近的邮局，给书妮大姐发出了唁函。这一天里，我眼前浮现的都是先生的身影。我无法相信这身影正在离我远去。夏天的时候，我坐在先生的病榻边与他交谈。病中的彦周先生是安详的。他的气色带着几分凝重，但他的思维是轻盈的；他的身体受到束缚，但他的心灵依旧自由。他和我谈起关于写作的一些构想，都没染上一片暮色。他未完成的回忆录，是我未了的期待……

三年前，我曾写过一篇文章就叫《彦周先生》。在那篇短文里，我有过这样的记叙——

> 一个作家对后辈的影响，往往是无形的，就像甘露对植物的滋润。他并不刻意告诉你什么，事实上，创作也是无法告诉的，但他的那种精神气质却对你发生着作用。这样你就会明白，我应该做什么，应该看重什么，应该断然拒绝什么。所以，当我决定以写作来填满自己每一天的时间时，我的眼前就会出现令我产生敬意的身影。这其中，有着清癯而挺拔的鲁彦周。

清癯而挺拔，是对我先生形象与精神气质朴素的概括，自然算不上什么溢美之词，但饱含着一份虔诚。这是晚辈对父辈的虔诚，更是一个晚辈作家对前辈作家的虔诚。事实上，从我认识先生的那天起，我就唤他为鲁伯伯，唤他夫人张嘉为张阿姨。这称谓延续了整整二十八年。然而这么快，中国文坛一颗璀璨的生命就走到了尽头。或许美丽的生命本来就是这样，他走出了这个世界，却走进了人的记忆。

今天，2006年11月28日，是我四十九岁的生日。我忽然想起，我第一次见到彦周先生时，他正是我现在这个年纪。1978年秋，我入安徽大学，与先生的儿子书潮同窗。一个星期天，我随他回家。那个有着微风细雨的黄昏，风度翩翩的先生从书房里走出，对我微笑，与我交谈，送我著作，从一册、两册，到十几册，几十册……二十八年过去，这情景仿佛就在昨天。

而昨天，先生去了。

  悄悄的我走了，正如我悄悄的来；
  我挥一挥衣袖，不带走一片云彩

徐志摩这著名的诗句，作家史铁生说，是最好的墓志铭。现在，作家鲁彦周已经悄悄地走了，给我们留下的是一片云彩。所以，我愿说，先生走好，我会继续读着您送我的书。

2006年11月28日　北京

悼念斤澜先生

4月15日夜，我在浙江横店拍摄"谍战三部曲"的第三部《惊天阴谋》。布光候场的空隙，和演员们一起闲聊。谈起潘军这个很一般的名字，有人问我想过改没有？我说，潘军这个名字是"文革"时代的产物，一个莫名其妙的时代，诞生了一支莫名其妙的"军队"。就如我们这个剧组，除了编剧、导演叫潘军，还有摄影师叫路军，男主角叫刘军（后改为刘钧）。我说还真的动过想改的念头。但是，后来一位德高望重的老作家对我说，这个名字很好，很符合我，因为潘军就是"叛军"——我这个人似乎生着一根反骨，于是就决定不改了，沿用至今。大家都乐了，问这位老作家是谁？我说林斤澜。对于这些剧组的演职员们来说，林斤澜这个名字显然是过于陌生了，他们自然茫然。于是我说，林斤澜是我敬重的为数不多的老作家之一。这句话仅仅说过不到三分钟，手机里收到了一条短信，来自《北京文学》杂志社社长章德宁，内容如下：

潘军，你在北京吗？林老走了，十七日上午在八宝山告别。咱们还约好一起去看他呢……

我先是一瞬的惊讶，之后便是一阵沉默，以至于光布好了，我都没有坐到监视器的面前。场记问我出什么事了？我才说，刚才和你们谈到的那位老作家，走了。大家惊讶地看着我，那一刻我想，我和林老还是有一种感应的。

这天的夜戏内容，就是刘钧饰演的男主角在寂寞的江边码头，悼念自己已故的父亲。我让演员坐在长长的台阶上，就这么坐着，没有语言，没有调度，完全是移动镜头的刻画。其中最震撼的镜头，是一个升降，从他的背面缓缓升起，再落到他的正面，演员刘钧饱含着眼泪，泣不成声。我看着监视器，仿佛感觉我就是坐在台阶上的刘钧，是我在默默悼念着刚刚离去的林斤澜先生。

认识斤澜先生，还是在二十二年前《北京文学》举办的"黄山笔会"。但在大学时代，我就是他忠实的小说读者。我喜欢他的文字。喜欢他的"矮凳桥系列"，喜欢他细腻而简约的风格，喜欢他冷静而不刻意的思考。那时期，正是林先生出任《北京文学》主编的阶段，我认为这也是新时期以来，继李清泉时代之后，《北京文学》又一个"黄金时代"。出席那次笔会的，我记得基本上都是一些青年作家，如余华、王刚、赵锐勇、严啸建等。编辑部里，有副主编李陀、主任陈世崇、小说组长章德宁、编辑陈红军、傅锋等。会议的地点是黄山脚下的"泾川山庄"，那是一个风景秀丽、分外幽静的场所。参加笔会的作家，大概每人都带了稿子，我带的是一个未完成的短篇，叫《溪上桥》。一天夜里，林老和李陀和我谈这篇稿子，对小说给予了充分肯定，其中有一个细节，写的是两个老人历经沧桑，如今身份天壤之别，却都还保持着儿时在一棵老槐树下撒尿的癖好，深得林老的赞许。他连声说有味道。同时也提出了一些有益的修改意见。现在回过头看，这篇小说应该是那个时期我个人比较满意的作品。笔会很松散，到了晚上，大家不是一起聊天，就是开露天舞会。林老的爱人，我们叫她谷老师，是舞蹈家。于是林老就找到我，说：潘军，去请我老伴跳舞！我自然遵命。我和谷老师跳着华尔兹，林老站在一边抽烟欣赏。我突然就想，当初他们认识的时候，林老该是多么风度翩翩啊！有人说，从形象上看，把电影明星赵丹和孙道临的优点集中起来，就是林斤澜！

这之后，我每回去北京，都会通过章德宁打听到林老的近况。有时候，还和章德宁，以及她先生岳建一与林老一起吃顿饭。到了2000年，北京召开我的作品研讨会，与会的老作家中，就有林老和牛汉先生。这之前林老集中一天时间看了我的几个短篇小说，所以那天林老在会上说：潘军的小说，手法基本上喜用白描，简约，有味，好看。我不懂的是，他怎么就成了"先锋派"呢？他又说，写短篇就好比游公园，有的要走，有的要看，有的却要站。这话说得生动而又深奥，我至今记得清楚。

我在北京居住下来后，有时候还是通过章德宁去看望林老。那时候，他的夫人谷老师已经故去了，我们要做的，就是上门陪林老闲聊，他的幽默感和文人气质总是感染着我们。然后在附近的小馆子里吃顿饭。有一次，林老的兴致很高，喝了点酒，谈起自己的经历。我才知道，林老的政治资历很深，但他却从来不利用这份儿在他看来已显得多余的资历去谋求别的事情。他这辈子就只认准了一个自己喜欢的职业，就是写字。终于在夹缝里写出自己良心过得去的一些文字，留给了我们和这个民族。章德宁后来不止一次地跟我说，林老这次与我们的交谈，是最深的。

章德宁短信里提到了一起去看林老，是在去年春节前。当时林老已经住院了，我们约定一起去同仁医院看望。但是到了约定的那天，我又被临时请到石家庄讲学了。这便成了我一大遗憾！

很多年前，作家老舍就看好了北京文学界的两个人，一是汪曾祺，另一个就是林斤澜。如今文学界的一些朋友，也喜欢把林老和已故多年的汪曾祺先生并提。这说明，他们的作品，他们的文字，乃至他们的文学立场有共通之处。但更多的是有所不同。文如其人，在我看来，汪老的为人洒脱，文字灵动而飘逸；一如他本人平素喜欢画下的荷花、水仙，案头清供，幽香留韵。林老人淡如菊，气质若兰，含蓄而凝重，温馨中透着人世苍凉。他们不是多产作家，也没有一个所谓的"大部头"，但他们都是当代中国文学的一道别致不败的风景。如今，他们都仙去了，我要做的就是继续读他们的书，他们的文字。

2009年4月17日　于浙江横店

与铁生书

铁生兄：

　　今天是2010年最后一天，过年了。一早，我在上海车墩的影视基地拍摄的电视剧《粉墨》，也将接近杀青的时刻。刚开工，忽然就接到北京章德宁的短信，说你走了。走得如此决绝啊！去年，也是在横店拍戏的现场，也是来自章德宁的消息，说林老走了。所以章德宁后来在电话里带着沉痛的歉意对我说："你看，我总给你带来这样的消息……"这之后，我的老父亲从家乡安庆来了电话，我的女儿潘萌也从洛杉矶打来电话，说的都是你走的消息。你看，这个岁末的上午，朋友、父亲、女儿，都从不同的方向对我说，你走了，去了你我都信有的天国。我老父亲让我转告你，他一直就喜欢读你的文章，当初你寄给我的《病隙碎笔》他读了几遍。我女儿让我转告你，她舍不得你走，一想起你五年前破例为她的第一部长篇小说作序，她就哭得不行，她在大洋那边，赶不回来送你最后一程，请你原谅！我一一答应下来，这里，我替一老一小谢谢你！

　　铁生兄！你突然一走，这一天里我都在想你了，一直想到翌日的凌晨三点。这已经算是今天了，2011年元旦，但习惯中它还是昨夜的延续，黑暗的延续。辞旧迎新，这个晚上朋友互相拜年的短信总是很多，而我却在网上安心看你的旧作《我与地坛》。看着看着，就觉得我又和德宁一起去了你的住处，谈笑风生。在我的印象里，你似乎就不是坐在轮椅上，而是坐在一张老藤椅上，只是坐习惯了，不想起来罢了。你的气色，你的神情，你的手势，你的声音，怎么看都不是一个决然远行的人，但你执意要走，走得我们一起心痛！

　　想想，我们也有两年未见了吧？作为旅居京城的外省人，我对北京的地理一向幼稚，所以每次都是拉着德宁一起去你那里。德宁清高着呢，和我一起要看的人，除了你，就是林老斤澜了。还是在前年的春节前，我们一起谈得很晚，以至于现在我都对希米嫂子感到抱歉。在我记忆里，我们的聊天每回都是那么开心。有一年夏天，谈到兴致上来，居然还把你从高楼上搬下来，去附近的馆子里吃了一顿水煮鱼；女儿出第一部长篇，想请你作序，我知道你谢绝了许多这样的要求，但这回你却说："孩子的事自然是要例外的。"你写了，给了孩子许多的鼓励，并送她你的新作《我的丁一之旅》，这本书，孩子带到了美国。这几年我在忙于影视，所以后来我们喜欢谈伯格曼和基耶斯洛夫斯基，谈《第七封印》和《十诫》，而且希米还送我一册她翻译的《十诫》的文学剧本。我说，我很想拍一部中国版的《十诫》，以十位中国作家的小说为蓝本，你当时就表态，说："这事你可以做。而且你能做好！"可是我却至今没有动手，我没有对朋友践约，成为我今晚的遗憾！而我的另一个遗憾是，有一年我去太原的时候，我曾征求李锐兄的意见，想大伙一起为你找个肾源，但是后来却因为你的身体无法接受这样的手术而搁浅了。如果那次我们执意做了，会怎样呢？你会走得这么快吗？

铁生兄！无论别人怎么评价你，在我心目中，你唯一的身份就是作家，尽管你一直调侃说，你的职业是生病，业余是写作。我记得我曾当着你的面这样说过你——"正如那边的上帝把几十万册图书和高度近视同时给了博尔赫斯，这边的上帝也把瘫痪和写作同时赐予了你，让你安心读书与写作，闲暇不过摇着轮椅去地坛看看，让你不用应酬，不用出国，不用当嘉宾四处领奖或颁奖，上帝在折磨一个男人的同时，也成就了一个纯粹的作家。"但是，今晚我想对你说，你去了那边，我希望你不当作家，而成为一个体魄强健的男人；不去琢磨那些灵魂的事，而去重温那种脚踏草地或者踢踢石子的感觉。

信写至此，接到了章德宁转来的希米的信息，照抄如下——

"与史铁生的最后一次聚会"定于2011年1月4日15:00—17:00在北京798时态空间举行。注意事项：1. 请不要带花圈、挽联；现场有卡片，可供寄哀思。2. 可带漂亮鲜花。3. 请着漂亮服装。

铁生兄，我已经订好了车票，如期赴约。

你的背影一直会在我的视野中，我要看你走到地平线的尽头。

弟，潘军
2011 年 1 月 1 日　上海松江

潘军文集

第玖卷

西窗偶记

秋天笔记

今年秋早。入9月风便挟着凉意，短衣不再上身。去年这时节正值酷热，整日汪在汗里。我于是把那截难熬的日子写进了《南方的情绪》，断言天热在于太阳的堕落。

自小阿妹离开后，家务与妻平摊。两人皆忙得似乎只剩下一口气，尽管这样，仍在心中盘算对方是否讨巧，常有口角很自然。上午又表演一次，她最后的谢幕总要以悔恨交加的姿态，笃信错嫁。孰不知她的先生也有误娶之念。

"你是一只孔雀。"她说。我居然心里想了一下，这种诗化的赞叹我平生就听见这么一次。"向外展示着美丽的羽毛。"她进一步指出，"而对内的就只有脏屁眼！"她怎么不写小说呢？如此灿烂的感受。到了晚上，事态平息后，她又软和地说："我应该是你的情人。那样我就会对你非常满意。"我说等你到了非常满意的时候就非常想嫁给我，之后又非常非常不满意。

情人老婆化是好情人，老婆情人化是好老婆。问题是这种女人一般碰不上。至少我碰不上。

——九月三日

萌子今天上幼儿园。这是个值得纪念的日子。

两天前携萌子去逍遥津公园，因为她将接受约束，才三岁。这些年业余时间用在爬格子上，很觉得对孩子不起。好在现今闲了，并且我也需要认真玩玩。

包柏漪说，如果中国的孩子画兔子，把尾巴画成驴尾样，那么大人们肯定会予以纠正。但这事若摊在美国，大人会把孩子举起来："宝贝，你画得太棒了！"

孩子走了。往日嫌孩子把家里搞得很乱，现在收拾整洁了倒让我生疑，仿佛是到了别人的家，坐立皆不自然。

黄昏接孩子回来，她说："今天老师教我们做小鸭子。"

"老师没有我做得好！"她又说。

"萌子显然比我们有出息。"我对她妈说，"她骄傲得早。"

——九月六日

我愿意把汪曾祺的全部文字理解为读物。读汪老的作品全部感受最终仅浓缩为一个"趣"，值得玩味。（不是回味！）或者干脆"玩"都不玩，只是读，决不想。读比想愉快。愉快，这就够了，还希求什么？

好的语言作品是须"读"，如同好的音乐作品须"听"。接受者不必自作多情。

面对纯的艺术，需要的是朴素接受。

——十月二日

两年前黄山脚下的一次笔会上，我向编辑Z女士谈了一篇东西的构架。她似乎很喜欢，当场敲定。可是拖到今天才动笔。这个叫做《四季》的中篇小说（是否该叫小说，日后可以讨论），是关于我十二岁至三十二岁私生活的，它给我带来了大病初愈后的那种虚脱疲软，进入这么一种状态，然后写作。超前的考虑总是显得多余，要紧的是伏案时的状态。你应该提醒自己：你正在写。这之前或之后最好离你的写字台尽可能远点。

就这么开始吧。

——十月十一日

上幼儿园接孩子的时候，看见宣传栏上有一个红字描的标题：

小孩为什么不能唱大人的歌？

——十月十四日

三间房子由基脚至一米高的四壁是女儿表现绘画天才的场所。铅笔的蜡笔的以及粉笔的线条与图案映出绝妙的辉煌。

"这是什么？"我指着她正画着的那个彩色的东西问道。

"公主跳舞。"她肯定地解释，然后用她的眼睛反问我，"不是吗？"

真正地羡慕那双眼睛！在那双眼睛里世界的一切都变得奇异。"奇异的东西任何时候都是美丽的。"勃勒东这样总结。

1953年马蒂斯发表论文《用儿童的眼光去看生活》。他指出：一个艺术家"应该像他是孩子时那样去看生活，假如他丧失了这种能力，他就不可能用独创的方式（也就是说，用个人的方式）去表现自我"。

这也许是大师的最后判断。第二年的秋天，他长眠了。

任何的第一次经验永远让我激动。

——十一月十三日

一个男人走进了女子澡堂，女人们集体惊叫"流氓"，全都趴在地上。

那男人说："我是瞎子。"

于是女人们"哎哟"着爬起来，集体说："他娘的……"笑声朗朗。

——十一月二十五日

陪老婆逛了一趟时装街。

词典关于时装的界说，指的是这么两层意思：①式样最新的；②当代通行的。然而事实上，最旧的可以成为最新的，过去的又回归现在，于是一并流行。

流行时装无论从速度还是从广度，都远远胜于流行感冒和甲肝，而且是不断的、循环的。使任何一种东西流行的人都很了不起，比如服装，也只有"里根衫"而没有"张三裤"。至于"牛仔裤"，实际上应该叫"伪牛仔裤"，因为牛仔们不具备这种使之流行的条件。他们的裤子只有在剥下来穿到好莱坞明星身上进入"西部片"后，才变得灿烂辉煌。而一丝不挂的皇帝在大臣们眼中又换上了新装——安徒生注视着很久以后的世界。

和所有饰物一样，时装具有双重意义：首先是猎取青睐，继之安慰自己。

一件东西有时能把自己卖掉，比如高跟鞋之于矮子。

所以必须选择。为自己，别在乎街上的眼光。在没有尝出咖啡滋味的时候，宁可把它和板蓝根装进同一只瓶子。

拒绝流行的一切。

——十一月二十六日

1989年12月　合肥

西窗偶记

买　书

　　买书是一件愉快的事。从书店或书摊买到一本满意的书，回家于扉页上写下姓名与日期，或用印，或贴一藏书票，放入书柜，就觉得自己又添了一件宝贵财产。那心情实在不下于加了一级薪水。书是实际的财产。前些日子我的一位朋友闹婚变，他对财产分配的态度是：除了书，别的尽管挑。颇有些英武之气。可是女方的态度亦然，于是婚没法离。后来也就和好如初。朋友说，这年头能找到视书若命的伴，也算是大福。我委实受了感动。

　　我们自童年起即有了买书的历史。从连环图画小人书到辅导学习的参考书。长大以后从通俗读物到经典著作。不同时期有不同的眼光，不同的志趣有不同的选择，买书业已纳入日常生活。我有十余载的时间是不买书的，因为实在无书可买。真正地买书，是在1977年之后。其时好书如潮，价格也公道，每年总是要买下许多的。然而好景不长，凶杀奸情之类的书排山倒海逼将过来，且书价翻了番。后来进行了"扫黄"，"黄"是扫去了一些，价则无法压下。不过也有了降价书，降下的不乏有好书。我的一套《唐诗别裁集》至《清诗别裁集》，还有马丁·杜加尔的《蒂博一家》、海明威的《太阳照样升起》、荣格的《心理学与文学》等，即是从中获得的。

　　但是，我为买书所恼，还不在于此。如今编选家仿佛多于作家，你挑你的，我选我的，未必有什么思想和体系。谁先出来谁发财。比如我先前买了梁实秋的《雅舍小品》，后又见到《雅舍菁华》、《梁实秋散文选集》，其中内容重复的不少于二分之一，让人十分为难。直到最近才买到四卷头近百万言的《梁实秋散文》，算是满意了。可是还有徐志摩朱自清林语堂呢？有些书店订购图书是极端不负责的，明明是上下两卷的书，他只订上卷；是一套的书他却拦腰一斩，让你回去叹息。我的一位友人买了周作人的三本文集，是从三个地方买到的。我问他是否算全了，他说弄不清，或许再去别的地方还能觅到。我不具备阅读外文书籍的条件，央求于译家。但译家的水平有别，一册名书往往有几个译本，于是你又得反复买。我曾把同一著作的不同译本比着读过，发现其中不少地方合不起来。我很惊讶，不知道该相信谁了。译有直译和意译之分，但的确是没有"猜译"的！

现在一些好书，不知通过什么渠道流到了小书摊上。这些书贩子又颇懂得购买者的心理。先是压一阵子，让你每日逛两趟。后来终于抛出，不过要搭配过期的通俗刊物了。我的一本《白话易经》便是这样搭配着买到的。

做　功

我的故乡有一句俗语：唱功不到做功到。唱与做，本是戏曲演员的功夫，所谓唱、做、念、打。过去看戏，内行强调的是听，听戏。所以唱必定是第一位的。当然也有其他功夫独到的，如周信芳的做，赵燕侠的念，都堪称绝。我想这句俗语的本义是十分清楚的，不存在什么褒贬。但就本义而言，人们是不说的。要说是说它的引申之义。那意思大约是说，你该用的功夫不到家，而你用别的手段使人感到你身手不凡，口气显然含有揶揄。

我从前练习写毛笔字，喜欢择笔选墨，俨然书法家一个。我母亲便说："你呀，唱功不到做功到。"这件事给我的印象非常深刻。自古善书者不择笔，不是没有道理。赖少其先生离开安徽时，曾给我写了一幅字。当时由于匆忙，随便找来一杆笔和一瓶中华墨汁，觉得很对不住先生。但他不以为然，挥笔即书。后来我把这幅字裱了，挂在书房里，朋友们都说好，深得金冬心之神韵。

有一次，我看一位据说已经很了不起了的青年画家当众表演作画。

此人非常有艺术家的风度，潇潇洒洒。他先试了纸，说不行；继之又嫌墨质不佳。左试右试，突然放笔，说："我现在情绪很不稳定，感觉上不来，不画了。"于是围观者叹息不已，主持人央求再三。我没有工夫这么泡下去，就走了。不过后来我是看到这位画家的大作的。它挂在一家字画店里，标价三千元人民币。那是一幅算作大写意的山水，我看不出什么特别的好。倒是还记得画上那方"天马行空"的闲章和两方刻着"蓬莱逛客"的连珠印。一年后我又去了那家小店，发现那画还在，标价舍了两千元。

　　文艺界有个专用词叫"摆谱"。所谓摆谱和摆架子还不完全一样。前者是虚张声势，比如明明只是在一两部电视剧里串个民警甲特务丙的，却硬要装出大明星的势派，开口科波拉闭口张艺谋，仿佛都是他的铁哥们儿。后者不过是一种轻浮浅薄而已。说某某摆名作家的架子，毕竟某某还是个作家，且也是有点名的。我想摆谱同我所言的做功倒是更相似一些。其实，这做功又何止限于文艺界呢？如今的社会像个大舞台，做功表演比比皆是，你吃不准他（或她）究竟是扮什么角儿的。我办调动时，朋友介绍一位政府官员相帮。那人见面就是一句："你的问题我已同王部长说了。若还拖着，我就直接给卢省长打电话。"我着实吃了一惊，又非常地感激。我想我是遇到"钦差大臣"了。可事后我才知道，那人是个科长，和我差不多。

1991 年 5 月　合肥

怕散文

我喜欢散文，但几乎不写。试过几篇，终因胆怯收场。喜欢而又怕的东西一定是极好的东西。老百姓说"喜欢得要命"，就表示了这意思。有多少东西值得用命去喜欢呢？皇帝怕宠姬，老爷怕姨太，不是真怕，就不完全算，只有"怕老婆"的男人够这个格。这种夫妻一般是吵吵闹闹了几十年，却不散。怕老婆的男人终是舒舒服服。

怕散文是因为不敢，不敢是因为自己无驾驭的本领，打不过它。常听一些文学青年对我宣布日后的写作计划，说先写诗，再写散文，最后攻小说。我立即干预，帮助调整，把散文挪到最后，连同那个"攻"。青年就很困惑。我并不多解释，只说日后你慢慢就懂了，你会怕散文，很有些如绍兴师爷的势派。青年继之争辩，质问："难道像×××那样的散文不好写吗？"这×××自然不是司马迁，也自然不是周作人或林语堂了。

青年所说×××那一类的散文显然不是我的对象，一不是那类我既喜欢又怕的文字。×××一类的文字，当然好写的，可是不算，更谈不上可怕。如今散文家与散文无涉，形势可称泛滥。不去说它。我所说的散文，概念极窄又难以言表，大约是指道理清楚、叙事明白、文笔朴素的文章吧。清楚、朴素，都是大难，都值得怕。比如说"敲门"，就很不容易说清楚。张中行老曾作《剥啄声》，洋洋几千字，只说敲门。由剥啄而至推敲，由贾岛、韩愈而至庄周、杜甫，由"莫向春风舞鹧鸪"而至"风动竹而以为故人来"，不仅仅是个用典问题。琐事娓娓道来，虽曲折而明白，至于文笔就更可"怕"了。一篇散文写尽了老年的孤寂之心，与"啊"、"呀"、"啦"之类语气词不沾，与华丽辞藻不沾，与感慨也不沾，就那么朴素地说，不动颜色，可称大家，可怕。

　　古语云：文章老更成。这"文章"指的是散文。何以"老更成"？答曰：需要时间。散文和小说不同，小说是才性的产物，重感觉的灵敏。散文也重感觉，但更需要学识，需要阅历，需要读万卷书行万里路，这都需要时间。所以我曾武断地宣称：不过五十岁，难写老文章。这已是狂言，说到底，还是因为怕。

1995 年 10 月 20　郑州

手写的欢乐

写作自然是"写"加"作"了。这么拆开，似有些坏规矩，可我觉得这样谈起来方便。写即写字，作谓创作。写作就是以写字的方式进行创作，这是我私下的定义，与词典的权威无涉。创作是大题目，谈不了，这里只谈写。

凡文皆是写出的，这已是旧话，不确切了，因为现在有了电脑，文也可以敲打出来。敲敲打打总是很热闹的事，新鲜，自然有益有利，有现代色彩。南边流行现代人的新三件，其中一件就是：会操作电脑（另外两件是会外语和会驾车）。但我对电脑的"写"，有疑至今。其一曰：进入不了状态。作家可以面对虚无但不能面对一部机器，那样，写作演成了操作，像个裁缝，进入不了"写"的状态。如果一手提烟一手击键，就仿佛在弄电子游艺机，太像玩。写作需要状态，手写的状态。其二曰：失去了手稿。文字不留于纸而存于软盘，就像把影像留于胶片，欣赏不了。当然你可以说"洗"出来，但那是复印件，读起来总觉得不像是自己的文字。手稿与复印件，我另有专文表达。其三曰：享受不了手写的欢乐——这是我要谈的话题。

手写的欢乐因人而异，但都自得其乐。我的欢乐属于我，手写的欢乐是我这一生中的大欢乐。在平静的夜晚，把四周的灯光全暗了去，独剩书案那一圈，这就有了写的气氛。沏上清茶，用透明的杯子，摆上笔画较粗的钢笔。黑墨水和略渗的方格稿纸，然后是点上香烟，这就慢慢进入写的状态了。一手提烟一手执笔，吸一口烟写几行字，写写画画涂涂抹抹，看看自己的文章一点点生长出来，享受了未知不断显现的过程与书写的韵律之美——我自觉字写得尚可。文思不畅的时候，仍写，写在另外的纸上，这是很随意地写，写几句唐诗或者别的什么，也可以画，一个小尾花或者小风景，总之是不放笔。笔在动"气"就未断，犹如国画家作大写意，一气呵成。然后把一切全推开，不收拾，不清洁手脸，吸完最后的烟，关灯，表明今夜的活干完了，睡觉去。这种欢乐！

手写的欢乐电脑无法代替。前几年珠海有家公司，大约是基于既缅怀手写的欢乐又不想放弃电脑的实惠的心理，推出一种"手写电脑"。我没见过那东西，但自觉不大好用，推想是握着一支特殊的笔，在一块特殊的板上写，再显示于屏幕。这实际和其他电脑是一码事，仍无法表达出手写的欢乐。

1995 年 10 月 22 日　郑州

亲近手稿

一位读过《手写的欢乐》手稿的朋友曾笑我，说你潘军捍卫一支钢笔就像辜鸿铭守着一根辫子。其意很明白，跟不上形势发展了。但他对《手》文中的某些观点，如电脑使手稿的不复存在，又表示了赞赏。他很幽默，说万一有一天得了诺贝尔文学奖，政府上门要求捐赠著作手稿，难道说：拿去吧，软盘！

我没有做编辑的经验，不能体会阅读手稿与复印件的感受差异，只能凭着阅读朋友往来信札的感受加以猜测。我想大的方面可能一致。而最大的方面是：亲近感，没有距离。常言文如其人，我不同意这种观点。文与人有一致的方面，但更多的是不一致，这是另外的话题，不谈。我倒以为字如其人。读手稿，当然不是指全部的，你会觉得那写字的人就在身边，与你促膝交谈。你从手稿上能猜想到他的音容笑貌，这就是气息了，是亲近感。读熟人或友人的手稿，甚至可以猜出写字人当时的情状。"你近来一定春风得意，这从你洒脱的字迹中不难看出"，或者"你总是很忙，字也越来越潦草了"，就表达了这个意思。但是，读复印件就是另外的感受了。可能像电影里常见的那种监狱探视，彼此隔着玻璃，一边打电话一边做手势，虽然也是面对面，但失去了生与活的气息。如果以这种方式谈恋爱，百分之百会失败。复印件的平面而冰冷，离间了写与读的亲近感，同时又把"写"的人全变成了孪生兄弟。

手稿还有其观赏性。读手稿当然不是欣赏书法。书艺之美与手稿之美都含有书之韵味，但前者强调的是"书"，是专门的技艺，有书法专家去谈它；后者展示的是"稿"，让你面对这手稿去揣度，去遐思。手稿的书写与涂改，增补与删除，完整地显现出写者当时的情状，你不能不与之亲近。从前那些穿长衫的先生，遗下的手稿墨迹，或蝇头小楷嵌于红线之内，或奔放行草穿于红线之外，都是风景，是画，可饱你的眼福。我的一位画界朋友，曾觅到康有为与丰子恺的手稿，以精致镜框镶之，高悬于壁，顿觉满室生辉。这样的手稿，现在近乎灭绝，是一件憾事。人间尚存一些钢笔手稿，也算是夕阳黄昏之景吧。再过数十年，恐怕连钢笔也成可收藏的文物了。现代化有时也让人感到无奈。

  至于手稿的文史价值并由之产生的收藏价值，是不言而喻的。收藏也有格调境界之分，其中最下品的，是那种以此生财之徒。倘若这种人获得新近发现的鲁迅手稿或毛泽东的墨迹，那他就"发"了，但那种阅读手稿的亲近感，他永远无法获得。

1995 年 10 月 25 日　郑州

文学期刊的样式

年前得到消息，说今年几份文学期刊都将有大动作。和以往不同的是，这次的动作主要还不是针对刊物的内容而言，那无非是又辟出什么栏目或要发什么人的稿子。这不会怎么吸引我。这回的动作指的是形式面貌上的改变。

我说的主要是两份期刊：《作家》和《山花》。在后来我和两位主编宗仁发、何锐的电话交谈中，我大致知道了他们的想法。宗仁发是希望自己主持的《作家》"更像一份杂志"，所以干脆就以"作家杂志"命名了，他试图彻底改变过去长期"几大块"的样式，并且准备实行彩色胶印。何锐打出的旗号是"熔文学精品与前卫美术于一炉"。实际上，这项举措在这一年的秋天就已投入实施，现在不过是希望做得更好。说实话，他们的激情给了我一种天真的期待感。

新年伊始，我很快就收到了新版的《作家》和《山花》。我大约算得上是一个形式主义者，对于这种设计新颖的好期刊，放在眼前如案头清供，闲时总忍不住要动手摸摸。《作家》的封面，断然放弃了那两个著名的行草"作家"，（尽管这一点我还有保留意见）而以"Writer"代之，并将目录全部印上，这种纯粹以文字的变化来进行设计装帧，无疑给人以新鲜感。《山花》则更前卫了，居然在封面上挖去一块，对折成一片树叶形状，且露出卷内美术作品的冰山一角。内文版式上，《作家》除了彩印，除了图文并茂，还夹有一部分的牛皮纸，在这个部分里装着"金短篇"，与"诗人空间"、"作家地理"以及"作家影记"等。《山花》依然保持着半年前革新的形象，以四个彩版开辟"美术前沿"，并在着意留出的页眉空间里作出进一步的展览。这与"自由撰稿人"、"文体实验室"等栏目构成了一种互文性，相得益彰。《山花》自介绍"前卫美术"以来,我就很注意,有一种大开眼界的感觉。我个人的看法是,这是另一种朝气蓬勃的文本,画家作画的过程也就是写作的过程,他要表达的是自我,是自己眼里心中这个世界的精神本质。在这里,手法似乎已经变得不重要了,重要的是创作者的体验。但是据我所知,也有人对这种作品表示异议,说把中国人画得很不好看,甚至以为画中的裸体成分是犯禁的依据。这我就困惑了,这不该是今天的声音。

1999年,我曾给《作家》写过一段话:优秀的文学期刊是襟怀坦白的。她必须向社会坦言自己的文学主张,并以负责的态度和一贯的实践履行诺言。

我还不习惯关于文学期刊"几大名旦"的表述。在我看来,一份刊物最为重要的是谁来办,如何办,倡导什么,重视什么,支持什么,应该让人一目了然。这就是旗帜鲜明。作者与读者会根据自己的喜爱做出判断,确定为她写稿还是掏钱购买。譬如我上述提到的《作家》和《山花》,既有一贯的立场又有更新的创意。但是也还有另一种期刊,她的样式变化甚微,而以内在的功力参与竞争。譬如地处商业氛围浓重的广州,却意外地诞生了一份出色的期刊《花城》,就是以多年来对先锋文学不遗余力的支持赢得广泛的尊重的。精髓的积淀就是经典。以一个作者的角度,面对一份优秀的期刊,我没有任何理由不把自己满意的作品交给她发表。这就如同恋爱,总是双方面的事。

2000年1月20日　合肥寓所

我看《秦桧传》

韩西山先生曾是我的一位上司,但我似乎从来没有拿他当官看待过。我在机关谋生的那几年,闲暇时间经常和他一起说些个人爱好的话题,就是文学。他喜欢研究古典文学,而我喜欢小说写作。我们有一个共同点,是对学术以及学术精神的尊重。这在我接触过的一些官员中是不多见的。事实上韩先生本身的素质在我看来应该是一位学者,他的专长不是政治。我私下曾为他弃文从政而感惋惜。他本该在年富力强之时确立自己作为学人的形象的,而不必把很多值得一做的事留到卸任之后,因为他在古典文学尤其是在两宋文学方面有着很深的造诣。几年前我就看到过他关于南宋词人张孝祥的两本专著。最近,韩先生又送来了他的新著《秦桧传》(上海古籍出版社 1999 年 9 月版),以我的孤陋寡闻,这是我迄今看到的国内第一本关于秦桧研究最为完备的专著。

民间对秦桧的印象无非是说这个人是南宋时期的一个奸臣,其主要罪证也就是他陷害了忠臣岳鹏举。西湖的岳王坟前至今还跪着秦桧与妻王氏的铁像,那副著名的楹联"青山有幸埋忠骨,白铁无辜铸佞臣"家喻户晓。但是关于秦桧的话题似乎到此也就打住了。所以韩先生花了五年的心血得以完成的这本《秦桧传》,便给我们提供了一个了解秦桧其人的好机会。为秦桧这样的奸臣作传无疑是个大胆的尝试,也是个有益的尝试。之于学术界,禁区也罢,空白也罢,我以为都不重要。我愿意看到的,是秦桧作为一个人的历史。我觉得韩先生之所以选择秦桧来写,是这个具体的历史人物身上有着很复杂的因素,集中反映了至今仍值得我们深思的问题,我想这应该是韩先生的本意。他开篇就作了这样的表述:"秦桧作为一代权奸,并不是与生俱来的……靖康之变,他反对割让三镇,力主抗金;他反对册立张邦昌为帝,上书'请存赵氏',因而被金人拘徙北国。然而，他只有善始，没有善终，不能像那些忠臣义士一样，在囚徒的生涯中使自己的精神升华，保持民族气节；相反，却心甘情愿地为金人充当内奸，沦为民族的败类。"于是"追溯一下这个民族罪人的行迹心路"便成为了韩先生这本书的纲领。

《秦桧传》作为一本具有学术价值的评传，着重评说的是秦桧入仕以来的"行迹心路"。宋徽宗政和五年，年仅二十五岁的秦桧进士及第，从此步入仕途。但真正对他日后发迹起关键作用的，是他在此间娶了宋神宗时当过宰相的王珪的孙女为妻。这无疑是一条升官捷径。可见官场的攀龙附凤古已有之，不过于今尤盛罢了。秦桧在宋高宗时两居相位，其经历的沉浮曲折却颇可玩味。在我看来，所谓行迹者，即是秦桧其人的为人为官之道。而心迹，则不妨看做那个时代社会政治风云在秦桧心目中的反映。这中间存在着一个环境与人的关系。政通人和的时代会孕育高风亮节的人格，反之，腐败无能的政治气候便是培养卑鄙奸人的温床。南宋时期，在宋金对峙中，秦桧是主和派的代表，他的对手便是主战派。譬如他先是在与吕颐浩的较量中倒台，后又利用主战派之间的互相倾轧东山再起，继之以莫须有的罪名将像岳飞这样的精忠报国之士陷害致死，这些经过作者据史实而判断，寓评论于叙事，且富有文采和激情的表述，看来都不禁触目惊心。我们从中不难看出政治的黑暗与官场的肮脏来。

中国的文字狱始于秦，至汉唐，由于宽松的政治环境，很少出现以文字制人罪的事。有宋一代，为了加强中央集权，文禁森严。北宋后期以王安石变法为背景的"乌台诗案"，便是历史上著名的一次文字狱。但这个案件的著名主要是涉及了独步当时文坛的大文学家苏轼，牵涉的面并不广。"而在秦桧专国时期，所制造的文字狱，其数量之多，株连之广，手段之残酷，在历史上都是罕见的。"——《秦桧传》在这方面的研究可谓史料翔实，评述有力。从"孟忠厚辞表案"到"胡铨再贬诗案"，从"李光私作小史案"到"程瑀《论语说》案"，件件听来都骇人听闻。而作为宰相的秦桧则堪称是制造文字狱的元凶。也还是这个秦桧，在一面大兴文字狱的同时，却指使其子秦熺纂修《高宗日历》，且肆意销毁档案，篡改历史，企图把自己以往的劣迹一笔勾销。然而正如鲁迅先生所言，血写的事实是墨写的文字无法掩盖的，南宋的历史上流芳百世的还是岳飞，遗臭万年的还是秦桧，这便是历史的无情。当初大权在握的秦桧，也许没有料到自己身后竟遭到历史如此的唾弃，罪孽殃及子孙后代，以至于很多年后一位秦姓的人前来西湖凭吊岳坟，发出这样的伤心感叹："人于宋后羞名桧，我到坟前愧姓秦。"

历史的发展不以人的意志为转移，这句话还是真理。

2000 年 3 月 21 日　合肥寓所

流浪的艰难

春节期间，朋友从北京给我寄来一本书。电话里说是一次推荐，希望我能看看，因为在这位朋友看来，我应该是喜欢这样的书的。这本名为《吉普骑士》的游记，出自一位叫做吴苏宁的男人之手。我不认识这位吴先生，从"作者简介"上，只知道他生于1953年，1985年毕业于中国音乐学院，先是在福州从事音乐工作，后又到日本留学六载，现在中央戏剧学院戏文系高研班学习，著有几册诗词集，也还担任着几个民间职务。显然，书的作者有着较为特殊的履历。

我是一个喜欢看杂书的人。但是我对当代的一些游记却不太感兴趣。其一是这些游记里过多的对自然风光的迷恋，有大量的形容词夹在中间；其二，这种游记大都千篇一律的平庸，看不出独到的体验。由于这样的心理与陈见，使我在一段时间里把《吉普骑士》束之高阁。直到最近，寄书的朋友又来电话，询问看了没有？我才迫不得已地把书打开。我不是一口气读完这本书的，不是因为书写得不好，而是我手头的杂事太多。但是，就凭这零碎的阅读，它最终还是给了我震动。像珠穆朗玛峰下的那一幕，便至今让我难以忘怀。吴苏宁的笔力或许还有限，但他的真诚是饱满的。他的体验与感情也是真实的。所以我认为，这不是一本旅行者的游记，而是一个流浪者的倾诉。这个叫吴苏宁的男人驾着老式的北京吉普，走南闯北行程十万里，创下了三项吉尼斯世界纪录，不是一般人所能达到的。我之所以称之为流浪，是因为十万里行程的历经坎坷，除了风餐露宿还时有常人无法抵御的灾难袭击。翻车、遭劫、被盗以至于差点丧失性命，吴苏宁的旅途充满着凶险。但他无怨无悔，他坚持住了，挺住了，并且把他经历的一切写成了这本近二十万言的《吉普骑士》，使我们感动。他的经历很能使我共鸣。这些年来，我一直过着一种

"在路上"的生活，我也曾从南中国海边跑到中原黄河边；也曾遭遇过车祸与打劫，但是与吴先生比起来，我的漂泊还是闲适有加，我开的是高级轿车，走的总是国道，虽屡见盘剥，但没有危险。我是个天性懒惰的人，害怕吃苦，因此也就无法尝到苦中之乐。从这个意义上，我对吴苏宁是钦佩的。

吴苏宁算得上一个性情中人。他虽然身材高大魁梧，满脸胡子，但只要你注意看，就会从胡子里看出一种天真来。我喜欢并尊重这样的天真。这个世界聪明人太多了，虽然各有各的活法，但是活得乏味却是不争的事实。我想，乏味是人们活得太仔细了，凡事都是那么实在。譬如这旅游，最好首先得是公费，去的地方最好是著名的风光胜地；倘若不是公费，那就得精打细算物色一个既省钱又实惠的地方去玩，那么这种玩实际上就很辛苦。像吴苏宁这样汽车越野自助式的跋涉，不仅费钱又得吃苦，还要面对一路的危险的旅游，我看就没有几个人敢试了。但是吴苏宁认为这才是真正的旅游，他执意从危险中要浪漫，于磨难中出性情，他所得到的就不止是几项什么"之最"了，而是一个新的人生境界。他所要的仍然还是虚无，于是便有资格有信心继续天真下去，这好。如果我们多出一份天真来使自己活在虚无中，活在乌托邦里，活在梦里，那么我想，这个世界会可爱得多。

我喜欢吴苏宁那种凡事做最坏准备的处世态度，事实上这也是我一贯的态度；喜欢他的天真与无畏。这便是我读《吉普骑士》的一点感想，我还得说，如果这本书再版，我建议换一个名字，譬如《吉普流浪者》。尽管塞万提斯的堂·吉诃德是不朽的，但就对艰难的咀嚼体会而言，我觉得流浪者比骑士更有资格发言。

或者说，艰难只属于流浪者。

2000 年 4 月 7 日　合肥寓所

不能过去的往事

1988年夏天，我从北京参加一个会议回来，乘的是软卧。那趟车于傍晚时分由北京站开出，将于翌日中午抵达合肥。时值酷暑季节，软卧车厢配有空调，人感觉还是很舒服的。我是下铺，对面的是一位老人。他的衣着很简朴，模样像个老农。我便有些奇怪，那年月坐软卧是要凭什么特殊证明的，心想这老人大概有什么人在北京，否则是进不了这种车厢的。在老人的上铺是一个戴眼镜的、长相斯文的青年。这个人一上车就躺在床上看书，好像还是本英文书。那个老人呢，原先也是躺下的，却一直沉默着。这样半个小时之后，我便觉得有些寂寞了，便主动和那个青年说起话来。我就问他，到哪里？他说：合肥。我感觉他不是合肥人，就又问是出差还是旅游。他说：上学。他说他是从日本来的，到中国科技大学当访问学者。而且，他笑容可掬地表示自己的汉语水平有限，汉话说得不好，问我能否与他用英语交谈。我说：那就更不行了。我的那点儿英语早就还给老师了。青年听了我这句话表情有些尴尬。我这点幽默他显然没听懂。就在这时，对面的那个老者似乎是下意识地插了句：你们最好都别说。听口音他是安徽人。说完，这老人就沉着脸去了车厢外，以后就一直坐在狭窄的过道上。这让我有些不悦。列车是公共场所，旅行中的交谈应该是很正常的事，想这老头也真是太古怪了。

不过，即使老人不说什么，我们这个包厢也照样是沉闷的。日本青年后来还是看书，那位老人也还是坐在外面。我虽然进进出出，却因为无人交谈而十分无聊。不久列车停靠天津，老人下车站了一会儿，顺便从月台上买点当地的特产。夜渐深了，我感到有些疲乏，就随便找了张报纸躺下看，没多会儿也就睡去。等我醒来，列车已经抵达了济南。我走出来，看见老人又在月台上买特产。过了会儿，老人回到车厢，把那些特产集中到一只折叠的旅行袋里,又坐回了过道上。他的床铺还是整齐的样子,说明他一直未睡。我无话找话地问道:几点了?老人便亮出藏在衬衫下的一块"劳力士"手表,说:刚过下一点。我着实有些吃惊,无法对老人的身份做出判断,但我的好奇心更加增强了。我想我应该趁着他情绪好的时候同他聊上几句,就问:您是从北京探亲回来?老人说:我路过北京,回安徽舒城老家探亲。我是从那边来的。

我这才明白,他是位"同胞"。或许是从前的国民党老兵吧?我没敢问,只说:有很多年没回来了吧?老人说:四十年了。列车在这一刻开动了,灯光忽明忽暗地照在老人的脸上,但我还是能看见他的表情显得很复杂。他沉默了。我也不便再多问什么。列车在漆黑的原野上奔驰着,发出的声响却异常空洞而悠远。老人打了个哈欠,我便说:您去睡会儿吧,到合肥还有十个小时呢。

老人摇摇头,用很低沉的声音说:我头上睡着一个日本人,我不能睡在日本人的下面。

我心里剧烈地一颤:原来是这样!

这件事已经过去十多年了,却完整地保存在我的记忆里,一点颜色也没有褪去。很多次,它都从记忆的深处泛起。1996年10月,我在郑州看电影《南京大屠杀》。关于这部电影的拍摄起因,我从资料上了解到,最初是由著名美籍华裔学者牛满江教授倡议的。牛教授说,电影《红高粱》在美国上映时,某些美国人对片中"剥人皮"的情节感到惊怵,甚至以为这纯粹是艺术虚构。于是牛教授便觉得有必要拍一部揭示当年侵华日军"南京大屠杀"暴行的影片,以正视听,遂多方奔走,促成此事。那一天,郑州的天空阴晦得很,还下着小雨。我原以为能看到一部使我内心震颤的片子,可是结果却非常失望。一部长达两个多小时的电影对人的影响力却不及几张记录日军暴行的旧照片。侵略者屠杀三十万无辜的中国人的血腥事实,几乎只当做一对中日夫妇悲欢离合故事的背景!我不明白编剧为什么要这么写?我不明白导演为什么要这么拍?我们到底需要什么样的民族感情?

还是很多年前,我在大学读书时,看到日本的电影《人证》。那里面也有"民族感情"。日本的便衣到美国办案,无意中发现美国的工作搭档曾是一名当年麦克阿瑟时期的占领军。于是这个日本人拔出了手枪，击碎了镜中的美国佬——这是日本人对美国人仇恨，恨得有理有节。我们呢？我们拍的究竟是"南京大屠杀"，还是"理惠子蒙难记"？我们为什么总是以"友好"来抵消仇恨？

　　现在我写这篇文章的时候，日本的右翼分子正在我们的钓鱼岛上兴建标志与神社。这个消息我还是从香港的"凤凰卫视"上得知的，不能不感到惊讶！事实上，现在日本政界的一些家伙对发生在半个世纪前的那场侵华战争，从来就没有过明朗的检讨，而总想将那一页历史篡改或遮掩过去。这几天，香港的市民们每天都在游行示威，而内地的媒体却一律保持低调，很多人还不知道发生了这件事，就更谈不上别的什么了。我感到羞耻与悲愤。十二年前夜行列车上的那一幕又一次浮现在我的眼前，仿佛伸手可触。我敬重那位陌生的老者，他那句"我不能睡在日本人下面"让我感到了中国人的尊严。那一夜，我陪着这位"从那边来的"老人在列车过道上坐到了天明。而现在呢？难道我们面对日本人的挑衅永远只是外交辞令的"表示遗憾"？

　　以色列人把从前希特勒发给他们的蓝星袖标——这个耻辱的标志，放大，成为今天的国旗，就是要让他的子孙后代牢牢记住那段血腥的历史，就是要告诉整个犹太民族，战争与和平、耻辱与尊严从来都是连在一起的，决不允许将其割断！

　　一个民族如果连表达仇恨都那么暧昧，无疑就是这个民族的衰败与堕落！

2000 年 4 月 16 日　北京天坛之侧

光着脚丫上路

　　1984年第1期的《北京文学》是"青年作者专号",头条是《星星》,二条是《教授和他的儿子》。两篇作品都是自然来稿。到了这年的10月,《北京文学》在西直门外的上园饭店召开小说笔会,应邀出席的除了一些已经成名的青年作家外,还特地加上了两个无名之辈,就是上述两篇小说的作者:余华、潘军。分别来自浙江的海盐和安徽的安庆。

　　这已是15年前的事了。不过一些事我还是记得很清楚。负责那次笔会的是已故的周雁如和如今担任着领导职务的陈世崇,具体奔波的有李志、陈红军,还有刘恒——他当时好像正在上电大,业余已写了不少小说。笔会期间有许多找上来的活动,譬如一家著名的期刊召开创刊多少年的座谈会,知名作家便受到邀请;譬如一些记者来会上,知名作家便要接受采访;譬如文学界要人来看望,知名作家便受到接见什么的。这样我和余华就显得轻松了,没有人答理我们,我们便自己玩。好在还有《北京文学》的朋友陪着。有天晚上,余华喝醉了,吐得一塌糊涂,当时边上就只有我在。我给他倒了杯水,说了些安慰的话。我说我们是从自然来稿里淘出来的,说明我们的小说写得还可以。我们肯定还会写得更好。

　　不久,余华在《北京文学》上发表了他的早期小说代表作《十八岁出门远行》和《西北风呼啸的下午》以及几年后的《现实一种》,我则在1987年发表了《白色沙龙》——这应该是我的写作生涯的真正开端。这篇小说一年前投给了《人民文学》,压了很久还是退了。当时这家编辑部正为马建的一篇小说头痛,改组换血什么的。《北京文学》是我早期创作的主要园地,所以这些年来我对她是怀有一份特殊的感情的,仿佛我的初恋。我现在说起这段往事,是想表达我对过去那段时光的怀念。

我不知道现在是否还有像《北京文学》那样从自然来稿中发现作者的刊物。

1998年，我来北京拍一部"电视电影"，一天下午，我和余华在民族宫见面。之后又去一家叫做三味书屋的茶楼喝茶。闲聊中我们便说起了那次笔会。说起与会的一些作家的情况。余华对我说，几年前他曾碰上当时与会的一位知名女作家，对她说起这次笔会，说我们认识。那女作家便很惊讶，说她记得这次会，但实在不记得在这次会上有余华。她当然也不记得你潘军，余华这样说。

我觉得这很正常。去年冬天一位批评家到合肥做我的访谈，说有一段时间我似乎消失了。他说：不知是你潘军遗忘了文坛，还是文坛遗忘了你潘军。我听了很高兴。对于一个写作者，需要那么热闹吗？毕竟作家还不是明星。我之所以写作，是因为我喜欢这门手艺，这是唯一的理由。我把自己视为职业作家，这种人应该是为欲望而写作的。写作是他的宿命。从事这一行很像跑一场马拉松，起跑的时候都很热闹。但坚持下来的人就不多了。有的人起跑时穿着进口的运动服，蹬着进口的跑鞋，甚至还有类似"亲友团"在为他敲锣打鼓的壮行助威，但这不等于他就能一路领先。而另一些人可能光着脚丫子，但他坚持跑下来了。我曾经说过，如果说一个作家有什么野心的话，那么这野心就只能局限在一张纸内，而不要跑到纸以外的任何地方去。大家知道安徽有个严凤英，是因为她的黄梅戏唱得好。而不在于她是否当过三八红旗手或者政协委员。所以我坚信，一个作家只能活在他的作品里。

2000年5月2日　北京天坛之侧

麻将之所以好玩

我玩麻将始于1989年的秋天，想想也有十多个年头了。那个时期的我，既不想写作也不想看书，无所事事，时间忽然溢了出来，就想到了学玩麻将。似乎有一种天赋支配，我仅在友人家中接受一次指点，就深得其中三昧。那一次友人向我传授的是很复杂的传统麻将，计算小番，有多种的组合。譬如幺头将头、边张卡张、单吊平和等等，都有计算；更不论一条龙、清一色、三元四喜了。那一年春节我回故里省亲，我父亲把麻将算番分门别类地拉出了一张单子给我，我很快就记住了。由于这个底子打得好，以后在外面遇上牌局，都觉得极为简单，所谓"曾经沧海难为水"。无论是上海的还是广州的，北京的还是南京的，湖南的还是湖北的，都不例外，自然是应对自如。我记得有一回去南京，在从前苏童住的那个教堂式的老楼上交手，依的是南京的规矩，没几个回合下来便满载而归。前不久，我和肖建国、田瑛、宗仁发在北京相聚，当晚就上桌，照湖南的套路干，结果是两个湖南佬大败，我与老宗各有斩获。我自己曾刻有一方闲章，曰：江北一把刀。张扬的就是麻将场上那种杀遍天下无敌手的豪迈。

1992年我写《爱情岛》，其中一段就叫"麻将心理"。读过这篇小说的人差不多都说看得不知所云，但对这一段评价极高。一位朋友曾这样对我说：真不妨可以看做麻将文学的经典之作。

有一天我忽然想起，好像除了读书写作，还没有一样东西能使我如此废寝忘食。所以梁任公讲得好：只有读书才能忘记打牌，也只有打牌才能忘记读书。就其过程的愉快，二者完全可以相提并论。麻将为什么这样好玩？我琢磨着至少有这么几点——

一曰民主。麻将首先讲的就是充分民主。参与者四方既是战斗员又是指挥员，既要制定政策也要落实政策。是点炮包还是三家和，清一色算五番还是十番，都得民主评议。而不是现实生活中的，政策总是来源于上，我们这些平头百姓只有执行的份儿。

二曰平等。上了麻将桌就实现了平等。无论你是什么身份，什么角色，都一样。你是厅长不等于你总能赢，你是科员也不等于你就是输。麻将桌上无老少，更无等级，在这张桌子上没有欺压也看不见剥削。

三曰自由。怎么打完全由你自己说了算，不需要看别人的脸色行事，爱怎么打就怎么打，全凭高兴，不碍他人的事，自负其责。这是绝对的、充分的自由。

四曰矛盾。这是麻将的乐趣关键。你既要与三方为敌，又要期盼着三方来成全自己；既要卡住下家又要蒙混上家，自始至终把你置于两难的境地，不失为一乐。

五曰希望。麻将的魅力，除了具有天然的进取机制，还在于具有一种永远的可能性——它总给你希望，而且让你觉得这希望近在咫尺，仿佛唾手可得。即使你今天惨败，回去之后你也照样能做出一个大获全胜的美梦——明天难道我还会输吗？这就是鞭策，是激励。

麻将之所以好玩在我看来就在于以上五点。因为这五点是我们生命中一直向往的，同时也是很难得到的东西。然而我们却能在一张桌子上将其全部实现。

打麻将也是有其规矩的。其中最为重要的，是参与者的身份和素质。必须是和朋友一起玩，而且必须是较真儿而不翻脸、狡猾而不作弊的朋友。要不就不好玩了。麻将桌上要有赢得飘逸、输得潇洒的气度，切不可将人也一并输了出去。那种人，我是不屑为伍的。还有一种人过于认真儿，打得兢兢业业，出牌慢得让人喘不过气来，这也令我着急。因为毕竟还是一个玩儿，不是做学问，认真过了头便失去了乐趣，是"异化"。梁实秋称赞徐志摩的牌风是"手挥五弦，目送飞鸿"，这八个字可以视为我的准则，为我欣赏。只可惜我们生于两个时代，否则我是一定要与这位老徐会会的。

2000 年 6 月 12 日　合肥寓所

一种状态的呈现

老何来电话说,明年的"联网四重奏"计划集中介绍网络作者,嘱我写一篇所谓的点评文字。我答应了,于是黄祖康便 E‐mail 过来这篇《三里屯的编剧》。祖康是凌晨两点做这项工作的,他说贵州地偏,只有这样的时候信号才无障碍。

我不熟悉作者"心乱",但文中的那个三里屯我是去过的。那是北京很著名的一个酒吧区,是一块梦醒时分的风景。而更巧的是,我几次去三里屯,都是与影视圈的朋友结伴。所以读《三里屯的编剧》,我似乎还有一点亲切感,尽管我这个年岁已经难以企及"飞点害、戏点果"的目标。我感兴趣的是这个短篇营造了一个特别的氛围。通过"夜夜"酒吧这个窗口,我们看到的不是一个规范的故事,也不是一片雅致的风景,而是一种独特的生存状态。对这样的作品,无须去做道德上的判断,然而你会觉得有意思。特别是小说里那一对旧日相好的邂逅,那种"过来人"的愁肠千结,看过让人还真的有点心乱了。倘若小说就写到这里,可能觉得不够饱满,但我以为它的张力会更好一些。因为故事之外还应该有一个空间,意思之上还会产生一种意味。我一贯的观点是:好的小说作者只能写出它的一半。但"心乱"接着写出了一个戏剧性的部分,它的出现使小说的氛围受到了损害。尤其是它的结尾,使我感到这个原本生动的场景突然变得离奇而虚假。这有点可惜,或许作者是以一个落魄的编剧眼光去作观察的缘故吧。近几年一些小说家在改变,似乎一落笔心里便有了一部电视剧的梗概,这固然可以取得实惠的可能性,但却是危险的,小说一经脱离叙事,那就纯粹是个玩意儿了。

北京人说话很好听,写出来也大都好看。当初王朔就是凭借这个优势抢滩的。但是北京口语的魅力不等于就是小说的叙事,小说有小说的话语方式。某种意义上，小说的意思是叙述本身的意思。如果这篇小说在技术层面上少点问题，或者里面再多一些像"天真烂漫地堕落着"这样的句子，我想会更有看头。

  网络作品是个新鲜的东西，目下还属于时尚。它的诞生自然会给阴郁的文学带来快乐和虚幻的自由。不过我历来认为，网络作为一个载体，它的功德是使一些具有写作天赋的人袒露激情，直接公开自己的作品，找到读者，从而绕开传统的编辑部或者出版社。但是我相信，这只是一个开始阶段，"绕"也是暂时的，最后它们还会像鸟一样落在纸树——期刊和书籍上。这好比 BP 机虽也有记时的功能，但大家总还是希望能戴上一块手表。

2000 年 12 月 9 日

安徽何以不能成为"文化大省"?

去年我到杭州，朋友们相聚一堂。席间一位作家朋友说，你调到我们浙江来吧，我们浙江是文化大省。朋友的眉宇间绽开着自豪，确实，近代文化史上，浙江出了鲁迅、蔡元培。但朋友或许忽略了我是个安徽人，于是我说：我们安徽可是出过陈独秀、胡适的。如果没有陈独秀主办《新青年》，鲁迅的《狂人日记》往哪儿发呢？这当然是有趣的抬杠。上述四位文化大师，在近当代的中国历史上可以说是比肩而立，但在浙江的地头上，我自然要维护一个安徽人的荣誉。10月，我从南京书市回来后，又去了故乡安庆省亲。一个阳光明媚的上午，我在友人的陪同下前往拜谒了坐落在安庆市郊怀宁县境内陈独秀先生墓。先生的墓陵，几经修葺，这是最近的一次。和以往相比，新的墓陵显得比较华丽。工程尚未完工，几个民工在用混凝土浇注墓冠。但是我不希望这种安排，因为混凝土的浇注似乎暗示着对独秀先生的盖棺论定。其实，对陈独秀的评价，我认为只是刚刚开始，至少，我们忽略了他作为一代文化大师的历史地位。除了参与缔造中国共产党和历任五届中共的总书记，仲甫先生在五四新文化运动时期，用毛泽东的话来说，是总司令。先生的道德文章堪称一流，先生的诗词书法也堪称一流。80年前先生的《敬告青年》，在今天看来还是意义非常。我在简陋的"陈独秀纪念馆"里目击了先生的手迹复印件，深感其颇得王羲之真传。

那个上午我的心情后来变得复杂。我在墓前伫立良久，就想，安徽为什么没有提过，我们也是文化大省呢？当然提法是简单的，问题是我们怎样让人相信这个提法。现在一谈安徽的文化就是黄梅戏。说黄梅戏是安徽文化的窗口，是安徽文化的特色，这种提法固然也不算错，但显然过于简单也过于省事。其实就是黄梅戏，她的辉煌时期还是《天仙配》和《女驸马》，我们几十年的辛苦却并没有使这个剧种得到真正的发展。文化的建设不像盖一幢大厦，只需资金到位便大头朝下了。文化发展依靠的是积累，而积累就意味着坚持不懈地努力。这种努力是多方面的，政府需要重视，社会需要关心，文化人需要实干。这样才不至于让我们丧失作为文化大省的氛围。文化不是个门面问题，她影响到这个地域的人文精神和气质。这些年我经常在北京做事，感觉中似乎一提到安徽，人们想得多的还是贫穷和洪水，令我很不舒服。再就是，我们通常意义上的重视显得狭隘，不是追加经费就是给某个做出一点成绩的人封官许愿。其实我倒觉得还是应该去扎扎实实地做几件事好。浙江作协前些日子组织了作家到监狱体验生活，活动的名称叫"警官三日"。一位参加这项活动的作家后来在电话里对我说，他的感触很深。浙江每年安排作家进行两次出境文化交流和国内的互访，去年去了台湾和澳洲。相比之下，安徽则显得冷清了。当然一个作家的创作并非需要热闹，但是他需要来自方方面面的安慰。安慰是无形的，但是能够温暖人心。这就像一个热情好客的主人，家境清贫也无妨。

有人说，安徽留不住人。拿什么留呢？我想真正的文化人并不在乎政治上的地位和物质上的既得利益，他内心需要的还是一个文化氛围。同样的人同样的事情，放在不同的环境里，氛围是不一样的，效果当然也就异同。譬如在上海的里弄里，谁家的孩子挣了多少钱没有人议论，但谁家的儿女得了博士或者出了著作，那将会引起普遍关注的。这就是一个观念问题，它反映了上海人的价值取向。所以上海人多年来轻视"乡下人"，他不嫌你怎么穷，但是他看不起你没有文化。

安徽每年都有许多的大学生，升学率很高，但是一个问题突出地摆在眼前，就是这些考上大学的青年，出来后便基本上销声匿迹了。很难在他们中间出现出类拔萃的人才。这说明安徽的学生适应的还是传统的应试教育，缺乏创造力，而一个人得以成才的主要条件就是你的创造力。我们喊了多少年"解放思想，转变观念"之类的口号，实际上，我们既没有文化上宏观上的战略思考，也没有微观上的脚踏实地，因此口号最终还是口号。如此下去，局面可想而知。一个新的世纪已经站到了我们的面前，在新的世纪，作为一个由安徽这方水土养育的作家，我希望能在世界的每个角落都能听到一个声音：中国的安徽是一个文化大省。

2000 年 12 月 21 日　合肥寓所

是使命，也是日常生活

1974年我高中毕业，正好赶上应征入伍的机会。但是母亲明确地对我说：你不要报名。在沉默过一阵之后，母亲又说：你和别人不一样，你父亲是"右派"。你只能靠自己。

不久，我去了怀宁县的平山公社当知青。记得去公社报到的那天，我的手臂上还戴着悼念外祖父去世的黑纱。第二年秋天，公社通知我去刚建成的平山中学代课，每月十八元。在当时这可是一件很了不得的事，因为我不仅可以养活自己，还能够补贴家用。那时我们家六口人，全凭母亲六十几元的月薪支撑着。最重要的是，代课使我免去了田间地里的劳作之苦，而且有时间看书作画了。然而好景不长，我只教了一学期的书，便被重新打发回了村里。后来我才知道，当初让我去代课是公社书记的决定，他是我父亲的朋友。而现在，新的书记来了，自然需要把他的熟人安排进来。这已是二十五年前的事了，但在我的记忆中却一点没有褪去颜色，因为它让十八岁的我懂得了权力在中国社会的作用。

1998年，我开始写作长篇三部曲《独白与手势》。在第一部《白》中，有以下的表述——

> 当一个人无法接近权力时，唯一能行得通的便是远离权力。权力左右你的前途与命运，这固然是无法忽视的存在，但仍然还存在着权力控制之外的另一种前途、另一种命运，那便是你的创造。正如农民创造粮食、母亲创造生命一样，权力是剥夺不了的。尽管权力可以扼制、限制你的创造，但创造本身的力量足以能同权力抗衡。没有一种权力可以规定音乐的具体性，因为旋律的形态是抽象的；也没有一种权力可以控制竞技的规则，所以体育比赛的魅力在于与

生俱来的公平；更没有一种权力可以改变季节的更替、自然界色彩的转变。权力可以消灭生命，但消灭不了生命的辉煌。二十多年前，我就悟出了这一点。我的生命在于我的创造。这便是我的世界观。我朴素地信仰它，就像信仰阳光、空气和水。

还是这一年，有一天我路过公社的废品收购站，看见工人在搬运那些潮湿发霉的旧报纸。忽然一张报纸自我眼前划过，我的视线立刻被它牵引而去。这张注明1957年5月27日的《安徽日报》，副刊版上刊登着我父亲的一篇两千字的小说《菱塘新歌》。几年后，当发配巢湖原籍劳教的父亲带着满面憔悴和半头灰发归来时，我才知道这是他一生中唯一发表的小说。我诧异的是，这张比我的年纪还大半岁的报纸，竟在十八年之后于一个穷困的乡村和我相遇！那个瞬间，我感到了空前的肃穆。我想，这或许就是上帝的启示吧，他需要让我明白：一个梦想必须由两代人去实现。我清醒地意识到，我的终生选择已经完成了。所以，文学对于我是一种神圣的使命。我注定今生会为写作呕心沥血。但是，对于一个职业作家而言，写作也是他的日常生活。写作是门手艺，从这个意义上看，一个作家和一个木匠的存在价值并没有多大的差别。如果说还有差别，那应该是，优秀的手艺人自然会远离功利与实惠，他们为职业的欲望驱使前行。

我平生只敬重专业成就和专业精神。以体育竞赛比喻，我敬重冠军的成绩，也敬重最后一名的坚持。我轻视甚至鄙视那些什么都想得到的人。其实，这种看似的得到实际上意味着更多的失去。正如我们今天纪念严凤英先生的七十诞辰，是因为她是个好演员，一个在黄梅戏表演上作出杰出贡献的艺术家，而不在于她是不是政协委员或者三八红旗手。同样，一个作家的生命也只能浇注在他的作品里。信息传媒时代的一大遗憾，是专业标准的失落。媒体上活跃的各类的明星，未必真是什么上等的货色。曾经有位记者对我说，以前人们普遍相信的一句话是，只要是金子就会发光，而现在是，是金子未必会发光。因为金子总是埋在土地的深处，浮躁的社会只重视在地表发光的东西，譬如玻璃碴和易拉罐。这话显然不错，但我还想补充一句：埋在地下的你是否还相信自己是金子？如果相信，那就无须等待什么来加以证明。

一个新的世纪已经走到了我们的面前，对我而言，本世纪的最后一天与新世纪的第一天没有任何区别。它不会改变我的任何方式。1999年，我曾在《北京文学》的"世纪留言"中这样写道——

> 我喜欢这样一句话：历史的发展不以人的意志为转移。这表明任何人在历史中的作用都是微不足道的，历史不相信历史中的英雄。就像如果没有爱迪生，地球上也将不会是黑暗的，一定会有另外发明电的人物出现，因为历史已经到了电该出现的时代。
>
> 所以我会一如既往地等待着，同时做自己该做的事。

2000年12月20日　合肥寓所

约 会

朋友有电话来，要我以约会为题作文。这个话题如今怎么看都不是我身边的话题。从前学着谈恋爱时，倒是很亲切的。每有约会，总是心如鹿撞坐立不安，期待着那种"月上柳梢头，人约黄昏后"的情形。约会和邂逅不同。前者是有备而来，后者却是意外相逢。约会自然需要事先做些准备，譬如把自己捯饬利索点，譬如给对方准备些礼物，譬如需要比自己的女朋友先到半小时。无论约会的地点在哪儿，那等待中的心情也自然是一直激动着的。那时的约会实际就是一种美滋滋的向往，心里以为自己将要约见的是天底下最好的姑娘。这类的约会在我这前半生中也出现过几次，但最为正式的一次，还是在大学里。那一次，虽然几经周折，虽然恪守必要的原则——譬如"有些事只能在结婚以后考虑"之类。毕竟最后还是导致了必然的结果。三年后，约会的双方经过法定的注册登记，成了夫妻。然而之后的日子似乎每况愈下了，十年一梦，终于还是以分手而告终。有时候我对自己调侃，觉得自己这前半生仿佛只做了一件事：先是挖空心思把约会的朋友变成老婆，再就是无奈之下把已婚的老婆还原成朋友。如今我们相敬如宾，但是约会已经不再。

我一直怀疑婚姻制度的合理性。在没有血缘关系的基础上去索取最高利益怎么看都是强人所难。我觉得也许将来会有一天，婚姻会实行合同制，完全可以由当事人根据实际情况进行签订、修改、续约或者终止。我有几个朋友，私下都表示对现在的家庭状况不满。问及原因，也都表示出一言难尽的感慨来。有一位对我说，其实她当初和现在的丈夫约会时就已经感觉到彼此之间并不合适了，但是她又不愿意就这么分手。我便有些纳闷，问她为何不分手？朋友说：我都跟他谈几年了，换一个人，又得约会呀什么的，也好烦人。再说，换一个又怎样呢？看来约会这种东西很容易造就人的惯性和惰性，就像一个人睡惯了自己的枕头。话虽这么说，但是据我所知，无论是男人还是女人，无论是婚姻中还是婚姻外，人对一种神秘的东西，譬如一次神秘的约会，也大都还是有一种向往的。几年前我写过一个叫做《和陌生人喝酒》的短篇小说，其中有这样的情节：一对自以为家庭关系牢固的准中年夫妻，一天下午临下班时，在机关工作的丈夫接到妻子的电话，说她有几个外地的同学来了，晚上不回家吃饭了。但是做丈夫的在这个下午也遇见了一个意外情况，他发现自己玻璃台板下面放了一张音乐会的票。在他看来，偷偷给他送票的应该是新分来的那个成天被电话纠缠的女大学生。于是，这个一直宣布自己这辈子只爱妻子的男人还是经不起这点诱惑，换上一件新T恤满怀欢喜地去了音乐厅。然而令他吃惊的事发生了，因为他看见坐在前面那个熟悉的背影并非女大学生，而是他的妻子。这个事实至少意味着，妻子在电话里对他撒谎了。这一瞬间，男人忽然感到自己十年的婚姻处处充满了疑点。他自然没有坐到妻子身边的那个空位上去，那个晚上，男人都在想一个问题：妻子身边的那个空位到底属于谁？他想不出，但有一点则是无疑的，就是决不可能属于他本人。妻子在期待谁呢？关于那张票，小说没有作出明确的解答，因为在我看来，送这张票有多种可能性。那个女大学生固然可以送，她的目的是开一个善意的玩笑，看看这对标榜模范的夫妻是否真的那么针插不进水泼不进？那妻子也是可以送的，她也许觉得和这种男人过一辈子不开心，倒不如让这个男人紧张起来，让他怀疑，让他不知所措。以致最后彼此之间的信任崩溃而分手。还有，故事中的男人也是可以这么做的，他自然是要对怀疑中的妻子进行一次试探，看看她对自己是否忠诚。总之，这个故事之外的故事更多。最后，这对夫妻还是分手了，他们一起吃了顿饭，还互相赠送了礼物。男人送给女人的是一块裸芯的机械钻石表，他对女人说：你要是这块表就好了，哪儿不对劲，我一眼就能瞅出来。女人的回答是：这有劲吗？我想女人的回答不错，是的，这有劲吗？

如今是否还有约会一说？我想即使有，那也和以前的内涵大不相同的。有一回在北京我问一位年轻的出租车司机，问他现在男女的事是否简单了？他说当然，连约会都嫌啰唆。他说男女的事以前怎么说都还是有些神圣，现在却连神秘都没有了。近日闲来无事，偶尔上网聊天。因为写过《重瞳》，故取昵称曰"霸王"，招呼大家好，问有人闲乎？无人理睬。于是在"霸王"之后加一"花"，成为"霸王花"，刚一露头，旋即就有多人盯上，似能感觉一张张热脸在我周围。网络虽为虚幻，没有什么性别可言，但人依旧是实在的人，自然也就有实在的气味。夜深人静之际，还是期盼着能有一次虚无的艳遇。倒是一次印象深刻，有一男士明知我的性别是男，也不退让，说：我们今天不聊女人好吗？我说为什么？他说：其实网上没有好女人，因为好女人是没有时间耗在网上的。接着那人又说：即使有，她们也是骗子。我想此君无疑是被人骗过的，譬如赴过多次这种未能爽约的约会。

前些日子，《中华读书报》电话采访，要我谈对高科技的看法。我说我是一个科盲，说不出什么来。但我倒是隐约有这样一种感觉，就是，高科技会使这个世界的距离逐渐缩小，但是人心的距离却越来越远。这样的时刻，我就期待着一次美好的约会从天而降。

2001 年 6 月 12 日　合肥寓所

漂泊是一种方式

有一次与朋友闲聊时我说过这样一句话：一个社会的发展需要市场经济，而一个人的发展则需要计划经济了。因为人生的始端与末端，是被人照料的阶段，自己管理自己的时间也就一万多天，我把这一段视作"有效光阴"。既然是自己管理自己，那么便需要一个切实可行的计划。譬如读书，总是应该作为年轻时候的主要任务的，而挣钱则可以延后。若是颠倒过来，该读书的时候你去挣钱了，那么你这一生的安排就会是另样。古人言三十而立，这之后便引出"三十不发，四十不富"，道理虽不高深，却异常平实。人生对于整个人类的历史，那只是其长河的一瞬，而之于个人，就是一辈子了。不计划，就会出乱子。

自己管理自己，说起来轻松，实际上这种人还是很少。今天的读书人大都还是上班工薪一族，人生最好的光阴交给了两个部门：单位与家庭。按理，这都是好归宿。成家立业，天经地义，凡人都向往，怎么如今会有白天在单位里混，晚上在家里闷的情形呢？于是便有了这样的一说：男人不回家。

是男人的天性决定他不肯回家？抑或这男人的家不值得一回？围绕这一话题，各有各的言说，或从婚姻质量，或从家庭气氛，或从工作的压力，或从竞争的需要，都可以找到理由。而我这里说的，则是另外的一个方面。那即是一个人的生存方式。一个人选择漂泊，最真实的原因，是他愿意追求一种流动的生活形态，其他的都是契机，譬如离异等。曾经有人问我：假如你在某一个地方固定下来，你还能写出这些作品吗？我说不能。因为我相信，对于一个职业作家，他的稳定是暂时的；倘若持久，那么他就会随着一种习惯滑行。这就像一个人睡惯了自己的枕头，稍作调整，他就会夜不能寐。有一次我去一所大学讲课，有学生递条子问：要是你事业上没有成功，你会为选择漂泊感到遗憾吗？我说不，我说：一个人最大的幸福莫过于人身的自由与心灵的自由，这与成功是没有关系的。按自己的意志去做自己的选择，我觉得是一种境界。

当然，在今天这种浮躁喧嚣的社会里，一个温暖的家怎么说都给人一种安慰。关于家的描述，古今中外有许多箴言。我记得我曾在一部作品里，对家也有这样的一句话：什么是家？家就是有屁都不用憋的场所。话虽显得粗俗，但意思却明白。我看重的还是一个家的坦诚与自由。但今天这样的家庭还有几处，那只有天晓得。

人生就是一种悖论。人，尤其是男人，不回家的理由总离不开"我可是为了这个家呀"，这话有一定道理。那些忙于社交应酬，那些忙于打通关节的彻夜不归的男男女女，目的不都是为了自己的家吗？但他们或许没有想过，这不回或迟回的"家"又能成为什么家呢？我一直相信，尽管时代一天天地现代化，而人的心灵则会一步步走近古典。我这些年的漂泊，也是有感慨的。出门在外，自然有许多的不便，譬如你在任何高级的宾馆里，就看不见一件自己熟悉的东西，更找不到一本自己的书了。更有甚者，你生病的时候，你躺在外省一个肮脏的病榻上的时候，你会怀念起家中的一切来。去年我在长篇小说《独白与手势》的第一部里，写下了这样的一段话——

> 一个人。最自由的是一个人，最孤独的也是一个人。最快乐的是一个人，最忧伤的也是一个人。一个人会孤芳自赏，一个人也会顾影自怜。一个人最无所顾忌，一个人也最惊魂落魄。一个人的时候最渴望有人与你耳鬓厮磨，一个人的时候也最厌烦听见另外的鼾声。最小的是一个人，最大的也是一个人。

这是一种刻骨的寂寞，它会让你心灵发颤。前些日子，我收到一个陌生人寄给我的一本书，叫做《吉普骑士》。这本书记录着这个人开着一辆吉普车饱经辛苦，游历祖国边塞的过程，写得虽然略显粗糙，但情感是真实的。后来，我在北京见到了这个人，他请我吃饭。我对他说了自己的看法，并建议他把这本书的书名在再版时改一下，改作《吉普漂泊者》。我说时代已经不需要堂·吉诃德，自然也无法诞生另一个塞万提斯。对于艰难的分享，一个漂泊者应该比一个骑士更有发言权。

有一个年轻的女人问我，什么时候成家最合适？

我说：当你切实感到两个人比一个人好的时候。

她又问：和什么样的男人结婚？

我说：和你最优秀的男性朋友。

她的第三个问题是：什么样的男人可以视为优秀？

我无言以对。

2001 年 7 月 12 日　合肥寓所

关于"第一系列"

年初,中国文联出版社和我商定,拟出版一套潘军"第一系列",即我的第一部长篇《日晕》、第一部短篇小说集《风印》和第一部随笔集《水磬》。这套书的策划者和责任编辑李珊利女士,是二十年前我在安徽大学时的同窗,但她只在安徽大学读了三个学期,就转学去了广州的暨南大学。这以后,我们就一直没有联系。因为这些年我处于一种漂泊状态,许多朋友都不知道我的具体位置。我从1997年起在北京做事,也没想到李珊利就在中国文联出版社工作。还是去年北京召开我的小说研讨会上,安徽籍的青年批评家洪治纲向我提供了李珊利的电话,从而促成了我们的联系。

李珊利是一个热情开朗的人,同时又很有原则性。她后来之所以要编我的书,并非我们是同学的缘故。她说她近几年一直在关注着我的创作情况,像《小说选刊》、《小说月报》上一转载我的小说,她是每篇必看。中央电视台的"读书时间"去年做了一期《潘军和小说》,她是无意中看见的,便立刻用电话通知在京的安大同学。由于李珊利的热心帮助,我在北京见到了几个同班的同学。这其中有以研究金庸小说著名的批评家陈墨和朱霞夫妇,有在国家审计署工作的姚汝杰和周维培。那次的聚会真让我高兴。

在和李珊利几次交谈后,我们才有了这个"第一系列"的策划。

《日晕》是我的长篇小说处女作,它的写作年代是1987年的夏天,那一年,我三十岁。当时我在安徽省委机关工作,写作完全是业余。但从发表第一篇小说算起,也已经有五年了。那个时期应该是我人生中比较艰难的一段日子,我的女儿萌子才一岁,刚萌出一颗牙。我记得在每天的《新闻联播》节目之后,我便提着一瓶开水,带上一条毛巾,再带上一盒清凉油，上办公室去写我的长篇小说。当时还没有空调，电扇也不能设置高速运行（怕掀动稿纸），热得难熬的时候就只能在脚下放上一盆冷水。我就这样赤膊挥汗地写了一百个晚上，完成了这部小说。《日晕》最初由我家乡安庆的刊物《满江红》连载过部分章节，1988年5月，全文发表于《清明》杂志。1989年12月，人民文学出版社出版了单行本，但在那个非常的年头，是没有人去看小说的，所以初版的印数还不足三千册。《日晕》的另一个版本是由台湾贯雅出版社于1991年出版发行的。事隔十余年，中国文联出版社再次出版这部小说，我不能不有所感慨。它让我缅怀那段逝去的艰难岁月，也让我看见了自己年轻的身影。

我以往的小说集，都是中短篇混合辑成的，这次我在自己全部的短篇里，精选了二十六个，编成自己的第一部短篇集。我对短篇小说这种叙事形式可谓情有独钟，因为我觉得这种形式最能见证一个作家的功力。在我看来，短篇小说不仅仅是因为篇幅短才叫短篇小说，而在于它的叙事方式和中长篇有着明显的不同。我曾经与已故的老作家汪曾祺先生讨论过这个问题，他的表达是：短篇小说有着特殊的叙事意识。他还以《大淖记事》为例，说当初有人劝他，再撑出那么一点，就是个中篇了。但他说，我意识里写的就是个短篇。而鲁迅先生的《阿Q正传》也不长，但它怎么看都是一个中篇的架构。1999年的《作家》杂志是个短篇小说专号，主编宗仁发约请了包括我在内的七位作家撰稿，并在小说之后附上一则"短篇小说创作谈"，我是这样写的——

  短篇小说首先是篇幅之短。因为这种限制，它的经营便煞费心机。我不认为这其中有内容浓缩一说，就像长篇也不是大量兑水的结果。短篇小说是个专有名词，这就表明它有自己的本性，或者说有它的意识所在。选择短篇这一形式不是因为要写的事情少，而是只能用这种形式来表达。

  传统中国画里有一种叫做小品的形式。小品不是缩小的国画，当然放大了也不是巨制。小品就是小品，要求的就是那么寥寥几笔，尽得风神。于是这几笔就要了命。八大山人、齐白石都是小品大师，他们的那几笔出了大境界，因此不朽。我觉得短篇小说多少带有这种小品的意味，只是发展到今天，成就不怎么样。鲁迅仍然是一块丰碑，他在有限中企及了无限，而且使汉语写作活在了小说之中。

老作家林斤澜先生在读过我的几个短篇后说，潘军的短篇主要手法是白描，白描是最基础的，但也最难。他还风趣地打了个比方，说一个好短篇的写作如同一次旅游，要边走边看，还要边走边站。我琢磨着，这"走"、"看"、"站"也是不容易的。

李珊利要求我为随笔集取一个优美的名字，她说："你最好取一个与水相关的名字，因为你在文章里反复提到过，你父母的姓氏——雷、潘，都包含着水。"这样，我在北京一个刮着沙尘暴的黄昏里，为自己的书找到了一个清丽嘹亮的名字《水磬》。大概没有一种乐器可以叫"水磬"的，但很多时候，我感到自己总能听见故乡那条皖河在月下的流淌之声，仿佛磬音。1999年，我着手写长篇三部曲《独白与手势》，一个月夜，我去了皖河的大堤上。这条属于长江支脉的河，唤起了我许多的记忆。我后来在小说里称她为"琴河"。1992年的清明时节，我离开合肥去了当时热火朝天的海南，如今在脑海中翻卷的是涛声依旧的南海，以及那海上的云。到了1994年秋天，我又去了中原重镇郑州，那是我与黄河的第一次亲密接触。所以这些年来，我的漂泊好像都没有离开过水。我想，北京也许不是我这只船最后的停泊地，我应该择水而居。

这套书编好后，李珊利又提出，由我来题写封面书名，并为环衬的扉页作图。她提出的要求是简洁而洒脱，我说：我只能试试看了。我有很久没有拿过毛笔了，不过那天倒是很顺利，不到一个下午，我便完成了，几乎是一挥而就。

2001年7月18日　合肥寓所

闲话足球

看过五届"世界杯"了,却没有写过一篇关于足球的文章。看过一届,人长四岁,想想,二十年就这么不明不白地给"踢"过去了。1998年的那一届,我是在北京的花园饭店看的。每晚看过,就与远在沈阳的洪峰通一次电话,彼此谈上几句。他是专家,曾著有一册风靡九州的书《一个球迷对中国足球的倾诉》。然而倾诉是一回事,中国的足球——男子足球踢不成气候是另一回事。1999年奥运会选拔赛,我还是在北京,正好《收获》的程永新来了,余华请客,吃过饭我们三人一起观看那场"中韩之战"。结果对方很快先下一城,我便拔脚就走,不看了。余华便责备我说:"怪不得中国的足球踢不好,像你这样的球迷太多!"我也认了。在回去的出租车上,我让司机打开收音机继续收听那场比赛,司机说:有劲吗?我说没劲,但我还是惦着那只球。

2000年"欧锦赛"不久就来了。这次我是从北京回到合肥的家中。自然是场场不漏地看。直到全部看完,一口气却还是不能彻底地顺畅,人也通宵失眠,当晚就想写篇关于足球的文章了。发明足球的人无疑是天才,他把人体最没有"灵气"的器官——脚——调动起来,去做一项天才的运动,这种寓奇异于悖谬的荒唐构思在经过百余年的锤炼后,便成了力与美的结合,赢得了全世界的尊重。足球之所以好看,是因为它不同于篮球、排球、网球,后者基本上是实力说话,而足球除了实力,还有一个运气因素。运气是什么东西?看不见摸不着,也无法传授与领会,但绿茵场上无时不在。某种意义上,是这个运气在主宰着足球比赛。这就是足球独特的魅力。它越发接近了人的天性——人总是崇拜偶然性、戏剧性的。

南斯拉夫和斯洛文尼亚那场球,后者在三比零领先的情况下,几乎没有人相信前者会起死回生。南斯拉夫人一开始就表现出那种漫不经心的傲慢，他们是输在心态上。在他们眼里，这不能算是一场国际大赛，只能算是南斯拉夫的国家队与斯洛文尼亚这个省队的比赛，后者差不多就是他们的陪练了。结果，斯洛文尼亚人恰恰利用了这一点，连中三元。很快，大牌的米哈伊洛维奇给裁判红牌罚下，眼看着南斯拉夫人要完蛋了。可是，正是裁判的严惩和扎霍维奇的得意忘形帮了大忙，激怒了这个巴尔干半岛的铁血民族的自尊心，他们如梦初醒地进入了比赛状态，他们的好运也从天而降，创造了七分钟进三球的奇迹。

再看荷兰与德国的那场球，整个就是前者压着后者打，大比分的差距使人们对从前的德国战车不敢再持有幻想了。他们过于老化，这应是不争的事实。可是呢，也许正是这样的大比分差距，既使德国人丢足了面子，也让荷兰队出尽了风头。但是，这一战荷兰人的运气太旺了，我总感到他们提前完成了使命似的。果然，荷兰人真的就走到了尽头。他们的好日子一旦过完，噩梦便立刻开始。他们又一次中途落马，与奖杯失之交臂。

在期待了四十四年之后，中国足球这一次终于走出了亚洲，进入了2002年的"世界杯"决赛阶段。这个期待时间与我的生命长度一样，但我却不怎么激动。这些天，媒体的位置几乎都腾给了足球，以及与它相关的人物。其中最为突出的，自然就是洋教头米卢蒂诺维奇先生了。人们称他作"神奇教练"。对这种称谓，我是不能接受的。刚刚结束的亚洲"十强赛"，我是每场都看，与以前相比，我感觉中国国家队现在的状况还让人放心。但我恰恰没有看出米卢先生的神奇之处。他的用兵布阵高明在哪里？我看不出。而且非但看不出，还时常为他的谋略私下里捏一把汗！看看与卡塔尔那场"多哈之战"吧，多么险，也多么不可思议。不过中国人习惯的还是成王败寇，无论怎么说，现在米卢带领的这支队伍是出线了的，于是他就"神奇"。于是就有记者专门为米卢先生立传了，一时间闹得沸沸扬扬。那书，我也是翻过几页的，感觉除了东扯西拉的溢美与无病呻吟的抒情，便没有多少道理，心悦而未必诚服。其实我想，如果我们冷静一下，便不难自问几个问题——如果这回不是日韩作为主办国，我们还会出线吗？如果是与伊朗、沙特分在一组，我们还能出线吗？我这样说，不是不希望中国的足球踢起来，而是担心我们被一种假象所迷惑，忽视了自身存在的问题。米卢的神话应该打破，他一点也不神奇，他不过是一个运气好过任何他的那些前任教练罢了。

中国的足球不能发展，或者说发展迟缓，原因是多方面的。其中最为突出的，我觉得是两点。其一是体制，我们现在的足球管理体制还不适应市场要求，年轻的职业联赛还很缺乏经验，没有营造出球市的优良氛围。其二，我们的足球界缺乏一种职业精神。所谓职业精神，就是抛开任何杂念，把生命融进足球的那种精神。就是为由足球欲望所驱使进行竞赛的那种精神。它远离了功利，却是巨大的无形资产。倘若丢失，那么起码的职业道德便滑到了堕落的边缘。最近发生的"黑哨"受贿事件便很好地说明了这一点。

离出征的日子不远了，我祝愿我们的队伍一路好走。我并不期待在未来的"决赛阶段"我们会有多好的成绩，我只希望能珍惜这次进入"世界杯"的机会，把失败的滋味带回来，加以咀嚼。那么，下一次我们也许是含金量很高地踢出线了。

2001 年 12 月 29 日　合肥寓所

对出版的几点感想

畅销书与常销书

　　一般说来，畅销书是一阵子的火爆。这里面有许多因素，譬如一个作家的社会影响力，像王朔和余秋雨；譬如作品的题材牵动大众，像《抉择》和《国画》；譬如依靠电视剧火暴的拉动，像《牵手》。还有媒体的炒作引导等。而"常销书"的情况则完全不同了，它主要是依靠一部分读者对作品自身的热爱，它不依赖于作品之外的任何因素，局面是自然形成的。畅销书是面对大众的，"常销书"永远只会针对一部分读者。这种读者是作家心目中的朋友，他们的沟通如同一次事先没有约定的空中握手。因为大部分的畅销书都是通俗的书写，读起来比较轻松；而常销书往往追求一种叙事的艺术，一般人可能会读得累一点。从这个意义上，我非常愿意成为一个"常销书"作家。

　　一部优秀的文学作品，它不可能是一阵风似的吹过。现在看来，已经有一些严肃的文学作品，由常销转为畅销了，譬如余华的《许三观卖血记》和莫言的《檀香刑》，都卖得不错。2000年《新周刊》可能是根据文学图书的市场占有与销售情况，评了一个"十大热门作家"，有痞子蔡、安妮宝贝等，我居然也名列其中，说明我的书在市场上反映尚好。但是，我还是认为这种情况是十分偶然的，卖得一般比较正常。有一次有记者问我，你与那些畅销书作家的区别在哪里，我说：我的书不可能一年卖出去二十万册，但可能会卖上二十年。

不要炒作但需要包装

我这里指的包装，是指把一本书做好，做得让人爱不释手。这里有一些专业性、技术性的问题。譬如封面设计、版式设计、装帧设计，譬如用纸的选择与印制的质量。去年，有七家出版社出了我十六部作品，今年又有几家要出。我觉得做得最好的是中国工人出版社的那套六卷本的《潘军小说文本系列》。而人民文学出版社的《独白与手势》，则由于用纸的选择不当，小说的"图画部分"处理得很糟糕。我那些图画本来就不是可有可无的插图，而是叙事的一个层面。这势必就影响了阅读与销售。花城出版社的《潘军实验作品集》，封面是出版方请我自己设计的，结果印出来后把整个色彩弄反了，看上去像一个什么文件的汇编。

以前出书，还顾及一个出版社的名头；现在一个作家出版自己的作品，除了商业上的考虑，还在于他是否相信你能够把他的书做好。书的品相已经比牌子重要了。我这次与广西师大出版社的合作，主要原因就是他们的书做得漂亮，庄重大方、简洁朴素。

所谓卖点与版本升级

我认为书的卖点只有一个，就是书的质量。其他的都是辅助性的手段。现在有不少书，未经问世便大做宣传，结果读者便有一种被愚弄的感觉。一些出版社最初兴奋无比，可是后来也常常因为退货而沮丧。俗话说"酒香不怕巷子深"，就经营上看，这个观点可能有点片面了。以前我们对待广告的态度是，只有卖不出去的东西才做广告。其实好的东西也是需要与人介绍的，但确实有一个度的问题。对一部严肃的作品，离谱的炒作会适得其反。

但在质量不错的前提下，还可以进行丰富。譬如，中国言实出版社新出的《古文观止》，除选用了清代金圣叹、吴楚材与吕思勉的精彩点评，还配了一些有关的资料图片，效果就很好。这方面广西师大出版社也做得很出色，他们把李泽厚的《美的历程》与周国平译的尼采，也配上相关的资料图片,图文并茂,印制考究,虽然价格不菲,但还是有喜欢这样版本的读者。我们似乎正在步入一个"读图时代",图书市场确实也存在着一个版本升级的问题。但升级应该是有理由的,不是莫名其妙的奢侈。

2002 年 1 月 18 日　合肥寓所

"世界杯"札记

爆冷的理由

"韩日世界杯"揭幕赛即爆出冷门：卫冕冠军法国队以0比1负于非洲新旅塞内加尔。几乎所有的人都认为，法国队的失利原因之一是10号齐达内的缺阵。这固然是对的。但齐达内的缺阵究竟是"因伤"还是面对塞内加尔这样的"弱队"需要"金屋藏娇"，这只有主教练勒梅尔清楚。倘是后者，他需要进行一次检讨。这位让我感觉颇像毛泽东的老人有站着看球的习惯，但手中少了前任雅凯的笔记本。法国队阵容最为壮观的历史时期应该是两年前的"欧锦赛"，由于成长起来的前锋亨利与特莱泽盖顶替了济瓦什与杜加里，这支队伍达到了空前的豪华。但是，现在的中后场少了德尚、弗兰科与卡伦布这样的有经验与能力的队员，那么，再加上齐达内的缺阵就很无奈了。如果不是塞内加尔的迪乌夫的多次越位，那么这场比赛的比分会更悬殊。

现在缺少齐达内的法国队如同缺少方向盘的汽车。可见一支球队是需要灵魂人物的。灵魂人物并非就是能进球的人，他是整个行动的组织者与指挥者。这样的人物在场，他具有亲和力，给人信任感，甚至是全队精神上的支柱。葡萄牙的戈麦斯能进球，但灵魂人物是菲戈。西班牙的劳尔也能进球，但西班牙缺的就是一个菲戈或者齐达内。最显著的是球星云集的巴西，他们没有灵魂人物。显然，6号德约卡夫做不了这样的角色。年龄的老化与个人技术的衰退总是成正比的。或许他有这样的心思，而他的同人却无这样的感觉。这是一种极其尴尬的局面。这样的情形也仿佛官场，指手画脚的人总是自我感觉很好，孰不知有多少人烦他。唯一的不同是，官场上没有教练，可以把那些无法信任的人及时换下场来。

自从若干年前10号球衣从贝利身上脱下后，就成了某种象征。10号球衣让人想起一连串绿茵场上的英雄，他们大多也就是球队的灵魂人物：普拉蒂尼、马拉多纳、莱因克尔、马特乌斯等。

一支劲旅的形成少不了灵魂人物。但可以缺少大牌球星。爱尔兰队在即将出征之前，将脾气暴躁的大牌球员基恩踢出，舆论一片哗然，队内却波澜不惊。他们在与喀麦隆的比赛中越战越勇，情形与法国队相反。由此可见，基恩充其量只能是个球星，不能算是一个"灵魂人物"。回想上届的决赛之夜，巴西队可谓星光灿烂，但那个夜晚的美丽却属于了法兰西。

地处西非的塞内加尔历史上与法国有着不解之缘，他们的球员大多是在法国踢球，某种意义上，这是一支"法国制造"的球队。而且与法国队相比，它拥有年轻、体质好等方面的优势，但法国人还是在骨子里看不起这支喝法国奶长大的球队，一旦交手就发现自己错了。一支队伍的战略可以临场调整，但球员的情绪是无法调整的，它一部分属于人的潜意识。因此我倒觉得法国队真的到了该输的时候了。他们还会输。

足球与运气

足球的魅力之一就是运气。尽管谁都在说"足球场上什么样的事情都会发生"，但足球场上决不会发生离奇的运气。即使杀出"黑马"，也不会跑出很远。所谓运气一说只存在于真正的对手之间，强弱之间是不会有运气的，只有势力。否则那就不是足球而是麻将了。德国队一片新面孔，虽然平均年龄达到二十七岁，不算最年轻的队伍，但与过去的"老牛破车"相比，他们还是完成了队伍的重建。8比0胜沙特出人意料，但是事先的胜负却不是悬念。

由此可以比照中国队。论势力，我们与沙特还有距离。中国队是在什么样的条件下，历史上第一次进入"世界杯"决赛阶段的，大家都看得很清。从竞技的角度看，客观上的便利使我们的进入缺少含金量。这是不争的事实。也就是在这个意义上，我始终认为米卢蒂诺维奇不是神话，他倒是个运气好的教练。他也是一个很会做广告的巴尔干人。从几场热身赛看，我们的首发阵容与排兵布阵无一不是想赢的，问题是我们赢不了。而事后的解释却说只是热身而已，这不诚实。赢不了的理由很简单，我们的势力与对手差距很大。可我们的某些媒体却还在那里吹嘘"打进十六强"，甚至"打进八强"。这种一腔热血却不切实际的歌颂只会增加球员的心理负担。我自然也希望中国队能赢下一场，或者能得一分，或者能进一球，但情感毕竟代替不了现实。因此，我觉得中国队要做的就是全力拼过这三场，让人见识一下我们实在的水平，下回再来。我们可以失败，但要虽败犹荣，不要铩羽而归。

看好阿根廷

上一届世界杯时，我在北京的花园饭店。每晚看球之后，都与沈阳的作家朋友洪峰通一次电话，交谈观后之感。洪峰是足球专家，曾著有一本关于足球的书，叫《一个球迷对中国足球的倾诉》。这回他又来电话，问我看好哪支队伍可以夺冠。我毫不犹豫地说：阿根廷。

一支球队的实力是取胜的关键，这应该是不言而喻的。因此在展望本届世界杯时，猜想谁是最后的赢家，其根据也就是对那支队伍的整体实力与战术特点的判断。就阵容而言，像老牌劲旅巴西、意大利都颇为壮观，然而在看过前几场的赛事后，我更相信自己的判断有几分道理，看好的还是阿根廷。现在的阿根廷几乎在所有的位置上都拥有世界一流的队员，而且他们能形成默契，这个筹码是巴西队所没有的。

现代足球是朝着力量型与技术型结合、个人能力与整体战略协调一致的趋势发展的。以往的不同风格都将在这样的前提下互相融合。这在本届世界杯中越发看得清楚。就前几场看，我以为最出色的是阿根廷与尼日利亚的那场球。（顺便说一句，中央电视台那位姓沈的女主持人表现欲过盛却一点不懂足球，居然说英格兰与瑞典的比赛"赏心悦目"，真该及时换掉。）阿尼之战，尽管只有巴蒂一球建功，但是整个比赛淋漓尽致地演绎出了现代足球的特点与魅力。这就是勇于进攻，严密防守，双方在高强度的对抗中达到攻防平衡，再从打破平衡中去把握取胜的机会。这样的足球，既有力量，也显智慧；既有对抗性，也富观赏性。有一点让我意外的是，没有想到年已三十三岁的巴蒂斯图塔居然还有那么好的体能与状态。当然，我还设想如果教练比埃尔萨让克雷斯波首发，也许比分会是2：0。这场球改变了巴蒂的形象，也让他与苏克等人明显区别开来。但是足球不是政治，它的光辉只属于年轻人。所谓经验弥补体能，在足球领域八成是借口。回想德国队在上届世界杯的惨败，教训只有一条：队员的老迈；而这回他们的精彩出场，理由也还是一条：队员的年轻。

阿根廷队让我敬佩的还有他们的职业精神。当前的阿根廷正处于经济衰败时期，金融秩序十分混乱。这些队员即使在世界杯上取得骄人成绩，也无法得到像欧美球员那样丰厚的报酬，这一点他们很清楚。但他们不是为金钱在战斗，为的是对足球职业的尊重，由此捍卫他们的尊严与荣誉。我至今忘不掉当年马拉多纳为痛失世界杯而流下的辛酸泪水，我也对阿根廷足协向世界足联提出把10号球衣永久保留给这位绿茵场上的英雄的请求肃然起敬。当然，猜想毕竟是猜想。我要表达的是，世界足球的最高荣誉应该属于这样的球队。

这就是足球

世界杯开赛至今，迎来了最为壮观的一日。三场比赛让我们看到了两场好球——美国对葡萄牙、德国对爱尔兰。正如黄健翔的解说，事先没有人敢预料葡萄牙队会在半个小时里鬼使神差地丢失三个球。全世界都不敢想。但这就是足球。于是这届世界杯以貌不惊人的塞内加尔战胜卫冕冠军法国开局，再以看似稚嫩的美国挫败夺标热门的葡萄牙结束，戏剧性地走成了第一个轮次。接下来，在与沙特交手中出尽风头的德国队来了。不长的时间里，还是由英俊少年克洛斯再建奇功，然而这一回德国人却没有笑到最后。在终场前的一分钟，爱尔兰人将比分扳平了。关于这两场赛事的评说，我想会有很多人津津乐道，它们已经进入到了世界杯的经典。这里我只想说点题外话。

两场球看起来都是以弱胜强。其实这种看法是依据以往的经验建立起来的，并没有什么道理。我一直认为，九十分钟长度的足球比赛，其中很难存在什么偶然性。所谓的运气也不会追逐谁这么持久。最终的较量还是实力。但是，能说葡萄牙不如美国吗？显然不是。问题在于两个方面。其一是葡萄牙人的轻慢，其二是美国人的自信。前者大概赛前不会用心去研究美国队的实力现状与战术特点，在他们的印象里，美国队还是四年前那个幼稚的模样。他们的队伍里也没有路易斯·菲戈和鲁伊·科斯塔。所以一开局，他们就乱了方寸，非但不能显示自己的特点、克制住对方的进攻，而且居然按照对方的调遣运动，让人牵着走。当美国队一亮相时，我想所有的人，包括场上的葡萄牙人都在暗自心惊，难以想象他们面对的就是无名之辈美国队。但我们很快承认了，眼前奔跑的无疑就是一支新军，在技能与战术全面提高之外，他们还拥有了青春的活力、强烈的自信、饱满的激情和志在必得的气势。正是这些无法克隆的优势使他们取得了胜利。世界足球将从这一天起会对美利坚合众国刮目相看。

与美国人的壮志豪情不同，爱尔兰人面对重建后的德国队一球在手，面对周围千万祖国球迷的沉默，他们在近八十分钟的竞赛里简直就是饱受煎熬。但是他们没有丧失斗志，反而在逆境中顽强作战，以致压制着对手让他喘息不得，只要有一线希望就决不放弃。爱尔兰人这种坚忍不拔的意志令人感动，令人震撼，更令人尊敬。当整个世界打算为他们的奋斗做虽败犹荣的总结时，苍天有眼，他们赢得了胜利，也赢得了尊严。

这两场赛事，几乎涵盖了足球的魅力与精髓。谁敢说足球不是艺术？谁敢说足球世界没有人文精神？你难道不觉得，人活着就该是这个形象吗？

一切都很正常

期待已久的中国队在世界杯上的亮相我们看见了。尽管我们以 0：2 告负，但是我觉得中国队在场上的表现仍然值得称道。队员们无不尽力，我们的特点与能力也得到了实际的体现，没有明显的失误，只有实力的悬殊。一支球队的实力应该是个人技能与整体战术的总和。倘若我们拥有像对手 11 号戈麦斯与 9 号万乔普这样的球员，那么，拿下这场比赛的必定就是我们。一切都很正常。

相比之下，我们与对手的差距一目了然。哥斯达黎加有着拉丁足球风格的传统，同时又自然融合了欧洲力量型的优点，他们的个人技术明显超过了我们。足球是拿脚说话的，脚下的功夫便是取胜的本钱。我认为在现代足球中，一支队伍只靠下底传中头槌破网或者依赖于定位球得分，是不会走出多远的。一支队伍敢不敢中路切入，敢不敢在禁区内做配合，敢不敢带球突破，应是强弱的标志。英格兰队之所以达不到顶级，缺的就是这个。哥斯达黎加在这个方面无疑是我们所不及的。无论是中场抢断、传接配合，还是大脚转移、盘带过人，都踢起来有章法，也从容飘逸。整场比赛都是长短结合，既有长传反击，又有短接渗透。我很欣赏哥队的第二粒进球。那个角球，介乎战术角球与前点角球之间，接球队员戈麦斯面对两名对手的围抢，却能在几乎没有角度的情况下将球传中，造成同伴头球建功，很好地反映了个人的技能与整体战术的结合——我相信这样的角球战术他们事先是历练过的。

在经过上半场的强烈对抗后，下半场我们在四分钟内连失两球，情形很像热身赛中与乌拉圭的那场。这里似乎有个心理的问题，就是我们在失球之后的那一小段时间里，情绪急躁而恍惚，队伍中很容易形成一种临场反应的真空。以致最后在小禁区里手忙脚乱，让人面对空门，险些再下一城。这与日本队恰好相反，在与比利时队的竞赛中，他们同样也是先失一球，却能在两分钟后抓住战机把比分扳平，继之反超。同为亚洲球队，从两场比赛中不难看出，我们与日本队的差距实际上已经不是一点了，而是一个级别。

我们也有几次机会，但都没有很好地把握。假如我们减少中后场那些无谓的倒脚，假如郝海东的个人能力可以越过对方后卫下底传中，假如杨晨的那次突破射门冷静或者与中路的同伴做出配合，假如李玮峰那记头球摆出角度，也许场上的情况会是另一个样子。时间长度为九十分钟的足球竞赛不会有多少的偶然性，它的较量都是实力的体现，大致不会走样。让我欣慰的是，我们的队员状态还是振奋的，就这场比赛而言，我们真的比沙特踢得好。而最让我感动的，是光洲体育场内的几万名中国球迷。谢谢他们！

英雄的姿态

　　法国队被淘汰出局之后,央视体育频道出现了一个短暂的花絮。球场上,10号齐达内为争球在高速奔跑,由于他的左腿肌肉拉伤尚未痊愈,他踉跄着迎着球也迎着我们扑倒了。他的整个身体都贴在绿草皮上。这个镜头,在后期制作时运用了"慢动作"的处理,与此同时,画外响彻着一支深沉而忧郁的大提琴曲子。浑然一体,是那么的和谐,这将成为一个经典镜头。我想,看到它的人都会为之感动,因为它塑造的是英雄的姿态。

　　第二天的下午,阿根廷和瑞典的生死战打响了。但是结果很令我震惊,阿根廷队也遭淘汰。我一直看好的是这支球队,但是现在它被淘汰了。这就是足球,没什么可以解释的。球赛结束,记者的镜头没有在竞技场上过多逗留,而是慢慢推近了场外的巴蒂斯图塔。巴蒂的表情是悲怆的,眼睛里饱含着泪水。这也是一个不能让我忘却的镜头,它刻画的同样也是英雄的姿态。

　　在场的阿根廷球迷在沉默着。他们不敢也不情愿相信这个事实。它又让我想起上一届世界杯的最后决赛之后,在法国人的欢呼声中,为落败的巴西队默默流下眼泪的、在美丽的脸颊上画着巴西国旗的那个女球迷。这依然是英雄的姿态。

　　很多年前,我看过一部宽银幕的纪录片《这就是足球》,那是美国人拍的某一届欧锦赛(荷兰人夺冠的那届)的综述。影片中没有解说,只有字幕和音乐。那是我迄今为止看过的最好的关于足球的作品。也许正是从那一刻起,我在黑暗中爱上了足球,并且认识了足球的英雄姿态。

　　从审美的角度看,这样的一些画面都能唤起一种崇高感。足球的魅力并非都是胜利者的欢呼,也有失败者的泪水。

　　一个伟大的塑像,突然就在你的面前坍塌了,就如同飞来的一场横祸,我不能不为之心酸。足球和其他一些运动一样,必须分出成败和名次,但成败真的不能论英雄。我这个人可能骨子里有一种英雄情结。也许正是这种根深蒂固的原因,让我在2000年的那个夏天写出了《重瞳——霸王自叙》。

如今，法国人和阿根廷人结伴离开了本次世界杯的战场。他们走了，但他们还是为我们留下了英雄的姿态——它将成为记忆，而记忆总是难以磨灭的。

别了，米卢先生

随着中国队首战的失利，关于对现任主教练米卢蒂诺维奇先生的评价，报端网络也开始有了一些微词。现在，中国与巴西绿茵战事已告结束，我们的队员尽力了，二者之间的差距很明显。然而这之前，西归浦的米卢先生还在发布：我们还有机会，可以平巴西，继之胜土耳其。这真是应验了一句成语：痴人说梦。

不是事后诸葛亮，一年前我就在一篇随笔里对"神奇教练"的提法表示了质疑。因为在我看来，足球不是魔术，这里面没有什么神奇的着数，只有发展的观念与训练的方式。一支球队的取胜在于自身的实力，不是教练的功劳。反之，它的失败也不能把脏水泼在教练身上。而实力是日积月累的，不是一会儿的工夫。我认为当初米卢之所以敢于接手中国队，并且把打进世界杯作为工作目标，很重要的原因在于这回的东道主是韩日。如此便利的条件，霍顿或者再早一点的施拉普纳，甚至是高丰文、徐根宝，都有可能实现这一目标。说得客气点，是米卢先生的运气好。说得刻薄点，是他捡了一个便宜。

既然把打进韩日世界杯作为目标，那么米卢先生所采取的做法就是实用型的了，在现有的队员里面找合适的人选，而绝对不想去打造谁了。急功近利，这一点倒很中国特色。我想这样的事实，一直很明显地搁在我们眼前。但是早些时期我们却完全回避了。那时大量的传媒上都是"神奇教练"的伟大，溢美之词铺天盖地。米卢先生不仅是中国队的主教练，还是许多电视台的嘉宾、批量广告的明星和一本叫做《零距离》无聊书的男主角。记得央视的足球解说员黄健翔在对所谓"十强赛"中国与卡塔尔那场球的战术与换人，即兴提了点个人的看法，据说事后还遭到了围攻。

现在，这个人造的神话该终结了。我拥护外请教练。但外请教练的目的，是要引进先进的足球理念、训练方式与管理经验。与韩国的希丁克、日本的特鲁西埃相比，米卢蒂诺维奇给我们带来了什么，专家和球迷都很清楚。如果说我们与韩日的球队有距离，那么我看米卢与他的两位同行同样有距离。譬如说，希丁克对韩国队的改造是成功的，而特鲁西埃对日本队的重建则更加功勋显著——他几乎重新打造了一批人。我们的米卢呢，在选人方面，他还是用了像马明宇、郝海东、范志毅、宿茂臻这样年迈的球员。事实证明，在中国队与哥斯达黎加的那场球中，这几位的表现最不理想。昨天的中巴之战，下半场之所以我们有了声势，还是依靠了年轻队员的发挥。在战术方面，米卢用的不还是"四四二"吗？都说米卢先生有"秘密武器"，可这么久了，我们最终还是没有看见。

既然我们现在已经"圆梦"了，那么中国足协就把精力放到造就新人的立场上吧，用十年甚至更多的时间，去请更优秀的洋教头磨炼他们。我们出局了，而米卢先生也该走了。从西归浦传来的信息说，米卢先生的下一站是去墨西哥。不知这回他是否还能捡到便宜。

我们需要怎样的反思

国足在经过四十四年的期待后的世界杯亮相，以三场净失九球积零分结束了。希望中国足球进步的球迷对这个结果虽然有点失望，但并没有埋怨，他们认可了队员们的努力。现在，米卢先生已经预订了机票，要走了，而国足们则要回来。我相信依然会有许多的真诚球迷去首都机场迎接——我们的球迷乃是世界上最好的球迷。不过热闹是该过去了，平静之后，中国足协就该进行总结与新的部署。

我非常赞同金志扬先生的意见：中国足球没有质的突破。那么，什么是质的突破呢？这又是一个见仁见智的问题。这里我只站在一个业外人士的立场上，发表一些看法。足球是一门职业，也是一项事业。职业足球需要与之吻合的体制，那就是完全的市场化。作为职业化的足球进入市场机制，是寻找培育它的基地与氛围。我们的足球管理体制落后，职业联赛没有水准，而且还经常闹出"黑哨"、"假球"这样低劣的丑闻。职业联赛办不好，你就无法吸引国外一些优秀队员来参与。在平庸中是不会出现奇迹的，只会产出更大的平庸。只有在高水平的职业联赛中才能造就高水平的球员。如果国内不行，那就应该想办法多输送像孙继海、杨晨这样的球员走出国门深造。纵观世界杯赛场，几乎所有叱咤风云的球员，无不产生于欧洲"五大联赛"。再回头看一下同属东亚的日本，他们的联赛水平怎样，他们有多少像中田英寿、稻本润一这样的球员在欧洲著名的联赛中参战，就知道我们该怎么去做了。中国的足球管理体制需要改变，职业联赛的水平亟待提高。如果这些办不到，或者做得不行，即使请来当今世界最好的教头，我看也无济于事。

而足球作为一项事业，那是不允许有急功近利的思想的。它需要树立长期的目标，更需要一套完备的发展思路与战略。都说中国十三亿的大国，居然找不着十一个人来踢足球。其实，我们的人虽多，而"足球人口"却不成比例，少得可怜。改革开放二十多年，我们看见了许多恢弘的成就，也看到了无数的越来越豪华的夜总会、高尔夫球场，但没有看见新增多少足球场，就更谈不上什么讲究的足球学校了。如果当初像"健力宝"这样的企业多一些，送到巴西学习的少年队员不是几十个而是几百个甚至几千个，那么今天出现在世界杯赛场上的就不会只有李铁和李玮峰了。就不至于再让马明宇、范志毅、郝海东这样老迈的队员首发出场了。本届世界杯之所以冷门迭出，其中最大的原因，就是队员的老化。法国队是这样，阿根廷队也是这样。但是德国队却年轻了，因此他们的姿态比上一届好看。

足球的魅力是任何竞技运动所无法相比的。因为足球实际上已经演变成一种象征，这便是广大球迷关心它的理由。世界杯就是这样一面镜子，它反射出了我们的差距、局限和致命的错误。

四年后我们还会来吗？

悲歌与铁血

八强产生，世界杯暂告一段落。一天没有赛事，仿佛地球都没有转动，人觉得被掏空了。窗外在淅淅沥沥地下着雨，这样的时候，透过雨幕感觉还能看见齐达内的踉跄、巴蒂的眼泪、菲戈的掩面和托蒂的黯然退场。他们组成了一曲悲歌的四重奏，那应该是弦乐的四重奏，有小提琴的如泣如诉，有大提琴的喑哑低回。本届世界杯改变了人们内心期盼的格局，打碎了球迷心中编织的梦想，这是悲的所在。因为偶像总是深埋于心的，容不得他人染指，更不能接受瞬间的毁灭。然而，这就是足球。它业已演变成一种不可替代的象征，荣誉与尊严在这样的时刻至高无上。

葡萄牙人败北的那晚，我和女儿通电话，她已经泣不成声，她看好的就是这支优美的球队，但是他们失败了。而在这之前，我看好的阿根廷也打道回府了。无论韩国人在那场比赛中使出了什么伎俩，但也还是规则所允许的啊。我只能告诉女儿，是葡萄牙人自己打败了自己，他们为什么事先就设计着一场平局呢？那天晚上，女儿写了一篇文章，名字就叫《黄金急雨》——那是一种植物，花开灿烂，但花季短暂。是啊，菲戈领衔的"黄金一代"急雨般的过去了，巴蒂和齐达内也会很快挂靴，但是我心中的等待却没有因此结束。一曲悲歌会激励着他们的后来者，足球本来就意味着前仆后继。

但是，另一种壮怀激烈的旋律也在感动着我。那是由塞内加尔、爱尔兰、美国、土耳其、韩国和日本组成的铜管乐队，其中还夹杂着爵士鼓点。那是铁血的旋律。他们的进步脱离了人们的想象，但却给我们引进了足球的戏剧性和诗意。在这支队伍中，我不能忘记的是爱尔兰、美国和韩国。而最让我感动的是爱尔兰。虽然他们没有打进八强，但他们的身影却是那样的威武矫健。当他们落败后，在场的球迷无不继续在为他们欢呼。他们是在为一种叫"精神"的存在欢呼。在爱尔兰身上，我们知道了什么是钢铁意志。在美国人身上，我们看见了自信是怎样的状态。在韩国人身上，我们懂得了顽强原本就属于一个民族的精神。我还没有忘记厄瓜多尔人和波兰人，他们在最后的关头是赢得尊严告别赛场的，那无疑是另一种凯旋。

世界足球的格局变了，从前的足球王国在崩溃，昔日的辉煌已经不再。无论是法国还是阿根廷，或者意大利和葡萄牙，他们都因这届世界杯赛而检讨终生——他们曾经创造了足球世界的奇迹，但奇迹历来就没有专利。或许正是这样的理解，我似乎在期盼着一支队伍——英格兰或者别的队——将巴西击败，书写新的历史。如果巴西是最后的赢家，那真是最大的遗憾了。当然，我这么说很主观，要表达的只是一种情绪。如果本次世界杯能诞生一个新的冠军，那就如同一部好莱坞大片有了漂亮的结尾。难道没有这种可能？

　　亚洲足球的格局也变了，韩国、日本的横空出世意味着亚洲已经不再是从前的亚洲——他们对足球的理解是全新的，他们的体能与技术已经得到了最好的证明。希丁克有句话说得好：十六强意味着能与世界上最好的球队对抗的能力。反思我们，该怎么做，还需要多说吗？金志扬的观点我举双手赞成——中国足球没有质的突破。那么，这个质的突破将在哪一天得以实现？

2002 年 7 月　合肥

（本文是作者为"世界杯"所写的一组专栏文章。——编者注）

就地卧倒

几个月前,广州那边闹起了一种叫做"非典型肺炎"的疾病时,北京是相当平静的。事不关己吧,谁也就没有拿它当回事。直到4月,随着官方的透明度增强,北京人一下明白过来:这场突如其来的疾病中心位置发生了转移,目前已经到了自己身边。这一下,京城就沸腾起来了。那些天,大量的民工外撤,满街都是白口罩,空气里散发的都是消毒水的味道,甚至还发生了一天半的抢购风潮。5月1日那天,我从天安门前经过,看见偌大的广场上几乎没有一个游客,街上的车也减去了很多,出租司机说,现在到哪里都不堵车了。入夜一看,街上更是冷清得可以,连出租车也很难寻见了。那种静寂无疑是一种恐惧。

因为母亲的病,这两年我一直在北京住着。"非典"起来后,我把父母送上了返回合肥的火车,自己却没有动。原因也不是忙着走不开,这时期,还有什么正经事可做呢?我是不愿意回去。以前回合肥,无非是两个目的,看看女儿,会会朋友。现在呢,我设想要是回去了,和女儿的见面情形可能会像探监那样,让她坐在汽车里,爷俩隔着玻璃讲上几句话。而约朋友来聊天或玩麻将,在目下又觉得成了很不礼貌的行为。因为你是从北京回来的啊。北京,在今天已经不仅是政治、经济、文化的中心了,她还是"非典"的中心。外地的一个朋友曾经给我来电话,说:现在你们北京回来的人都成了过街的老鼠了。这话虽是玩笑,可绝不是凭空捏造。某些城市不是已经把通往北京的道路关闭了吗?于是我采取了自己的战略:就地卧倒。独守一室,深居简出或干脆不出,倒也省心。但也得找点事情给自己做,于是就让朋友陪我去了琉璃厂,买回了一些文房四宝。作画,成了"非典"时期我的全部生活。广西师大出版社正在编我一套作品集,其中有一本随笔,是需要插些图画的。

有一天，我去琉璃厂裱画，听出租司机说，前些天他拉了一位客人，看样子像个知识分子。那个人把车拦下，并不急于上车。他说：我在发烧，想到医院去看看。你去吗？司机说：去吧，你不是正病着吗？那人说：我已经拦过几辆车了。言下之意很清楚，有的司机是拒载的。那个人下车之后，主动把手机号码告诉司机，说：回头您主动和我联系一下，我把诊断的结果告诉你。这位司机在对我说这件事时，流露出敬佩的神色。说实话，我也很感动。这天晚上，我躺在床上随便看着电视，从一个主持人口中得知了这样一个消息。某地一个老人，得知他的女儿从北京出差回家了，竟然躲着不与女儿见面，跑到邻居家打牌，至夜深女儿熟睡后才归。原因竟是怕自己被感染了。天下居然还有这样的父亲！

现在媒体上聚焦的对象是医护人员。"白衣天使"的提法忘记了多少年，今天总算重新提起了。广州的雕塑家唐大禧先生为以身殉职的护士长叶欣做了汉白玉的半身塑像，叶女士的手上还拿着一朵小花，以示她对生活与生命的热爱。这是非常好的一件事。现在我们在说，战斗在抗击"非典"第一线的医护人员是"最可爱的人"。但愿这种提法能保持下去，不要随着"非典"的过去而过去了。但站在医护人员的立场上，我以为过多的赞誉未必就是他们所需要的，因为救死扶伤是他们的天职，他们的行为受到专业良知的驱使，与外界的赞誉毫无关系。如果一个社会的每一个成员都在为着自己的天职尽责，那么这个社会就相当可爱了。人类的爱心不一定是讲奉献，更多的是要求履行责任。曾经看过一部美国影片，名字忘记了。情节很简单，一个大约三岁的儿童不慎掉进了自家浇花用的那种口径很小的井里。一时间，惊动了方方面面，连直升飞机也出动了。政府还从外地运来了一种特殊的挖掘机，从侧面打开一条通道，最终成功将孩子救出。影片最后是，电视记者把话筒和摄像机对着还在现场收拾绳索的一位老工人，称他是英雄，让他谈感想。那老人却说：孩子，这里没有英雄，只有一群好人。这是一件真事，让我感动至今。

这次的"非典"带有全球性，一些发达与不发达的国家都有程度不同的疫情，中国为最严重。直到目前为止，我们尚未找到对付它的有效办法。一切都还在摸索中。这似乎显示出疾病在对人类的挑战。我们没有任何理由不相信，SARS最终是可以战胜的，但我们也许要对自己的过失与傲慢作出检讨。如果在几个月前，当广东的佛山发现第一例"非典"病人时，我们就有今天的重视程度与处理水平，那么，北京今年的春天可能就不会是一个"戴口罩的春天"了。作为一种新发传染病的"非典"终会过去，但它给我们留下的思考意味深长。

2003 年 5 月 19 日　北京

独自跳舞

去年圣诞的上午，我经过王府井步行街去北京人艺，讨论把小说《合同婚姻》改编为话剧。在一家大商场门前临时搭建的舞台上，一个已不年轻的歌手，对着清冷的大街在唱《青藏高原》。那是支调门很高的歌。与歌者貌不惊人的外表相比，她的歌声竟很美妙。如果不是亲眼目击，可能会误认为演唱者是李娜或者韩红。我驻足，把这支歌听完了。我的周围几乎没有人。

我对歌手和舞者的接触，最初是在海口，那已经是十多年前的事了。那个时期，海口的夜总会生意很兴隆，每晚几乎都是座无虚席。于是大陆各地的歌手乐手，还有舞者，一时间都来了。出色的，每晚要转几个场子，自然也会得到可观的酬劳。老板们兴致好的时候，会差马仔递上红包。后来，海口没戏了，他们大概又去了有戏的地方。那些年好奇怪，底层的歌手往都市里去打拼，去求生存与发展。而都市的大腕们纷纷来基层走穴，美其名献艺，实则是想轻松地赚钱。林子大了，什么鸟都有。不过我对来都市里打拼的歌手们，是尊敬的。他们通常是住在郊区简陋的民房或地下室里，白天睡觉，夜晚才杀向各自的舞台。斯琴格日勒最初来北京闯荡，也大致是这样的生活。只是她后来遇见了臧天朔，金子才发了光。像这样好运气，自然不是每个歌手或者舞者都能有的。然而他们依旧在打拼着，并且从室内走向了露天。他们的业务范围也在不断扩大，由开始的伴舞助兴发展到商品促销。

我有一位朋友，在杭州开了一个不错的酒吧"金萨克"。我每回去杭城，都是要去那里坐坐的，听那里的歌手与乐手的演出。有一次，我还点了臧天朔的那首《朋友》。那歌手演唱得很卖力，让我感动了一个晚上。在北京，还有一些歌手与舞者，来自专业文艺团体。几年前，演武松的祝延平请客，约我到一个新疆馆子。席间便有一位来自东方歌舞团的演员，即兴表演着新疆舞。他们挣的是一份外快。

北京的地铁里，经常有歌手卖唱。有残疾人，他们为的是生存。也还有不残疾的。非但不，而且看上去还显得异常的健康。前些天一个夜晚，我在安定门地铁站就遇见一位俊朗的男青年，怀抱着一把西班牙吉他，自弹自唱着一支忧伤的歌子，面前照样放着一个纸盒。但他似乎并不在意过往的行人向那盒子里掷钱，而那时分已经很少有人了，他却还在弹唱。这引起了我的关注。我想，他来这里，挣钱或许已经不是唯一的目的了，他需要的可能就是一个舞台吧。北京这么大，人这么多，各人的舞台却大不相同。这个社会上，能走上红地毯的人物，终归是极少的。但是每个人都一样需要一个属于自己的舞台，来营造自己的梦想。这个异常健康的青年，或许需要的就是这种不见阳光的、夜深人静的氛围，他愿意陶醉其中，那就是他的舞台，他在为自己歌唱。这情形让我想起丹麦导演拉兹·冯·特里艾尔的著名影片《黑暗中的舞者》。由冰岛歌星比约克扮演的女主角在幻想中完成了属于自己的歌唱与舞蹈。人总是需要倾诉的。这个时代总是需要倾诉的。

意大利著名电影导演贝托鲁奇在结束自己"东方三部曲"之后，回到故乡，风光绮丽的托斯卡纳，拍摄了一部出色的作品，叫《我独自跳舞》。这部影片写的是一个美国姑娘露茜，带着母亲的遗书来到意大利寻找自己的父亲。她在寻找过程中结识了许多与母亲相关的人，在经历过一阵惶惑与激荡之后，最终意外地寻找到了自己美好的生活，那就是独自跳舞。

2004 年 3 月　北京

这两年

关于《死刑报告》

《死刑报告》是我第六部长篇，23万字，写于2002年11月至2003年8月。

最早对死刑问题的关注，是1997年看过基耶斯洛夫斯基的《关于杀人的短片》之后。基氏是我喜欢的电影导演之一，他的作品，无论是《三色》还是《十诫》，与我心目中对电影的要求靠得很近。《关于杀人的短片》，在我看来是《十诫》中最好的一部，他提出了一个尖锐的问题——代表国家的杀人究竟是否意味着正义？

我的思考正是由此开始的。在我读过一些中外刑罚学者关于死刑的著述之后，我产生了写一部关于死刑小说的念头。死刑的存废，一直是国际法学界一个争论不休的问题。然而近百年的事实表明，废除死刑是人类文明发展的一个必然趋势，尽管这一天对中国而言还相当遥远，那么，对死刑的严格限制，就显得十分重要了。让我欣慰的是，中国对死刑问题的重视已经不再是几个法学家的专业研讨，司法实践也在进步。我曾经在网上注意到这样的一条消息，从2001年4月至2003年3月，北京市高级法院就对35名一审被判处死刑的案犯，改判为死缓。

但那个时候我却没有一个完整的时间坐在电脑面前。两年前，我母亲被诊断出身患癌症，紧接着在北京和合肥接受了两次大手术和十八次的化疗。那些日子，我和年迈的父亲奔波在北京、合肥的两地医院之间，但父母以最大的勇气和毅力支持了我，他们希望我从阴影中走出来，回到自己的专业上。《死刑报告》就是在这种艰难的处境下开始写作的。

我的一位朋友曾经是一名刑侦物证专业的工程师。她的父亲，也担任过多年的公安局长。有一次我问她：你去过刑场吗？她说去过多次，那是她的工作之一。我继续问道：当你看见一个死囚被执行枪决的瞬间，你的感觉怎样？她说：很复杂。几乎每一个死囚手里都有一笔令人发指的血债，你无法不恨他们。但是，当他们像牲口一样跪倒在枪口之下时，我内心还是产生了一种怜悯，一种同情。然后，她就对我讲叙了一段亲身经历。她的一位女同事，因为婚外情，与她的弟弟策划并实施了一起谋杀，最后被双双判处死刑。在临刑前，她曾经到监狱里探视过这个女人，并为她捎去了一些生活用品。几天后，姐弟俩被押赴刑场执行枪决。那一天，她请假了，没有去刑场。但她后来还是把自己关在办公室里，仔细看完了执行现场的录象。她在对我说件事时，流下了眼泪。这个真实的故事，后来成为本书中沈蓉案件的原型。

2003年3月17日发生在广州的"孙志刚事件"，让我震惊不已，也使《死刑报告》的写作加快了步伐。那些天，我不断收到海内外朋友的电子邮件，对人权的尊重和对生命的敬畏，又一次如此强烈地激荡在我的脑海里。在写作《死刑报告》的日子里，我时常半夜起床，键盘的声响仿佛心的跳动，等一节写完，曙色已经涂满了北京的城郭。对我而言，这部小说的写作，是了却了自己一个心愿。

《死刑报告》由《花城》杂志2003年第6期发表，国内三十多家报刊进行着连载，人民文学出版社2004年初出版。台湾正中书局也将于近期出版。2004年5月13日，我应北京大学法学院之邀，就这部小说引发的死刑问题，与该院副院长、著名刑法学者陈兴良先生作了一场别开生面的对话。陈先生后来致信说，作为一个学者，我要感谢你这部《死刑报告》，为中国废除死刑制度作出了独特的贡献。

《合同婚姻》 和 《犯罪嫌疑人》

《合同婚姻》写于2002年7月，由《花城》杂志首发，《小说月报》转载，并获第十届《小说月报》"百花奖"。一些外埠的报纸也在连载这篇小说。其中最有趣的，是陕西的《华商报》。他们搞了一个活动，向社会公开征求《合同婚姻》的结尾，然后让我来评选颁奖。于是就有了

"伤感的结尾"、"无奈的结尾"、"幸福的结尾"以及"意外的结尾"。这篇小说质疑的是传统的婚姻制度,说的是形而下,触动的却是形而上。至于《犯罪嫌疑人》,是我为《人民文学》杂志写的第一部作品,发表于今年第4期。之后,《小说选刊》、《中篇小说月报》、《小说精选》和《中篇小说选刊》相继转载。这里需要提到《中篇小说选刊》,也是头一回转载我的小说。章世添先生给我打来电话,要我写一篇创作谈。我却反问:你们怎么忽然转载我的小说了?老章说,是的,我们历来是不转载先锋作家的。不过,这一回你很现实主义。

章先生的话让我想起一件事。那是去年春天的一个晚上,我接到一个陌生读者的电话,他自称是在广东一家报社供职。他说他和他的一些朋友,很喜欢我以前的作品,譬如《流动的沙滩》、《三月一日》、《重瞳》等。但是看到《合同婚姻》,就非常失望。他说像我这样一个纯粹的小说家,不应该去写这种"问题小说",而是在文本上不断进取。显然,这位热心的读者与章世添先生的立场南辕北辙。

我历来认为,一篇作品发表或者出版,就是一个客观存在,读者说什么都可以。另外就是,一个作家,至少是像我这种作家,每一次的写作,选择的是他自己认可的最佳方式。这个意思实际上是承认了,一篇小说应该有多种写法,但你只能选择最佳。形式无疑是载体,但最佳的形式就会成为被载的一个部分。因此,无论是"先锋"还是"现实主义",在我这里都仅是一种表达的需要。一个作家不会打着旗号去走路,可是他的每一次写作行为往往会被人归纳。我曾经有一个比方,小说的形式与内容,如同紫砂壶与乌龙茶。福建安溪是出产乌龙茶的地方,你用玻璃杯子沏,也未尝不可;但你总还是觉得不如紫砂壶沏的舒服。这"觉得"和这"舒服",就是因为紫砂壶已经成为被载的一个部分了,而玻璃杯却不能。其实玻璃杯未必能破坏乌龙茶的味道。破坏的是你的感觉。写小说也正是这样,叙述和汉字,对一个有能力的小说家而言,不仅意味着能帮助你说出什么来,更在于让你觉得只有这么说才舒服。

《犯罪嫌疑人》说的,其实是一个老话题,犯罪和人性。两年前,我母亲像小说中的于文惠老师一样,患了卵巢癌。那些日子我经常奔波在各种医院里,于是关于癌症的知识,就相应增加了。其实每个人身上都存在着癌细胞,只要CA—125指数小于35,那就是正常。反之,你就得了癌症。也就是说，潜伏在你身上的癌细胞一旦被激活，大病就来了。这让我想到了犯罪。在我看来，每一个人身上都有犯罪因子，就看是否被激活了。而激活，总是有着外来的因素。我们生活在一个诱惑越来越大、同时压力也越来越大的社会里。人性总会处于一个被扭曲和不断挣扎的境地。一种人犯罪，在于本性的贪婪；而对于弱小的个体，犯罪的动机往往就是因为他自身无力承受这种压力。一旦承受超过了限度，那么就可能铤而走险。犯罪常常是一念之差，所以这个意义上，每一个人都有可能成为犯罪嫌疑人。然而人是需要对自己的行为，包括罪行，承担责任的。这承担，除了一个人的勇气还在于其良知的不曾泯灭。以"犯罪嫌疑人"替代过去的"人犯"称谓，体现着"无罪推定"的确认，是中国司法制度的进步，但执法者能否做到以人的眼光去看待"犯罪嫌疑人"，就不仅是一个制度进步的问题了。我在长篇小说《死刑报告》中有这样的提法：罪人不是敌人。刑罚的本质不是要让罪人受辱，而是要引起他内心的忏悔。我坚持这种观点。

再回头说茶。还是以前说过的比方，我认为好的小说是一杯好茶，作家只能写出一半，另一半则要求读者来完成。这种写作与阅读的参与关系，如同茶叶和水，作家提供的是茶叶，读者带来的是水，好的茶叶需要好的水来沏，才会诞生出一杯好茶。

我的话剧情结

以我过去的习惯，2004年是准备挣钱去的。那就是写电视剧。但是计划往往赶不上变化。年初，北京的两家话剧机构——北京人民艺术剧院和中国国家话剧院，几乎在同一时间找了我。他们分别看中了我的两部中篇小说——《合同婚姻》和《重瞳——霸王自叙》，决定要改编成话剧，并且依然由我本人来担任编剧。我愉快地接受了。

我承认我一直有一个话剧情结。甚至可以说，我有一个舞台情结。我出生在一个黄梅戏世家，父亲是编剧，母亲是演员。我从小就是在戏园子里泡大的。从发表文字的角度看，我的处女作就是一个叫做《前哨》的独幕话剧。那个戏，作于1981年，是为纪念鲁迅先生诞辰一百周年写的，剧情表现的是1931年的上海，"左联"五位青年作家遇难前后

"挈妇将雏鬓有丝"的鲁迅。其时我二十三岁,读大学三年级。这个戏由我自编、自导,并主演了鲁迅,后来获得了全国大学生文艺汇演一等奖。二十年后,我在《北京文学》上发表了一个叫做《地下》的大型话剧,使我深藏于心的话剧情结得以进一步养育。《北京文学》自创刊五十多年来,仅发表过两部话剧,除了这部《地下》,就是1962年发表的吴晗先生的那部著名的《海瑞罢官》。但是很奇怪,我自以为得意的《地下》,竟没有人来搬上话剧舞台。在为《北京文学》写的创作谈中,我这样阐述了自己的话剧立场——

> 话剧选择舞台安身立命,是舞台能够产生一种类似宗教感的庄严。当偌大的剧场灯光渐暗时,当紫红色天鹅绒的大幕徐徐拉开时,与此同时舞台灯光亮起,我们便觉得自己置身在艺术的殿堂,面对的是一座艺术神龛。这种富有仪式感的情绪预先到达,构成了我们欣赏话剧的前提。

这当然是就话剧的形式感而言的。某种意义上,话剧也可以看做小说的另一种表达。小说的形态是暧昧的,其主题往往是不确定的。话剧自然也是这样,它可以提出问题,但拒绝回答。话剧的舞台上不应该承载日常生活,只能承载思想。

北京人艺的《合同婚姻》是按小剧场来做的。我对这种形式至今有所保留,因为它不符合我对话剧的理解。这个戏是写城市中两性关系的,但是我不愿意去写那种风花雪月或者悲欢离合,我感兴趣的是那种境遇的焦灼。这或许是一个形而上的问题。在我看来,人,特别是城市人,永远是一个悖论——当他拥有一个人自由时,会渴望两个人的温馨;当他获得两个人的温馨时,又会去缅怀一个人的自由。这种自身的矛盾会追随每个人的一生。但"合同婚姻"只是一个提法,或者一种质疑,因为人类的行为是难以靠所谓的合同维系的,我们要寻找的,最终还是那种人与人之间最诚恳的方式——那种心照不宣,那种心领神会,那种心心相印。

关于《重瞳——霸王自叙》,我强调的是保持小说第一人称叙述的特点。这实际上意味着剧中有两个项羽,一个是历史中的项羽,另一个则是"幽灵项羽"。这个戏甚至可以理解为一个独脚戏,一切都是由这个"幽灵项羽"的内心独白来构成。当初写小说时,这个第一人称叙事很让我激动,而且我也无意去颠覆或者戏拟司马迁的《项羽本纪》,我要做的,是寻找出另一种解读方式。现在,两个剧本大致已经完成,我写得很顺手。北京人艺的《合同婚姻》将在3月5日首演。而国家话剧院的《重瞳——霸王自叙》也将尽快投入排练。如此看来,2004年对于我,是一个话剧之年。北京城目前正在人民大会堂的西侧建筑一座气势恢弘的国家大戏院,预计2005年竣工。我希望能在这里演出《重瞳——霸王自叙》。

话剧《合同婚姻》,经过一个多月的紧张排练,于3月6日在人艺小剧场首演。这是北京人民艺术剧院新年的开门大戏,获得了成功。那些天,京城的报纸都在谈这个戏,连演四十场都是爆满。

首演结束,剧场内响起阵阵掌声。演员集体邀请我和导演任鸣上场,观众向我们敬献了鲜花。这个时候,我觉得作为一个作家,是很幸福的。

2004年7月15日　北京寓所

别样视角，一种人生
——我读《外交官看世界》

前些日子我写了一篇关于自己读书生活的随笔。我说，一个人的读书方向是随着年龄的增长而调整的。在过了四十岁之后，我这个作家竟不想看文学作品了，兴趣转移到读杂书上。这种阅读已经开始脱离了功利性，成为个人日常生活的一个组成部分，是一种欲望的满足，是梁启超说的那种"只有读书可以忘记麻将"的读书。文章刚发表，一个晚上，我在寓所里接待了两位久违的朋友——四川人民出版社的编审，汪瀰和余其敏。他们给我带来了一套《外交官看世界》，洋洋大观六卷，图文并茂，印制精美。二位既是丛书的策划，又担任责任编辑，也就是说，这套书从组稿到出版的全部流程都是在他们主持下进行的。仅从丛书名，就足以吸引我了。

在普通人眼里，外交官这种身份，意味着某种神秘和惬意。而外交官的人生经历和出使国外的生活，就更显得具有传奇色彩了。这是别样的视角，所看到的当是别样的世界。直觉告诉我，这种书的魅力在于两点。其一是作为亲历者的回忆，其二是作为目击者的感受。读者想看到的，是那些鲜为人知的事件，以及不同一般的感受。譬如《多瑙河之波》中所提及的1985年，邓小平通过齐奥塞斯库给戈尔巴乔夫带去重要口信，使中苏关系正常化进程发生了转折性的变化，而四年之后的齐氏夫妇，被罗马尼亚的救国阵线处以死刑，枪毙于一片雪地之中。譬如《在异国星空下》中写到的前苏联历史上的"五大悬案"，对读者都颇具吸引力。正如罗马尼亚驻华大使伊斯蒂乔亚先生在为《多瑙河之波》一书撰写的序言中所述，亲历的事件中，作者随心选择了使他最受感动的；他给我们介绍了一些卓越杰出的历史人物，也有日常生活中的许多普通人物，穿插在外交官职务行使的过程中，从而使人类的忧患、欢乐以及普遍价值通过他们得到体现。

伊斯蒂乔亚先生认为:"作为一个见证人的叙述,里面包含着十分珍贵的真情流露和大量的历史真理。"《多瑙河之波》的作者、前驻摩尔多瓦常驻代办、使馆馆长蒋本良先生,在他的引言中这样说:"本书是我近四十年的外交生涯各个片段的实录手记,是心迹的写照。"这正是我所看重的。

从文学的角度看,这是一套精美的随笔集。作者的文笔朴素无华,但表达却有一定的感染力。也许是因为喜欢拉美作家特别是阿根廷的博尔赫斯的缘故,我对前驻秘鲁、智利大使朱祥忠先生所著的《拉美亲历记》,怀有极大的兴趣。朱先生笔下的拉美世界无疑是十分诱人的天地。他描绘的布易诺斯艾里斯,令我向往。还有前驻黎巴嫩、利比里亚使馆政务参赞、临时代办李国成先生的《在异国星空下》,带有一定的传奇性和掌故色彩,古朴的东欧风光下掩藏着一种人类的惆怅情怀。我还得说,这还是一套知识丰富的丛书,它不仅让我们了解了一个外交官的心路历程,了解到外交工作的风云变换,还让我们见识了异国他乡的风土人情,以及十分有趣的特产。譬如,现在我知道了"二战"期间,英国首相丘吉尔嘴里含的雪茄是"朱丽叶二号"。古巴当时派最好的卷烟工为他特制了一千支,自从丘吉尔抽了,便改称为"丘吉尔牌"。

阅读这样的书,过程是愉快的,但掩卷之后仍会有一种人生的沉重感。丛书的作者都是资深的外交家,他们成长在一个时刻听从党召唤的时代,祖国的安排就是个人的选择。年愈古稀的朱祥忠先生不无感慨地说,在他半个世纪的外交生涯中,从事拉美工作就达四十年,并且先后在古巴、秘鲁、智利生活了十八年。可以说一生都献给了拉美。而《从未名湖到还剑湖》的作者,前驻越南大使李家忠先生,也在越南生活达十八年之久。这十八年,是人生最灿烂的岁月,而他们却为祖国生活在别处。在他人眼里,这或许是一种荣耀,但我更愿意视其为一种牺牲。外交官是官员,更是战士。

去过湘西凤凰的人,都会记得作家沈从文墓碑上留下的一句名言:一个战士不是战死沙场,就是回到故乡。

当一个外交官完成国家交付的使命之后,他便踏上了故乡的归途。对于一个把青春留在异国他乡的游子,那种叶落归根的情怀,我想是难以名状的。

2004 年 7 月 25 日　北京寓所

央视春节晚会可否停办？

转眼之间，2005年的春节又将来临。最近的媒体上似乎又该在说，人们对每年一度的央视春节文艺晚会如何的期待了。其实这"人们"可能是不多的，"期待"就更加可疑，因为事实早就证明，央视春节文艺晚会是一年不如一年，仿佛已成定势，难以改变。

有人说，央视春节文艺晚会是中华民族除夕之夜的"年夜饭"，是一道精神大餐，这种夸耀委实有点肉麻。无非就是那个陈旧的模式，无非就是那几个板块，也无非就是那几个角儿，说白了不过是拼七巧板，还能玩出什么花样来呢？记得去年曾有一个参加晚会的演员对着记者的镜头动情地说：央视春节文艺晚会是一顿饺子。谁也不能剥夺我们吃饺子的权利。这话说得有趣，央视春节文艺晚会确实就是一顿饺子，不变的是形，换的是馅，可以偶然吃上一顿，却不好年年都吃，特别对于我这种吃惯大米的南方人而言，倘若每年的年夜饭都是饺子，那无疑是折磨。你爱吃，就自个儿吃好了，何必推销？

陈旧的晚会模式意味着突破的不可能。在这样的情形下，就该换一条思路。雅典奥运会的开幕式之所以举世赞叹，就在于它突破了一贯的开幕式模式，没有团体操，但给你展现了一幅古希腊历史文明的雄伟壮观的画卷。别具心裁地把绿茵场变幻成一面古希腊文明的摇篮——爱琴海。

其实，非得在除夕之夜做一台晚会，也未尝不可。譬如说，把"感动中国的年度人物"放在这个晚上揭晓，或者索性像维也纳金色大厅一样，搞一台高质量的音乐会。事实上，这几年有很多观众都在转场——从文艺晚会转到戏曲晚会、歌舞晚会。总之，办法应该很多。

策划新的思路，需要高人。央视春节文艺晚会之所以这样尴尬，其中一条不可忽视的原因是内部的轮流坐庄。今年你来，明年我干，说是竞争，却也看不出高招，也感觉不出权威的裁判。更可笑的是，曾经成为晚会某大腕导演，没有多大才干，倒是因把持这晚会的权力弄到了一些钱，让警方锁了去。中央电视台是国家的电视台，使的是纳税人的钱，大概是不好成为某内部的自留地的。现在很多工程都在招标，那么，作为一项艺术工程项目，央视春晚的运作是否也可以考虑招标呢？毕竟，央视内部的能人、高人还是有限，目下对内是搞活了，何不对外再开放一些？

更有趣者，但凡每年的春节文艺晚会一经播出，翌日就有所谓权威调查机构宣布，它的收视率又增高了多少。可是这越发高涨的收视率却与日益尖锐的批评和辛辣的讽刺不幸成了正比。这个社会、这个时代是不可以迷信的。前些时候，我们从希腊人手上接过奥运会的旗帜，在那个闭幕式上，表演了由著名导演张艺谋呕心沥血的"八分钟"，我想大约没有几个人会喜欢这昂贵的八分钟的。这一点也不奇怪，张艺谋的著名反映在电影上，你不好让他一切著名。倒是后来的残奥会闭幕式上，我们上演的那少于八分钟的场面，吸引了无数国人激动的目光。那"千手观音"的舞蹈至今难以让人忘怀。这位导演是谁，我不知道，显然他的名气不如张艺谋，但在执导晚会上，明显胜出一筹。

既然每况愈下，又何必自作多情？倘若理智一些也明智一些，这晚会早就该停办了。这或许是最佳的选择，既不劳民伤财，又不倒人胃口。这是一个多元化的社会，不必用什么东西来抓住数亿人的目光。过年了，大家都想轻松一些。

2005 年 1 月 1 日　京城寓所

今天的大学
——在安徽大学的一次讲演

一

大学教育，尤其是大学的文科教育，包括我们的艺术专业，在我看来中心是两个字：激活。激活什么？激活学生对所学专业的热情。热情又是靠什么来鼓舞的？是靠这个专业的魅力和将来所能企及的目标。魅力可以引起人的兴趣，目标则给人以向往。这种目标有实用性的，比如说你想今后成为什么样的一个人，在社会中扮演怎样的一个角色，这都是实用性的。也有学术性的，比如说你对这门学科产生了进一步探索的欲望，沉浸其中，其乐无穷。大学的教育就是要把这样一种热情、求知的欲望调动起来，并给学生们一把钥匙，这就是激活。

激活是一个中心。那么所有的一切，如课程安排、教学的方式，是不是也应该围绕这样的意思展开呢？我们现在很多课设置得让人无奈，比如说政治。我想几乎所有的学生都不会喜欢这门课，可能老师也不愿意教这门课。这么说，不是指政治课不重要。相反，它太重要了。过去说，政治是灵魂，这话并没有错。错是错在这门课的设置上。其实很简单，一个人的意识只能属于他个人的，怎么可能把这么一个大国的十三亿人民的意志都统一起来呢？没有人能做得到。政治观念的形成，在于大家的感受。根本就不需要灌输。依我个人的理解，政治的核心在于提高修养，在于修身。在于完善人内心的良知与社会的公德，在于建立起一个健康向上的世道人心。一个社会的贫穷固然可怕，但比贫穷更加可怕的是道德沦丧——出了那么多的贪官危及到执政党的地位了，一个社会的执法者、教师、医生，这三样职业的人倘若也丧失职业道德，那么这个社会就非常危险了。教师是教育人的，医生是救人命的，执法者是主持公道的，这样的人也在赚黑心钱，是不是很可怕？我听说，现在一些中学老师，故意不把课上好，目的就是要学生登门去补课，好拿票子；我还听说，一些大学老师故意让学生不及格，好让学生交出补考费。而我们还在高谈阔论，说什么经济基础决定上层建筑什么的。我们现在的教材是多么空洞，安大能否搞出一个生动的来？这是功德无量的事情。英国的教育目标非常明确，就是要把每一个学生都培养成正人君子，培养成贵族。贵族与金钱没有多大关系，而在于气质和内心。要让他们内心高贵起来，不仅拥有荣誉，而且拥有良知。

总之，教育起码要让老师知道自己在做什么，学生应该清楚，自己想干什么，将来可以干什么。

我们现行的教育体制有问题。提出的素质教育其实还只是一句空洞的口号，我们推行的还是应试教育的那一套，这种目标与实际的脱节，往往让教师和学生无所适从。怎样判断一个学生的能力？最后依据的还是分数。这是所谓的硬性标准。可是一到社会上，分数忽然变得不起作用了，人家看重的是你的能力。人家只需要你回答一个问题：你能为我做什么？还有，庸俗的社会政治像暗流涌动着，好的岗位都被那些有门路的人占去了。这样，只剩下一个十分狭窄的路了——就是完全依靠你个人的能力去闯天下。比如，一个学生的作文如果得到高分，某种意义上是指他的作文符合考试的要求，符合老师心目中的标准和他个人的趣味。而另一个学生有才华的文章，或许就不能及格了，这是两种不同的解释。谁对呢？假如你在文章中写道"一个很阳光的女孩停在我的窗前"，老师会说这是一个病句，因为阳光的前面不应该有副词，阳光是名词，名词不可以来修饰名词的。但我却以为这个孩子有才能，因为他写出了一种直觉上的感受。很生动。

所以，我认为一个大学、一个专业学院，应该主动为学生营造一个可以激活学生学习热情的氛围。这比所有的学生成绩得高分都好。安徽每年有很多名牌学校的学生，这显示了安徽是一个善于组织学生考试的省份；但安徽的学生毕业之后到社会上，真正有所作为的人有几个呢？不多，这似乎又在说安徽是一个不善于造就人才的省份了。地域环境对造就人是不可忽视的条件。地域可以大到一块土壤,一个省份,一个国家,也可以小到一个家庭。假如一个孩子从小在四面都是书橱的屋子里成长,那这个孩子日后会与书籍靠得很近。假如这个孩子在小学就有了手机,上学都是车接送,每月零花钱有几百,他可能就与钱靠得很近了。假如这个孩子每天在家中见到有人往他家送礼,他家的大人常常一个电话就能为别人解决问题,摆平事,那么他可能与官靠得很近了。

那么,这样一些带有不同家庭背景的、也有不同价值取向的同学来到大学,就应该接受大学给他提供的影响。这里,大学的意义就在于承担了一个调整、引导甚至改造观念的使命了。而要完成种使命,大学的设计就成了关键。对一所大学怎样设计,这里是有讲究和追求的。不同的领导人会有不同的主张。我进安大的新区,首先就感受到这里的建筑物群显示着一个"徽"字,这是黄校长他们的追求。再看规划中的"独秀大道",看看"行知楼"和"适之楼",特别是看那水中的三块石头,上面写了三个字"徽"、"理"、"朴",就蕴含着匠心。第一,它在讲叙安徽的历史;一个大学与一个省乃至一个国家的历史联系起来,这种思路我很欣赏。这个学校的校训——至诚至坚,博学笃行,也显示着追求。第二,它张扬了一种精神。一个学校提倡什么,反对什么,追求什么,以什么作为培养学生的目标,做法自然不一样,学生的感受也是不一样的。第三,它构成了一种文化氛围。诚然,大学是理所当然的文化场所,是知识分子成堆的地方。但是,仍然需要一种文化气氛。浓郁的气氛。我经常去各地的大学,如果你看到到处都有学术讲座的海报,能看到学生自己的创作园地和成果,能看到一些优良的文艺活动,这些都在展示着她的面貌。但也还有我不满足的地方,比如色调上优雅有余,生动不够;显得老气横秋,缺乏应有的朝气。一个建筑如同一幅字画,光有书法笔墨还不够,还得盖上一枚或几枚印章。这样就生动了。所以上次我跟黄先生说了,要有点缀,要有鲜活的色彩活跃其间。再看看那些海报,显得也很不气派,像是投诉的意见书,没有一点号召力。

所以,学校的环境实际上是和社会的环境在竞争。在争夺人才。我们经常说这个人受过良好的教育,我的理解是,其中最重要的一条,是这个学生是在什么样的教育环境里走出来的。名校之所以有名,不全在名校里有多少著名的教授,而更在于这个学校的传统与历史上的辉煌,以及传承关系。清华在1926年前后的国学研究院，至今让人景仰。但是企图恢复是不可能了。章诒和先生的《往事并不如烟》里，写到了康有为的女儿康同璧以及她的女儿罗仪凤，其中谈到"文革"期间要吃西餐，罗仪凤便问："谁来洗那二百几个盘子？"——一个细节，你就感觉到一种贵族气派。

在什么样的氛围里，你的感受是不一样的。所谓耳濡目染、潜移默化。据说现在的一些大学特别看重毕业生的就业率，这不错，但就业与人才之间有一定的区别。如果一味地强调就业，那么在座的各位应该早几年去上技术学校，可以上财会班、电脑班什么的，没有必要耗在这里。我想，大学的任务还是一种素质的训练，是打造人的素质。而高素质其实也是为了将来更好地就业，只要这个学生具备了一定的素质，他也自然掌握一定的技能，就业就不是一个问题了。人的素质是多方面构成的。可怕的是，那些只有考试成绩而缺乏素质的人，即使侥幸就业了，也终有一天会被人炒掉。

二

接下来的问题是，学生在大学里怎样学习了。现在的问题是，不少学生沿用了中学时代的那种学习模式，那种惯性，也就是对老师的那种天然的依赖性。这种倚赖性是很可怕的，就像一个娇惯的孩子睡惯了自己的枕头，到哪都背着它，没有它就失眠。我曾经在海口遇见这样一个男孩，都十五岁了，至今还带着一块烂毛巾——从襁褓里就咬着这个，一直咬了十五年，都破得不成样子了，却还带着。这不可怕吗？所以，不要带着中学的那种依赖老师的惯性进大学来学习，这肯定不好。大学的学习又是怎样一回事呢？

从前学手艺，有这样一句俗话：师傅领进门，修行靠自己。

就是说，领进门，是老师的责任。但有的门槛，老师还未必能够领得进。比如说，写作。这个怎么教？教不会的。大学不培养作家，但是大学可以影响你成为作家。我们今天的写作课讲的只是一些常识性的东西。而写作这样常识，往往又不是正规的。非但不，反而有点旁门左道。所以，像写作这样的课程，倒不如多把时间用到指导学生阅读欣赏上。

看书也是一门大学问。一本书，因人而异。就看谁能读出好来。《北京文学》有个栏目叫"文本典藏"，找了几个著名的作家在评点。这个创意的别致就在于，他没有去请批评家，而是请作家来评点。实际上是承认了作家的阅读有别于批评家。作家的阅读往往是感性的，是一种直觉性的判断。这有点像谈恋爱，诗意的恋爱往往就是一见钟情，一见倾心。而不会事先做一个秘密调查，这个女孩出身如何？家境如何？有无家族遗传病史？这样的恋爱有点像婚前检查，虽然负责，但毫不生动。直觉的阅读往往能读出好。这种欣赏，我认为也不应该很规范。因为但凡学术，尤其是文学艺术，都存在一个仁者见仁、智者见智的问题。就看谁的观点能打动你。同时，我认为学生不应该去轻易相信什么，包括不要轻易相信你的老师。你要习惯用一种怀疑的眼光去阅读，去接受。只要有怀疑，就会有思考，哪怕这思考是片面的。但我认为一个深刻的片面远远比那种平庸的全面要好。

有一些是需要强制的，一些基础性的东西、工具性的东西。比如说外语，比如说古汉语，它最初的时候肯定很枯燥，你不下功夫你就达不到四六级。还有一种，是自发式的，基本上就靠你自己的安排了。学校的图书馆有很多书，但读书在于你的能力了。同样一本书，个人的能力差异就会读出不同的感受。糟糕的是你读了，结果花了时间还一无所获。这里就有一个方法问题。我个人的经验，文科学生除了老师指定的一些书目外，可以读得杂一点，这会慢慢丰富你自己。

读书是一项工作。不仅是休闲，而是任务。比如说你读一个作家的一部作品，你喜欢了，就可能去找他其他的作品来接着读。然后你觉得有必要把这个作家与那个时代联系起来看，接着你会想这个作家与那个时代的其他作家有什么不同。如此等等，阅读就自然展开了。你这种阅读就是立体的，不再是平面的、单一的。我在大学三年级上学期，就只读了海明威。文科学生的兴趣应该尽可能广泛一些，这些都能影响你进步。某种意义上，一个"全能菜鸟"不是什么坏事，关键在于你要把握一个度。

阅读不可以迷信。这不是一首流行歌子，一传就传到了几亿人耳朵里。都是名著，你也有权利不喜欢。总之，别忘了你的兴致。不要人云亦云，更不要迷信，要有独立的判断和思考。

必须承认的是，优秀的、高明的老师给予你的引导是必要的。

师者，授业解惑也。教案只是一个资料，大家可以看，重复教案就没有意思了。老师的魅力在于他给你启发，给你经验，给你方法，这些都非常必要。我在上大学之前，是学美术的。但那个时候我的家庭很贫穷，没有条件，连一本启蒙的小册子也见不到，只能靠自己琢磨。最初就是临摹连环画。结果有一天，看见外地来的画家在写生，这个过程我站在边上看下来了，好像一下子明白了许多，犹如黑暗中有人替你点亮了一盏灯。一次示范就胜过了读几本书和临摹。

但是，教与学又是互动的，所谓教学相长。如果大家参与进去，那么我想会学得有兴趣。这是一个普遍厌学的时代，一墙之隔，外面的世界很精彩，有便宜的网吧和廉价的KTV，而你却要安心读书。这似乎很不公平，甚至有点侵犯人权了。可是，如果你把一本书读进去了，那么同样也是一种享受，很小资呢。问题就在于你不会读书，故读不出乐趣来，这个一定要改变，要调整。我这次给艺术学院的学生讲《茶馆》和《哗变》，就打算用这种互动的方式，大家一起观摩，一起讨论，然后我进行讲解，回答大家的问题。等以后讲到我的话剧《合同婚姻》的时候，我还打算把这个戏排出来。

第二个必须承认的，是人的天赋。

对于学生，尤其是艺术学院的学生，你的每一次观摩都是学习。看画是读画，看电影同样是读。但是，如果你没有一点知识的积累，那么你恐怕就读不出名堂来。你最终得到的还是一个普通观众的感受，你读不出别人的匠心所在。比如说《教父》，最后的处理，把圣洁的洗礼仪式和血腥的灭门组合在一起，既是故事的高潮，也是视觉上的高潮……

一个学生说"黄昏过去了，夜就来了"。另一个学生会说，"黄昏像鸽子一样收起了翅膀"。这两种感觉显然不一样。

艺术是触类旁通的。任何艺术都会有相互的影响。这种例子很多。李苦禅是国画大师，但也是京剧名票。他从京剧中表演中吸取了一些东西，融化在他的绘画上。而梅兰芳则是从绘画上找到了京剧表演上的东西，那就是气韵。

但凡具有一种创造力的东西，天赋是必需的。不承认这个不行。比如说京剧的流派，"四大须生"和"四大名旦"，其实都是在长期的实践中自然形成的。在大的旋律不变的前提下，根据各自的条件与理解，慢慢形成了"腔"。有些是借题发挥而来的。同是须生，马连良的味道和言菊朋的味道完全不一样。有的演员，天生具有一种表演才能，这个老师教不会。一个学美术的学生的敏感，和一个学音乐的学生的敏感，一定不同。前者应该有丰富的眼睛，后者则是灵敏的耳朵。我们尊重天赋，但这里还是有勤奋的因素在起作用。最聪明的人如果不勤奋，那么也不会成气候的。所谓天才，就是天赋加勤奋，虽是老话，但十分有道理。

今天就拉杂说到这里吧。

2009 年 9 月　合肥

晚报应该面带微笑

《安庆晚报》创刊五周年，与安庆这座城市的悠久历史似乎很不匹配，但仍是一件值得祝贺的事。其实在它还是前身的《安庆日报·下午版》时，就与我打过交道。印象较深的是连载过我的长篇三部曲《独白与手势》的第二部《蓝》。等它真正获得了"晚报"这一堂皇而艰难的头衔时，我却已经疏于文学，投身影视了。但作为家乡的一张晚报，作家出身的我对它依旧怀有一份感情。每次回来，都会有意无意地看上几眼，希望这张报纸越发好看。

报纸好看，在今天并非易事。某日在一个饭局上，几个资深的报人跟我说起一个笑话，说现在的某些报纸只有两种人在看，一是写者，二是被写者。这当然有点八卦，却让人笑过之后沉默了许久。我对纸是有感情的。像我这样的作家，都是从报纸、刊物、书籍这样一些不同的纸面上立起来的，如今眼见着自己的心血滴在纸上而无人问津，不能不心痛。但是，时代就是这样的不客气。多年前，当一些作者改用电脑写作时，我曾写过一篇《手写的欢乐》，固执己见，但最后还是向电脑投降了。好在我把这"手写的欢乐"从小纸转移到了大纸上，这几年无论是写完一部书，还是拍完一部戏，都会抽出一段时间躲到书房里专事书画，以此重温这"手写的欢乐"，更仿佛一种缅怀。

自从网络等新媒体的陆续出现，传统的纸质媒体便受到了挤对和挑战。无可回避，时代已经到了网络时代。网络反映之迅捷，发稿之自主，谈吐之自由，都是纸质媒体所无法相比的。但是，我内心还是相信，网络的鸟今天虽然自由高飞，但最终还会落在树上，这树，便是纸质的报刊和书籍。纸在今天成为一种信念，而坚守一张报纸更需要一份勇气。

在我看来，一张好看的晚报，不仅需要客观真实，更需要生动有趣。晚报当然也要呼应国家的大政，但更应该关心老百姓的琐事，远离民生的报纸，老百姓自然会拒绝。晚报不能端着架子，不能强词夺理，不能不近人情。晚报应该面带微笑。我希望《安庆晚报》能成为这样的一张报纸，每天都放在市民们的枕头边上。

2011 年 8 月 19 日　北京寓所

潘军文集

第玖卷

小说者言

小说者言

1

越发觉得作小说不是易事。写过几十万字竟弄不清什么叫小说。当然不是指《辞海》里讲的那种小说。我大概是想知道所谓现代小说或者"反小说"吧。回答这个问题脸必然红。聪明或者滑头的办法是绕着走，把球踢给专家学者们，尽管他们也未必能讲得好。

小说混到今天却失去了权威界说。这蛮好。好就好在壮了小说者的胆。

但不管怎么放肆，无论怎样的小说都是可以视为语言的艺术的。区别在于理解。闻一多评价庄周语言时说："他的文字不仅是表现思想的工具，似乎也是一种目的。"而法国佬克洛德·西蒙则断然指出："作品是建立在写作和语言同一水平上的。语言不只是一种手段，而且是一种动力。它也有创造力。"文学的语言是载体，同时又是被载的一部分，就是这么回事吧。

于是想到克莱尔·贝尔和苏珊·朗格的"有意味的形式"，想到克罗齐的"表现性形式"，想到柯勒律治的"第二意义"，想到桑塔耶纳的"两个层次"……

于是想到马蒂斯的《红房子》，想到亨利·摩尔的《锁合》，想到德彪西的《意象》，想到雷乃的《广岛之恋》……

2

问题是老的，方法是新的，金观涛、刘青峰敏感于此，故以控制论的方法去揭示中国封建社会长期停滞的内在奥秘，让人刮目相看。是否由此影响了一批青年小说家调头转向也很难说，不过几年前这伙人就开始头痛：写什么呢？墨水少了典型也少了，钢笔旧了主题也旧了。于是在嗡嗡声中不知是哪个小子大喝一声："反了吧！"便唯马首是瞻。

同一块料子在不同的裁缝手里是几码子事。《伤痕》和《棋王》是两码事，《小兵张嘎》和《红高粱》也是两码事。

前者是小说领导作家。

后者是作家指挥小说。

3

读以前的小说，遇见一条狗在门口悠来悠去，就猜这畜生一会儿要咬人或者拉屎，反正得表现点什么。读到乔伊斯这怪人头上，发现自己已无法那么高明。狗就是狗，悠着就是悠着。其实这畜生悠着就是在表现。于是就想，这畜生如同一幅画中的一笔色彩，而一笔色彩是难以"深刻"的。但是离了它便破坏了整个调子。

贝茨说海明威的小说是画，描绘得跟原来生活中一样自然。海明威似乎在说：

"图画放在这儿。这就够了。好好看吧！"

那就老老实实地看狗悠着吧。

别指望它咬人或拉屎。

4

作家当重感觉。单凭感觉成不了好作家如同嗓子好不等于就是歌星。但好的作家感觉则必然好。感觉是作家与客观世界沟通的桥梁。这种感觉的升华可以看成是作家的自我超越和心境补射。作家狂妄地以感觉去概括世界。故我想，老叔本华之所以得宠，是因为他斗胆喝了一声："世界是我的表象。"

马原宣称还有一种超感觉。他说这是由感性认识上升到理性认识并且对后者已有了深入骨髓的认识之后产生的一种更高妙的感性认识。进入到这个阶段，方可运斤成风。所言极是。

这种所谓超感觉便是感觉的升华。

能否"超"或者"升华"取决于作家的经验积累和知识积累。还有天赋。作家神游于大千世界和芸芸众生之间，获得了鲜活的意象遂用与之吻合的符号——文字，将其固定。

于是奇句产生了。

奇境也产生了。

5

读《红高粱》总觉得面前荡着一片湿漉漉的红。

读《爸爸爸》又仿佛觉出一片干巴巴的蓝来。

读汪曾祺的文字如同欣赏一盆水仙。

6

面对亨利·摩尔的作品陡然觉得自己渺小得无法形容。他可以把头壳同蘑菇云捏到一起（《核能》），构成了惊世骇俗的"隐喻"。而人的骨骼与兽的骨骼却建筑了一扇门（《拱门》）。我总觉得有一股凉气在体内荡来荡去，在那门里穿来穿去——天，这他妈的是怎样的门?!

由此想到马原的《拉萨河女神》。他把猪尸、卵型石子图案、裸浴的小孩、双环石、羊骷髅头骨、沙塑女神随便编排到一起。

疑心这种编排不是随便的。那些看上去彼此不相关的东西有潜在的联系。它们之间似乎产生了一种"场"，一种效应。于是这种联系便是有机的，尽管不大看得出来。

问题在于不是所有的东西编排到一起都能产生"场"的。从这个意义讲，小说的艺术是编排的艺术。小说家又像是导演什么的。是那种把剧作家踢到一边的导演。

7

早先恋过一阵蒙太奇。发现镜头是死的，活着的是蒙太奇。后来又觉得蒙太奇活得矫柔造作，不如长镜头自然。巴赞的意义在于悟出了镜头内部的运动节奏。

结构是一种运动。小说家用感觉的方式破坏生活原始秩序而后重建，以求对生活底蕴的把握。这一流程的运动节奏与小说家内在的情感节奏趋于一致。渗透于字里行间，成为情感的火光。

克洛德·西蒙认为标点引起的顿挫以至于把内心现实里相联的东西切断，于是句长如流水。这绝非标新立异。

王安忆之所以把小鲍庄大解几块，置于一个单调呆板的框架，是因为她嗅出的小鲍庄人身上的气味也是单调呆板的。而陈村却用比白水还白的文字叙述了一个比白水还白的人的一天。

所以王蒙说："结构在某种意义上也是一种语言。"

8

布莱希特发明的"间离效果"全部意义在于让观众清醒地知道他们是在欣赏。正如后现代主义小说的价值在于让读者明白自己是在阅读。在这里，创作的过程与欣赏的过程是齐头并进的，三位一体的。在不断出现的"短路"间，创作者的旨意传达给了欣赏者，于是他们判断。

9

小说家由感觉开始再把感觉调理好诉诸文字然后请欣赏者感觉。小说就是这么一种由感觉贯穿始末的游戏，但是严肃的。

这游戏得共同来做。

好的小说是茶叶而不是现成的茶。你想喝就请你自个儿拿水来泡。至于水的度数如何责任由你负。你要参与，要劳动。不能闲着。

克罗齐说:"艺术家的全部技巧,就是创造引起读者审美再造的刺激物。"

刺激谁?

你。

10

时代赋予小说的形式。或者说,小说形式来源于对时代的理解。

罗伯·格里叶把自己所处的时代理解成飘浮不定、捉摸不透的,所以他的作品形式也是飘浮不定、捉摸不透的。

对时代的理解是多样的,因此小说的形式也是多样的。

那么,是否可以说,目下出现的探索小说就是对时代探索的反映?虽然有几件冒牌货。

扑朔迷离的也是一种小说。

真得不能再真的是一种小说。

假得不能再假的也是一种小说。

至于哪种小说能摘桂冠,全凭时代的眼光。而时代的眼光总是逐渐明晰的。

11

文学离不开生活,这话依然正确。

对待生活的态度自然不尽一致。热烈拥抱是一种,冷静直观也是一种。问题是,外热往往内冷,外冷也常常内热。前者往往触及生活的表象,后者常常把握生活的内蕴。

有人离不开生活是因为临摹的需要。有人一旦离开便有了感悟。可悲的是前一种人搂着生活不放,结果生活在他怀里由少女变成了老妇。

深入生活就是对生活倾注爱。这爱不是轻佻的。作家的爱应该是真挚的、博大的、深沉的。

12

用"风格"将作家固定好比把刀架在人脖子上。一种残酷的褒奖。风格之于作家如同笼子之于鸟。

说某君文字有"味",某君便把以后的一切营营置于这种"味"下,自以为是坚持和维护了。这就像民间俗语所说:"说你胖,你就喘。"

这也是一种"异化"。

于是想到:

拿破仑打仗是为了当官,

巴顿当官是为了打仗。

13

"寻根"好久了。关于"寻根"的评价越来越丰富,吵得也凶,一说意义在于弥补民族文化之断裂以重振雄风,另一说则以为是复古,是玩物丧志。阴阳两极相接便火星四溅。

黑格尔把历史划分为原始的、反省的和哲学的三种,层次是递进的、上升的。作为最高层次的哲学的历史旨在探索其精神在时间里的流淌。由此想到"寻根"似乎是触及原始的,经过反省的而后上升到哲学的。

"寻根"的文学不是几句俚语、几分野调或者几种陋俗的拼盘。窃以为:"寻根"的文学当是当代意识对传统文化进行观照的结果。这么说是信服了克罗齐的著名论断:"一切历史都是当代史。"举一反三而已。

阿城说:"文化制约着人类。"这不错。思考民族文化重建自然必要。问题是:

重建不等于复制。

也不是维修和续补。

14

民族的文学只能属于民族,并非是指民族的文学不行。毕加索欣赏中国画不等于中国画就是世界画。

一位日本学者认为中国文学未能步入世界文学,是不具备"全球意识",倒颇有见地。

加西亚·马尔克斯笔下的"孤独"不是附在马孔多身上,也不是附在哥伦比亚身上,而至少是附在拉丁美洲身上。

全球意识是各种文化交融尔后提炼出的一种立于世纪峰巅向四际投射的眼光。

15

应该有一个坐标系。X轴是民族的,Y轴是世界的,把中国文学纳入其中进行观照方算科学的、老实的。一味歪到哪一边都是感情用事。都会引起一场好吵。

中国文学步入世界文学先进行列迄今还是个理想。证明这一点最有力或者最无力的根据是我们没有获得来自斯德哥尔摩的荣誉。

说不稀罕这荣誉如同被打翻在地的人无比骄傲地说:我喜欢躺着。

16

我不是个有出息的作家。

写作只是我个人生活的一个构成部分,与其他部分在意义上抑或价值上别无悬殊。觉得快活是因为时常在写,当然有时是由于不那么快活才写的。

写作是门手艺。很费劲。因此累是时时附在身上的。

可是不写也累。

1987年5月　合肥

自己的小说和需要的写作

大约是1985年，我在一个很深的夜晚，突然想起"自己的小说"。当时的想法简单而混乱，只是有那么一种冲动，即自己该怎样去写小说，怎样的小说才算是自己的，至少有别于其他。十多年于不经意中淌过去了，重提"自己的小说"仍不觉得清晰。显然，作为概念，这一提法缺少必要的理论依据，但它是一种态度和立场。

作为故事的叙述者，小说家在脱离故事的接受对象后获得了自由。但自由并不表示着轻松，从某种意义上说，小说家的自由是沉重的，它至少意味着一种纯粹形式的把握。故事永远不可能进入艺术。但叙述必须是艺术的。轻视或鄙视这一点的人当然也可以成为中国的著名作家，但绝不是严格意义上的小说家。对后者，叙述是一种责任，小说家所尽的当是天职。向日葵是一种普通的植物，但到凡·高笔下，就显示出了惊人的辉煌。因此可以这么说：同样的故事，就看谁讲了。这之后的所谓故事便全然不同。

故事能否进入小说取决于故事自身的小说因素，也可以说，是这个故事作为小说叙述的可能性。这里存在着判断与选择，属于个人权利。小说家对故事的判断与选择是一种本能，就像蜜蜂一样，知道该在什么样的花上停下来。由本能到一种近乎绝对的本领，由故事而小说，这中间的过程很辛苦，当然这也是绝对愉快的过程，因为有后者，所以今天仍有人在写小说。这个过程贯穿着小说家对叙述的激动，对语言的职业性敏感，充分体现了对形式的操作能力。这又是一个奇异的过程，因为整个小说往往是从发现第一个句子开始的（至少对我是这样）。句子与句子之间有天然的感应，你找到了第一句便意味着第二句的存在，前一句诱发着后一句，如此蹭下去，势如用高速摄影机拍出来慢慢倒下的多米诺骨牌。而在第一句或第七句之前，你绝对想不到第二句或第八句是什么样子。所以我称之为未知不断显现的过程。正是上述因素，使写作成为个人的一种需要。

写作的目的就是写作。但实际情况是，在今天，写作还有其他目的。写作给一些人带来了意想不到的利益，虽然他们嘴上总申明不想要，但实际他们得到了。于是这个事实又引诱了另一些人，他们加快步伐，穷追不舍。但不管怎么弄，总还有一些人为写作而写作。我们可以相信为写作而写作的是职业作家，但这与能否进入官方色彩的文学机构无关，不是雇佣关系。我所理解的职业作家是指把写作视为一种个人生活，使写作成为一种个人需要的人。他们在想写的时候去写，他们写自己想写的东西。

素质一般与生俱来。后来的锻炼当然有用，但极为有限。齐白石四十多岁突然有一天丢掉斧头拿起毛笔，似乎随便画画就成了大师。同样的例子还有美国的电影导演奥立弗·斯通，当年是越南战场上的大兵。好几年前，《上海文学》上发表了一篇叫做《棋王》的小说，作者是阿城。我们只需看一眼就完全相信了：这是小说，阿城是小说家。但对另一些年老的或年轻的大牌，我们至今无话可说。指出这个事实多少有点沮丧，但是很不幸，事实就是如此。一些人于不经意中把一切该做的都做了。另一些人不择手段仍是瞎子点灯。回头看一下当代小说的几十年，我们的表情会很复杂。而个人的不安，也正是因为这个无法改变的存在。我们不免要检点自己的能力，就像伸手探一下米桶，看看还能煮几碗饭。

想象支撑着小说，回忆则缅怀小说。回忆向小说家提供经验，是藏在色彩下面的素描，但不是表达。最后的表达方式是色彩，而色彩是纯主观的东西，不是看出来的而是想象出来的，所以它成为艺术。色彩是语言也是叙述。既然我们能把小说分为好看的和不好看的，我们也应该去见识小说的有无色彩。自己的小说应拥有自己的色彩，尽管这非常困难，我们仍试着在做。我们本来渴望得到纠正与指引，渴望得到裁判，但后来发现这种想法脱离实际，因为当代文坛面临着缺少大师的遗憾。没有大师便意味着失去公正而权威的教导与裁判，于是五花八门在所难免，以致一堆无聊小报便可造就一个著名作家。在这种情况下，自然要怀疑时代与文学的关系。也恰恰是在这种情况下，写作进一步成为个人的需要。来自另一方面的问题是属于你的读者，他们是你的朋友，也是你自己的小说所寻求的无数个隐形合作者。这种写与读的关系如同一次次事先没有约定的空中握手。于是我们有理由说：需要的写作是幸福的。

1996 年 5 月 15 日　合肥

书中旅行与为朋友写作

　　1990年秋，我在写作中篇小说《流动的沙滩》时，援引了我所尊敬的阿根廷作家博尔赫斯的一句话：我一生是在书籍中旅行。博尔赫斯曾一度出任阿根廷国立图书馆馆长。但是，上帝把百万册图书交给他管理的同时，也赐给了他一双高度近视的眼睛。这是一个无奈而可爱的玩笑。当这个玩笑结束之后，博尔赫斯成了因近视而富有远见的人。

　　在我成为一名职业作家之前，我对所谓"深入生活"不以为然。正如我后来在《海口日记》中写的，生活像空气一样，围绕着你，你吸就是了。在我看来，一个作家"读万卷书"十分必要，而"行万里路"则未必。我看重的是"在书籍中旅行"。诚然，阅历可以使一个作家获得资本，但是又极有可能限制着作家的视野与想象。经验在某种意义上是枯燥的，有生命的还是想象。加西亚·马尔克斯有一天阅读卡夫卡的《变形记》才恍然大悟：原来小说还可以这么写！于是阅读在那一时刻开始造就了一位拉丁美洲的小说天才。

　　在今天，阅读已不是一件轻而易举的事了。功利性的阅读与消遣性的阅读是这个时代的文化消费形式之一，所以便产生了大量的"文化快餐"。1995年岁末，我在郑州的一家小书店里，看见一位消瘦的青年在徘徊许久后，买下了一套《纪晓岚文集》，竟有了难以名状的激动。那一刻，我以为纪晓岚和那位青年都是幸福之人。几天后，中原的几位青年诗人自费办了一本诗刊《发现》，送到了我手里。他们向我约稿，我欣然答应，尽管我不是诗人，但我赞赏他们所提倡的、也是我一贯坚持的那种"知识分子写作"。

　　不过我觉得，支持"知识分子写作"的还不是筹款办一份文学期刊，应是知识分子的阅读。这是一种互相感应、称得上心有灵犀的阅读方式，是一次没有时间和无形空间中的握手。所以，我的写作只是为了我的这些朋友，这一小批的读者。如果有一天——倘若真有这一天的话，他们消失了，那么我将放笔。我曾经说过：作为小说家，我永远只能写出小说的一半，另一半是由我的读者来完成的。这种没有事先约定但十分真诚的合作让我激动至今，使我这个夜行者蓦然在黑暗中发现了蓝天和白云。

罗兰·巴特在《阅读的快乐》中指出：在阅读今天的作品时，不要吞咽旧时的阅读空闲时间，而要咀嚼这种时间、细心地修剪它，并重新发现它，要当富有贵族气派的读者。我以为这种阅读正是我尊重的"知识分子阅读"，看重的是"重新发现"。正是这样的一种眼光，使小说的另一半得以凸现与完成。

一个作家心中的读者是他的朋友。他为朋友而写作。

1996 年 9 月　合肥

关于"今日写作"的一封信

鸿生兄：

给"今日写作"的稿子一直没有写，不是没有时间，而是写不出，是真的到了无话可说的地步了。我平时的闲扯，或许还多少带有几分激情和煽动性，但真要我做出正经的文章，就难了。其一，我是一个缺乏理论的写作者；其二，就我个人的经验，也实在难以总结。去年底在《花城》笔会上，占春提出了关于写作空间问题，我的理解是指叙事的可能性。我记得苏童和格非他们都作了很不错的回答。说实话，这个问题并没有怎么缠绕我。我觉得所谓空间的宽窄，大约不是只指形式和方法，对于一个素质良好的小说家，这些东西最终不过提炼为某种技能，就像百步穿杨那样。而困难的还是写作者在写作中的状态，对写作者而言，写作的意义恰恰是在其中，不会跑到外面去的。那时写作就是一种存在、一种需要了。叙事的可能性便在这种状态中得以可靠地建立。

我对"今日写作"的态度历来是平淡的。这种态度决定了我在文学界只交朋友不入队伍的立场。写作纯属个人的事，它不像科技，瞄着一个目标可以一档一档往上走，最终获得一个结论或一项成果。写作始终是让人困顿和迷惘的，写作者是一个夜行者，只是凭感觉去假设一个方向。马原有篇小说叫《游神》，我认为那是他状态最佳时期的作品。我无意来评价这篇小说的优劣，但它让我看到了马原那时的状态。前些日子，程永新与我见面时还扯到马原，他说那时马原在上海改稿子，同时写《上下都很平坦》和《游神》。我想，马原这个"游神"其时真是"上下都很平坦"了。到了1993年，马原去海南岛拍《中国文学梦》，他问了我一个简单的问题：如果让你再选择一次，还当作家吗？其实这是他心里的问题。那时他多少有些不自信了。这种不自信是基于他对个人写作空间的理解。马原后来干脆不写小说,不是能力而在于状态。他是一个能力极佳的小说家,但这也不意味着良好的写作状态就一直追随他。

　　状态这种东西还不是或者不完全是个人的心境问题,也不是靠舆论的炒作与官方的荣誉所能补充的东西。真正的作家不是明星,不会因失宠而痛苦,所痛苦的是状态的丢失和不再。这样我就很固执地想到人的禀赋。我觉得局限和距离很大程度上取决于人的禀赋。如果用学科的眼光看,称得上小说的文字必定不多,虽然印成书的还叫小说。有些被认为卓有成就的小说家,在我看来就从未写出过一篇小说。这种例子到处都有。当然反过来也一样,在他们眼里另一些人也是在离经叛道。当年阿城写出《棋王》,我读后是感到吃惊的。后来莫言写《红高粱》,我也同样吃惊。我觉得至少被我认定为小说的东西确实出现了,我不能不吃惊。也许有一点可以用肯定的语气回答,中国文学与世界文学接轨或者融合,只能朝着80年代中期出现的这批作家努力的方向往前走,而不会是另外的方向,这茬人的探索是有价值的。或者换一个说法,由"寻根文学"到"先锋派",再到目下正活跃的"晚生代",这个方向没有错。正是这样的一批批作家拓展了今日写作的空间,建立了叙事的不可限量的可能性。

　　然而现在的情况是不在状态中。写作由个人的事转变为个人化的立场,成为自恋倾向的自我书写与自我清算,感觉已麻木,想象的翅膀已被折断,甚至连语词也极度疲软了。而且这样的书写从一开始就远离了叙事,既没有文学的历史由来,也没有文化目标。我记得陈晓明说过类似的话。这让我想到一部叫做《钢琴课》的影片。女主人公在失去那台作为与世界沟通的钢琴之后,重新获得的钢琴不过是一只饭碗(她用假指教她的学生弹启蒙的"侏儒进行曲")。如果我们的写作真到了这一步,我倒觉得像马原那样干脆不写是明智的。也许沉寂一段时间之后,状态又会重新附体。我这次来北京,和余华一起聊了很久,但我们都不想去讨论写作。在朋友中,我和余华是较早相识的。那是在1984年,《北京文学》召开笔会,从自由来稿中找出的作者只有余华和我。时光于不经意中流过了十三年,现在我们都成了父亲,标准的中年人的体态在长安街上缓缓移动。我们坐在一个叫"三味书屋"的茶楼上,余华不断调整座位,他说眼睛很怕灯光,以至于晚上睡觉都要蒙上一方手帕。这之前的一天,我见了陈晓明,他好像从荷兰回来后整个小了一圈,胃疾很重,要戒掉包括烟在内的许多东西。我又想到格非,上个月我由杭州经上海,曾在程永新那里小聚,他的头发在这半年里见白了。而我的脖子近一年来总是像链条那样咔咔作响。我想大家都累了,因为写作之外仍有许多事要对付,而对付这些事我们是毫无能力可言的。我对余华坦言,从前所树立的那些梦想我不会再想了。我现在只想,在我女儿三十岁之前怎样确保她的父亲不死掉。余华说他第一个响应这个口号。

一个作家在三十多岁或四十多岁,应该说是状态最好的阶段。问题是很多人到了这个阶段,心理要承受的东西往往不是写作,思考的范围也绝不仅限于写作的空间。我们都要面对生活中那些绕不开也躲不过的事,有的甚至要为安身、生计去奔波。我们还能这般沙龙式地讨论"今日写作",也算是一种奢侈了。我在郑州时和佩甫的几次聊天,就常发这种感慨。我想对于一个写作者来说,没有比不在状态中的写作更无奈的事了。可是还得写,因为除了写作,我们还能干什么?也许真有那么一天,那架钢琴在我们手中只能奏出"侏儒进行曲"了。

《莽原》自张宇接手后面目一新。像占春、向阳的专栏文章以及你主持的"今日写作",我觉得都不错。几年前,静宜引我第一次走进位于经七路三十四号的文联院子,首先看到的是那些标牌横钉在墙上,彼此相叠,如同从前将军胸前佩戴的勋标。现在我要离开了,忽然发现这些牌子全都放大了,油漆一新,并且全都竖了起来,并列于壁,成为经七路上的一道风景。可不知因为什么,我这个外省人对它们还是注视了很久。

潘 军
1997 年 8 月 25 日 北京安苑里

形式的挑逗

最初想写这部《独白与手势》的时间是在1993年夏天，其时我在海口。我的小说写作，一般都是源于对一种叙述形式的冲动，尤其表现在长篇上。我需要动笔之前找到相应的形式，面对的应该是形式的挑逗。换句话说，我是因为怎么写的激动才会产生写什么的欲望。八年前写《风》时就是这么回事。《风》讲述的是20世纪40年代一个家族内部的神秘，在我看来这种东西装进那种叙述盒子最好。

1993年的那个夏夜我产生的是一个朦胧的想法。我觉得如果把大量的图画引进一部小说，使之由传统意义上的插图变化为叙述的一个不可代替的层面，可能会是一件十分有趣的事。但在当时的情况下，我无法腾出一大块时间来进行这个冒险的游戏。直到1997年2月，我重返海口拍摄电视剧《大陆人》，有一夜去老街上溜达，看着那些陈旧的老式南洋风格的建筑，我脑中才又泛起要写这本书的念头，并且已想到了书名：独白与手势。事实上，1992年我来岛上就随身带着一个电视纪录片的构想提纲，题目叫《南方之南——一百个人的独白与手势》。我想以实录的手法来表现那些形形色色的闯海人。这个计划流产了，没有人来给我投资。而现在我却回来拍电视剧，把朴素的真实变成了平庸的虚构。但是，在那个微雨的晚上，我真切地感受到了什么叫做触景生情。当年我在这个岛上结识的朋友差不多全走了，剩下的是那些无法脱手的房产地产。奇怪的是，我的思绪并没有就此停歇，而是越走越远，最后走进了三十年前我故乡的一条巷子——那也是个细雨纷飞的夜晚。我好像意识到了，这就是我将要去寻找的故事的开端，小说开始的路。当晚，我在宾馆里用钢笔随手画出了许多只有我看得明白的草图。这些画面开始调动着我的记忆，或者说，我在用画面表达着属于我对记忆的感受。

1998年秋天，我在北京拍摄《对话》，人民文学出版社的刘海虹向我组稿。我便对她说了这个计划，她立刻就有了浓厚的兴趣，她说：我很想编一部带图画的小说。这样，在《对话》做后期的时候，我在亚运村以北的一间屋子里，于一个雨天的后半夜开始写《独白与手势》的第一个句子——"你眼前的这条小巷，是故事开始时的路。"其实在春节期间，我省亲回故乡——位于皖西南的一个叫做石牌的镇子，已着手拍摄未来的小说中所需要的照片了。所以严格地说，这部小说开始的时间应在那个时候。那些日子我手忙脚乱，却觉得异常充实，因为我又经历了一次奇妙的叙述旅行。

我写小说很大程度上依靠的是一种即兴的状态，大都没有所谓的构思阶段（我指的是写什么），也不会事先制订周密的提纲。我甚至不知道故事的走向和发展。通常的情况下我是一句一句地往下蹭，凭借的是故事本身的惯性。我相信恰当的叙述方式会使故事身轻如燕。有时候我吃惊地感到，不是我在写小说，而是小说在写我，我处于极端被动的地位，让小说牵着走。

在小说写过五万字时，我意识到自己写的不是一本书而是三本，于是就这样自己把自己架起来了。接着，我将每一部分别命名为《白》、《蓝》和《红》。这或许与我热爱基耶斯洛夫斯基著名的影片《蓝》、《白》、《红》有关，但我企图表达的不是自由、平等与博爱，我只想倾诉一个男人三十年的情感历程与心灵磨难。

《独白与手势》的第一部《白》最初由《作家》自1999年第7期起开始连载。之后，《小说选刊·长篇增刊》又进行了转载。《独白与手势》的第二部《蓝》刊于《小说家》杂志2000年的第1期，与此同时，人民文学出版社出版这前两部的单行本。

如果没有什么意外，我将在2000年底完成第三部《红》。

对于我这样闲散的人，写作无疑是一次漫游。不过我本人并不讨厌这种习惯的行姿。文学的路很长，有人一开始就跑得极快，有人一直就是晃悠着。正如俗话说的，林子大了什么鸟都有。据说中国每年会有七百部长篇小说问世，这是个令人吃惊的数字。但是否表明文学的繁荣值得推敲。现在想起来，在写作《独白与手势》的那些日子里实际上我是如履薄冰，稀里糊涂地写了几十万字，全凭一股子气撑着。那就是我对寻找到的这一形式的痴迷。一旦完成，我就感到了心累，因为在某种意义上，我和书中的那个男人一样忍受着持久的磨难与煎熬，尽管这不是回忆录。我不免生出几分惶恐，好像这种真切的体验会给生命招致意想不到的麻烦。这让我想起欧内斯特·海明威的一个著名的短篇《印第安人营地》。临盆的产妇经过长时间的挣扎活了下来，而她的丈夫却因无法忍受死亡气息的折磨，割断喉管自行解脱了。于是少年尼克问接生的父亲：死难不难？

他父亲说：死是很容易的。

2000 年 4 月 20 日　北京

我理解的小说和小说家

去年11月，《合肥晚报》就目下一些文化热点问题对我进行了一次访谈。其中一个题目是关于那本《十作家批判书》的。我说这本书我在摊子上见过，没有看；我又说：策划者选择十位名气很响的作家当靶子，显然是卖点的需要。记者问：你对内中有贾平凹、苏童怎么看？我说如果从小说的观念和艺术上看，他们是完全不同的。我坦率地说：苏童是一位很好的小说家，可能他近期的某些作品不尽人意，这也正常，谁也难以保证自己的每篇作品都叫响。但我相信苏童还会写出优秀的小说来的。

那么，记者问，你对贾平凹的小说怎么看？

我只好坦率地告诉他：我不喜欢。我觉得贾平凹不具备一个小说家的素质。他的小说尤其是长篇小说写得很糟糕。倒是一些带有地域文化色彩的散文写得还不错。

记者问我这些话能否登到报端？我说可以。我想我发表的是个人的意见，谈的是小说，没有什么可犹豫的。这样，文章见报后，我便接到许多朋友——"圈内"和"圈外"的电话，说很同意我这种评价。说这种感觉他们早已有之，只是没有说出来。他们希望我能写篇文章，把事情说得透一些。其实像贾平凹这样的小说家中国还不少，他们基本上还是因袭传统的故事模式，在他们的"小说"里看不见叙事，也看不见智慧。往往是想好某一个主题，再围绕它罗织故事情节，图解，人物苍白，语言乏味。1986年之后，中国的小说界发生了革命，重心由"写什么"转移到"怎样写"，小说的观念发生了变化。这个变化实际上导致了一个小说家写作立场和原则的确立。自然有很多样的小说，譬如琼瑶那种，譬如金庸一路，譬如我们从小读到的《青春之歌》、《林海雪原》。但小说作为一门叙事的语言艺术，应该不包括这些。即使是一个故事，也因讲法的不同而泾渭分明——有的进入到小说意味，构成了审美的高度；有的则还是在故事里绕弯子。小说是门艺术，它的发展某种意义上就是叙事的发展，对叙事空间的探寻是小说家毕生的努力目标。至于小说叙事，我想至少包含着两方面的意思，即叙事的感觉和叙事的方式。感觉是一个小说家的天赋，譬如博尔赫斯那里才会有"这个人和他的嗓门一样高大"或者"无法把沙搓成一根绳子"。方式指的是为小说寻找一个天衣无缝的载体，就像为自己的脚选择一双舒服的鞋。像这种叙事形式其实已经成了内容的一个难以分割的部分，它显然含有技术因素，很大程度上依赖于一个小说家的素质。

这次中国工人出版社出版的六卷本《潘军小说文本系列》，在每一卷之后除了附有一位评论家言，还附有一篇责任编辑牛志强和我的对话。有一篇叫《城市状态》，我们也涉及到了贾平凹的《废都》。我们都认为这个"废都"其实像个"废镇"，所谓都市四名人怎么看也是城镇文化馆里的。我认为问题就是作者不能把握住城市以及城市人的状态。而另一个作家阿城的《棋王》，一出手就不同凡响，他笔下的知青最像知青，与他们穿什么衣服没有任何关系。我觉得阿城对城市人的状态把握得极好，而且他的素质似乎天生就是个小说家。另外，我对贾平凹书里的性描写也很反感。记得还是在1994年，我在海口曾和鲁枢元谈起过这个话题。他有句话说得很好，他说：性可以写得很干净，写得很美，也可以写得很脏很丑。我觉得贾平凹的性描写趣味比较低级，读起来很不舒服。

这篇文章只是我个人对贾平凹的小说发表的一点意见，他是个多产作家，大概也是中国出书最多的作家，据说还得过一些"国际奖"，名气很大。但我还是坚持认为，他的素质不能成为小说家——至少不是我认定的那种小说家。

2000年5月3日　北京天坛之侧

作家的沉默和沉默的作家

前些日子,《文学故事报》的记者对我进行过一次访谈,其中一个问题是:有人认为当代文学之所以没有出现大师级的人物,与少批评、少派系、少论争有关。因为20世纪二三十年代鲁迅、胡适、梁实秋,"创造社"、"太阳社"、"新月派"等等之间论争不断、批评不断,因此造就了一批文化大师。这种说法有没有合理性?

我坦率地说:没有多少道理。我也没有觉得二三十年代出现过多少大师。我喜欢鲁迅,是喜欢他的思辨深度,除他之外,对我个人而言,真正意义上的大师好像也没有。另外从我了解的一些西方文学情况看,作家更多的是在坚持一种自己的个体劳动,就是写作。譬如福克纳就是在自己的家乡待了一辈子,这并不影响他成为大师。卡夫卡生前是个很忧郁的人,甚至不愿意把作品拿出去发表,更谈不上卷进什么文学纷争了,但他还是大师。我的意思很明显,一个作家的沉默实际上意味着一种存在方式。当代文学的每个潮头上,很多人愿意喊上几嗓子,以此显示自己的价值。但是,也还有另一些人选择了沉默。或者说他们是在用文本对中国文学发言。

就创作本身而言,一个作家往往在现实中需要沉默,他的活跃一般是在想象的天空里。这意味着作为个体创作者需要一种从容的职业心态。我经常听到"甘于寂寞"的说法,但是我不喜欢,因为"甘于"实际上暗示着一种忍耐。在这样的层面上,"沉默"显然值得尊重。写作是未知不断显现的过程,写作者如同夜行者,只有胆怯而害怕孤独的人才时常要吹起口哨。然而中外文学史上一部伟大的作品恰恰是在孤独中诞生的。屈大夫遭放逐而赋《离骚》,太史公受腐刑才作《史记》。帕斯捷尔纳克从1948年开始创作《日瓦戈医生》,长达八年,1956年写出之后,却又不敢在他的祖国印行。这部以作家母语俄文完成的著作的第一个版本竟是意大利文,由米兰出版社出版。两年后,当《日瓦戈医生》摘取1958年度诺贝尔文学奖桂冠时,当时的苏联当局却要将它的作者帕斯捷尔纳克驱逐出境,以至于作家在十七个月后忧郁而死。

对于一个为欲望所驱使进行写作的人,我理解为职业作家。他所依赖的支持,是一贯信奉的文学主张和炽热的职业情怀。他以沉默的方式远离主流意识形态的话语,他以沉默的姿态安然坐在自己简陋的写字台前,最后,他沉默地活在自己作品的字里行间。对于这种人,沉默当是一种高贵的精神气质,也是他的宿命。

2000 年 6 月 16 日　合肥寓所

见证时间：凝视博尔赫斯

1984年春，我在合肥购得上海译文出版社出版的《博尔赫斯短篇小说集》，定价人民币一元二角。这是我拥有的第一册豪尔赫·路易斯·博尔赫斯的作品。这本由王央乐先生翻译的博尔赫斯作品此后便跟随我游历四方。1993年4月，作家马原来海南岛拍摄大型专题片《中国文学梦》，访谈中我们不可避免地谈到了博尔赫斯，谈到王央乐的这个译本。马原说，他正是因为这个译本才去上海拍摄王先生的。这种表达实际上暗示着一个事实，即翻译家王央乐对我们喜爱博尔赫斯的作用。我很自然地想到，我在大学时代对福楼拜的《包法利夫人》的迷恋与李健吾先生的译笔有关。我特别喜欢那种简约的短句子。我不止一次地问过自己，倘若十五年前，我首先遇到的不是王央乐先生的这个译本，会是怎样的情形？我还会如此长久地热爱这个玩弄中国手杖的阿根廷老人吗？

我清楚地记得我第一次阅读博尔赫斯时的感觉。那是一种奇异而神秘的感觉，几乎所有的小说读过之后都不知所云。他向我们提供的是一个全新的文本，在这个文本中充满着虚构、幻想、引经据典和东拉西扯，与我过去对小说的阅读经验迥然不同。我甚至私下不止一次地抵制这个小说的另类。但是感谢王央乐先生，他漂亮而雅致的译笔使我在阅读博尔赫斯之初就对他的每一个句子肃然起敬。智慧的句子使我和博尔赫斯老人相识以至难解难分。很快我有了一种预感，与我相遇的有可能就是20世纪最伟大的一位小说大师。

1990年秋天，我在合肥简陋的寓所，在一个无法照进阳光的屋子里，开始写作中篇小说《流动的沙滩》。这篇小说的标题来源于法国"新小说"代表作家之一的克洛德·西蒙的一次演讲。他说：我们对任何事情都没有十分的把握，因为我们始终是在流动的沙滩上行走。然而，西蒙，这位1985年度的诺贝尔文学奖得主的作品，譬如《弗兰德公路》，却没有怎么吸引我的注意。我想这其中一个不可忽视的原因在于，这之前我已和博尔赫斯相遇了。而且一旦相遇，就无法使我再见异思迁。

《流动的沙滩》的第七节的小标题是：博尔赫斯的记忆。其中有这样的表述——

> 没有人把博尔赫斯的记忆传授给我，却有人把莎士比亚的记忆给了博尔赫斯，使他成为"因近视而富有远见"的诗人和小说家。这个阿根廷人一生只做了两件事：读书和写作。他对旅游的兴趣不大。我们也可以说，他在卷帙浩繁的典籍中旅游。他曾一度出任布宜诺斯艾利斯市立图书馆馆长，庇隆下台后，又出任阿根廷国立图书馆馆长。因此他坐在家里见多识广。世界上实际不存在一堵墙。博尔赫斯用科学的笔法撰写不科学或反科学的故事。他的创作无不显示着智慧和狡猾。

这应该是我对博尔赫斯的最初印象。其时大师还健在。两年后的1986年6月14日，博尔赫斯病逝于他的第二故乡瑞士日内瓦。

1965年，约翰·厄普代克在著名的《纽约客》杂志上撰文指出，"博尔赫斯的虚构小说里呈现的睿智即使在哲学和物理学著作中也不多见"，同时"引人入胜，令人愉悦"。这种判断与我比较一致。

王央乐先生在他的译作前言中指出：博尔赫斯的短篇小说具有很强的艺术感染力。然而这种感染力却来自作者荒诞不经的幻想和模棱两可的哲理。

事实上，博尔赫斯自身就是一个悖论。他生性羞怯，却又喜欢跃跃欲试；热爱学问却又醉心政治鼓动；性格孤僻却又愿意接受记者访谈；他的智慧吸引女人的关注，却很少有女人愿意和他上床，以至于最后上帝决定把百万册图书和高度近视的眼睛一并赐给了他。

然而博尔赫斯是智慧的。他一生都在用文字制造智慧而不失严肃的游戏。

博尔赫斯的智慧反映在方方面面。在他一些比较完整的小说里，这种智慧首先表现为故事的选择编排。他往往是受到某种启示——它的来源可能是《圣经》或者《古兰经》，也可能是高乔诗歌和阿根廷民间传说，更有可能是一些鲜为人知的典籍。《秘密的奇迹》这篇小说很大程度上概括了博尔赫斯式的文本特征。这篇不足六千字的小说写于1943年，而故事中的时间则要早了四年，但都是作家对第二次世界大战作出的反映。小说的题记引自《古兰经》第二章第二百五十九节——

> 故真主使他在死亡的状态下逗留了一百年，然后使他复活。他说："你逗留了多久？"他说："我逗留了一日，或不到一日。"

显然，博尔赫斯将要写出的，是一部在战争的阴影下关于时间的作品。博尔赫斯似乎从来就是作为时间的见证人而存在的。他在和卡洛斯·富恩特斯的一次谈话中就坦率地承认："除了萦怀的时间问题外，我对任何哲学问题都没有得出结论。"他说时间问题启发他写了不少东西。在这次谈话里，博尔赫斯援引莎士比亚《麦克白》中的台词解释上帝的永恒。他认为永恒"并不是我们所有的昨天的总和，而是对可能存在的事实一览无余的过去、现在和将来的总和。因为上帝的记忆也将成为上帝的预言"（王永年译《我和博尔赫斯》）。

《秘密的奇迹》从作家哈罗米尔·拉迪克的一个奇异的梦写起，他"梦见了一盘长时间的大棋。下棋的并不是两个人，而是两个著名的家庭"，而且"这一盘棋已经下了许多世纪"，而且"棋子和棋盘放在一座秘密的塔里"。然后，梦中自以为是某个家庭成员（长子）的哈罗米尔开始"在雨中荒原的沙地上奔跑"，而"许多钟表敲响着这盘急迫的棋局的钟点"，以致"没法记得棋子的模样和下棋的规则"。哈罗米尔的梦便在这样的时刻醒了。

"暴雨中的雷声和可怕的钟表声已经停止。一种有节奏的整齐的声响，时不时被号令的声音打断，在采尔特内街升起。天已微明。第三帝国的装甲先头部队正在开进布拉格。"

小说就这样开始了。博尔赫斯营造了一个神秘中渗露出恐怖的氛围，在这个简短的第一自然段里，他反复提示了时间，同时以梦魇的方式暗示了死亡的阴影已经抵达布拉格的街头。梦印证了即将发生的现实。

接下来就是 3 月 19 日哈罗米尔遭到逮捕,罪名由诸如作家的母姓、犹太人血统、研究犹太学问等构成,而当事人竟"没有一条能够反驳"。于是,"他被押进在莫尔达瓦河对岸的一座消过毒的雪白的监狱里"。秘密警察头目之一的朱利乌斯·罗特,是一个可以因为两三个歌德体的形容词就大开杀戒的家伙,他决定在 3 月 29 日上午 9 时对拉迪克实行枪决。也就是说,这个叫拉迪克的作家还可以活上十天。然而不可思议的是,身陷囹圄的作家此时却在不厌其烦地想象着关于如何对他行刑的细枝末节。"总是无休止地回到他死亡的无休止的前夜。"但是,这个人以合乎逻辑的顽强,得出了一个结论:预见到死亡过程的细枝末节,就会阻止它真正发生。他大声地论证说:"现在我是在 22 日的晚上,要是这个晚上(以及其他六个晚上)继续存在下去,我就不会受伤害,就是永生不死的。他想,梦中的夜晚是深深的乌黑的深槽,他可以沉没在里面。"

在这里,博尔赫斯把现实与梦境的路打通了。往下的路线就好听从他的安排。和他的其他一些名篇一样,博尔赫斯真正的虚构总是秘密地进行,或者说这个老人喜欢在他小说的内部进行认真的杜撰。某种意义上,博尔赫斯的小说可以看成是一种双重的虚构文本。小说作为虚构的故事文本在博尔赫斯手里,就其表面的形态而言,往往像一份措辞考究、证据充分的报告(1970 年他出版的一部小说集就叫做《布罗迪报告》)。在这样的一份份"报告"里充满着准确的时间、地点、真名实姓的人物、确有出处的典籍,并且大量地引经据典。这些"报告"经他神奇地组织起来,具有毋庸置疑的欺骗性,但一切看上去是那么煞有介事。这是另一种虚构,形式的虚构。著名的《交叉小径的花园》开篇就是——"在利德尔·哈特所著的《欧战史》第二十二页上,可以读到这样一段记载:十三军团的英军(配备着一千四百门大炮),原计划于 1916 年 7 月 24 日向塞勒—蒙陶朋一线发起进攻,后来却不得不延期到 29 日的上午。倾泻的大雨是使这次进攻推迟的原因。"利德尔·哈特是确实有的,这位"一战"中二十一岁的英军上尉后来成为著名的军事学家;《欧战史》也确属利德尔·哈特所作,于 1934 年出版;塞勒—蒙陶朋更是有的,今天还在法国的版图上标着。然而这些不过是为所谓的俞琛博士那份"开头两页已经遗失"的声明进行的铺垫。由此洞开博尔赫斯式迷宫的门户。

除了博尔赫斯的博学与其对纯粹文学形式的高度掌握，或许正是由于这么一种"双重虚构"的文本，博尔赫斯成了"作家们的作家"。这之前的作家可以虚构故事，却还没有来得及考虑虚构形式。

作为剧作家的拉迪克在狱中除了思考时间和死亡外，还在琢磨他的一个未完成的诗剧《敌人们》。这时的博尔赫斯又开始了东拉西扯，他用不小的篇幅提及拉迪克的日常生活，其中强调的是他翻译的《塞弗尔·叶济拉》，强调了"人们可能获得的经验的数字并不是无限的，只要一次'重复'就足以显示，时间就是欺骗……"博尔赫斯似乎有意在转移读者的注意力，以改变读者对故事的线型关注。但是小说中的拉迪克的剧本却"完全遵守时间、地点、动作相一致的'三一律'"。剧中的故事发生在拉德卡尼"19世纪的最后几个傍晚之一"。地点是罗某施塔特男爵的书房。一个陌生人来拜访男爵，几经转合，却使男爵感到身边潜伏着一个"复杂阴谋"。剧本的舞台提示是"一只钟指着7点，残阳强烈的光芒照耀玻璃窗，空气中传来热烈的熟悉的匈牙利音乐"。剧情似乎很荒诞地在展开，莫名的危险也在不断地增强，以致男爵不得不杀死一名密谋者。可是到了最后一幕，这个被杀死的人又奇迹般地回到了舞台上——"有人注意到，天色还没有昏暗，钟还是指着7点，西斜的阳光照在高大的玻璃窗上，空气中传来热烈的匈牙利音乐。"关于时间的暗示再次出现。

然而这部莫名其妙的剧本居然让它的作者找到了存在的借口。拉迪克开始在黑暗中向上帝祈祷，希望上帝能赐给他最后一年的时间，用以完成《敌人们》缺少的两幕。他说："如果我是以某种方式存在的，那么我就作为《敌人们》的作者而存在吧。"于是上帝就干预了，他的意见通过拉迪克梦中的"一个无所不在的声音"传达出去："你所需要的时间已经允准了。"

至此，小说中的精彩部分随着哈罗米尔·拉迪克的苏醒向我们走来了。3月29日早晨，两名兵士走进了囚室，计划9时整执行枪决并没有因此改变。死囚拉迪克被带到狱墙的前面接受最后的拍照，接下来就是接受那排枪了，兵士让他向前走了几步，以免墙会被血污染。这个瞬间，拉迪克感到了恐惧，一颗粗大的汗珠渗出他的鬓角，正在慢慢地沿着面颊滚下。但是，这颗汗珠在他的面颊上凝固了，他吐出来的香烟的烟雾也没有在他眼前散开,拉迪克意识到奇迹发生了。

"肉体的世界停止了活动。"博尔赫斯这样写道,"所有的武器都伸向拉迪克,但是那些要杀他的人却一动不动。上士的胳膊举在半空,停在那里。院子里一块砖地上,有只野蜂投下了一个固定的影子。风停息了,仿佛是在图画里。"

很多次,每当看到这里都使我对大师感到敬畏。这个类似电影里的定格镜头表达的是对时间的另一种书写。这是上帝的时间,更是博尔赫斯的时间。1976年6月23日,博尔赫斯在一篇题目叫做《时间》的随笔里这样对我们说——

事实上我们每天都在死亡,又每天都在诞生。我们不断地诞生,不断地死亡。正因为如此,时间问题比其他任何形而上学问题都来得重要。因为其他都是些抽象问题,时间是我们的实际问题。我是谁?我们的每一个是谁?我们是谁?也许有一天我们会了悟。也许永远不会。

拉迪克利用上帝赐予他的一年时间顺利完成了他的歌剧《敌人们》。"上帝为他做了一个秘密的奇迹。"当他找到最后一个形容词时,那颗凝固在他面颊一年之久的粗大汗珠又开始了滚动,然后,那排枪响了。

"哈罗米尔·拉迪克死在3月29日上午9时02分。"——这是小说的最后一句。就是说,即使是上帝,也无权改变客观的时间。上帝能教会我们支配的是另一种时间。

即使是在80年代末期,我醉心于"实验小说"的阶段,我也毫不含糊地认为:任何小说都是有所寄托的。无论是早期的《南方的情绪》,还是最近的《重瞳》,都包藏着或者隐匿着我个人的某种想法。这是小说内部的东西。尽管我深知,某种意义上小说的发展是一种叙事形式的发展。但我觉得,一个作家是无法回避他所要表现的对象的。当我以一种职业作家的眼光去面对博尔赫斯的小说时,我会从第一个句子开始,见识出它的好来。1999年12月21日,我在合肥接受林舟博士的访谈,当谈到《流动的沙滩》时,我说:那时我非常向往自己能写出一部具有博尔赫斯式的语言意味的小说，就是既完全改变传统小说的那种结构模式，又能即兴地随手拈来许多东西，最后把它放在一个统一的语言系统里面，构成小说内部的一种和谐。

在这篇文章里我不想过多地去涉及博尔赫斯的作品。他的作品对我而言，永远是一座智慧而精致的迷宫或者一面神秘的镜子。一座"圆形废墟"，一处"交叉小径的花园"，一本"沙之书"，这些都是"秘密的奇迹"。我希望是这样。我没有兴趣从博尔赫斯作品里去寻找柏拉图、叔本华或者毕达哥拉斯的身影。我担心如此对文本做出比较理性的解析，会影响我对博尔赫斯的感情。我要维护对大师最初一刻的那种冲动与崇敬。面对像博尔赫斯这样的大师，我以为最好的方式就是保持阅读的直觉——某种意义上，我是把博尔赫斯的作品当做一个精美的读物看到了今天，这是我依然保持着对博尔赫斯的新鲜感的原因所在。我心目中的博尔赫斯永远是智慧的，这种智慧散发在他的字里行间。

> 一个在智慧的学校里皓首穷经的人带着博大精深的学问最后死了，来到永恒之国的门口。
>
> 吉祥天使迎上去，对他说：
>
> "喂，凡夫俗子，别往前走啦，你得先向我证明你有进天堂的资格！"
>
> 那人回答说：
>
> "且慢！我要先问问你，你能不能向我证明这里是真正的天国，而不是我死后昏瞀心灵的急切的幻想？"
>
> 天使还没有搭腔，门里有个声音说：
>
> "放他进来！他是我们中间的人。"（王永年译《我和博尔赫斯》）

——很多年前，博尔赫斯把这段苏菲派教徒的言论放在自己一篇文章的前面，作为题记；而现在我将此移到这篇关于博尔赫斯文章的后面，作为结束。因为我看清了，那个面对天堂之门的人就是博尔赫斯。

2000年6月22日　合肥寓所

一个中国作家的立场

——在中德文学研讨会上的发言

关于作家的责任

就我个人的看法，一个作家的责任首先是应该考虑怎样去把一部作品写好。这应该是最起码的、实际上也是最大的责任。一个作家在他进行写作的那一刻，这种承担责任的义务就已经发生了。但是，随着写作的展开，这种日后由作品导致的责任将会是另一个样子。因为，小说家的创作——至少是我这样的小说家，他在写作中往往是被动的：不是作家在支配小说，而是小说在引领作家。就是说作家某种意义上是在随着渐渐形成的叙事惯性驱使前行。那么，以后的责任就是由文本来承担了。文学的影响力来自文本，而非作家，尽管二者有着紧密的联系。中国古代有"道德文章"一说，但是文如其人的判断并不怎么科学，至少很片面。譬如说，一个个人道德优良的作家也很可能会制造出一个腐蚀人心的文本来。

作家算不算知识分子，在中国似乎还有争议。我的观点是作家本来就是知识分子的一员。而一个知识分子的存在价值，首先就应该表现在有勇气站在社会的对立面上。这并不意味着他们是反社会或者反政府的，而是他们需要拥有一个批判的立场。作家不需要用自己的嗓门对着社会发言，他用的是文本。

关于创作与批评

君特·格拉斯说：在德国，一个批评家可能比一个作家更受关注。其实中国在以前也有类似的现象。刚才程光炜教授说，中国在五四时期的陈独秀、胡适先生就是如此。我要补充的是，他们都是安徽人。德国同行施皮恩先生问我，中国的小说家是否也写批评性的文章，我的回答是肯定的。一个作家写的批评，依赖的是自己的直觉判断，而不需要理论支持。这种批评，显然不同于陈晓明先生所介绍的那种"学院式的批评"。正如陈先生所言，上个世纪90年代，在中国批评家里面，出现了知识背景的转换。他们抛弃了从前的别林斯基而转身面对罗兰·巴特，这是导致今天"学院式批评"的一个重要原因。这种"背景转换"同样也反映在中国作家身上——当然是一部分作家。但他们要完成的转换，是希望摆脱西方，包括德国、德语国家在内的那些文学大师的阴影下写作的局面。他们希望独立。这样，90年代那些先锋作家们，在今天已经发生了很大的变化。导致这种变化的固然可能有诸多复杂因素，但是一个纯粹的作家，他的转换总是发自文学的内在需要。

没有一个小说家是先看批评，而后来写作的。但是同样需要说明的事实是，这些作家从来就没有忽视批评给他们带来的收益。在上个世纪90年代，中国的作家和批评家的关系是十分融洽的，他们互相学习，并由此成为朋友。我和陈博士就是那个时候开始交往的，想来已有十多年了，那是一段需要缅怀的时光。今天的情况似乎有些糟糕了。今天的一些作家，在成名之后，很难有耐心和勇气面对那些批评尤其是那些针对他们创作不足的批评。他们感兴趣的是如何利用自己的名声和影响去多多挣钱。而一些批评家们，更多的是热衷于那些实用的、带有买卖性的宣传活动。或者是，面对一份具有智力挑战的小说文本他们显得束手无策，要不就是进行那种妄想型的、自恋式的批评。因此，今天再谈所谓的纯文学和学院式批评，感觉上是身体有毛病似的。但是，仍然还是有这样一些人存在着。他们就像一条暗河在大地之下流淌。这也就是我为什么要来参加这次会议的理由。

关于诺贝尔文学奖

我的一位同行曾经打过一个比方，就是，如果把已经获得诺贝尔文学奖的作家和那些被疏漏的作家组成两支球队，那么战败的一方肯定是获奖队。百年诺贝尔，遗忘了很多诸如老托尔斯泰、陀思妥耶夫斯基、卡夫卡、博尔赫斯以及中国的鲁迅这样的大师，这无疑是这个奖项的遗憾。

当前中国文学最大的遗憾是"权威的缺席"。而另一个遗憾是到处可以见到以大师自居的人物。失去权威意味着失去一种楷模、失去一种公正。这种遗憾，我想德国，乃至斯德哥尔摩也有。所以很多时候，我觉得我们这些人是在踢一场没有裁判的足球。（施皮恩先生插话：是二十二个人踢二十二个球吗？）虽然没有裁判，或者裁判吹的是黑哨，但是我们还那么固执地在踢，支持我们的唯一力量是那种职业心态。

去年的诺贝尔文学奖授予了如今已是法国人的高行健先生，对此，我还是感到高兴的。因为不管怎么说，高先生的血管里流的还是华人的血，他填补了百年诺贝尔文学奖与华人无缘的空白。我想这比一个在法兰克福俱乐部效力的球员踢进一个球的意义要重大。其次，高先生的小说《灵山》最初是用汉语完成的，这说明汉语写作不会因为翻译的障碍而与诺贝尔奖失之交臂（以前，这是我们国内解释不能获奖的一项重要理由）。但是，这个奖授予高先生，我并不以为是对他个人能力的肯定，而是对一个文学探索方向、或者说小说叙事方向的肯定。我想用汉语写作的作家，比高先生杰出的应该很多。我想这是正常的。1985 年度的诺贝尔文学奖的得主是克劳德·西蒙，这个事实也并非意味着阿兰－罗布·格里叶的暗淡无光。应该看做是对"新小说派"的肯定。

今天的中国文学所处的时代，实际上是一个错过谁都不遗憾的时代。如果说，在上个世纪的 30 年代我们错过了鲁迅，那么会是很遗憾的，而现在这种遗憾是完全没有了。我从来没有想过这个时代会诞生真正意义上的文学大师。同时我还要说的是，一个纯粹的作家从来都是为欲望的驱使来写作的。正如托马斯·曼的伟大不在于他是否获得了诺贝尔奖和引起了许多批评家们的兴趣，而在于他写出了不朽的《魔山》。

关于小说和影视

我认为一流的小说是不能改编成影视作品的。托马斯·布希戈先生刚才谈到他的小说《像我们这样的英雄》改编成电影后那种尴尬,我也遇到过。但我很快就排解了,因为我参与影视创作就是在做一笔生意,毫无成就感。所以我总是在觉得自己的日子过得有些紧张的时候去考虑做影视的。我接触到中国的一些电影人,他们的最初目标或许很高,但是后来就变得莫名其妙了。譬如说,我的《海口日记》被改编成电视剧后,里面原先的那个妓女转眼就变成一个既会歌唱还会作曲的角色——这样的人可能去做妓女吗?所以,现在的一些作家不大容易信任一些电影人。

但是,另一种发生在作家自身的情况也很糟糕。毫无疑问,任何作家写出一本严肃的小说都是需要花很大的气力的,可是这样的书却无法畅销。作家自然也就没有相应的经济回报了。然而一部最粗俗的电视剧却能为他带来丰厚的利润。在中国,它们之间的经济差距是十几倍甚至几十倍。于是,一些作家在进行小说创作时的思维定式就发生了变化。他们一下笔首先想到的就是自己的"小说"是否可能被改编,以便获取高额的报酬。可想而知,这样的东西距离小说的品质就很远了。甚至还有这样的做法,当一部电视剧叫响之后,再回头把它整理成"小说"。

尽管如此,我对电影还是满怀感情的。我希望有一天在中国能够看到像伯格曼、基耶斯洛夫斯基、阿姆多瓦以及德国的法斯宾德这样的大师的手笔出现。

2001 年 11 月 9—13 日　歌德学院北京分院

回顾"先锋文学"

我历来把自己的写作分为两类,"欲望的写作"和"实用的写作"。前者是我的追求与寄托,后者则是谋生的手段。去年我进行的基本就是"实用的写作",做影视挣钱去了。只写了一个中篇《戊戌年纪事》,发在贵州的《山花》上。后来《文艺报》有文章推介,说我的这篇小说依旧是"先锋"的和"后现代"的。这倒让我想对所谓的先锋文学说上几句话。

2000年,国内十家文化单位在京联合召开我的作品研讨会。在那次会议上,不少人谈起了先锋文学。在大家的记忆中,小说界关于"怎么写"的序幕是在1985年前后拉开的。据那次文学热潮的主要参与者李陀先生回忆,当时他们提出"怎么写"某种意义上比"写什么"重要,是带有一定的抗议性的。李陀没有或者不便进一步指出,具体抗议什么,但针对传统的小说模式,一定是包括其中的。当代文学史上的一些思潮,或者由思潮引发而出的文学运动,在1985年之前大都局限在内容上,譬如"伤痕文学"、"反思文学"以及"改革文学"等。但"怎么写"却不是这样,它鲜明地指出"革命"的对象在文学形式上,它的反传统性也主要表现在形式上。

我至今认为,所谓"先锋派",还是批评家们做学问的一种归纳。之所以有"派"的称谓,有两个基本因素。其一,是当时确有一些青年作家在形式探索上走得比较远,譬如马原、余华、格非、苏童、洪峰、孙甘露、叶兆言、北村、吕新以及我本人。其二,是这些作家的作品基本上集中发表在《收获》、《花城》、《钟山》、《人民文学》、《作家》、《北京文学》、《上海文学》这样一些杂志上(后来又有了《大家》和《山花》)。这样就很容易有一种营垒的感觉。我记得1988年第6期的

《收获》就是一个先锋小说专号，作者大都是上述的那些作家。花城出版社当时也有一个"先锋小说文库"，主要作者也还是这些人。

但就写作而言，这些作家之所以"怎样写"，其中一个不可忽视的、也可能是最直接的原因，是受到了国外一些作家的影响。那时期，像博尔赫斯、乔伊斯、卡夫卡、塞林格、萨特、加缪、福克纳、海明威、罗布·格里叶、加西亚·马尔克斯等这样一些带有现代派色彩的作家，一齐站到了我们面前。他们的作品像对我们打开了一扇扇窗口，让我们知道"哦，小说还可以这样写"（马尔克斯语）。这些面貌迥异于我们深受熏陶的苏俄文学和本土文学传统。可以想象，那是一道道多么灿烂的光线。我不知道别的作家是否承认这点，我是承认的；非但承认，而且我还大胆模仿——《流动的沙滩》就是这样的一个向博尔赫斯致敬的作品。前年《北京文学·中篇小说月报》开了一个"文本典藏"的栏目，邀请一些作家去点评经典作品，他们让我面对的，还是博尔赫斯。

在我看来，所谓先锋，当指一种文学探索的精神。现在看起来，当时的批评家对这些作家在形式上的探索是肯定有余，却往往把形式与内容无形中剥离开来看待，或者对作家在内容上的发掘一笔带过。譬如我在《南方的情绪》中关于恐惧的表现，在《流动的沙滩》中关于人生轮回的阐释，都是经过很多思考的，我自觉内容很扎实，但一些关于我小说的评论里，没有见到这方面的论述。

先锋小说在上个世纪80年代末期达到一种高度，但随着政治形势的变化，没有掀起更高的浪头。这应该是一个遗憾。尽管在90年代初期，还是有一些作家在进行这样的尝试，并且把在中短篇领域的文体实验开始引进长篇，但总的趋势是在减弱。先锋小说式微后，它的主要作者也开始发生了变化。被广泛看好的马原一直没有力作，叶兆言几乎不再"先锋"，孙甘露也似乎淡出了。大概只有北村、吕新和我这样的人还在那里这么写着，有人说这是一种坚持。暗示着苏童、余华是在转型。因为他们写了《妻妾成群》和《活着》。不管看法与否，这是客观事实。批评界现在认为这是一种"蜕变"，而我则更愿意把它理解为作家的自我调整。即使是"蜕变"，那也不能简单地看做倒退。事实上，苏童的《妻妾成群》和余华的《活着》应该是他们最具影响力的作品，随着被张艺谋改编成电影,几乎达到了家喻户晓。我们不能轻率地认为,这些作品在小说叙事上是不成功的,它或许没有《罂粟之家》和《往事如烟》在形式上那么极端,但在文本上仍然是成功的。更可贵的是,他们的实践使原来"艰涩"的小说开始变得"好看"起来。

  一个作家的调整,只要发自内在的文学需要,而不是某种妥协让步的结果,更不是迎合什么,我认为是很正常的事情。这里还必须指出一点,这些作家经过调整,增强了小说的可读性,使小说"好看",是与当年的文体叙事上的实验锻炼分不开的。这些作品依旧受着"先锋"的影响,叙事上包含着很大的技术因素。这或许就是他们与传统小说最大的不同。他们通俗了,但没有失去文学的纯粹。

  1992年之后的五年,我的经历中出现了一个很大的转折,先是下海了,去了海口;之后又去了郑州。那时我已经意识到,像我这样的写作,既不迎合主流,又不讨好市场,实际上是很奢侈的。所以若要坚持,就需要首先把自己养得从容。直到1996年,我恢复了写作,以一部《结束的地方》的中篇小说结束了商海的短暂生活,回到了阔别的案头。这以后,我的一系列作品,如《海口日记》、《三月一日》、《对门·对面》、《秋声赋》、《重瞳》、《合同婚姻》以及长篇三部曲《独白与手势》,都与以往的作品有了很大的不同。我要努力做到的,也还是使自己的小说好看起来。一个作家如果故意把小说写得艰涩,那是一种病态;而刻意迎合市场口味,那是媚俗。但如果是想尽可能把小说写得好看,那无疑是追求。难度正是这个。虽然1985之后,中国的作家开始了对小说叙事引起了足够的重视,观念也转变了。但观念的转变不等于就是能力的提高。这个能力的核心,我以为是叙事的技巧。如果说绘画是以线条和色彩来造型的,那么小说的造型手段应该是叙事形式,是结构,是语言,是句子。

  先锋文学在新时期文学上的地位,我不想去说它。但有一点是不争的事实,即如果没有当年这些作家的实践,那么,关于"怎么写"就显得十分空洞了。先锋实验小说是我写作生涯中不可缺少的一个环节。它彻底改变了我的小说观念,一定程度上奠定了我的文学立场。我开始清楚这个世界的存在对我意味着什么,我需要与它保持适度的距离。我将从我的角度对它进行观察与思考。无论今天或者将来人们怎么看这场文学运动,作为一个亲历者,我对自己在其中扮演的角色以及所作所为都一样充满激情。那是一段值得缅怀的好时光。

2002 年 10 月　合肥

说不尽的博尔赫斯

王央乐之于博尔赫斯

　　博尔赫斯对中国当代文学的影响，应不限于所谓的"先锋作家"，也不仅是在小说家里，诗人中也有受到其影响的，比如西川。我还听说，博尔赫斯的诗歌实际上比他的小说还要精彩。我知道博尔赫斯，是在1979年，当时读大学二年级。好像是那一年的《外国文艺》上介绍了博尔赫斯的四篇小说，这是不是中国的第一次介绍？当时读了，不知所云。但博尔赫斯向我们提供了一个全新的小说形态，这种感受十分强烈。就像一个人看惯了"巡回展览派"，突然之间让你看印象派，那种感受是全新的。还有，翻译者王央乐先生的译笔很了不起，感觉非常有味道。几年后的1983年，我在合肥买到了王先生翻译的《博尔赫斯短篇小说选》，就是上海译文出版社出的那个小32开的册子，觉得好。1993年，马原去海南岛拍《中国文学梦》，他对我说已经拍了近百个中国作家，其中有王央乐，我想，他也是因为这个译本才作出这个决定的。这个事实表明，王先生的翻译对我们喜欢博尔赫斯所起的作用。倘若我最先接触的不是王先生的译本，或许就与大师失之交臂了。这一点我以为很重要。我读外国文学，从来都是先读翻译家——倘若译笔不好，我就不看了。比如《包法利夫人》，我是先读李健吾，后读福楼拜的。李先生那种漂亮的短句子让我至今迷恋。我不知道其他作家怎么看，反正我是承认，博尔赫斯对我有很大影响。十多年前，我甚至还公开效仿他，写了几篇小说，比较典型的是那部中篇《流动的沙滩》。我觉得博尔赫斯的真正影响，是对于整个写作形态的改变，同时也颠覆了阅读。

《流动的沙滩》写于1991年，写这篇小说就是为了向博尔赫斯致敬。我希望在叙述上做到从容不迫，而且既要完全改变传统小说的那种结构模式，又即兴地随手拈来一些东西，然后把它们放在一个统一的语言系统里面，构成内部的一种和谐。这是我对博尔赫斯的直觉。我从来不在意博尔赫斯的小说里到底说了些什么，更多是看他怎样说。我只是觉得他的小说很智慧，它的句子很智慧，而这样的作家在我看来确实是很罕见的，每一次细细的阅读，你可能都有新的发现。

时间是一个令人颤抖的问题

博尔赫斯小说的最大特点，就是对时间的思考和处理上。他对时间一直是不自信的，笔下的时间总是模棱两可，迟疑不决，甚至自相矛盾。他说，时间是一个令人颤抖和严峻的问题。然而也正是这种犹疑和悖论使得博尔赫斯对于时间命题的解决呈现了多样化的状态，从而意外的使其小说获得了独特魅力。《秘密的奇迹》叙说的则是在战争的阴影下关于时间的命题，在这里博尔赫斯提出了客观真实与心理真实，亦即物理时间与心理时间的关系问题，或者肉体的世界和精神的世界问题。博尔赫斯在作品中用暗示的手法模糊了梦与现实的界限，将梦和现实打通，合并成一条路，可以在其间自由来往。他进入了自由的呓语的梦境的状态，而我们正是被作者叙述中随意流淌出的象征、智慧、思考和想象力所征服。《南方》是一部精品，博尔赫斯本人也非常喜欢。但他所营造的"南方"，无疑是一种象征。在这里，南方和传统、历史是同义词。小说中的达尔曼走进南方，实际上是博尔赫斯走进了传统和历史。在这里，他将要接受了命运的挑战。命运和时间一样，都是不可捉摸的。所以小说的最后，那个被称为"南方的缩影"的高乔老人向达尔曼扔出了一把刀子，把他逼上了必须接受挑战的绝路。这太绝妙了。

对博尔赫斯的"误读"

中国对博尔赫斯一直有"误读"的现象。究其原因，我认为在于几个方面。首先是翻译的不够准确，我看过一份资料，说博尔赫斯的名篇

《交叉小径的花园》不是"交叉",而是"分岔",应该是"小径分岔的花园"。我想之于此类的错误应该还很多,但对于我们这些不能用外语阅读的人,不好分辨。但是,当我比较了几个译本之后,仅从译笔来看,我欣赏的还是王央乐先生的译本。其次——实际上这是最重要的一点,我认为是阅读观念的问题。博尔赫斯的小说是全新的形态,那里没有什么明显的线形关系,也没有更多的因果关系,故事往往是零碎的,人物形象也是模糊的,倒是充满了悖谬、矛盾、幻想和想入非非。第三,批评家们和作家们也在误读。中国的批评家往往习惯在读懂之后才发言,而现在面对的是全新的不易读懂的文本,所以他们只能作出似是而非或者自以为是的发言。在这里,批评家们其实是遇到了自身智力上的挑战,但他们多数是回避了,王顾左右而言他。批评家更关心的是把作品纳入自己所熟悉的某个体系。但是最过硬批评家还是应该就文本谈文本,迎面而上。至于作家们的误读,主要原因还是把习以为常的写作方式套用在博尔赫斯身上,这就造成了严重的隔阂。博尔赫斯一辈子是在书籍中旅行,他的作品极大的依赖文献与资料,依赖于自身的想象力而缺少体验。另外,博尔赫斯一辈子痴迷于叔本华等人的学说,他往往一开始就面对的是形而上的思考,这与中国作家习惯于逗留在形而下的层面,或者从形而下勉强提炼到形而上是大不相同的。再就是,一般的作家通常是被故事、被因果关系所追逐,是被动的;而博尔赫斯则是主动驾驭着文本,他通过他创造的这种特殊文本作为载体,可以装他想装的任何东西,可以为所欲为。

作为悖论的博尔赫斯

博尔赫斯自身就是一个悖论。他生性羞怯,却又喜欢跃跃欲试;热爱学问却又醉心政治鼓动;性格孤僻却又乐意接受记者访谈。他的智慧吸引着无数高雅的女人,却很少有女人和他上床。博尔赫斯出身于一个旧式军人家庭,从小在祖辈那些可歌可泣的传奇故事中长大,这种经历使他对那种勇敢彪悍的形象非常崇拜,所以他笔下出现的,往往都是杀手、醉汉、囚犯、刺客、流浪者和远方的骑士。这种形象,可能也是对他乏味的个人经历的一种补偿。某种意义上,他通过自己塑造的小说形象展现出生命的辉煌。他像个优秀的演员那样，通过不同角色的演绎丰富人生的体验。但博尔赫斯不是那种依靠个人经验、阅历进行写作的作家。他的身体条件决定他不能行万里路，但可以读万卷书。他是一个典型的"图书馆作家"，依赖的是自己丰富的阅读。这使他的作品，无论是小说还是诗歌，都呈现出一种超凡的幻想。他是一个梦想家。他从小就待在父亲的书房里，成人后几乎一辈子都泡在图书馆里，先是在布宜诺斯艾利斯市里图书馆当管理员，庇隆政权时期，他被弄去做了几年的家禽检查员，等庇隆下台了，他被任命为国家图书馆的馆长，他在这个职务上做了18年。所以他说："必读的书，我已饱读"。他一生是在书籍中旅行。上帝把八十万册图书和高度的近视同时送给了他，却使他成为一个因近视而富有远见的人。这种情形，在其他作家，包括中国作家中十分罕见。一般来说，一个作家的经历、记忆，特别时童年、少年时期形成的记忆，决定了他的写作方向。作家的每一次写作，都在不同程度地在调动自己的记忆库。但博尔赫斯不是这样，他的许多小说，我推测都是从传说和阅读中得到启发的。他把自己的某些观念，嫁接在一个书中看到的或者道听途说的故事躯干上，然后再用文学的方式去解释哲学方面的问题，这使他的小说别具一格。《秘密的奇迹》中，居然有这样的事情，一个死到临头的剧作家，因为剧本没有写完，便托梦去向上帝争取一点时间，而上帝居然也允准了。但他要表达的却是对时间——这个哲学问题的理解：客观的时间无法驾驭，但主观的时间则可以自由支配。肉体的世界可以凝固，精神的世界却可以无限释放。

双重虚构与游戏状态

所谓"双重虚构"只是我个人的理解。小说作为虚构的故事文本在博尔赫斯手里，就其表面的形态而言，往往像一份措辞考究、证据充足的书面报告——他有一部小说集就叫《布罗迪报告》。在这样一份份"报告"里充满着准确的时间、地点、真名实姓的人物、确有出处的典籍，并且大量的引经据典，这些"报告"经他神秘地组织起来，具有毋庸置疑的欺骗性，但一切看上去都是那么煞有介事。他用貌似真实的细节等虚构了作品的形式，从而构成了一种虚实相间的迷离的效果。这是另一种虚构，形式的虚构。除了博尔赫斯的博学和对纯粹文学形式的高度把握，或许正是由于这么一种"双重虚构"的文本，使博尔赫斯成了"作家们的作家"。这之前的作家们可以虚构故事，却还没有来得及考虑虚构形式。读博尔赫斯的小说，有时候感觉是在做一项智力游戏，那里面有知识，有智慧，有惊人的想象和清晰的思辨，你在破除他布置的迷宫的同时，也享受到了梦游般的快乐。

我对文学史上依靠短篇小说立足的作家，从来都是敬畏的。例如中国的鲁迅，法国的梅里美，还有这位博尔赫斯。短篇小说由于受到篇幅的限制，它的经营便煞费心机。短篇小说应该是一个专有名词，与内容的浓缩其实没有什么关系。我曾经有一个比方，觉得短篇小说和传统中国画中的那种叫做小品的形式很接近。小品不是浓缩的国画，当然放大了也不是巨制。小品就是小品，要求的是那么寥寥几笔，尽得风神。但这寥寥几笔往往是要命的，因为要出大境界。所以八大山人、齐白石是大师，他们是出了大境界的。短篇小说核心的一点，是在有限中企及无限，这也是要命的。

对于一个职业作家，写作这种职业往高谈是使命，往低谈就是日常生活。但无论是作为使命的写作还是作为日常生活的写作，最高境界应该是游戏的状态。博尔赫斯便是真正进入到这种游戏状态的作家，具有大师的风范。

2004 年 10 月 30 日　京城寓所

"写作中"与"写出来"
——闲谈"伟大的中国小说"

我是不喜欢对某个概念发言的。况且是面对一个似是而非的概念。哈金先生提出"伟大的中国小说",理解他的苦心和雄心,但我与他想的不一样。我以为一个作家,或者一个小说家,之所以写作是为了满足对叙事的欲望,他需要以这种手段与世界沟通。这是他的存在方式。一个人能一辈子爱一件事,并且认真去做,说明这件事对他具有非凡的吸引力,他喜欢,离不开,然后苦中作乐。我想正常的心态应该是这样。对于职业作家,写作首先是爱好,是日常生活,然后才可能成为事业与使命。正如垂钓的乐趣在于垂钓本身,而非树立起能钓上一条大鱼的信念,更非要求一个垂钓者把钓来的鱼拿到市场上去卖。你能说不树立钓大鱼信念的就不是好的垂钓者吗?因此"写作中"远比"写出来"重要。"写作中"不仅指的是写作过程,更重要的是指一种状态的确立。状态这种东西是能力问题也是心境问题,境由心造,几乎不受外界的影响。写作的意义恰恰就在这写作之中,而不是跑到写作之外。其次,什么才叫"写出来"呢?比如说写出一部如哈金先生所言的"伟大的中国小说"?是官方的褒奖?是民间的呼声?是印数?是版税?还是批评家、汉学家的推举?似乎没有一项可靠。当然这个意思并非是说,作家不愿意写出"伟大的中国小说",树立这种信念的作家依然是可敬的,但这与前者比较起来,意义不一样。

一个作家的写作需要遵从内心的感受,这种写作是纯粹个人化的。不在乎别人怎么看。第一,来自带有官方性质的褒奖从来就不能当做衡量学术成就的标准,甚至已经成为笑话;第二,来自民间的舆论自然也不能体现这种成就感;第三,一种以学者专业人士身份的评价更加可疑,因为某些批评家只要谁肯花上几百块钱，就可以让他对某部作品说些肉麻的话，与作家比起来，他们更急功近利。在这样的氛围里，那种我们看重的专业立场就基本丧失了，剩下的便是随波逐流或者自以为是。

中国作家往往注重形而下的追究，而忽视了形而上的探索，这是很普遍的。没有多少人去咀嚼苦难，也没有多少人去注重思想，书写止于日常经验的复制与仿真，无法走向精神领域。甚至一些很有名气的作家，至今迷恋的还是老掉牙的或者与时尚有关的故事，素材不够就翻报纸。但这样的作家很讨好，八面玲珑，比如某个人写出一堆乡风陋习，于是就说他有文化底蕴，比如某个人把性写得很肮脏，于是就说他写出了现代的《金瓶梅》。实际上，这样的作家和乡间的说书人有什么两样？那所谓的小说不过是话本的延续与变种，那里面根本看不见叙事空间的拓展，更难谈思想什么的了，但照样被某些学者专家研讨着。这就是我常见的一种文学现实。

写作首先是个人的，之后才是大众的。个人化写作不等于自我清算与自恋，而在于个人的真切感受。这与作家的价值取向、思想深度、艺术素养、生活境遇关系甚大。作品体现的应该是他独特的判断、认识与思索。个人化写作立场的坚守其实应该成为很自然的事情，因为你需要这样，于是就这么做了。我不喜欢"甘于寂寞"、"有毅力"这样的表达与颂扬。因为它暗示着一种忍耐。写作是可以忍耐的吗？这个世界好玩的事情太多了，你凭什么要忍耐，就为了帮我们写出一部"伟大的中国小说"？没有人会要求你这样做，你也大可不必自作多情，你也未必能做到。你要做的，一定是你所愿意做的。这如同恋爱，爱就意味着被爱，付出也即意味着回报。

哈金先生文章中说，世界小说都不景气，近年只有美国和印度的作家值得关注，这个判断是怎样得出的，我孤陋寡闻，不得而知。我想他依照的标准，恐怕还是某个国际上的奖项和舆论吧。这话自然也有道理，但在国际上获得某项大奖，是否就是最终的也最可靠的标准？恐怕不能这么看。记得2000年高行健先生获得诺贝尔文学奖的时候，我正在南京参加中国书市。于是有很多记者问，你对高行健获奖怎么看？我说，我很高兴，理由是百年诺贝尔文学奖华人缺席，如今高先生填补了这项空白，我没有理由不高兴。第二，高先生获奖，与其说是对他个人的奖励，还不如说是对汉语写作的认同，因为这之前总是听见这样的怪论，说中国作家不能得奖，是因为汉语翻译的障碍。这种认同当然包括叙事方向上的认同。第三，我还说，高先生获奖，不等于说他就是汉学写作最好的作家，我个人认为当今中国大陆有的作家写得比他好。那么，如今作为法籍华人的高先生算不算写出了一部"伟大的中国小说"了呢？

有一次我和叶兆言谈起诺贝尔奖，他曾有一个比方我觉得很有趣。他说如果把获得诺贝尔文学奖的作家与没有得奖的作家组成两支球队，那么胜方肯定是没有得奖的这支，因为这支队伍里有老托尔斯泰、卡夫卡、陀斯妥耶夫斯基等主力，谁敢嚣张？这足以见，诺贝尔奖也同样靠不住。可靠的最终还是时间，时间会让该留下的留下，该淘汰的淘汰，很公正。我想这些大师们在写作中是没有功夫去树立一部俄国式的伟大小说信念或者奥地利式的伟大小说信念的。他们能做的是认真，用心写作，就是不断向自己质问：能否写得更好？而现在的中国作家，有几人可以用心认真？又有几人值得期待？

至于"伟大的中国小说"这个概念自身的不严谨，我觉得残雪在文章里已经说得很好了，我基本上同意她的观点，那种狭隘的"民族经验"确实是值得怀疑的。杰出的文学和艺术从来就没有国界与民族之分，那种"越是民族的就越是世界的"的说法我历来不欣赏。前几天我去国家话剧院看了萨特的《死无葬身之地》，我就根本感觉不出这是一个外国的故事。是法国的话剧，但照样震撼中国人的心灵。

按照哈金先生的意思，他的所谓"伟大的中国小说"最后还需要"每一个有感情、有文化的中国人都能在故事中找到认同感"，我想这是不可能的。这也不是选小说的方式，倒像是选总统的方式。

2005 年 5 月 27 日　北京